# ROME

ET LA

## MONARCHIE D'OCTAVE-AUGUSTE.

II

IMPRIMÉ CHEZ PAUL RENOUARD,
rue Garancière, n. 5.

# ROME,

## SES NOVATEURS, SES CONSERVATEURS

ET LA

## MONARCHIE D'OCTAVE-AUGUSTE.

ÉTUDES HISTORIQUES

## SUR LUCRÈCE. CATULLE. VIRGILE. HORACE.

PAR M. JULES LE GRIS.

« Magnum alterius spectare laborem. »
LUCRET.

TOME DEUXIÈME.

PARIS,
AU COMPTOIR DES IMPRIMEURS-UNIS,
—o COMON ET Cie. o—
QUAI MALAQUAIS, N° 15.

1846.
1845

# ÉTUDE
# SUR VIRGILE.

« *Mantua me genuit; Calabri rapuere; tenet nunc Parthenope; cecini pascua, rura,* DUCES. »

Voilà, dit-on, les dernières paroles que Virgile mourant dicta, pour être gravées sur son tombeau : « Mantoue me donna jour; la Calabre me le ravit; Parthénope (Naples) garde mes cendres; j'ai chanté les pâturages, l'agriculture, les *chefs*. »

— Cette épitaphe est remarquable : d'abord par son laconisme; en peu de mots elle dit beaucoup; puis par la contexture de ces mots, rangés avec une symétrie pythagorique; on sent que la pensée, soumise au pouvoir des *nombres*, est là régie par le ternaire (1) : un triple fait, — la naissance, la mort, la sépulture, — accompli dans un triple lieu, — à Mantoue, en Calabre, à Naples; —

des chants composés sur un triple sujet,—les pâturages, l'agriculture, les *chefs* : — ces trois propositions, étroitement unies, figurent, pour ainsi dire, des angles qui correspondent; et chacune d'elles a trois termes; d'où le nombre *trois*, multiplié par lui-même, produit en somme le nombre *neuf*; solennel dans la circonstance : chez les Romains, après les funérailles, il y avait, pour toute la famille, féries, repas, et cérémonies funèbres durant neuf jours : « *Feriæ novemdiales; novemdialia sacra;* » puis enfin, le neuvième jour, sacrifice offert sur la tombe : le pieux Énée ne se sépare des mânes de son père Anchise, qu'après neuf jours de festins, de sacrifices, et d'offrandes :

« *Jamque dies epulata novem Gens omnis, et aris*
« *Factus honos.* * . . . . . . . . . . . . »

quand son armée est sur le point de livrer à Turnus le combat décisif, au premier rang apparaissent, comme une muraille, *neuf* beaux jeunes hommes; tous frères; tous issus d'un père Arcadien et d'une mère *Étrusque* **. Comptez les guerriers sortis des

---

\* *Æneid.* lib. v, 763.
\*\* . . . . . . « *Novem* pulcherrima fratrum
Corpora constiterant contra, quos fida crearat
Una tot Arcadio conjux Tyrrhena Gylippo. »
*Æneid.* XII, 271.

flancs du cheval de Troie : ils sont *neuf* \*. Enfin, le Styx enveloppe neuf fois de ses replis le royaume des ombres : « *Novies Styx interfusa coercet* \*\*. »

Nous croirons donc que l'épitaphe de Virgile pouvait bien, dans sa forme, avoir quelque chose de mystique. Au fond, elle contient le secret de sa personne, et de ses écrits.

Il était fils de Mantoue! Donc en ses veines coulait du sang *étrusque;* car Mantoue, elle-même, était fille de l'*Étrurie;* de cette mère-patrie robuste qui eut en Italie de nombreux rejetons : « *Fortis Etruria crevit* \*\*\*. »

Un bon fils de Mantoue devait retenir et conserver le génie étrusque; partant, être religieux; et même superstitieux; croire à la divination, révérer l'art des aruspices et des augures; l'étudier; et, au besoin, le pratiquer \*\*\*\*; il devait reconnaître à la terre un caractère divin; l'aimer et l'honorer; parler d'elle et de son culte avec enthou-

---

\* Voyez *Énéide*, liv. II, 263-265.
\*\* *Georgic.* IV, 481; et *Æneid.* VI, 440.
\*\*\* *Georgic.* II, 534.
\*\*\*\* Si bien qu'il passera pour magicien. « Il n'y a rien de plus ridicule que ce que l'on conte de sa magie, et des prétendus prodiges qu'il fit voir aux Napolitains. » Bayle, *Dict. Histor.*, VIRGILE.

siasme : « *Divini gloria ruris\**! » Il devait, enfin, avoir dans le cœur le respect des aïeux, de la *famille;* l'amour du patriciat, de l'aristocratie : « *Mantua dives avis\*\**! » — Tel fut en effet Virgile.

Lorsque après Homère, Hésiode, et Théocrite, Virgile se prend à chanter la vie pastorale, le labour, et les chefs; *duces;* ceux qui conduisent; qui, en paix ou en guerre, marchent à la tête des peuples dans les voies de la civilisation; proprement, l'*aristocratie* \*\*\*; c'est du génie étrusque qu'il reçoit l'*influence secrète;* c'est à lui qu'il doit sa force et son originalité : « *Tusco de sanguine vires* \*\*\*\*. »

Avec leur tournure et leur physionomie grecque, les *Bucoliques*, les *Géorgiques*, et l'*Énéide*, sont des créations essentiellement *Latines;* qui, toutes trois, conçues par amour du Latium, rappellent la triple nationalité du peuple Latin : pâtre, laboureur, guerrier. Jamais poésie ne fut plus nationale. Jamais

---

\* *Georg.* I, 169.

\*\* *Æneid.* x, 204. — « Les *Étrusques*, peuple aristocratique entre tous. » Michelet, *Histoire Romaine*, t. I, chap. III.

\*\*\* « Les grands, nommés *Spartes* à Thèbes, *Eupatrides* à Athènes, *chefs* et *rois* dans d'autres États, forment l'*aristocratie* qui existe partout où les hommes se réunissent en société. *Précis de l'Histoire Ancienne* par MM. Poirson et Cayx; *Introduction*, p. iij.

\*\*\*\* *Æneid.* x, 206.

poète n'entreprit avec plus de zèle, ni dans des circonstances plus critiques, de venir en aide à son pays : vers la fin de la République, il n'y avait plus d'ordre social; plus de religion; les oracles, méprisés, depuis long-temps se taisaient \*; on se moquait ouvertement des augures; enfin, toute la chose Romaine périssait : ce que Virgile fit pour la conserver, est admirable.

Il mérita bien d'elle, assurément! Et si les *Dieux* par qui cette chose avait été fondée, soutenue : « *Di quibus imperium hoc steterat* \*\*; si Romulus et Vesta, Jupiter et Junon, Mars et Vénus, Apollon et Minerve, et autres divinités eussent pu régir encore les mortels; il eût, ce divin poète, ce digne fils d'Apollon, il eût raffermi leur empire; mais le Polythéisme à bout n'en pouvait plus; désormais, ni les images vives de la pensée, ni les fictions les plus brillantes, ni le charme des vers; aucun philtre, aucune magie, n'étaient plus capables de rendre la chaleur à ses mythes surannés; et il lui fallait mourir. L'heure approchait où le monde

---

\* « Cur isto môdo jam Oracula Delphis non eduntur, non modo nostra ætate, sed jamdiu, ut nihil possit esse *contemptius*. » Cicer. *De Divinat.* II, 57. *Voyez* Montaigne, *Essais*, chap. XI.

\*\* *Æneid.* VI, 663.

en travail devait « *enfanter son sauveur ; les cieux déjà répandaient leur rosée* * : » un peu de temps encore; que l'auteur de l'*Énéide* vécût quelques années de plus; et lui-même eût pu voir le berceau de Jésus-Christ **.

L'histoire a consigné que le jour où mourait Lucrèce, Virgile prenait la robe virile. Ces deux faits, ainsi rapprochés, parlent aux yeux. Et toute réelle que puisse être leur coïncidence, on est tenté de la croire une allégorie, faite pour exprimer qu'après la Philosophie, la Religion reprend la parole. En effet on voit, ainsi, d'un coup-d'œil comme au poète libre-penseur et mécréant succède un poète *sage,* religieux. L'un est, en quelque sorte, relevé par l'autre. Cette fois, le parti Latin-conservateur dut se rassurer : il avait un homme imbu des croyances antiques, véritablement pieux; qui, par son caractère, donnant à ses écrits de l'autorité, pouvait commander aux esprits, les ramener, les rattacher, resserrer les *liens défaits par la Nature des Choses;* enfin l'anti-Lucrèce.

Avec son zèle et sa piété de commande, Catulle,

---

\* Racine, *Athalie,* act. III, sc. VII.
\*\* Virgile meurt, âgé de cinquante-deux ans, l'an de Rome 734; et, seulement vingt ans après, Jésus-Christ naît; l'an de Rome 754.

en dernière analyse, n'avait opposé rien de solide à *la Nature des Choses* : une hymne à Diane, sainte patronne de la race de Romulus et d'Ancus ; des invocations au dieu Hymen, conservateur des nobles familles, et protecteur des gens de bien ; quelques regrets aux héros des premiers âges, mortels issus des Dieux, et dignes de leur naissance, chers aux Nymphes, admis dans la couche des Déesses ; un grand fond de respect pour la propriété, base sacrée du patriciat ; des leçons d'amour et de chasteté données aux jeunes vierges assez heureuses pour voir briller à leurs noces le flambeau d'Hyménée ; cela, sans doute, était de nature à toucher l'Aristocratie ; mais cela ne parlait guère au peuple. Pourtant, le peuple, il importait de l'instruire. Les discours de Lucrèce n'étaient que trop à sa portée ! On s'en apercevait aux progrès de l'incrédulité. Grâces au ciel, voici que Virgile venait donner à tous de religieux enseignemens. Il y avait lieu d'en attendre de bons effets : après de longs orages, le calme commençait à renaître ; la société, avide de repos, ressentait le besoin d'être restaurée ; nul doute qu'elle voulût s'amender, revenir à ses premières institutions ; on devait donc voir la piété reparaître ; la religion reprendre son empire ; et le pouvoir se consolider.

Le pouvoir, alors, c'était la monarchie\*; qui long-temps repoussée, — plus par les nobles que par le peuple, à la fin, de guerre lasse, l'emportait. Mais la domination d'un seul fera-t-elle ce que l'oligarchie patricienne n'a pu faire? Entre les oppresseurs et les opprimés, entre les gouvernans et les gouvernés, l'Empire saura-t-il, mieux que la République, établir l'union, la sympathie? Comment comprimer l'insurrection des idées, maîtriser les faits accomplis, étouffer leurs conséquences? Celles de Pharsale sont immenses : « La victoire « de l'armée barbare de César a vengé la vieille « injustice de l'esclavage dont les nations barbares « avaient tant souffert\*\*; » elle les a, de fait, émancipées. Par cette émancipation le genre humain a repris ses droits : sa condition doit changer. Vainement l'Aristocratie a fait poignarder César au nom de la liberté (2); le peuple, qui n'a pas pris le change, n'en a pas moins pleuré César comme son *libérateur;* et de ce grand homme éteint il a fallu faire un dieu : « *Deus, deus ille, Menalca*\*\*\**!* »

---

\* « Les affaires étaient tombées en séditions et guerres civiles, et de guerres civiles en monarchie. » Plutarque, *Cicéron*, III.

\*\* Michelet, *Histoire Romaine*, t. II, chap. VI.

\*\*\* Virgile, *Eclog.* V, 65. Pendant qu'on célébrait à Rome

L'âme de César ne pouvait s'exhaler comme celle des autres mortels : aussi, dès qu'il va rendre le dernier soupir, Vénus descend du ciel; vient, sans être vue, détacher du corps de son fils cette grande et belle âme qu'elle ne veut pas laisser se perdre dans les airs; puis elle l'emporte au séjour des astres \*; et, depuis lors, César est adoré :

« *Il est le dieu du peuple et celui des soldats* \*\*. »

C'est de César que relève l'empire; nul ne peut y prétendre que son lieutenant, ou son fils; et, pour réussir, ce fils, ce lieutenant, ont dû parler d'abord de constitution et de réforme; ils se sont proclamés les *élus du peuple*, à l'effet de *constituer* et de *réformer* la république \*\*\*; la devant faire démocrati-

---

des jeux funèbres en l'honneur de César, une étoile soudain apparut. Le peuple crut voir l'âme de César, reçue en triomphe dans le ciel. — *Voyez* Suétone, *Jul.-Cæs.*, LXXXVIII.

\* . . . . . « Media quum sede senatus
Constitit alma Venus, nulli cernenda, suique
Cæsaris eripuit membris, nec in aera solvi
Passa recentem animam, cœlestibus intulit astris. »
                                   Ovid. *Metam.* XV, 844.

\*\* Corneille, *Nicomède*, act. II, sc. I.

\*\*\* Les édits de proscription portaient en tête ce mandement : « M. Lépidus, M. Antonius, Octavius-César, triumvirs élus à l'effet de constituer et de réformer la République, ordonnent ce qui suit; etc. — Fuit autem proscriptionis formula hæc:

que, d'aristocratique qu'elle était. C'est pour satisfaire le peuple et l'armée \*, qu'ils ont proscrit trois cents sénateurs et deux mille chevaliers. Sanglantes représailles de la démocratie! Jeux funèbres donnés par le peuple à la mort du héros de Pharsale. Et, dans ces jeux, notez qu'on avait vu « les sénateurs, des préteurs, des tribuns se rouler en larmes aux pieds de leurs esclaves, leur demandant grâce et les suppliant de ne point les déceler \*\*. Ainsi le prestige de l'autorité s'évanouit. Devant la mort l'égalité s'est fait sentir; et ce nouveau sentiment, ajouté à celui de la liberté, le fortifie. Ce n'est pas tout : la propriété aussi est détruite; les hommes de guerre, les Barbares, l'ont envahie. Un des Gracques avait dit :

« Je ne conçois pas qu'au milieu d'une ville libre
« on rende la condition du peuple pire que celle
« des animaux féroces. Quand ces ennemis de
« l'homme veulent reposer, ils trouvent des re-

---

M. Lepidus, M. Antonius, Octavius-Cæsar, triumviri electi CONSTITUENDÆ et CORRIGENDÆ Reipublicæ, edicunt sic : etc. » — Appian, lib. IV, 8.

Ainsi les Proscriptions du Triumvirat s'annonçaient comme une mesure préliminaire à une constitution meilleure, à une *réforme de la République*

\* *Voyez* Michelet, *ut supra.*
\*\* *Idem.*

« traites sûres dans leurs antres, des asiles paisi-
« bles dans les forêts; tandis que les citoyens, qui
« exposent sans cesse leurs jours pour le salut et
« pour la gloire de leur patrie, se voient privés, à
« la fin de leurs travaux, de logement et de subsi-
« stance\*; et s'ils jouissent encore de l'air et du so-
« leil, c'est que la cupidité de leurs oppresseurs
« ne peut les leur ravir.

« Écoutez cependant nos superbes consuls, nos
« orgueilleux préteurs, quand ils haranguent les
« soldats un jour de bataille : ils leur parlent comme
« à des hommes fortunés qui possèdent tous les
« biens de la vie. N'est-ce pas une raillerie insul-
« tante que de les exhorter à combattre pour nos
« autels, quand ils n'ont pas de foyers; pour les
« palais de Rome, quand il ne leur reste pas une
« cabane; pour une patrie opulente qui ne leur
« laisse aucun héritage? Privés de tout, qu'ont-ils
« à défendre? Ils ont conquis les vastes contrées
« qui enrichissent la république, et ils n'en sont
« que plus pauvres. Leur sang a payé ces trésors
« auxquels on ne leur permet pas de participer. La

---

\* Pareillement Jésus dira : « Les renards ont leurs tanières,
« et les oiseaux du ciel leurs nids; mais le fils de l'homme n'a
« pas où reposer sa tête. »—*Évang.*, saint Matth., ch. VIII, 20 ;
et saint Luc, ch. IX, 58.

« veille d'un combat, on leur donne le titre de
« maîtres du monde; le lendemain du triomphe,
« on leur conteste quelques arpens des royaumes
« qu'ils ont conquis *. »

Ces discours-là ne s'oublient point : ils font sur l'esprit de la multitude une impression trop vive. Les soldats, donc, peu satisfaits des récompenses ordinaires, ne veulent plus se battre que sous bonnes conditions. Pour s'assurer de quoi vivre, pour avoir un toit où reposer, puis le droit de prendre place dans la cité, ils ont, avant la guerre, exigé, pour après, des terres. Leurs chefs leur en ont promis; et le moment est venu de tenir les promesses : dix-huit villes, choisies parmi celles qui ont embrassé le parti des meurtriers de César, c'est-à-dire, qui tiennent pour l'aristocratie; les plus opulentes, les plus renommées, tant par la bonté de leur territoire que par la beauté de leurs édifices; dix-huit villes, quelle récompense! quelle prime d'encouragement! ont été, avec tous leurs édifices, avec tout leur territoire, données en proie aux légions; si bien que la plus belle part de l'Italie est ainsi devenue la propriété des soldats **.

---

\* De Ségur, *Histoire Romaine*, t. II, chap. I. *Voir* aussi Plutarque, *Tiberius* et *Caïus Gracchus*, XIII.

\*\* « Et quo alacrior redderetur exercitus, præter alia propo-

La belle colonie de Mantoue avait, comme tant d'autres, subi l'invasion et le partage; devant un étranger farouche, qui sans pitié disait : « Ces biens-là sont à moi; arrière! anciens colons, arrière *! » Les propriétaires, victimes de la révolution, vaincus et tristes, fuyaient. Ils fuyaient du sol natal; délaissant une terre chérie; pour aller loin, bien loin! les uns vers la brûlante Afrique, les autres vers la froide Scythie; ceux-ci en Crète; aux bords

---

sita victoriæ præmia, promittendas constituerunt (Triumviri) militibus coloniarum loco, octodecim Italicas urbes, tam opibus quam agri bonitate ac ædificiorum pulchritudine præcellentes; quæ cum agris et ædificiis, non secus quam bello captæ, in milites essent dividendæ. In earum numero eminebant Capua, Rhegium, Venusia, Beventum, Nuceria, Ariminum, Vibona..... atque ita pulcherrima Italiæ pars militibus est attributa. » — Appian. lib. IV, 3. Aux villes susnommées il faut ajouter *Crémone*, dont le territoire fut aussi partagé aux vétérans. Ceux-ci, n'ayant pu tous y trouver leur part, prirent, par supplément, le territoire de Mantoue; de Mantoue, pour son malheur, beaucoup trop voisine de Crémone :

« *Mantua, væ miseræ nimium vicina Cremonæ!* »

* « O Lycida, vivi pervenimus, advena nostri,
Quod nunquam veriti sumus, ut possessor agelli
Diceret : « Hæc mea sunt; veteres migrate coloni! »
                                        *Eclog.* IX.

« Nos patriæ fines et dulcia linquimus arva,
Nos patriam fugimus! . . . . . . .
At nos hinc alii sitientes ibimus Afros;

ravagés par les torrens de l'Oaxe; ceux-là, dans le fond de la Bretagne, pays perdu, séparé du reste de l'univers. Et tous ces pauvres émigrés, donnant un dernier regard à leur patrie, pleuraient et se demandaient si jamais, après un long exil, ils auraient l'heur de la revoir; si quelque jour, réintégrés dans leurs pénates, sous leur toit de mousse et de chaume, ils pourraient encore régner sur leur domaine, admirer leurs beaux épis. Des champs divinement cultivés appartenir à un soldat impie! Un barbare recueillir de si belles moissons!... Voilà donc pour qui la terre avait été par eux ensemencée! pour qui cette bonne mère allait désormais ouvrir son sein! O douleur! ô désespoir! ô suites funestes des discordes civiles! — Partout dans la campagne règne le trouble et la terreur.

> Pars Scythiam et rapidum Cretæ veniemus Oaxem,
> Et penitus toto divisos orbe Britannos.
> En unquam patrios longo post tempore fines,
> Pauperis et tuguri congestum cespite culmen,
> Post aliquot, mea regna videns, mirabor aristas?
> Impius hæc tam culta novalia miles habebit?
> Barbarus has segetes? — En quo discordia cives
> Perduxit miseros! En quis consevimus agros!
> . . . . . . . . . . . .
> . . . . . . . . . Undique totis
> Usque adeo turbatur agris. »
>      *Eclog.* I.

Un jeune homme timide, le désespoir dans l'âme, vient au commandant de la province demander protection; non pas pour lui; mais pour son vieux père, et le modeste héritage de ses aïeux. Son langage, sa figure, où respire un air de candeur virginale, donnent à sa prière un intérêt singulier; elle est écoutée; et, par bonheur, celui qui l'écoute, homme au-dessus du vulgaire, poète lui-même *, a bientôt reconnu dans ce bon fils qui l'implore, une nature d'élite, un poète. — Il le rassure; ordonne aux soldats de le respecter; lui, et sa famille; et, en outre, il lui promet son crédit; de l'appuyer auprès des Triumvirs; afin d'obtenir restitution de son bien. — Ce protecteur, c'était Pollion; le protégé, c'était Virgile. Pollion, l'un des plus célèbres orateurs de Rome; *Pompéien* par inclination; jeté par le sort dans le parti de César; ayant avec César passé le Rubicon, et combattu à Pharsale; puis rattaché à la cause des meurtriers de César; puis, après leur défaite, contraint de se ranger sous les drapeaux d'Antoine; et, en dernier lieu, nommé par celui-ci au commandement des légions réparties dans le

---

\* « *Pollio et ipse facit nova carmina.* »
    *Eclog.* III, 87, *Vid.* et. Horat. *Sat.* X, lib. I, 43.

Mantouan; au demeurant, un véritable et constant ami des lettres. Quant à Virgile, encore obscur; au sein de l'étude il jouissait des douceurs de son obscurité : « *Studiis florentem ignobilis oti* \*. » Ce n'est pas qu'il n'eût la conscience de son talent; au contraire, il se disait bien que *son astre en naissant l'avait formé poète;* il se sentait l'*influence secrète;* et déjà même quelques essais dans le genre pastoral lui avaient parmi les siens mérité le titre de poète; mais d'un aussi beau titre lui ne se croyait pas encore digne; et, en considérant ses œuvres au prix de celles des maîtres, modestement il se comparait à l'oison qui mêle ses cris discords aux chants mélodieux des cygnes \*\*.

Fort du crédit de Pollion, Virgile part de son village pour Rome; et va solliciter la restitution du manoir paternel. Son père, lui aussi, se résout à partir. Pour qu'il prît, le digne homme, cette résolution, à son âge, — la barbe lui tombait sous

---

\* *Georgic.* lib. IV, *in fine.*
\*\* . . . . . . . « Et me fecere poetam
  Pierides; sunt et mihi carmina. Me quoque dicunt
  Vatem pastores; sed non ego credulus illis.
  Nam neque adhuc Varo videor, nec dicere Cinna
  Digna, sed argutos inter strepere anser olores. »
  *Eclog.* IX.

le rasoir blanche comme neige ; — il ne fallait pas moins que des circonstances aussi critiques, le désir d'échapper à l'esclavage, et l'espoir de se rendre favorables les nouveaux dieux, visibles à Rome seulement. Le père de Virgile, à ce que nous pouvons croire, était de la vieille souche; un rejeton de cette race Étrusco-Latine, essentiellement agricole, qui, de génération en génération, sans avoir rien perdu des mœurs primitives, s'était fait comme une religion de vivre sur le sol natal : lui, ne l'avait jamais quitté; il ne connaissait Rome que de nom ; aussi, dans sa rustique simplicité, se figurait-il qu'elle ressemblait à Mantoue, sa ville de prédilection, la plus proche de son hameau *; où souvent il allait vendre le croît de ses troupeaux. Il se figurait cela, bonnement, pour avoir observé qu'entre les dogues et leurs petits, entre les chevreaux et leurs mères il y a de la ressemblance; et dans les rapprochemens qu'assez ordinairement il aimait à faire des petites choses et des grandes, cette observation volontiers lui servait de règle.

A son entrée dans la capitale, l'homme des champs demeura stupéfait. Des maisons qui touchaient aux nues! Des palais de marbre et d'or!

---

* *Andès;* où naquit Virgile; près de Mantoue.

Sept monts enfermés dans une enceinte de pierre! Quelle gigantesque cité! Le bon vieillard, comprit alors, pour la première fois, que parmi les autres villes Rome, réellement, dominait; comme parmi les humbles viornes les cyprès dominent *.

En ce temps-là le jeune héritier de César célébrait la victoire de Philippes; et s'occupait de la mettre à profit. Dans le récent partage du monde que s'étaient fait entre eux les triumvirs, Octave se trouvait avoir plus particulièrement l'Italie : à lui le soin de la pacifier, de l'organiser, puis

---

* TITYRUS.

« Urbem, quam dicunt Romam, Meliboee, putavi
Stultus ego huic nostræ similem, quo sæpe solemus
Pastores ovium teneros depellere fetus.
Sic canibus catulos similes, sic matribus hædos
Noram; sic parvis componere magna solebam.
Verum hæc tantum alias inter caput extulit urbes,
Quantum lenta solent inter viburna cupressi.

MELIBOEUS.

Et quæ tanta fuit Romam tibi causa videndi?

TITYRUS.

Libertas, quæ sera tamen respexit inertem,
Candidior postquam tondenti barba cadebat;
. . . . . . . . . . . . . . . . . . . . . . .
Quid facerem? neque servitio me exire licebat,
Nec tam præsentes alibi cognoscere Divos.

avec ses terres de payer la dette aux vétérans \*. C'était donc à Octave que Virgile devait s'adresser. Pollion, sans doute, l'avait recommandé à Mécène. Une apostille de ce dernier suffisait pour rendre le succès certain. La requête présentée fut aussitôt répondue; favorablement; le bonheur rend généreux. Et puis, les temps de colère étaient passés; la politique voulait qu'au régime de spoliation et de terreur succédât l'esprit de mansuétude et de justice; afin d'opérer le rétablissement de cette pauvre Italie, toute délabrée. Octave dit à Virgile:

> Hic illum vidi juvenem, Meliboee, quotannis
> Bis senos cui nostra dies altaria fumant.
> Hic mihi responsum primus dedit ille petenti :
> « Pascite, ut ante, boves, pueri; summittite tauros. »
> . . . . . . . . . . . . . . .
> O Meliboee, Deus nobis hæc otia fecit.
> Namque erit ille mihi semper Deus; illius aram
> Sæpe tener nostris ab ovilibus imbuet agnus.
> Ille meas errare boves, ut cernis, et ipsum
> Ludere, quæ vellem, calamo permisit agresti.....
>
> MELIBOEUS.
> Fortunate senex, ergo tua rura manebunt!
> Et tibi magna satis, quamvis lapis omnia nudus

\* *Voyez* Appien, *Güer. civil.* IV; et in *Vita Virgilii*, per annos digesta : « *Antonius* ad res Asiæ constituendas discedit; *Octavianus* in Italiam redit, ad agros et præmia inter veteranos distribuenda. »

2.

Je rends à votre père son bien. Allez, mes amis ; comme auparavant, menez paître vos troupeaux ; mettez tranquillement vos taureaux à la charrue. »
— Ces paroles, prononcées avec un air de toute-puissance et de bonté, font sur l'esprit du jeune poëte une impression profonde. Il croit voir et entendre un dieu. De ce moment l'image d'Octave s'est gravée dans le cœur de Virgile ; et jamais elle ne s'effacera ; Octave, pour Virgile, sera toujours un dieu ; Virgile voudra toujours l'honorer, le servir, lui donner des gages de sa reconnaissance. Au fait, il lui devait : pour lui, personnellement, une condition libre, les loisirs de l'étude, la faculté de se livrer à son génie : — c'était lui devoir l'existence ; — et, pour son père, il lui devait ce que la vieillesse estime par-dessus tout, ce qui fait

---

Limosoque palus obducat pascua junco.
Non insueta graves tentabunt pabula, fetas
Nec mala vicini pecoris contagia lædent.
Fortunate senex ! hic, inter flumina nota
Et fontes sacros, frigus captabis opacum.
Hinc tibi, quæ semper vicino ab limite sepes
Hyblæis apibus florem depasta salicti,
Sæpe levi somnum suadebit inire susurro.
Hinc alta sub rupe canet frondator ad auras,
Nec tamen interea raucæ, tua cura, palumbes,
Nec gemere aeria cessabit turtur ab ulmo.

son vœu le plus cher, une fin tranquille : demeuré libre au sein du petit manoir qui suffisait à son bonheur, le fortuné vieillard pouvait, parmi les doux plaisirs de la vie champêtre, achever en paix ses jours.

Le premier encens que le poëte offrit à sa nouvelle divinité, ce fut à l'occasion que voici : il avait plu toute la nuit; et le matin on pouvait craindre une interruption des jeux donnés par Octave; quand le soleil prenant le dessus, et dissipant les nues, permit le retour au Cirque. Octave lut sur un des murs de son palais ce dystique connu :

« *Nocte pluit tota redeunt spectacula mane :*
« *Divisum imperium cum Jove Cæsar habet.* »

« Il a plu toute la nuit; ce matin les jeux recommencent; César partage l'empire avec Jupiter. »

---

TITYRUS.

Ante leves ergo pascentur in æthere cervi,
Et freta destituent nudos in litore pisces;
Ante, pererratis amborum finibus, exsul
Aut Ararim Parthus bibet, aut Germania Tigrim,
Quam nostro illius labatur pectore vultus. »

*Eclog.* I.

Au style de ces trois derniers vers, on reconnaît aisément qu'ici ce n'est point *Tityre*, mais bien Virgile lui-même qui parle. Quel pâtre s'exprimerait ainsi? « *Quis pastorem ferat decantantem illa?* » Lemaire, *Class. Lat.* Virgile, vol. I, p. 69.

La flatterie eut du succès. — Quel en était l'auteur? — Un courtisan, quelque *geai paré des plumes du paon*, fit croire que c'était lui; puis reçut récompense; Virgile, volé, se plaignit du larcin; et pour confondre son voleur, le mit au défi d'achever quatre vers commencés, tous quatre, par ces mots : « *Sic vos non vobis* »..... Le menteur de rester court; et Virgile d'achever, lui, son quatrain; avec ce petit commentaire :

« *Hos ego versiculos feci: tulit alter honores :*

*Sic vos non vobis — Nidificatis aves;*
*Sic vos non vobis — Vellera fertis oves,*
*Sic vos non vobis — Mellificatis apes;*
*Sic vos non vobis — Fertis aratra boves.* »

Ce qui voulait dire à-peu-près :

« J'ai fait ces petits vers; un autre en eut la gloire :

Ainsi ce n'est pas pour vous, oiseaux, que vous faites vos nids;

Ainsi ce n'est pas pour vous, moutons, que vous portez votre laine;

Ainsi ce n'est pas pour vous, abeilles, que vous distillez votre miel;

Ainsi ce n'est pas pour vos, bœufs, que vous labourez. »

— Des oiseaux, des moutons, des abeilles, des

bœufs; toutes choses aimées du fils de Mantoue; toutes images empruntées de la vie agricole : ces vers sont bien de Virgile.

Le *geai* fut reconnu et bafoué; la chose, à l'envi contée; on parla beaucoup de Virgile; et dans Rome cela *mit en branle sa réputation* \*. D'aucuns prétendent que telle fut auprès du prince l'origine de sa fortune. Je ne voudrais pas gager que non : souvent de grandes causes ont de petits effets; souvent aussi de grands effets ont de petites causes.

Lorsque Virgile, porteur d'un ordre d'Octave, vint pour se faire remettre en possession des lares paternels; où, durant son absence, tout avait pris un air languissant et morne; où tout soupirait après son retour \*\*; le nouvel occupant, le centurion Arius, se montra fort peu disposé à déguerpir. Il y eut débat; et des plus graves. Un centurion, était un despote au petit pied; une formidable puissance qui faisait trembler même le soldat. Sur un tel homme le doux parler n'avait aucun empire;

---

\* Molière, *les Précieuses*, sc. x.
\*\* « Mirabar quid mœsta Deos, Amarylli, vocares;
Cui pendere sua patereris in arbore poma.
Tityrus hinc aberat. Ipsæ te, Tityre, pinus,
Ipsi te fontes, ipsa hæc arbusta, vocabant. »
*Eclog.* I.

et devant lui le jeune nourrisson des Muses se trouvait, à-peu-près, comme la colombe devant l'autour. Arius évincé parla de tuer Virgile. Et si ce dernier n'eût été prévenu; si la corneille, qui, du haut d'un chêne creux, croassait à sa gauche, ne lui avait donné des avertissemens; peut-être le meurtre était-il consommé; le meurtre de Virgile! Tout le Mantouan en frémit. Son cher Virgile! Sans lui, que devenir? Dans ces jours de souffrance, sa parole était un baume; elle était, ce que pour l'homme accablé de fatigue est le sommeil sur un tendre gazon; ce qu'en été, pour étancher la soif, est l'onde fraîche d'une source. Quel autre que Virgile consolerait les affligés? qui chanterait les Nymphes? qui couvrirait la terre d'herbe et de fleurs? aux fontaines, qui prêterait de la verdure et de l'ombrage *? Heureusement, il fut sauvé! Bientôt après, sa douce voix se fit entendre; et les

---

### LICYDAS.

« Certe equidem audieram, qua se subducere colles
Incipiunt, mollique jugum demittere clivo,
Usque ad aquam, et veteris jam fracta cacumina fagi,
Omnia carminibus vestrum servasse Menalcan.

### MOERIS.

Audieras, et fama fuit; sed carmina tantum
Nostra valent, Licyda, tela inter Martia, quantum

enfans de l'Italie, pauvres fils déshérités! eurent, pour charmer leurs peines, les *Bucoliques;* des chants de pâtres (*bucula*, génisse); des chants empreints de mélancolie : *Tityre* et *Mélibée, Licydas* et *Méris,* dont les accens encore aujourd'hui nous attendrissent, firent, dans le temps, verser des larmes à plus d'un infortuné; de ces larmes délicieuses que les Hébreux assis sur les bords du fleuve de Babylone, répandaient au souvenir de leur bien-aimée Sion.

---

Chaonias dicunt, aquila veniente, columbas.
Quod nisi me quacumque novas incidere lites
Ante sinistra cava monuisset ab ilice cornix,
Nec tuus hic Mœris, nec viveret ipse *Menalcas* [1].

LICYDAS.

Heu! cadit in quemquam tantum scelus? Heu, tua nobis
Pœne simul tecum solatia rapta, Menalca!
Quis caneret Nymphas? quis humum florentibus herbis
Spargeret? aut viridi fontes induceret umbra? »

*Eclog.* IX.

Puis à l'églogue v :

« Tale tuum carmen nobis, divine poeta,
Quale sopor fessis in gramine, quale per æstum
Dulcis aquæ saliente sitim restinguere rivo. »

---

[1] Par ce berger *Ménalque* on doit entendre *Virgile :* « *Verum non pastor Menalcas, sed Virgilius est intelligendus.* » — Quintil. *Instit. Orat.* lib. VIII, cap. v.

Les *Bucoliques* révélèrent le génie de Virgile. A bien dire, ce n'était encore là qu'une œuvre secondaire; une imitation; une copie des Idylles de Théocrite \*; mais, cette imitation, cette copie, l'auteur l'avait semée de tant de beautés qui lui appartenaient en propre; il faisait si bien preuve de savoir et d'imagination; il avait dans le style et dans la pensée tant de charme, tant d'élégance et de bon goût; enfin, sa manière était si parfaite, que, tout d'abord, on admira; l'on reconnut la touche d'un grand maître; et le succès fut immense. Dans ces contrées de l'Italie, qui, non moins belles, non moins fertiles que la Sicile et l'Arcadie, admettaient plus volontiers comme idéal du bonheur les mœurs poétiques des bergers de Sicile et d'Arcadie; les *Bucoliques*, naturellement, plaisaient; et, chose remarquable, à Rome, dans la *ville bouillante*, elles étaient aussi fort goûtées : au théâtre, on demandait, instamment on demandait : les *Bucoliques!* les *Bucoliques!* Un ac-

---

\* Des dix Églogues que nous avons, sept, celles purement rustiques, « *meras rusticas*, » comme Servius les appelle, sept, sont imitées de Théocrite. Les trois autres (la IV<sup>e</sup>, la VI<sup>e</sup> et la X<sup>e</sup>), étrangères au genre *pastoral*, appartiennent plus particulièrement à leur auteur, qui, en bon client, les fit pour ses trois patrons *Pollion, Varus*, et *Gallus*.

teur s'avançait, on battait des mains, puis dans un profond silence on écoutait, on savourait le récit de quelque églogue *. C'est qu'après le tumulte et les ardeurs de la guerre civile, on aimait le calme et la fraîcheur des tableaux champêtres. Cela récréait; cela donnait aux esprits, préoccupés de scènes horribles, une salutaire distraction. Quoi de plus propre en effet à les récréer, à les distraire, qu'une peinture exquise de la campagne avec toutes ses beautés? De vertes prairies, des fleurs, un vallon doré, l'éclat du printemps, le silence des bois, où l'on écoute les oiseaux chanter, les troupeaux mugir; des grottes tapissées de lierre et de mousse, des berceaux de vigne, un lit de gazon, des ruisseaux, dont le murmure invite à dormir sous l'ombrage; quoi de plus séduisant? Pour un pareil séjour, comment ne point renoncer aux troubles de la ville? Comment ne vouloir pas se retirer de la mer agitée; ne pas *laisser la vague furieuse battre follement le rivage* **?

---

\* « *Bucolica eo successu edidit, ut in scena quoque per cantores crebra pronuntiatione recitarentur.* » Donat., in *Vita Virgilii*, 41.

\*\* « Hic ver purpureum; varios hic flumina circum
　　Fundit humus flores; hic candida populus antro

L'idée des *Bucoliques*, neuve, d'une certaine façon, puisque Virgile se trouvait être à Rome *le premier qui reproduisît les jeux du poète de Syracuse;* cette idée simple, née à propos, grandit soutenue et caressée par de puissans personnages; par les *Pollion*, les *Varus*, et les *Gallus;* tous amis de Virgile; alors à la tête du gouvernement; et en grandissant, elle ne laissa pas d'avoir, politiquement, son importance. Le pouvoir accueillit bien la Muse qui daignait prendre en mains les pipeaux rustiques; et qui ne rougissait pas d'habiter les bois; que dis-je? qui vantait le séjour des bois, comme le plus délicieux de tous les séjours; habité jadis par les Dieux, et préférable mille fois à celui des cités *; cependant que dans leurs vers ambitieux tous les autres s'évertuaient à qui entonnerait le

---

Imminet, et lentæ texunt umbracula vites.
Huc ades: insani feriant sine litora fluctus. »
   *Eclog.* IX, *Vid.* et *Eclog.* V, 52, *Eclog.* III, 55;
   et passim.

* « Prima Syracosio dignata est ludere versu
 Nostra, nec erubuit silvas habitare, Thalia. »
       *Eclog.* VI.

    « Habitarunt Di quoque silvas,
Dardaniusque Paris. Pallas, quas condidit, arces
Ipsa colat; nobis placeant ante omnia silvæ. »
       *Eclog.* II.

plus haut la trompette. Quand Virgile parut, — c'est lui-même qui nous l'apprend, — la littérature romaine, tout orientale, était, pour me servir du naïf langage de Plutarque, « *vanteuse et pleine de braverie* * : » les poètes n'enfantaient rien que d'*héroïque*; ne se faisant pas faute de retracer

« *Ce qu'ont de plus affreux les fureurs de la guerre,*
« *Des montagnes de morts, des rivières de sang* **. »

La révolte des Titans contre le maître du tonnerre (3); la querelle des Centaures et des Lapithes, avec ses *grands coups d'épée*; l'immense levée de boucliers de l'Orient qui porte la flamme aux remparts d'Érechthée; l'Athos *** percé d'outre en outre; la mer chargée de fers; l'Hellespont chevauché par les escadrons Perses, qui fondent de toutes parts sur la Grèce effrayée; voilà, depuis Lucrèce et Catulle, à quels sujets se prenaient, communément, les beaux esprits de Rome; jaloux d'exalter la force du bras d'Octave; et qui, pour plaire à ce *héros*, n'imaginaient rien de mieux que des chants de guerre ****.

---

\* *Antoine*, III.
\*\* Corneille, *Nicomède*, act. III, sc. I.
\*\*\* Montagne entre la Macédoine et la Thrace.
\*\*\*\* Dans une de ses premières invocations à Octave, Virgile dit :
 « Octavi venerande, meis allabere cœptis,

Bonnes gens! Ils se trompaient. La poésie héroïque ne peint que les passions les plus violentes. Or, la peinture de ces passions n'était pas, alors, ce qui convenait. Alors, pour ainsi parler, il fallait que le fer fût amolli, adouci; que l'aquilon devînt zéphyr; que Flore apparût dans les plaines; et *« fît taire des vents les bruyantes haleines. »* Rome avait tant besoin de repos! tant besoin qu'autour d'elle il ne soufflât plus que la douce haleine d'un vent salubre

---

  Sancte puer! tibi namque canit non pagina bellum,
  Phlegra [1] Giganteo sparsa est quo sanguine tellus;
  Nec Centaureos Lapithas compellit in enses;
  Urit Erichthonias Oriens non ignibus arces;
  Nec perfossus Athos, nec magno vincula ponto
  Jacta, meo quærent jam sera volumina famam;
  Non Hellespontus pedibus pulsatus equorum,
  Græcia quum timuit venientes undique Persas:
  Mollia sed tenui percurrere carmina versu,
  Viribus apta suis, *Phœbo* duce, ludere gaudet. »
          *Culex*, 24.....

  Maintenant, le *Culex* est-il de Virgile? — Martial, mieux posé que nous pour savoir à quoi s'en tenir sur ce point, Martial n'en doute pas et ne permet pas d'en douter (*Voyez* liv. VIII, Epig. LVI). Quant à *Phébus, qui guide* le poète, nous verrons plus loin qu'*Apollon* et *Auguste* c'est tout un.

---

 [1] *Phlégra*, ville de Macédoine, où l'on prétendait que les *Géans* avaient combattu contre les *Dieux*.

 *Nota Bene*. Brutus et Cassius venaient d'être défaits en Macédoine.

et gracieux! Songez : plus de droit nulle part; plus de justice; plus de lois; mais le caprice, l'emportement, la violence, la force; les villes voisines, sont toutes en armes; partout l'effroi; partout la guerre; une interminable guerre :

> « *Vicinæ ruptis inter se legibus urbes*
> « *Arma ferunt. Sævit toto Mars impius orbe*\*! »

Celui-là ne devait-il pas emporter le prix, qui parviendrait, ou, du moins, qui tâcherait à insinuer au cœur des hommes le désir de vivre en paix, de labourer la terre, d'élever des enfans en repos et tranquillité, avec, aussi, le bon vouloir de servir et honorer les dieux? Oui; pour bien entrer dans la pensée du gouvernement qui lors commençait à s'établir; pour mériter le suffrage de l'*Apollon qui déjà régnait*\*\*; il n'y avait pas, — et, ce qu'ici nous avançons, l'histoire le confirme; — il n'y avait pas de meilleure voie :

> « *C'est en la paix que toutes choses*
> « *Succèdent selon nos désirs;*
> « *Comme au printemps naissent les roses,*
> « *En la paix naissent les plaisirs;*
> « *Elle met les pompes aux villes,*
> « *Donne aux champs les moissons fertiles,*

---

\* Georgic. lib. I, *in fine*.
\*\* « *Jam regnat Apollo.* » Eclog. IV.

« *Et, de la majesté des lois*
« *Appuyant les pouvoirs suprêmes,*
« *Fait demeurer les diadèmes*
« *Fermes sur la tête des rois* \*. »

Cependant Virgile faillit un moment se fourvoyer. Soit entraînement de l'exemple, caprice de l'imagination, fantaisie de traiter un sujet plus éclatant; soit désir d'arriver ainsi plus vite à la renommée; — car

« *Qui n'a dans la tête*
*Un petit grain d'ambition* \*\*? » —

Le bon, le sage et pacifique Virgile, lui aussi, s'était mis d'abord à *chanter les rois et les combats;* lorsqu'Apollon, le dieu du Cynthe, vint lui pincer doucement l'oreille (4); et lui dire, par forme d'avertissement : « Tityre, il faut qu'un pâtre s'occupe de ses troupeaux; et que ses chants soient tout simplement ceux d'un pâtre. — Sur quoi Tityre, changeant de ton, avait aux autres laissé la *victoire* et la *gloire*, la guerre et ses horreurs; pour méditer, lui, des sujets champêtres; et leur consacrer sa muse; tout simplement; ainsi l'ordonnait *Apollon* \*\*\*. Et il l'ordonnait, convaincu « qu'il

---

\* Malherbe, *Ode à la reine Marie de Médicis.*
\*\* La Fontaine, *Fab.* x, liv. x.
\*\*\* « Quum canerem *reges et prælia,* Cynthius aurem
Vellit, et admonuit : « Pastorem, *Tityre,* pingues
Pascere oportet oves, deductum dicere carmen. »

« n'y a métier ni vacation quelconque au monde
« qui engendre en l'homme si soudain ni si véhé-
« ment désir de la paix comme fait la vie rustique;
« que le labour est comme un breuvage qui lui fait
« aimer la paix *. »

On sait quelles furent les méditations de Virgile; et si elles répondirent à la volonté suprême d'*Apollon*. De guerre pas un mot; si ce n'est pour déplorer la guerre et ses suites; partout l'amour des champs et de la tranquillité : ces pâtres, qui mollement assis sur l'herbe se prennent à chanter en gardant leurs grasses brebis; ils disent des choses ravissantes, singulièrement agréables au dieu des troupeaux et des collines ombreuses! C'est le génie du Latium qui les inspire. Toutefois, comme les bois et les bruyères n'avaient pas précisément de quoi satisfaire tous les esprits; — beaucoup voulaient des pensers graves en d'aussi graves circonstances; — le chantre des bois, *haussant un peu le ton*, savait, dans l'occa-

---

Nunc ego, namque super tibi erunt, qui dicere laudes,
Vare, tuas cupiant, et tristia condere bella,
Agrestem tenui meditabor arundine musam.
*Non injussa cano.* »
*Eclog.* VI.

* Plutarque, *Numa*, XXVIII.

sion, donner à son sujet de la gravité, l'ennoblir, enfin, le rendre *digne d'un consul\**. *Pollion* et *Silène*, œuvres sublimes, sont pour les esprits élevés, sérieux : histoire des temps primitifs, rappel des plus anciennes croyances religieuses, annonce d'un prochain renouvellement du monde; voilà ce qu'offrent *Silène* et *Pollion*. Certes, il y eut matière à des réflexions profondes, le jour où avec le solennel et mystérieux langage d'un prophète, Virgile dit au peuple romain : « Le dernier âge annoncé par la Sibylle est venu. Les siècles sont accomplis : un nouveau cycle commence. Voici revenir Astrée; le règne de *Saturne* \*\* revient; voici que les cieux envoient à la terre une génération nouvelle. Bientôt va naître un enfant prédestiné; dont la naissance marquera la fin de ce siècle de fer, et le retour de

---

\* « Sicelides Musæ, paulo majora canamus;
Non omnes arbusta juvant humilesque miricæ.
Si canimus silvas, silvæ sint consule dignæ. »
*Eclog.* IV.

« *Sicelides Musæ*, pastoritii carminis præsides, THEOCRITEÆ, omninoque BUCOLICÆ. » — Heyne.

\*\* « *Saturne*, ainsi nommé de *sata*, semences; ce qui explique pourquoi l'*âge de Saturne* du Latium répond à l'*âge d'or* des Grecs. » Vico, *Philosop. de l'Hist.* t. II, p. 388 (Edit. par Michelet, Paris, Hachette, 1835).

l'âge d'or * : Chaste Lucine, sois lui propice! Déjà règne Apollon ton frère. Pollion, c'est à toi qu'est réservée la gloire d'inaugurer cet heureux âge. Ton consulat fera époque. S'il reste encore quelques vestiges de notre perversité, sous ton consulat ils s'effaceront; et désormais on n'aura plus à vivre, comme par le passé, dans des transes continues. Cet enfant tiendra la vie des Dieux; il verra des héros se mêler aux Dieux; lui-même sera vu parmi; et il régira le monde pacifié par les vertus de son père. Messager du bonheur des hommes, ô toi qui rencontreras ici bas la Justice et la Paix, l'Abondance et la Sécurité, viens, il est temps, viens re-

---

\* « Ultima Cumæi venit jam carminis ætas;
Magnus ab integro sæclorum nascitur ordo.
Jam redit et Virgo; redeunt Saturnia regna;
Jam nova progenies cœlo demittitur alto.
Tu modo nascenti puero, quo ferrea primum
Desinet, ac toto surget gens aurea mundo,
Casta, fave, Lucina; tuus jam regnat Apollo.
Teque adeo decus hoc ævi, te consule, inibit,
Pollio, et incipient magni procedere menses.
Te duce, si qua manent, sceleris vestigia nostri
Irrita perpetua solvent formidine terras.
Ille Deum vitam accipiet, Divisque videbit
Permixtos heroas, et ipse videbitur illis,
Pacatumque reget patriis virtutibus orbem.
At tibi prima, puer, nullo munuscula cultu,

cevoir les honneurs suprêmes, merveilleux enfant! divin rejeton! accroissement de Jupiter! Vois : sur terre, sur mer, et dans les cieux tout se meut, tout s'ébranle; le monde touche au moment d'une révolution; et l'espérance est générale : chacun croit au bonheur du siècle qui vient. Oh! que jusque-là se prolonge ma vie; et qu'il me reste assez de force pour célébrer ta gloire! Je ne le céderai ni à Orphée, ni à Linus; si bien inspirés qu'ils furent tous deux; Orphée par Calliope sa mère, Linus par son père, le bel Apollon. Et le dieu Pan, — prit-il pour juge de nos combats l'Ar-

---

    Errantes hederas passim cum baccare tellus
    Mixtaque ridenti colocasia fundet acantho.
    Ipsæ lacte domum referent distenta capellæ
    Ubera; nec magnos metuent armenta leones.
    Ipsa tibi blandos fundent cunabula flores.
    Occidet et serpens, et fallax herba veneni
    Occidet. . . . . . . . . . .
    Aggredere, o magnos, aderit jam tempus, honores,
    Clara Deum soboles, magnum Jovis incrementum !
    Adspice convexo nutantem pondere mundum,
    Terrasque, tractusque maris, cœlumque profundum;
    Adspice, venturo lætantur ut omnia sæclo.
    O mihi tum longæ maneat pars ultima vitæ,
    Spiritus et, quantum sat erit tua dicere facta!
    Non me carminibus vincet nec Thracius Orpheus,
    Nec Linus; huic mater quamvis atque huic pater adsit,
    Orphei Calliopea, Lino formosus Apollo.

cadie; — le dieu Pan, au jugement de l'Arcadie, lui-même s'avouerait vaincu. »

Cet enfant, qui inspirait ainsi Virgile, et qui, si le ciel donnait au poète une longue vie, devait pour lui devenir une source d'inspirations plus sublimes que celles des Linus et des Orphée; que celles du grand dieu Pan; quel était-il, cet enfant mystérieux? Nous ne savons. Après bien des recherches, on en est encore aux conjectures. Les plus religieux veulent qu'éclairé par une illumination d'en haut Virgile ait entrevu le *Messie* (5). Ce qu'il y a de plus constant, ce qu'il convient de consigner ici, c'est que à l'avénement d'Octave « l'univers était dans l'attente; quel« que chose de mystérieux se remuait au fond des « cœurs; la philosophie indienne; maîtresse de « Rome; allait avec le Christianisme renouveler le « monde; tout changeait \*. »

Parmi les croyances répandues, deux étaient en vogue surtout, qui favorisaient les idées de délivrance et de condition meilleure pour le genre hu-

---

Pan Deus Arcadia mecum si judice certet,
Pan etiam Arcadia dicat se judice victum. »
*Eclog.* IV.

\* M. Charpentier, *Étude sur Virgile*, p. 27. — Paris, Panckoucke, 1831.

main; savoir : la croyance des Platoniciens et des Stoïciens touchant le *cycle de la Grande Année*, c'est-à-dire, la révolution et le rétablissement de toutes choses; puis celle touchant la naissance attendue d'un héros, d'un libérateur, d'*un Grand Roi à venir* *. Ces deux croyances sympathisaient. La première, conforme au *système* étrusque *des âges* (6), devait, naturellement, être adoptée par l'Étrusque Virgile. Or, d'après ce système, le monde, alors, se trouvait arrivé à l'époque fatale de son renouvellement : On en parlait dès le temps de Sylla; dès ce temps, *les savans devins de la Toscane* l'avaient ouvertement annoncé; Plutarque, au courant de la chose, naïvement la rapporte tout au long :

« Un jour que le ciel était clair et serein, sans
« nuée quelconque, l'on ouït le son d'une trom-
« pette si aiguë, que tout le monde en fut presque
« hors de soi, pour la frayeur d'ouïr un si grand
« bruit. Sur quoi les savans devins de la Toscane
« enquis, répondirent que ce tant étrange signe
« dénonçait la mutation du monde, et le passage
« en un autre âge; parce qu'ils tiennent qu'il y en

---

\* « Erat alia *de Magno Anno vertente*, e Platonicis et Stoicis petita, opinio, quo rerum omnium ἀνακύκλωσις et ἀποκατάστασις esset futura, tum alia *De Magno Rege venturo* fama. Heyne, *Argument. in Eclog.* IV.

« doit avoir huit tout différens les uns des autres
« en mœurs et en façon de vivre, à chacun des-
« quels, ce disent-ils, Dieu a préfixé certain terme
« de durée : mais que tous viennent à finir leur
« cours dans l'espace de la révolution du *Grand*
« *an,* et que quand l'un est achevé et l'autre prêt à
« commencer, il se fait ainsi quelque merveilleux
« et étrange signe en la terre ou au ciel, de manière
« que ceux qui ont étudié en cette science-là con-
« naissent incontinent clairement qu'il est né des
« hommes tout différens des précédens en leurs
« vies et en leurs mœurs, et qui sont plus ou moins
« agréables aux Dieux que ceux qui étaient aupa-
« ravant : car ils disent qu'entre les autres grandes
« mutations qui se font à ces passages-là d'un âge
« en un autre, la science de deviner les choses qui
« sont à advenir croît en réputation, et rencontre
« en ses prédictions, quand il plaît à Dieu envoyer
« de plus exprès et plus certains signes, pour pou-
« voir connaître et prédire les choses futures : et au
« contraire en un autre âge elle vient en mépris et
« déchet de réputation, parce qu'elle est téméraire,
« et faut (manque) à rencontrer en la plupart de
« ses pronostications, à cause qu'elle n'a que des
« moyens obscurs et tous effacés instrumens pour
« connaître ce qui doit advenir. Voilà les fables

« qu'en allaient racontant les plus savans devins de
« la Toscane, et ceux qui semblaient y entendre
« quelque chose par-dessus les autres. Mais ainsi
« comme le Sénat communiquait de ces présages
« avec les devins, étant assemblés dans le temple
« de la déesse Bellone, il y eut une passe (un moi-
« neau) qui vola dedans à la vue de tout le monde,
« portant en son bec une cigale qu'elle mipartit en
« deux, dont elle laissa une partie dans le temple,
« et emporta l'autre dehors : sur quoi les devins
« et interpréteurs de tels présages dirent qu'ils se
« doutaient d'une sédition et dissension entre les
« laboureurs qui ont des terres, et le menu popu-
« laire de la ville : parce que ce menu peuple-là ne
« fait que crier ordinairement, non plus que la
« cigale, et les laboureurs se tiennent sur leurs
« héritages aux champs *. »

Que la guerre éclatât entre *les laboureurs qui ont des terres*, et *le menu peuple* qui, n'en ayant pas, *ne fait que crier*; que les sillons ensanglantés demeurassent stériles; que partout apparût le deuil de l'agriculture; ainsi l'avait voulu la fatalité du siècle de Sylla; siècle impie; siècle de fer! Mais l'âge inauguré par le consulat de Pollion, sous l'empire

---

* *Sylla*, XVI.

d'Octave, âge réparateur, tout de justice et de vertu! celui-là, nouvel âge d'or, avait, à coup sûr, une meilleure destinée : c'était le tour de la paix et de la concorde * : les idées d'ordre et de conservation reprenaient le dessus; le souvenir des anciens malheurs s'effaçait; on parlait d'oubli du passé; l'astre de César fils de Vénus apparaissait à l'horizon, comme un astre propice, par qui devait être sauvée l'Italie; par qui devait se féconder la terre et se reconstituer la propriété : déjà dans plus d'un champ brillent de riches moissons, et sur plus d'un coteau la vendange vermeille; nombre de pères, envisageant avec plus de confiance l'avenir, songent à planter pour leurs enfans : doux labeur; consolant espoir; heureux effets de l'agriculture ** !

---

\* En 714, *la paix de Brindes* venait de mettre un terme à l'affreuse *guerre de Pérouse;* Octave avait donné sa sœur en mariage à Antoine, comme gage de réconciliation.

\*\* « Daphni, quid antiquos signorum suspicis ortus?
Ecce Dionæi processit Cæsaris astrum,
Astrum, quo segetes gauderent frugibus, et quo
Duceret apricis in collibus uva colorem.
Insere, Daphni, pyros; carpent tua poma nepotes. »
*Eclog.* IX.

Molli paulatim flavescet campus arista.....
*Eclog.* IV.

— En somme, la *génération nouvelle* promet des hommes meilleurs, *plus agréables aux Dieux* que les précédens; *la science de deviner*, si injustement décréditée, si malheureusement *venue en mépris et déchet de réputation*, va refleurir, reprendre sa splendeur première. Ainsi l'espère Virgile; ainsi l'espèrent tous les gens de bien; qui aiment à voir dans Octave un *sauveur* donné par le ciel à la terre, un être prédestiné, annoncé par maint prodige! Car il est bon de vous dire la chronique : Octave, passait pour être fils d'Apollon. On contait qu'Atia, sa mère, voulant faire à ce dieu un solennel sacrifice, était venue au temple vers minuit; et que là, sa litière posée, comme les autres matrones s'en retournaient, elle s'était profondément endormie; qu'aussitôt alors elle avait subi les caresses d'un serpent; à croire, en s'éveillant, qu'elle sortait des bras de son époux. De ce moment elle avait eu sur le corps, sans pouvoir jamais l'effacer, une tache, un signe, de la forme d'un serpent; si bien que, désormais, elle s'abstint des bains publics. Octave étant né juste dans le dixième mois qui suivit cette aventure; on le disait, communément, fils d'Apollon. Lui, de son côté, ne négligeait rien pour le faire croire. Dans ses portraits, dans ses statues, il se faisait représenter sous la figure d'Apollon : —

*Apollo Servator!* Le génie de la conservation *! — Dans les festins, Octave prenait volontiers l'habit d'Apollon, et tout son équipage. A la vérité, quelques mécréans se moquaient et criaient à l'imposture; *traitant ces déguisemens, de mensonges impies* **. Mais ces voix importunes finissaient par être étouffées; et, je le répète, tous les honnêtes gens s'accordaient à proclamer Octave fils d'Apollon. Sa mère, avant d'accoucher avait eu une vision : en dormant, il lui avait semblé voir ses entrailles s'élever vers les astres, s'étendre sur tout le ciel, et couvrir toute la terre. Son père, ne laissait pas, non plus, d'avoir reçu des avertissemens d'en haut; des songes, et des présages. Par exemple, une fois il avait rêvé que du sein de sa femme sortait comme un rayon du soleil. Une autre fois, conduisant son armée à travers les lieux les plus retirés de la Thrace, il avait, dans le bois sacré de Bacchus, et avec toutes les cérémonies usitées des Barbares, consulté l'oracle sur son fils; et il lui avait été assuré par les prêtres que ce fils serait le

---

* Apollon était notoirement un *dieu conservateur* par excellence : *Apollo servator*, comme disent les inscriptions. *Voir* la note 18 d'Achaintre à la satire IX, liv. I d'Horace; Trad. de Batteux; Paris, Dalibon, 1823.

** *Voyez* Suétone, *Octav. Aug.* LXX.

maître de la terre. Pourquoi? — Parce que le vin répandu sur l'autel avait produit une immense flamme; qui, dépassant le faîte du temple, montait, montait, jusques aux cieux. On ne se souvenait pas que pareil prodige fût jamais arrivé à personne, qu'au grand Alexandre; et ce, pendant qu'il sacrifiait sur ces mêmes autels. Autre prodige : la nuit suivante, le père d'Octave avait vu son fils lui apparaître plus grand que nature; portant la foudre et le sceptre; avec tous les insignes de Jupiter *Très-Bon, Très-Grand;* notamment, une couronne radieuse; et il était sur un char couvert de lauriers, que traînaient douze chevaux d'une blancheur éblouissante [*]. Tous ces présages, et mille autres encore avaient précédé, accompagné, ou suivi la

---

[*] « Ante paucos, quam nasceretur, menses, prodigium Romæ factum publice, quo denunciabatur regem populo Romano naturam parturire....... *Lego Atiam* quum ad solemne Apollinis sacrum media nocte venisset, posita in templo lectica, dum ceteræ matronæ domum irent, obdormisse; draconem repente irrepsisse ad eam, pauloque post egressum; illamque expergefactam, quasi a concubitu mariti, purificasse se : et statim in corpore ejus exstitisse maculam, velut depicti draconis, nec potuisse unquam exigi, adeo ut mox publicis balineis perpetuo abstinuerit : Augustum natum mense decimo, et ob hoc Apollinis filium existimatum. Eadem Atia, prius quam pareret, somniavit, intestina sua ferri ad sidera, explicarique per omnem terrarum et cœli ambitum. Somniavit et pater Octavius

naissance d'Octave. Par ce moyen, il se trouvait être l'enfant des prodiges ; le bien-aimé, l'élu de la Divination. Les *sages* voyaient en lui un de ces princes que le ciel tient en réserve, qu'il envoie quand leur jour est venu, et auxquels il donne pour mission de tout reconstituer, de tout raffermir quand tout a été ébranlé. Ainsi s'interprétait à Rome, en faveur d'Octave, *le grand travail de la nature prête à enfanter un maître au peuple romain.*

Le *Pollion* de Virgile apparaît dans ce milieu. L'Etrurisme est là qui le reçoit à bras ouverts, et qui l'explique. Des endroits les plus obscurs la lumière jaillit. Chez nous, un sage a dit de ce chant prophétique « qu'il pourrait passer pour une version d'Isaïe (7). »

---

utero Atiæ jubar solis exortum....... Octavio postea, quum per secreta Thraciæ exercitum duceret, in Liberi patris luco barbara cerimonia de filio consulenti, idem affirmatum est a sacerdotibus : quod, infuso super altaria mero, tantum flammæ emicuisset, ut supergressa fastigium templi ad cœlum usque ferretur; unique (olim) omnino Magno Alexandro, apud easdem aras sacrificanti, simile provenisset ostentum. Atque etiam insequenti statim nocte videre visus est filium mortali specie ampliorem, cum fulmine et sceptro, exuviis que Jovis Optimi Maximi, ac radiata corona, super laureatum currum, bis senis equis candore eximio trahentibus. » Sueton. *Octav.-Aug.* XCIV. — Suétone en rapporte encore bien d'autres, vraiment ! — Voir *ibid.*

*Silène* rappelait les croyances primitives; alors oubliées, ou moquées; mais saintes et respectables pour les hommes du *nouvel âge*. Avec quelle candeur et quel amour Virgile rapporte la légende de Silène! Elle était du bon temps; du temps que le monde, heureux encore de son innocence native, croyait à la divination, et en reconnaissait le pouvoir. Quand Silène chantait, on voyait aussitôt les Faunes et tous les farouches hôtes des bois bondir en cadence; on voyait les chênes les plus durs s'attendrir, et mouvoir leurs cîmes! Apollon au Parnasse, Orphée sur l'Ismare ou le Rhodope causaient moins de joie; moins de ravissement *. Car Silène, vieillard aimé des cieux, et par les cieux instruit de la nature des choses, chantait la création : « *Senex namque canebat;* » il en disait toutes les merveilles; saintement, divinement, à l'opposite d'Epicure; à l'opposite de Lucrèce.

Il ne faut pas croire que dans *Silène*, Virgile se posât en sectateur d'Epicure (8); ni qu'il songeât

---

* . . . . . . . . . « Simul incipit ipse.
Tum vero in numerum Faunosque ferasque videres
Ludere, tum rigidas motare cacumina quercus.
Nec tantum Phœbo gaudet Parnasia rupes;
Nec tantum Rhodope miratur et Ismarus Orphea.
                                            *Eclog.* VI.

à reproduire, à mettre plus en crédit son irréligieux système; pas le moins du monde. Reproduire en raccourci ce que Lucrèce venait d'exposer amplement, et d'une façon si brillante! A quoi bon? D'un pareil travail quel fruit recueillir? — Aucun. Mais reprendre la leçon du philosophe, pour, en la reprenant, y rattacher les mythes anciens (9), et, par cette religieuse leçon, au monde conserver ses dieux; cela pouvait paraître utile, nécessaire; cela, dès-lors, devenait digne de Virgile; et l'on conçoit qu'il l'entreprit.

Lucrèce, avait dit le monde créé sans aucune assistance divine; par la seule force de la matière qui, de toute éternité, préexistait dans l'espace. Selon Lucrèce, c'est la matière qui a donné aux champs et aux collines l'herbe et tout l'éclat de la verdure; qui a émaillé de fleurs les prairies; c'est la matière qui donne aux divers arbustes cette force de végétation qui les fait s'élancer dans les airs; elle a couvert le sol de gazon et de bruyères, comme les quadrupèdes et les oiseaux de soie, de poil, et de plume; quant aux créatures, elles ont pris naissance, elles, de différentes manières; formant ainsi les différentes espèces; car, après tout, les animaux ne sont pas tombés du ciel; et aucun des êtres qui se trouvent à la surface de la terre n'est sorti du sein de l'onde *.

Virgile, dit autrement la création : il commence par rappeler les faits principaux qui, de temps immémorial, établirent parmi les hommes l'intervention de la divinité. Tous ces mythes sortis du cerveau d'Apollon, que l'Eurotas eut le bonheur d'entendre, et le soin de recueillir, pour les enseigner aux populations de ses rives **; tous ces vieux mythes, Virgile les reproduit; à la plus grande gloire des Faunes, des Satyres, des Sylvains ***,

---

\* *Voir* Lucrèce, liv. I, 171 et suivans; 502 et suiv. liv. II, 1159 et suiv. et, enfin, liv. v, 782 :

« Principio, genus herbarum viridemque nitorem
Terra dedit circum colles, camposque per omnes;
Florida fulserunt viridanti prata colore;
Arboribusque datum est variis exinde per auras
Crescendi magnum immissis certamen habenis :
Ut pluma atque pili primum setæque creantur
Quadrupedum in membris, et corpore pennipotentum;
*Sic* nova tum tellus herbas virgultaque primum
Sustulit; inde loci mortalia sæcla creavit,
Multa, modis multis, varia ratione coorta :
Nam neque de cœlo cecidisse animalia possunt,
Nec terrestria de salsis exisse lacunis. »

\*\* « Omnia, quæ, Phæbo quondam meditante, beatus
Audiit Eurotas, jussitque ediscere lauros,
Ille canit; pulsæ referunt ad sidera valles. »

*Eclog.* VI.

\*\*\* Dans plus d'une ancienne édition de *Virgile*, la VI<sup>e</sup> églo-

en un mot, de toutes les divinités champêtres. — Jadis la muse de *Silène* avait eu de l'écho dans les vallons : ses accens allaient aux astres! En sera-t-il de même encore? Si beaux, si harmonieux que soient les vers de Virgile.

Le nouveau *Théocrite* avait promis aux Muses de Sicile des chants un peu plus élevés : il tint parole. En le voyant ainsi, tout d'abord, « *de l'art des vers atteindre la hauteur* », il fut aisé de pressentir sa destinée : au Parnasse devait monter un si digne fils d'Apollon. Car celui-là, bien différent de Lucrèce, reconnaissait Jupiter pour premier auteur de toutes choses; il voyait partout le doigt de Jupiter; croyait à la présence de Jupiter ici bas; au soin pris par les Dieux des affaires de ce monde *; à Jupiter il rapportait toutes ses inspirations; puis il avait au fond du cœur un sincère amour d'Apollon : Apollon! le père de la divination! Il déclarait vouloir à tout jamais l'honorer et le servir. Faut-il, après cela, dire que le pouvoir tendit la main

---

gue est ainsi intitulée : SILENUS. *Faunorum, Satyrorum, et* ὑμνουμπις *delectatio.*

 * « Ab Jove principium, Musæ; Jovis omnia plena.
  Ille colit terras, illi mea carmina curæ.
  Et me Phœbus amat; Phœbo sua semper apud me
  Munera sunt lauri et suave rubens hyacinthus.
         *Eclog.* III.

II.

au jeune poète \* bien pensant, pour l'aider à monter plus vite? — La chose est assez connue.

Virgile fit rapidement son chemin. Bien qu'il eût des goûts simples, modestes, la fortune, qu'il ne cherchait pas, vint le trouver. Martial y songe avec envie; quand venu d'Espagne à Rome, précisément pour y chercher fortune, il ne peut qu'à grand'peine avoir *le vivre et le couvert*; et finit, avec tout son génie, par ne faire, lui, que végéter \*\*. Il a beau dire que de son temps, si fertile en héros, si favorable à l'épopée, les Virgiles ne manquent que parce qu'il n'y a point de Mécènes; et que lui, par exemple, avec un Mécène, il serait un Virgile; on sait à quoi s'en tenir : pure jactance espagnole. Non, Martial, la richesse n'ajoute rien au génie; Mécène ne fit pas Virgile; les grands poètes ne se font pas; ils naissent prédestinés; rarement; de loin en loin; à des époques marquées. Entre eux et les grands hommes d'État, il y a naturellement alliance; comme entre des puissances qui se prêtent leur appui. De votre temps, ô Martial, qu'at-

---

\* Virgile n'avait alors guère plus de trente ans, ayant commencé les *Bucoliques* après la bataille de Philippes, vers l'an de Rome 712; et mis à les composer environ trois années : « *triennio perfecit.* » V. Bayle, *Dict. Hist.* VIRGILE, notes L. C.
\*\* *Voyez* Martial, *Épig.* II, liv. I, et liv. VI, 32.

tendre de la poésie? Les anciennes sources sont taries ou corrompues; une nouvelle n'est point ouverte encore; quel bon office un poète peut-il rendre? C'est la force, la force brutale qui domine. Il s'agit bien, vraiment, de parler aux esprits, de méditer l'établissement et la conservation de l'empire, de fonder une dynastie! Le pouvoir est au jour le jour; « les soudards y faisant entrer l'un, et sortir l'autre, ni plus ni moins que s'ils jouaient quelque mystère sur un échafaud\* ». Le divin art des vers n'est plus, vous le savez, qu'un métier, un triste métier! Rien de grand à concevoir, rien qui intéresse l'humanité; que faire? — Un livre sur les spectacles, des épigrammes, des silves, des satires; encenser l'opulence, ériger en patriciens d'ignobles parvenus, leur fabriquer des généalogies; chanter les lions de César; ses lions, ses ours, ses rhinocéros; les combats de taureaux, l'esprit, le beau-parler des perroquets, les bains et leurs platanes, la belle chevelure des eunuques; ou bien prendre les choses en dégoût, les hommes en haine, puis amèrement déclamer... Voilà, Martial, ce que, de votre temps, un poète pouvait faire; ce que vous,

---

\* Plutarque, *Galba*, II. — En moins de dix mois quatre empereurs! Galba, Othon, Vitellius, et Vespasien.

4.

Stace, et Juvénal, vous avez fait. Mais du temps de Virgile surgissent de plus hautes pensées : on parle de régénération; une ère nouvelle commence; c'est l'âge d'or qui renaît; la Justice et la Paix vont redescendre sur terre; et, pour le bonheur du genre humain, ramener avec elles la *Monarchie;* il faut à celle-ci préparer les voies; lui gagner les cœurs et les esprits; grande tâche! Pour l'accomplir, Mécène, qui sait ce que peut la poésie, appelle à lui Virgile; non pas, que je croie, en lui disant : « Voici des richesses; tiens, prends, et sois des poètes le plus grand. Ce joli garçon, qui me verse à table le Falerne, avec une grâce, un sourire, à faire envie au maître des Dieux, mon Alexis, mes délices, le veux-tu? Je te le donne * ». — Non ce n'est pas ainsi que Mécène dut parler à Virgile; ce

---

AD FLACCUM.

Temporibus nostris ætas quum cedat avorum,
 Creverit et major cum duce Roma suo,
Ingenium sacri miraris abesse Maronis,
 Nec quemquam tanta bella sonare tuba.
Sint Mæcenates, non deerunt, Flacce, Marones,
 Virgiliumque tibi vel tua rura dabunt.
Jugera perdiderat miseræ vicina Cremonæ,
 Flebat et abductas Tityrus æger oves.
Risit Tuscus eques, paupertatemque malignam
 Reppulit, et celeri jussit abire fuga :

n'est pas ainsi que le poète fut inspiré; que ce beau génie en vint à concevoir des œuvres telles que les *Géorgiques* et l'*Enéide*.

Je m'imagine plutôt qu'un jour, au sein de quelque réunion amie du futur empereur, peut-être dans le palais de Pollion, noble séjour, ouvert aux hommes d'intelligence, et notamment à Virgile, comme on envisageait la difficulté des temps, la nécessité de se rallier à Octave, et le malheureux état de l'Italie; Mécène, en bon Étrusque, conclut qu'à tous les maux le souverain remède était avec la paix l'agriculture. Puis s'adressant à l'auteur des *Bucoliques* : « Divin poète, vous qui pouvez beaucoup, venez à notre secours; aidez-nous à rattacher au sol Italique ces peuplades barbares qui maintenant l'occupent; mais qui sans le moindre

---

Accipe divitias, et vatum maximus esto;
    Tu licet et nostrum, dixit, Alexin ames.
Adstabat domini mensis pulcherrimus ille,
    Marmorea fundens nigra Falerna manu;
Et libata dabat roscis carchesia labris,
    Quæ poterant ipsum sollicitare Jovem.
Excidit attonito pinguis Galatea poetæ,
    Thestylis et rubras messibus usta genas;
Protinus Italiam concepit, et *Arma virumque*,
    Qui modo vix *Culicem* fleverat ore rudi. »
              Martial., *Epig.* 56, lib. VIII.

amour de la vie agricole, sont là misérables et turbulentes\*. » — L'homme d'État est compris. Ce peu de mots, entré dans l'esprit du poète comme la semence au sein d'une terre fertile, y germe, y fructifie : il en sortira quelque merveille.

Ainsi durent s'entendre l'homme d'État et le poète; l'un recevant de l'autre l'idée mère d'une œuvre qu'il entreprend avec amour et qu'il poursuit avec zèle, comme une sainte mission. Voilà pourquoi le modeste Virgile rapporte à Mécène la majeure part de sa gloire; pourquoi, dans sa candeur, il déclare que Mécène est le bon génie de qui lui viennent les grandes pensées \*\*.

Tout à ses méditations, Virgile se retire à Naples; dans le sanctuaire de la science. Là, il interroge les anciens oracles : Hésiode, Aratus, Nicandre, d'autres encore, tous ceux qui de la nature et du culte de la terre ont parlé \*\*\*; puis il compose les *Géorgiques*.

Le philosophe réformateur Lucrèce avait dédié *La*

---

\* Suétone nous apprend que, pour repeupler les solitudes de l'Italie, Octave y transplanta jusqu'à vingt-huit colonies : « Italiam duodetriginta coloniarum numero, deductarum ab se, frequentavit. » — *Octav.-Aug.*, XLVI.

\*\* Voyez *Georgic.* II, 10; et III, 41.

\*\*\* Chez les Grecs, Démocrite, Xénophon, Aristote, Théophraste ; chez les Latins, Caton l'Ancien ; cet homme de labour !

*Nature des Choses* au démocrate Memmius : le pieux conservateur Virgile dédie les *Géorgiques* au noble Mécène; issu d'une des plus anciennes familles de l'Etrurie; « *Tuscus eques!* » à Mécène, qui compte des rois parmi ses aïeux; et qui, fidèle à son origine étrusque, « *Tusco Stemmate ramus* \* ! (10) » nourrit des sentimens monarchiques, et soutient l'aristocratie.

Les *Géorgiques* sont, en effet, une œuvre religieuse, monarchique et conservatrice; une dernière expression, un dernier chant de l'*Etrurisme* : « *Canit exsequialia cycnus* \*\*! ». Ce cygne chante au bord de son tombeau. Dans les *Géorgiques*, se retrouve l'esprit de Tagès, du primitif législateur de l'Italie, du père de la divination :

« *Qui primus Etruscam
Edocuit gentem casus aperire futuros* \*\*\* ; »

enfin du mystérieux auteur des *Livres Etrusques*. Vous avez pu lire le mystère : « Comme un labou« reur enfonçait la charrue dans un champ voisin « de Tarquinies \*\*\*\*, tout-à-coup sort du sillon le

---

auteur d'un traité sur l'agriculture, *de Re Rustica*. — *Voir* Plutarque, *Caton*, VI.

\* Perse, sat. III.
\*\* Ovid., *Metam.* XIV, 429.
\*\*\* *Idem,* lib. XV, 554.
\*\*\*\* Métropole de l'Étrurie.

« génie Tagès, qui lui adresse la parole. Sous la
« figure d'un enfant, Tagès avait la sagesse des
« vieillards. Le laboureur pousse un cri d'étonne-
« ment ; on s'assemble ; en peu de temps l'Etrurie
« entière accourut. Alors Tagès parla long-temps
« devant cette multitude, qui recueillit ses dis-
« cours, et les mit par écrit; tout ce qu'il avait dit
« était le fondement de la science des Haruspi-
« ces *. » — La poésie des *Géorgiques*, elle aussi,
sort du sillon. Elle aussi s'adresse à la multitude,
pour lui enseigner la vie sédentaire et agricole,
l'étroite union de l'agriculture, de la religion, de
la divination.

En annonçant qu'il va chanter ce qui fait les
heureuses moissons; sous quel signe il convient de
labourer, et de marier la vigne à l'ormeau; comment les grands troupeaux se gouvernent; ce qu'il
faut de soins pour élever le menu bétail; et tout ce
que les abeilles comportent d'expérience et d'économie; Virgile, tout d'abord, manifeste ses sentimens religieux, son esprit étrusque : il invoque les
astres et les Dieux **. Les astres, flambeaux du

---

* Cicer. *De la Divinat.*, liv. II, XXIII; passage reproduit par
M. Michelet, au chap. V de son Introduction à l'*Hist. Rom.*
** Quid faciat lætas segetes, quo sidere terram
    Vertere, Mæcenas, ulmisque adjungere vites

monde; qui dirigent au ciel le cours de l'année; les Dieux, bienfaiteurs de l'humanité. Ainsi, Cérès et Bacchus, à qui l'homme doit et le blé, douce nourriture, et le raisin, dont le jus en sa coupe tempère la froideur de l'onde;

Les Faunes, — divinités particulières à l'agreste Latium, oracles écoutés jadis, car ils chantaient ainsi que les devins, et souvent au milieu des combats leur voix se faisait entendre *; les Faunes, et à leur suite les nymphes Dryades, conservatrices des forêts;

Neptune, qui, d'un coup de son trident frappant la terre, en fit jaillir le cheval, tout frémissant;

---

    Conveniat; quæ cura boum, qui cultus habendo
    Sit pecori; apibus quanta experientia parcis,
    Hinc canere incipiam. Vos, o clarissima mundi
    Lumina, labentem cœlo quæ ducitis annum,
    Liber, et alma Ceres; vestro si munere tellus
    Chaoniam pingui glandem mutavit arista,
    Poculaque inventis Acheloia miscuit uvis;
    Et vos, agrestum præsentia numina, Fauni,
    Ferte simul Faunique pedem Dryadesque puellæ:
    Munera vestra cano. Tuque o, cui prima frementem
    Fudit equum magno tellus percussa tridenti,
    Neptune; et cultor nemorum, cui pinguia Ceæ

\* « *Olim, Fauni Vatesque canebant...... Sæpe etiam et in præliis Fauni auditi.* » — Cicér., *De Divinat.*, lib. I, XLV et L.

Aristée, le propagateur du culte des Bois, l'idole des pâtres; qui, dans les gras pâturages de Cée, avait trois cents taureaux blancs comme neige;

Pan, le gardien, le conservateur des troupeaux;

Minerve, qui, dans sa sagesse, aux mortels donna l'olivier;

Triptolème, divin enfant d'Eleusis, inventeur de la charrue;

Sylvain, à qui la religion des tombeaux avait élevé des autels toujours parés de cyprès, et dont les prêtres formaient à Rome un des principaux colléges du sacerdoce;

> Ter centum nivei tondent dumeta juvenci;
> Ipse, nemus linquens patrium saltusque Lycæi,
> Pan, ovium custos, tua si tibi Mænala curæ,
> Adsis, o Tegeæe, favens, oleæque Minerva
> Inventrix, uncique puer monstrator aratri,
> Et teneram ab radice ferens, Silvane, cupressum;
> Dique Deæque omnes, studium quibus arva tueri,
> Quique novas alitis non ullo semine fruges,
> Quique satis largum cœlo demittitis imbrem.
> Tuque adeo, quem mox quæ sint habitura Deorum
> Concilia, incertum est, urbesne invisere, Cæsar,
> Terrarumque velis curam, et te maximus orbis
> Auctorem frugum tempestatumque potentem
> Accipiat, cingens materna tempora myrto;
> An Deus immensi venias maris, ac tua nautæ
> Numina sola colant, tibi serviat ultima Thule,
> Teque sibi generum Tethys emat omnibus undis;

Généralement, enfin, tous les Dieux et toutes les Déesses qui prennent à la prospérité des campagnes un intérêt particulier; Virgile pieusement les invoque. Et voyez l'entraînement de son zèle; jusqu'où peut aller l'amour de l'autorité, l'idée de donner au chef ce prestige que veut la souveraine puissance, d'imprimer à son front de la majesté; enfin, le désir de rendre sa personne sacrée : dans cette divine invocation, — qui, véritablement, alors, apparaissait comme une révélation nouvelle sur la nature des Dieux, — Virgile n'hésite pas à comprendre Octave! le triumvir Octave! Ce sauveur lui paraît mériter des autels. Au premier jour, il doit passer Dieu. Son apothéose est sûre [*]. La seule chose encore incertaine, c'est le choix qu'il daignera faire de ses attributs : protecteur des Villes et des Campagnes, Octave peut, à son gré,

> Anne novum tardis sidus te mensibus addas,
> Qua locus Erigonen inter Chelasque sequentes
> Panditur; ipse tibi jam brachia contrahit ardens
> Scorpius, et cœli justa plus parte reliquit :
> Quidquid eris, nam te nec sperant Tartara regem,
> — Nec tibi regnandi veniat tam dira cupido,
> Quamvis Elysios miretur Græcia campos,
> Nec repetita sequi curet Proserpina matrem; —

[*] « *Octavius oppidatim inter deos tutelares consecratus est.* » — *Appian.*, lib. v.

ou prendre l'empire de la terre, et, nouveau Jupiter, se voir adoré comme le père des moissons; « *Terra sub Augusto\*!* » comme le dispensateur suprême des saisons; — le monde est prêt à l'accepter pour maître, à *couronner du myrte maternel* l'héritier de César; le petit-fils de Vénus; — ou bien encore Octave peut prendre l'empire des mers, et désormais recevoir les vœux de tous les matelots; à beaucoup plus juste titre que ce prétendu fils de Neptune, que ce Sexte-Pompée, qui naguère, jouet des flots, s'enfuit sur ses vaisseaux à demi brûlés; lui qui parlait si bien de donner à Rome des fers; les fers qu'il avait ôtés, le perfide! aux *esclaves*, ses amis \*\*.

---

    Da facilem cursum, atque audacibus annue cæptis,
    Ignarosque viæ mecum miseratus agrestes
    Ingredere, et votis jam nunc assuesce vocari. »
                        *Georgic.*, lib. I, *Exord.*

\* *Voir* Ovide, à la fin de ses *Métamorphoses.*

\*\* Sexte-Pompée, le *Glauque*, parce que son père avait été long-temps maître de la mer, parce que lui-même il avait, sur mer, fait éprouver un échec à Octave, se prétendait *fils de Neptune*; et, toutefois, venait d'être battu, défait, dans les eaux de la Sicile (718), entre Myles et Nauloque; ce qui ressort de ce passage d'Horace :

  « Ut nuper, actus quum freto NEPTUNIUS
      *Dux* fugit, ustis navibus,
  Minatus Urbi vincla, quæ detraxerat
      Servis amicus perfidis... »
                        *Epod.* IX.

La loi d'Octave, s'exécutera sur l'onde, jusque par-delà Thulé \*; d'un bout du monde à l'autre bout; Téthys achètera de tous ses domaines l'honneur d'avoir Octave pour gendre; enfin, ce tout-puissant peut, s'il lui plaît, prendre rang au ciel parmi les astres; y occuper la place vacante entre Erigone et le Scorpion; déjà même, pour lui faire la place plus belle, le Scorpion paraît s'être retiré. »

Qu'est-ce à dire? et que signifie cette figure du Scorpion se retirant devant un nouvel astre, lent, comme lui, dans son ascension? Là-dessous qu'y avait-il de caché? — Quelque allusion divinatoire (11); pour le rival d'Antoine quelque présage de victoire; d'une victoire lente, mais certaine, et des plus éclatantes; nous le supposons, du moins; toutefois,

« *Ce sont ici hiéroglyphes tout purs* \*\*. »

Quoi qu'il en soit, quelle que fût la place d'Octave au ciel,—au ciel, bien entendu (car les enfers ne pouvaient l'espérer pour roi; et, dans l'intérêt des peuples, jamais d'un tel royaume ne devait lui venir la triste envie; malgré tous les beaux récits de la Grèce sur les Champs-Elysées,

---

\* Partie la plus reculée vers le nord du monde alors connu.
\*\* *La Fontaine*, fab. VIII, liv. IX.

malgré le peu d'empressement de Proserpine à suivre hors du noir séjour sa mère qui la redemande); dans tous les cas, le nouveau Dieu devait se montrer favorable au poète, et encourager son *audace*; d'abord, pour le plaisir de s'entendre ainsi invoquer; — plaisir d'autant plus vif, qu'au début de sa divinité il n'en avait pas encore l'habitude; (*assuesce vocari!*) — Ensuite, parce que les *Géorgiques*, faites pour guérir la misère des campagnes, étaient, vraiment, une œuvre pie. Là, le savoir généreux vient au secours de l'ignorance. Et combien le secours est nécessaire! Palès et Apollon ont abandonné l'Italie. Dans ces mêmes sillons où tant de foin, et si heureusement, furent confiées les plus belles semences, il ne vient plus, hélas! que de l'ivraie, que des avoines stériles. Au lieu de douces violettes et de brillans narcisses, des chardons et des ronces *. Le moyen qu'il n'en fût pas ainsi? Après tant de guerres; à une époque de troubles et de bouleversemens, de violation des

---

\* Ipsa Pales agros atque ipse reliquit Apollo :
Grandia sæpe quibus mandavimus hordea sulcis,
Infelix lolium et steriles dominantur avenæ.
Pro molli viola, pro purpureo Narcisso,
Carduus et spinis surgit paliurus acutis. »
*Eclog.* v.

lois divines et humaines : l'agriculture, jadis si révérée ! maintenant languit sans honneur ; veuve de ses anciens colons, presque tous ravis par l'émigration ou l'exil, la terre demeure en friche ; et les faux des moissonneurs sont converties en glaives homicides *! Bref, au bon pays du Latium, dans l'*Heureuse Campanie*, on en est à ne savoir plus quel est le temps du labour ! — Il faut bien le dire aux *nouveaux colons*. C'est Virgile qui le dira ; qui le dira dans son divin langage ** :

« Au retour du printemps, quand sur les montagnes chenues la neige commence à fondre ; quand par le souffle de Zéphire la glèbe échauffée se résout, c'est le moment de labourer ; d'entrer en lice avec la terre. Qu'alors le taureau gémisse sous le joug ; et que dans les sillons on voie le soc, usé, resplendir. Mais avant de porter le fer au sein d'une terre que l'on ne connaît pas bien, une précaution

---

\* « Quippe ubi fas versum atque nefas, tot bella per orbem ;
Tam multæ scelerum facies ; non ullus aratro
Dignus honos ; squalent abductis arva colonis,
Et curvæ rigidum falces conflantur in ensem ? »
*Georgic.* I, *in fine.*

\*\* « Vere novo gelidus canis quum montibus humor
Liquitur, et Zephyro putris se gleba resolvit,
Depresso incipiat jam tum mihi taurus aratro
Ingemere, et sulco attritus splendescere vomer. ….

essentielle à prendre, c'est, vu la diversité des climats, d'étudier les vents et le ciel; de s'enquérir du genre de culture le plus anciennement adopté dans le pays; de recueillir les traditions locales; c'est, enfin, de savoir ce que telle contrée donne, et ce que telle autre refuse. »

— Suit un cours complet d'agriculture; où domine constamment ce principe étrusque, que « *l'agriculture est la lutte de l'homme contre la terre dans un champ marqué par les Dieux* \* (12) ».

Aux yeux de Virgile, le laboureur est comme un soldat sur le champ de bataille. Il a, de fait, plus d'un ennemi : l'oie vorace, les grues du Strymon, les mauvaises herbes, et l'ombre \*\*. Pour vaincre, il lui faut, outre le courage, de la tactique et de bonnes armes. Ces instrumens sans lesquels on ne

---

At prius ignotum ferro quam scindimus æquor,
Ventos et varium cœli prædiscere morem
Cura sit, ac patrios cultusque habitusque locorum,
Et quid quæque ferat regio, et quid quæque recuset. »
*Ibid.* 44.

\* Michelet, *Histoire Romaine,* tome I, p. 80.

\*\* « Nec tamen hæc quum sint hominumque boumque labores
Versando terram experti, nihil improbus anser,
Strymoniæque grues, et amaris intyba fibris
Officiunt, aut umbra nocet.
*Ibid.* 119...

peut ni semer, ni récolter : le soc, la charrue, les chars à voiturer le grain, avec leur attelage conforme à l'ordonnance de la déesse d'Eleusis, les rouleaux ferrés, les traîneaux, les herses, les lourds rateaux ; puis le léger attirail : les ouvrages en osier, de l'invention de Célée, les claies d'arbousier, et le van, le van mystique de Bacchus! tout cela, dans Virgile, représente les armes du laboureur ; tout cela compose le matériel, je dirais presque, la grosse et la petite artillerie, dont, avant d'entrer en campagne, doit avoir soin de se munir quiconque aspire à vaincre dans *la lutte contre la terre* *.

Le premier livre des *Géorgiques* peut au surplus se résumer en deux mots : *travaillez* et *priez*. Priez ; pour obtenir du ciel un temps propice : des étés

---

\* « Dicendum, et quæ sint duris agrestibus ARMA,
Quis sine nec potuere seri, nec surgere messes.
Vomis, et inflexi primum grave robur aratri,
Tardaque Eleusinæ matris volventia plaustra,
Tribulaque, traheæque, et iniquo pondere rastri ;
Virgea præterea Celei vilisque supellex,
Arbuteæ crates et mystica vannus Iacchi.
Omnia quæ multo ante memor provisa repones,
Si te digna manet divini gloria ruris.
                                     *Ibid.*, 161....

humides, et des hivers sereins *. Souvenez-vous que du haut de l'Olympe Cérès regarde les laboureurs aux prises avec la terre; et qu'elle leur tient compte de tout effort généreux; jusqu'à ce qu'enfin elle leur donne la victoire **. Oh! ce n'est pas chose facile que l'agriculture; et il y faut prendre de la peine. Ainsi l'a voulu Jupiter. Il l'a voulu, pour que l'homme, aiguillonné par le besoin, s'ingéniât; et que la nécessité du travail le préservât de l'oisiveté ***. Travaillez et priez; sans quoi, malheur! Vous aurez beau jeter sur les gerbes du voisin un œil d'envie; l'unique ressource, pour apaiser votre faim, sera d'aller dans les

---

\* « Humida solstitia atque hiemes ORATE serenas Agricolæ...
*Ibid.*, 101.

\*\* « Multum adeo, rastris glebas qui frangit inertes,
Vimineasque trahit crates, juvat arva; neque illum
Flava Ceres alto nequidquam spectat Olympo;
Et qui, proscisso quæ suscitat æquore terga,
Rursus in obliquum verso perrumpit aratro,
Exercetque frequens tellurem, atque imperat arvis. »
*Ibid.*, 95....

\*\*\* . . . . . . . . . « Pater ipse colendi
Haud facilem esse viam voluit, primusque per artem
Movit agros, curis acuens mortalia corda,
Nec torpere gravi passus sua regna veterno. »
*Ibid.*, 122...

forêts secouer les chênes *. Courage donc, courage :

> « *Illa seges demum votis respondet avari*
> « *Agricolæ, bis quæ solem, bis frigora sensit;*
> « *Illius immensæ ruperunt horrea messes* **. »

En d'autres termes :

> « *Travaillez, prenez de la peine :*
> « *C'est le fonds qui manque le moins* ***. »

Non, certes, ce n'était pas le fonds qui manquait. Et dans l'histoire de Rome un phénomène à observer, c'est que le peuple, avec un territoire des plus fertiles, ait à souffrir aussi souvent de la disette. Sans doute il s'y trouvait, en quelque sorte, condamné par son état de guerre continu; par son mépris du commerce; par le pernicieux usage de la *Frumentation* (13), qui lui faisait attendre des largesses patriciennes sa subsistance; enfin, par le caprice des grands d'abandonner l'agriculture à des mains esclaves, et de dérober au labour la

---

* « Quod nisi et assiduis terram insectabere rastris,
Et sonitu terrebis aves, et ruris opaci
Falce premes umbras, votisque vocaveris imbrem ;
Heu ! magnum alterius frustra spectabis acervum,
Concussaque famem in silvis solabere quercu. »
*Ibid.*, 156...

** *Ibid.*, 48...

*** La Fontaine, *le Laboureur et ses Enfans.*

5.

majeure part du sol pour la donner au luxe; pour s'y bâtir des palais, des royaumes, *Basiléias,* comme dit Strabon *; toujours est-il qu'au milieu de sa puissance et de sa gloire le peuple-roi paraît souvent en danger de mourir de faim. Une fois, entre autres, la famine est pour lui si cruelle, qu'un grand nombre de citoyens volontairement se précipitent dans le Tibre. Aussi, quand le populaire Caïus-Gracchus parvient au gouvernement; un de ses premiers soins est-il d'établir des greniers d'abondance; et cependant, peu d'années après, Rome souffre encore de la disette; pour qu'elle soit sauvée, il faut que Cicéron lui expédie de Sicile des graines; dont, par bonheur, le convoi échappe à la rapacité des pirates. — La disette, et les émeutes, les inondations, et la peste, étaient pour le peuple romain un mal chronique (14). — Cette remarque est bien vraie : « Lorsque Rome se reposait des agitations de la politique, elle se voyait tourmentée par les fléaux de la nature **. » Et voilà juste-

---

\* D'où ce passage d'Horace :

« Jam pauca aratro jugera *regiæ*
*Moles* relinquent. »
Od. xv, lib. ii.

\*\* De Ségur, *Histoire Romaine*, tom. i, ch. vii.

ment ce qui échauffait la bile de Lucrèce; ce qui indisposait si fort ce philosophe contre les Dieux. Quand il articule en fait qu'aucune divinité n'a présidé à l'organisation des choses de ce monde; le mauvais état de ces choses est son principal argument. Une cruelle épidémie venait encore de ravager l'Italie, quand Lucrèce se prit à faire cet effrayant tableau de la Peste d'Athènes; qui, mis à la fin de son poëme, est là comme une dernière pièce de conviction contre les Dieux. Car il étale aux yeux des hommes toute la misère de leur condition; car il leur montre tout ce qui respire sur terre prêt à périr; sans que les Dieux aient ni la volonté, ni le pouvoir d'apporter le moindre secours. Dès-lors plus de piété : plus de confiance en des Dieux impuissans.

Dans les *Géorgiques,* la piété reprend son empire. Loin d'envisager les fléaux du ciel comme un résultat inévitable des lois éternelles de la nature, Virgile ne voit là que des accidens, ou des châtimens; qui, le plus souvent, peuvent être évités, ou conjurés, par le travail et la prière; par l'étude du ciel, et l'observation des astres, des signes et présages; en un mot, par la Divination; puisque la réunion de tous les signes et présages compose la langue mystérieuse par laquelle les Dieux font connaître aux hommes leur volonté; et que l'intelligence de cette langue est, au fond, la science divinatoire.

Or, la science indique les précautions à prendre vers le printemps, et à l'automne; dans ces deux saisons de l'année que Lucrèce appelle *le temps de guerre;* parce qu'il trouve que la nature commet, alors, contre l'homme ses plus grands actes d'hostilité *.

Virgile confesse avoir vu plus d'une fois qu'au moment où le maître d'un champ (sans doute quelque imprudent, qui n'avait pas bien étudié le ciel; quelque irréligieux, qui n'avait offert aux Dieux aucun sacrifice); qu'au moment où le maître d'un champ comblé des trésors de Cérès y introduisait les moissonneurs, et s'apprêtait à lier ses gerbes; les vents, déchaînés, se livraient à toute leur furie : d'une moisson superbe, ils ne laissaient pas sur pied un fétu; tout était arraché, enlevé dans les airs; la paille, les épis, le grain, tout volait pêle-mêle, emporté loin par un noir tourbillon. Plus d'une fois aussi Virgile a observé que le ciel rassemble et envoie, comme une armée, d'épais nua-

---

* « *Propterea sunt hæc bella anni nominitanda.* »
Lib. VI, 374.

ges qui portent dans leurs flancs des masses d'eau, et une horrible tempête : ils fondent d'en haut sur la campagne, et l'inondent ; plus de récolte ; tout le labeur est perdu ; les fossés se remplissent ; les fleuves s'enflent bruyamment ; la mer agitée mugit..... *C'est alors que le père des Dieux signale son courroux et sa puissance* : à travers l'obscurité des nues, il lance d'un bras étincelant la foudre ; et soudain la terre tremble, les animaux fuient, l'homme sent son cœur se glacer, partout règne l'épouvante *.

---

\* « Quid tempestates autumni et sidera dicam ?
Atque, ubi jam breviorque dies, et mollior æstas,
Quæ vigilanda viris ? vel, quum ruit imbriferum ver ;
Spicea jam campis quum messis inhorruit, et quum
Frumenta in viridi stipula lactentia turgent ?
Sæpe ego, quum flavis messorem induceret arvis
Agricola, et fragili jam stringeret hordea culmo,
Omnia ventorum concurrere prælia vidi,
Quæ gravidam late segetem ab radicibus imis
Sublime expulsam eruerent ; ita turbine nigro
Ferret hiems culmumque levem stipulasque volantes.
Sæpe etiam immensum cœlo venit agmen aquarum,
Et fœdam glomerant tempestatem imbribus atris
Collectæ ex alto nubes : ruit arduus æther,
Et pluvia ingenti sata læta boumque labores
Diluit ; implentur fossæ, et cava flumina crescunt
Cum sonitu, fervetque fretis spirantibus æquor.
Ipse Pater, media nimborum in nocte, corusca

Cependant, Lucrèce avait enseigné que la foudre n'est autre chose que la vapeur condensée qui s'échappe des nues quand elles s'amassent au haut des airs; donnant pour preuve, que jamais la foudre n'éclate par un ciel serein, ou même légèrement couvert; que toujours, quand le tonnerre menace, on voit l'atmosphère se charger d'une épaisse vapeur; et de tous côtés l'horizon s'obscurcir; à croire que tout ce qu'il y avait de ténèbres dans l'Achéron est remonté à la voûte des cieux; tant cette nuit soudaine et profonde, causée par l'amas des nues, a quelque chose d'effrayant!

Lucrèce avait dit : qu'avec la philosophie l'homme arrive à se rendre raison de la nature et des effets de la foudre; tandis qu'avec tout le *grimoire étrusque* il ne le peut pas. Que c'est une duperie de recourir à la Divination, aux Devins; soit pour apprendre ce que par des coups de tonnerre le ciel peut présager d'heureux ou de funeste; soit pour se

---

    Fulmina molitur dextra; quo maxima motu
    Terra tremit, fugere feræ, et mortalia corda
    Per gentes humilis stravit pavor. Ille flagranti
    Aut Atho, aut Rhodopen, aut alta Ceraunia telo
    Dejicit. Ingeminant austri et densissimus imber;
    Nunc nemora ingenti vento, nunc litora plangunt. »
                  *Georgic.* I, 312...

faire interpréter la volonté secrète des Dieux, sur ce que la foudre, partie de tel point, se sera portée vers tel ou tel autre ; sur ce qu'introduite en un lieu clos, elle y aura, avant de se retirer, exercé sa puissance de telle ou telle façon. L'irréligieux Lucrèce avait ouvertement donné de ces leçons-là *. Virgile, quelle différence !

---

* « Fulmina gignier e crassis alteque putandum est
Nubibus exstructis; nam cœlo nulla sereno,
Nec leviter densis mittuntur nubibus unquam :
Nam dubio procul hoc fieri manifesta docet res,
Quod tunc per totum concrescunt aera nubes
Undique, uti tenebras omnes Acherunta reamur
Liquisse, et magnas cœli complesse cavernas :
Usque adeo, tetra nimborum nocte coorta,
Impendent atræ formidinis ora superne,
Quum commoliri tempestas fulmina cœptat. . .
. . . . . . . . . . . .
Hoc est igniferi naturam fulminis ipsam
Perspicere, et qua vi faciat rem quamque videre ;
Non *Tyrrhena* retro volventem *Carmina* frustra [1].
Indicia occultæ Divum perquirere mentis,
Unde volans ignis pervenerit, aut in utram se
Verterit hic partem, quo pacto per loca septa
Insinuarit, et hinc dominatus ut extulerit se,
Quidve nocere queat de cœlo fulminis ictus.
           De Rer. Nat. lib. VI, 246-386. »

[1] *Frustra* esse, id est falli ac decipi. — Vid. *Aul.-Gel.* Noct. Att. lib. XVIII, cap. II.

Dans les *Géorgiques*,

« *Ce n'est plus la vapeur qui produit le tonnerre,*
« *C'est Jupiter armé pour effrayer la terre* \*. »

c'est lui-même en personne : « *Ipse Pater!* » C'est lui. Et quand il foudroie, rien ne résiste à ses coups : ni l'Athos, ni le Rhodope, ni les monts Acrocérauniens. Il les réduirait en poudre. Les vents, alors, redoublent de fureur; la pluie tombe par torrens; on entend tour-à-tour et les gémissemens des forêts que l'ouragan déchire, et ceux des rivages qui lamentablement répondent.

Eh bien! tous ces malheurs, l'homme peut les prévenir; il le peut, par l'étude du ciel; en observant le cours des mois et des astres; il le peut surtout par la piété; en rendant aux Dieux les honneurs qui leur sont dus \*\*.

« Chaque année, vers la fin de l'hiver, quand du printemps brillent les premiers beaux jours, il faut, au milieu des champs qui renaissent, offrir à la puissante Cérès un sacrifice. Alors, les agneaux

---

\* Boileau, *Art poétique*, ch. III.

\*\* « *Hoc metuens, cœli menses et sidera serva,*
*Frigida Saturni sese quo stella receptet;*
*Quos ignis cœli Cyllenius erret in orbes.*

sont gras; les vins ont plus de saveur; le sommeil est plus doux; sur les collines il y a de l'ombre; alors, donc, Virgile veut que tout laboureur vienne solennellement à la tête de ses enfans adorer Cérès; qu'en honneur de cette bonne déesse il fasse des libations de vin, de lait, et de miel; que trois fois autour de la moisson nouvelle soit promenée une victime propitiatoire; triomphalement escortée par un chœur nombreux, par toute la famille; que rentrés sous le toit, tous invoquent à haute voix la protection de Cérès; enfin, que personne ne livre les blés mûrs à la faucille, avant d'avoir honoré la grande Cérès. Rien de plus aisé, de moins dispendieux : suffit de se mettre sur la tête une couronne, une simple couronne de chêne, d'exécuter quelques danses sans art, et d'entonner quelque chant

---

*In primis venerare Deos,* atque annua magnæ
Sacra refer Cereri lætis operatus in herbis,
Extremæ sub casu hiemis, jam vere sereno.
Tunc agni pingues, et tunc mollissima vina;
Tunc somni dulces, densæque in montibus umbræ.
Cuncta tibi Cererem pubes agrestis adoret.
Cui tu lacte favos et miti dilue Baccho;
Terque novas circum felix eat hostia fruges,
Omnis quam chorus et socii comitentur ovantes,
Et Cererem clamore vocent in tecta; neque ante
Falcem maturis quisquam supponat aristis,

rustique : « *C'est le cœur qui fait tout\**. » La piété tient lieu de la richesse des dons.

Voilà pour le sentiment religieux. Quant à l'étude du ciel, aisément elle peut se pratiquer.

Car, « afin que l'homme pût à des signes certains connaître par avance les chaleurs, et les pluies, et les vents précurseurs du froid, Jupiter, dans sa sagesse, a décidé que, tous les mois, la lune donnerait des avertissemens; que, sous tel signe, la violence des autans céderait; et que, d'après l'observation de certains phénomènes, les laboureurs sauraient quand ils doivent retenir leurs troupeaux près de l'étable\*\*. Ainsi, le sifflement subit des vents; au sommet des montagnes une espèce de craquement; sur le rivage un mugissement sourd;

---

. Quam Cereri, torta redimitus tempora quercu,
Det motus incompositos, et carmina dicat. »
*Georgic.*, lib. I, 335...

\* La Fontaine, *Philémon et Baucis.*

\*\* « Atque hæc ut certis possimus discere signis,
Æstusque, pluviasque, et agentes frigora ventos;
Ipse *Pater* statuit, quid menstrua luna moneret,
Quo signo caderent austri, quid sæpe videntes
Agricolæ propius stabulis armenta tenerent.
Continuo ventis surgentibus, aut freta ponti
Incipiunt agitata tumescere, et aridus altis
Montibus audiri fragor; aut resonantia longe

dans les bois un long murmure; le plongeon, qui, du sein des mers, à tire-d'ailes et à grands cris regagne la plage; les foulques, qui se jouent hors de l'eau; le héron, qui abandonne ses marais pour planer au haut des nues; les étoiles, qui se précipitent de la voûte céleste en laissant après elles, au milieu des ombres de la nuit, de longs sillons de lumière; la paille légère et les feuilles tombées qui voltigent; à la surface de l'onde, des plumes qui tournoient...... Autant de présages; autant d'avertissemens.

« Que si l'éclair sillonne les régions du cruel Borée; si la foudre vient à éclater dans l'empire d'Eurus et de Zéphire; c'est de la pluie; de la pluie, qui doit inonder les campagnes; et, sur mer

---

Litora misceri, et nemorum increbescere murmur.
Jam sibi tum curvis male temperat unda carinis,
Quum medio celeres revolant ex æquore mergi,
Clamoremque ferunt ad litora; quumque marinæ
In sicco ludunt fulicæ; notasque paludes
Deserit, atque altam supra volat ardea nubem.
Sæpe etiam stellas, vento impendente, videbis
Præcipites cœlo labi; noctisque per umbram
Flammarum longos a tergo albescere tractus;
Sæpe levem paleam et frondes volitare caducas,
Aut summa nantes in aqua colludere plumas.
At Boreæ de parte trucis quum fulminat, et quum
Eurique Zephyrique tonat domus, omnia plenis

tout matelot prudent doit plier ses voiles. Règle générale : un orage n'arrive jamais sans être annoncé. Quand il s'élève du fond des vallées, les grues s'enfuient aussi loin, aussi haut qu'elles peuvent; la génisse, l'œil fixe vers le ciel, hume l'air par ses larges naseaux; l'hirondelle, criarde, voltige autour des étangs; les grenouilles sous le limon redisent leur éternelle plainte; la fourmi change de retraite; et, pour transporter ses œufs, va, vient, incessamment chemine; un immense arc-en-ciel boit les eaux de la mer; des légions de corbeaux serrés en masse au retour de la pâture, fatiguent l'air du battement de leurs ailes, et de leur croassement; les différens oiseaux des mers, ceux du lac Asia, hôtes des riantes prairies arrosées par le Caystre, éprouvent le besoin de se bai-

Rura natant fossis, atque omnis navita ponto
Humida vela legit. Numquam imprudentibus imber
Obfuit. Aut illum surgentem vallibus imis
Aeriæ fugere grues; aut bucula cœlum
Suspiciens patulis captavit naribus auras;
Aut arguta lacus circum volitavit hirundo,
Et veterem in limo ranæ cecinere querelam.
Sæpius et tectis penetralibus extulit ova
Augustum formica tenens iter ; et bibit ingens
Arcus; et e pastu decedens agmine magno
Corvorum increpuit densis exercitus alis.
Jam varias pelagi volucres, et quæ Asia circum

gner; on les voit se faire à l'envi sous leur plumage d'amples aspersions, offrir leur tête aux flots, courir sur la plaine liquide; cherchant le frais, qu'ils ne peuvent trouver; la prophétique corneille appelle à plein gosier la pluie; et toute seule sur la grève, lentement se promène. Il n'est pas jusqu'à la lampe dont les jeunes filles éclairent leurs veillées, qui ne donne aussi des avertissemens: quand la mèche pétille; quand, autour, il se forme de noirs champignons; c'est signe d'orage. »

Notez que tous ces phénomènes, si bien signalés par Virgile, étaient les élémens de la langue divinatoire*. Avons-nous tort de considérer les *Géorgiques* comme une dernière expression de l'*Etrurisme?* L'union de l'agriculture, de la religion, de la divination, y est-elle assez manifeste? Et ne tombe-t-il pas sous le sens que l'auteur de ce divin poème

> Dulcibus in stagnis rimantur prata Caystri,
> Certatim largos humeris infundere rores,
> Nunc caput objectare fretis, nunc currere in undas,
> Et studio incassum videas gestire lavandi.
> Tum cornix plena pluviam vocat improba voce,
> Et sola in sicca secum spatiatur arena.
> Nec nocturna quidem carpentes pensa puellæ
> Nescivere hiemem, testa quum ardente viderent
> Scintillare oleum, et putres concrescere fungos. »
> *Ibid.*

* *Voir* Cicéron, *De la Divinat.*, liv. I, ch. VII, VIII, IX, X.

tâche à conserver aux idées étrusques l'empire que la *Nature des Choses* veut leur enlever. Arrière la superstition! a dit impitoyablement Lucrèce; Virgile, lui, quand la superstition se présente, loin de la repousser, lui sourit, et l'accueille avec empressement. Au milieu de ses observations astronomiques, après avoir signalé que la lune en son cours indique les jours favorables, ou non, aux travaux de l'agriculture, le bon Étrusque dit sérieusement que le cinquième jour est à redouter, parce qu'il a vu naître les Euménides et le pâle Orcus; parce qu'il est celui où la Terre, par un enfantement abominable, mit au monde Cée, Japet, le cruel Typhée, puis ces frères audacieux, conjurés contre le ciel, qui trois fois s'efforçant de l'escalader, en mettant Ossa sur Pélion, Olympe sur Ossa, furent trois fois renversés; eux et leurs montagnes entassées.

Il dit : que le septième jour est, après le dixième,

---

\* « Ipsa dies alios alio dedit ordine luna
Felices operum. Quintam fuge; pallidus Orcus
Eumenidesque satæ. Tum partu terra nefando
Cœumque Iapetumque creat, sævumque Typhœa,
Et conjuratos cœlum rescindere fratres.
Ter sunt conati imponere Pelio Ossam
Scilicet, atque Ossæ frondosum involvere Olympum;
Ter Pater exstructos disjecit fulmine montes.

le plus favorable pour planter la vigne, façonner au joug les jeunes taureaux, et mettre la toile sur le métier; que, propice au voyageur, le neuvième est funeste au brigand.

Virgile n'est pas de ceux qui en veulent à la Religion; qui lui reprochent de gêner le travail et de nuire aux transactions de la vie « *actui rerum* \* ». La Religion gênante! quand, même les jours de fêtes, elle permet certains travaux. Sans doute, la loi veut que pour le laboureur il y ait, comme pour la terre, un temps de repos; partant, à certains jours, cessation du travail, afin de rendre d'autant mieux hommage à la Divinité \*\*; mais la loi n'a jamais défendu, même ces jours-là, de détourner le cours d'un ruisseau, d'entourer de haies sa moisson, de tendre des piéges aux oiseaux, d'in-

---

Septima post decimam felix, et ponere vitem,
    Et prensos domitare boves, et licia telæ
Addere. Nona fugæ melior, contraria furtis. »
                    *Georgic.*, lib. I, 276...

\* *Voyez* Sueton. *Octav. Aug.* XXXII..
\*\* *Luce sacra* requiescat humus, requiescat arator,
    Et grave suspenso vomere cesset opus.
Solvite vincla jugis; nunc ad præsepia debent
    Plena coronato stare boves capite.
*Omnia sint operata Deo;* non audeat ulla
    Lanificam pensis imposuisse manum. »
                    Tibul., *Eleg.* I, lib. II.

cendier un buisson, ni, si la salubrité l'exige, de baigner ses brebis dans le courant d'une onde pure *. Libre à tout villageois de prendre sa monture, et d'aller en ville porter du fruit, de l'huile; puis, au retour, de rapporter quelque emplette nécessaire; une meule, ou de la poix **, ce qui se voit communément les jours de fêtes ***.

Mais c'est surtout en observant le soleil, que l'auteur des *Géorgiques* montre son faible pour la superstition. A ses yeux, le soleil est un révélateur suprême. Et quand il se lève, et quand il se couche, matin et soir, toujours, il donne des présages; d'infaillibles présages ****. Le soleil! qui ose-

---

\* Columelle nous apprend qu'il n'était pas permis de baigner les brebis aux jours de fêtes pour épurer leur laine, mais seulement pour cause de maladie. — *Delille.*

\*\* Dans les campagnes on faisait un grand usage de la poix, pour goudronner les vases où se gardaient le miel et le vin.

\*\*\* « Quippe etiam festis quædam exercere diebus
*Fas* et *jura* sinunt. Rivos diducere nulla
*Relligio vetuit*, segeti prætendere sepem,
Insidias avibus moliri, incendere vepres,
Balantumque gregem fluvio mersare salubri.
Sæpe oleo tardi costas agitor aselli
Vilibus aut onerat pomis, lapidemque revertens
Incusum, aut atræ massam picis urbe reportat.
*Georgic.*, I, 269.

\*\*\*\* « Sol quoque et exoriens, et quum se condet in undas,
Signa dabit; solem certissima signa sequuntur,

# ÉTUDE SUR VIRGILE.

rait l'accuser d'imposture? N'est-ce pas lui, s'il se trame de noirs complots, si des troubles, des guerres, sont sur le point d'éclater, n'est-ce pas lui souvent qui les annonce? A la mort de César, ne le vit-on pas compatir au malheur de Rome, et, en signe de deuil, obscurcir sa face radieuse, la couvrir d'un voile sanglant? Si bien que le monde impie craignit une nuit éternelle. Il est vrai qu'alors dans la nature tout donna des présages; oui, tout :

« *Le ciel, la terre et l'onde,*
« *Les hurlemens des chiens, et le cri des oiseaux.*
« *Combien de fois l'Etna, brisant ses arsenaux,*
« *Parmi des rocs ardens, des flammes ondoyantes,*
« *Vomit en bouillonnant ses entrailles brûlantes!*

Et quæ mane refert, et quæ surgentibus astris...
Sol tibi signa dabit. Solem quis dicere falsum
Audeat? Ille etiam cœcos instare tumultus
Sæpe monet, fraudemque et operta tumescere bella.
    Ille etiam exstincto miseratus Cæsare Romam,
Quum caput obscura nitidum ferrugine texit,
Impiaque æternam timuerunt sæcula noctem.
Tempore quamquam illo tellus quoque, et æquora ponti,
Obscenique canes, importunæque volucres
Signa dabant. Quoties Cyclopum effervere in agros
Vidimus undantem ruptis fornacibus Ætnam
Flammarumque globos liquefactaque volvere saxa!
Armorum sonitum toto Germania cœlo
Audiit; insolitis tremuerunt motibus Alpes.
    6.

« *Des bataillons armés dans les airs se heurtaient;*
« *Sous leurs glaçons tremblans les Alpes s'agitaient;*
« *On vit errer, la nuit, des spectres lamentables :*
« *Des bois muets sortaient des voix épouvantables;*
« *L'airain même parut sensible à ces malheurs;*
« *Sous le marbre amolli l'on vit couler des pleurs :*
« *La terre s'entr'ouvrit, les fleuves reculèrent;*
« *Et, pour comble d'effroi... les animaux parlèrent*[\*]. »

— Que de signes ! que de présages ! que de miracles ! que d'effroi ! Ici la muse de Virgile paie ample tribut à l'*Etrurisme*. Et cette fantasmagorie divinatoire, dénoncée, accusée, proscrite par Lucrèce, la revoici dans tout son éclat. Rien n'est omis. Outre tant de phénomènes terribles, Virgile signale encore : la colère du roi des Fleuves : l'impétueux Eridan emportait forêts, étables, troupeaux; l'inspection des victimes : toutes les fibres apparaissaient menaçantes ! Eau des puits changée en sang,

---

Vox quoque per lucos vulgo exaudita silentes
Ingens ; et simulacra modis pallentia miris
Visa sub obscurum noctis ; pecudesque locutæ,
Infandum ! Sistunt amnes, terræque dehiscunt,
Et mœstum illacrimat templis ebur, æraque sudant.
Proluit insano contorquens vertice silvas
Fluviorum rex Eridanus, camposque per omnes
Cum stabulis armenta tulit. Nec tempore eodem
Tristibus aut extis fibræ apparere minaces,
Aut puteis manare cruor cessavit, et alte

[\*] Delille.

hurlemens de loups entendus, la nuit, au sein des villes, éclats de la foudre *tombée par un ciel serein!* tout est là pour effrayer, pour raviver les idées étrusques, et rendre à la Divination sa puissance; tout; jusqu'à l'apparition de plusieurs comètes menaçantes.

De tels présages ne se produisent pas en vain (15); non, certes; et

« *Ces grands mouvemens*
« *Couvent en leurs fureurs de piteux changemens\*.* »

Aussi, bientôt après, les plaines de Philippes virent-elles, pour la seconde fois, les légions Romaines en venir aux mains, et s'entre-tuer. Aussi les Dieux voulurent-ils que les vastes champs de la Thessalie et de l'Hémus s'engraissassent deux fois du sang Romain. Quelles guerres! Que de funérailles! Dans ces mêmes contrées, où dorment ensevelis d'épais bataillons, quelque jour le laboureur, enfonçant sa

---

Per noctem resonare, lupis ululantibus, urbes.
Non alias *cœlo* ceciderunt plura *sereno*
Fulgura; nec diri toties arsere cometæ.
Ergo inter sese paribus concurrere telis
Romanas acies iterum videre Philippi;
Nec fuit indignum superis, bis sanguine nostro
Emathiam et latos Hæmi pinguescere campos.
Scilicet et tempus veniet, quum finibus illis

\* *Regnier,* sat. IV.

charrue, trouvera des dards rongés de rouille, fera rouler sous son rateau des casques vides, et tout-à-coup au bord d'une fosse ouverte s'arrêtera stupéfait de voir d'énormes ossemens (16) !

Douloureux souvenir! Toutefois, avec le temps, ce ne sera plus qu'un souvenir; si le ciel permet qu'Octave demeure sur terre; qu'il y demeure assez pour accomplir son œuvre de pacification. Mais, hélas! le ciel l'envie à la terre. — Il y a dans Octave trop de choses venant des Dieux; ses vertus appauvrissent le ciel; qui, d'un moment à l'autre peut le revendiquer; le reprendre avec toutes ses vertus.

Au vrai, le jeune Triumvir ne paraissait pas d'une santé robuste; et puis il avait tant d'ennemis! Tant de pervers, en vue d'un bouleversement général, spéculent sur sa mort, aspirent à le tuer! Les gens de bien en conçoivent une double inquiétude; ils tremblent de voir moissonner en sa fleur leur plus chère espérance *. Quel malheur si les

---

Agricola, incurvo terram molitus aratro,
Exesa inveniet scabra rubigine pila,
Aut gravibus rastris galeas pulsabit inanes,
Grandiaque effossis mirabitur ossa sepulcris. »
*Ibid.*

* « Et tu, sancte puer, venerabilis, et tibi certet
Gloria perpetuum lucis mansura per ævum;

jours d'Octave ne sont pas mesurés aux besoins des peuples! Si sa vie, qui, proprement, est celle de l'univers *, n'a pas une longue durée! Sans Octave, point de conservation possible; tout périt; sans Octave, que deviendraient les *Familles?* Les pères voient en lui le père commun de la patrie; le bienfaiteur, non-seulement de l'âge présent, mais encore de tous les âges à venir; et, dans leur reconnaissance, ils ordonnent par testament à leurs héritiers de conduire des victimes au Capitole, de les faire précéder d'inscriptions, et d'accomplir un sacrifice en actions de grâces de ce qu'ils laissent vivant après eux un si digne chef.** ! De là, sans cesse, des prières, des vœux, des offrandes pour la conservation des jours d'Octave; pour la longévité d'un prince si précieux :

---

 « Et tibi sede pia maneat locus, et tibi *sospes*
 Debita felices memoretur *vita* per annos.
 GRATA BONIS LUCENS ! »
*Culex,* 35.

\* ..... « Quærenti pessumdare cuncta, petitum
 *Cæsareum caput* est, quod *caput orbis* erat. »
Ovid. *Trist.* lib. III, *Eleg.* V, 46.

\*\* « Nonnulli patrum familiarum testamento caverunt, ut ab heredibus suis prælato titulo victimæ in Capitolium ducerentur, votumque pro se solveretur, quod superstitem Augustum reliquissent. » — Sueton. *Octav. Aug.* LIX.

« *Longus o utinam, dux bone, ferias*
« *Præstes Hesperiæ! Dicimus integro*
« *Sicci mane die, dicimus uvidi,*
  « *Quum sol Oceano subest*[*]. »

Fasse le ciel qu'Octave ne soit point trop tôt ravi à l'amour des *Quirites*; et qu'il puisse les sauver, en mettant un terme aux excès du siècle, en fermant l'abîme des révolutions :

« *Serus in cœlum redeas, diuque*
« *Lætus intersis populo Quirini;*
« *Neve te nostris vitiis iniquum*
  « *Ocior aura*
« *Tollat*[**]*!* »

En général, les invocations s'adressaient aux Divinités plus spécialement protectrices du *Latium* et de l'*Etrurie*; à celles qui, ayant fondé la Chose Romaine, devaient vouloir la conserver :

A *Romulus-Quirinus*, le père des Quirites;

A *Vesta*, la mère de l'aristocratie; la conservatrice des palais de Rome, et de la majesté du Tibre;

---

[*] *Horat.* od. v, lib. iv.

[**] *Idem.* od. ii, lib. i. Ovide dit, lui :

« Tarda sit illa dies, et nostro serior ævo,
Quæ caput augustum, quem temperat, orbe relicto
Accedat cœlo, faveatque precantibus absens. »
                              *Metam., in fine.*

du Tibre! ce beau fleuve; qui du ciel a les regards les plus doux :

« *Cœruleus Tibris, cœlo gratissimus amnis* \* ! »

Au demeurant, voici la prière des honnêtes gens; Virgile la fait entendre en son premier chant des *Géorgiques;* Ovide la répète, à la fin de ses *Métamorphoses*.\*\* :

« Dieux Indigètes, dieux de nos pères, laissez, ah! de grâce laissez ce divin jeune homme venir à notre secours dans ce siècle de révolutions et de bouleversemens! Depuis long-temps déjà, nous avons bien assez payé de notre sang les parjures de Laomédon. Faut-il encore, César, faut-il que l'Olympe nous envie ta personne; et qu'à regret il te voie te consacrer au bonheur des mortels! Ce n'est pas qu'en effet nous sommes indignes de la bienveillance des Dieux. Quel spectacle nous leur offrons! Plus rien de saint, ni de sacré : le crime

---

\* *Æneid.* VIII, 65.
\*\* « Di patrii indigetes, et Romule, Vestaque mater,
Quæ Tuscum Tiberim et Romana palatia servas,
Hunc saltem everso juvenem succurrere sæclo
Ne prohibete! Satis jam pridem sanguine nostro
Laomedonteæ luimus perjuria Trojæ.
Jam pridem nobis cœli te regia, Cæsar,
Invidet, atque hominum queritur curare triumphos.

va tête levée; l'agriculture n'obtient plus le moindre honneur; veuve de ses laboureurs, la terre, dans un profond deuil, voit leurs paisibles faux se convertir en glaives homicides. Soulèvement sur les bords de l'Euphrate; soulèvement en Germanie; soulèvement dans les villes voisines, qui rompent tous traités et prennent les armes; enfin, au loin, de près, d'un bout du monde à l'autre, partout, le désordre et la guerre; c'est une conflagration universelle! Les peuples s'emportent; comme des coursiers que vainement leur guide s'efforce de retenir et de diriger :

« *Ils ne connaissent plus ni le frein ni la voix* \*. »

Après cet emportement des peuples, au milieu de la désorganisation générale, Octave, en der-

---

Quippe ubi fas versum atque nefas, tot bella per orbem;
Tam multæ scelerum facies; non ullus aratro
Dignus honos; squalent abductis arva colonis,
Et curvæ rigidum falces conflantur in ensem.
Hinc movet Euphrates, illinc Germania bellum;
Vicinæ ruptis inter se legibus urbes
Arma ferunt. Sævit toto Mars impius orbe.
Ut, quum carceribus sese effudere quadrigæ,
Addunt in spatia, et frustra retinacula tendens
Fertur equis auriga, neque audit currus habenas. »
*Georgic.* I, *in fine.*

\* Racine, *Phèdre.*

nière analyse, se trouvait être celui des Triumvirs auquel les conservateurs pussent le plus sûrement se rattacher :

Lépide n'existait que de nom. Homme des plus médiocres; élevé au pouvoir par je ne sais quel caprice de la fortune; peut-être parce qu'un jour César avait eu fantaisie de le pousser; peut-être bien aussi parce qu'on le savait incapable de s'y maintenir; après avoir quelque temps assez mal figuré comme un des maîtres du monde, Lépide, finalement, était tombé dans le mépris; trop heureux de survivre à sa chute, et d'emporter avec lui la dignité de Grand-Pontife; pour l'exercer au fond d'une petite ville obscure.

Antoine, vaillant soldat, bon pour commander une armée, n'entendait rien à gouverner les hommes. Le second de César à Pharsale, et, pour cela précisément, détesté de l'aristocratie, dans le principe il avait eu pour lui le vent de la popularité; mais sa vie de débauche, son éloignement de Rome, et son fatal séjour en Égypte, lui avaient fait perdre cet avantage. Le peuple, qui, après tout, aime ce qui est noble et beau, ne trouvait plus à Antoine cette noblesse, cet éclat qu'il cherche au front d'un maître avant d'y placer la couronne. Les vices de l'amant de Cléopâtre ternissaient la gloire du lieutenant de César. On savait que le *nouvel Hercule* (17), retenu par une autre Omphale, n'entreprendrait plus rien de grand; on le savait; les partisans d'Octave avaient eu soin de le publier; ainsi le voulait leur politique; Shakspeare la fait toucher du doigt, en cet endroit d'un de ses drames où il introduit Antoine récemment veuf de Fulvie, revenu d'Alexandrie à Rome pour se réconcilier avec Octave, et, dès-lors, prêt à convoler avec Octavie, sœur de son rival à l'empire. Antoine est à la veille de ces secondes noces : en arrière de lui Mécène et Agrippa tirent à l'écart son lieutenant Enobarbus, et le circonviennent pour le faire causer; pour savoir, en définitive, à quoi s'en tenir sur la puissance du dominateur de l'Orient. Enobarbus, qui n'y entend pas malice, n'a rien de caché pour ses amis; et le voilà qui, bonnement, se met à raconter aux deux *Octaviens* toute l'histoire d'Antoine en Egypte : sa passion pour Cléopâtre, son amoureux servage, et ses orgies. Aussi bien la scène est-elle bonne à rapporter :

MÉCÈNE.

« Soyez le bien-venu d'Egypte, seigneur Enobarbus.

###### ENOBARBUS.

« Seconde moitié du cœur de César, digne Mécène! Mon honorable ami Agrippa!

###### AGRIPPA.

« Bon Enobarbus!

###### MÉCÈNE.

« Nous devons être joyeux, en voyant tout si heureusement terminé. — Vous vous êtes bien trouvé en Egypte?

###### ENOBARBUS.

« Oui, Mécène. Nous dormions le jour tant qu'il durait, et nous passions les nuits à boire jusqu'à la pointe du jour.

###### MÉCÈNE.

« Huit sangliers rôtis pour un déjeuner! Et douze convives seulement? Le fait est-il vrai?

###### ENOBARBUS.

« Bon : ce n'est là qu'une mouche pour un aigle : nous avions bien d'autres plats monstrueux et bien faits pour être remarqués.

###### MÉCÈNE.

« C'est une reine bien magnifique si la renommée n'exagère pas.

### ENOBARBUS.

« Dès sa première entrevue avec Marc-Antoine sur le fleuve Cydnus, elle a pris son cœur dans ses filets.

### AGRIPPA.

« En effet, c'est sur ce fleuve qu'elle s'est offerte à ses yeux, si celui qui m'en a fait le récit n'a pas inventé.

### ENOBARBUS.

« Je veux vous raconter cette entrevue. La galère où elle était assise, ainsi qu'un trône éclatant, semblait brûler sur les eaux. La poupe était d'or massif, les voiles de pourpre, et si parfumées, que les vents venaient s'y jouer avec amour. Les rames d'argent frappaient l'onde en cadence au bruit des flûtes, et les flots amoureux se pressaient à l'envi à la suite du vaisseau. Pour Cléopâtre, il n'est point d'expression qui puisse la peindre. Couchée dans son pavillon, sur un lit d'or et du plus riche tissu, elle effaçait cette Vénus fameuse où nous voyons que l'imagination a surpassé la nature; à ses côtés étaient aussi de jeunes et beaux enfans, comme un groupe de rians amours, qui agitaient des éventails de couleurs variées, dont les airs légers semblaient colorer les joues délicates qu'ils rafraîchissaient

ÉTUDE SUR VIRGILE.

comme s'ils eussent produit cette chaleur qu'ils diminuaient.

### AGRIPPA.

« O spectacle admirable pour Antoine !

### ENOBARBUS.

« Ses femmes comme autant de Néréides et de Syrènes, cherchaient à deviner ses ordres dans ses regards et s'inclinaient avec grâce. Une d'elle, telle qu'une vraie Syrène, assise au gouvernail, dirige le vaisseau : les cordages de soie obéissent à ces mains douces comme les fleurs, qui manœuvrent avec dextérité. Du sein du vaisseau s'exhalent d'invisibles parfums qui embaument les sens, sur les quais adjacens *. La ville envoie tous ses habitans au-devant d'elle : Antoine élevé sur un trône au milieu de la place publique, est resté seul haranguant l'air......

### AGRIPPA.

« O merveille de l'Egypte !

### ENOBARBUS.

« Aussitôt qu'elle est débarquée, Antoine envoie

---

* Où de tous côtés on disait : « C'est *Vénus* qui vient en fête chez *Bacchus*, pour le bien de l'Asie. » *Voir* Plutarque, *Antoine*, XXXI.

vers elle, et l'invite à souper. Elle lui répond qu'il convenait mieux qu'il fût son hôte : et sa requête fut écoutée. Notre galant Antoine à qui jamais femme n'entendit prononcer le mot *non*, va au festin après s'être fait raser dix fois, et selon sa coutume il paie de son cœur ce que ses yeux seuls ont dévoré.

###### AGRIPPA.

« Prostituée royale ! Elle fit déposer au grand César son épée sur son lit ; il la cultiva, et elle porta un fruit.

###### ENOBARBUS.

« Je l'ai vue une fois sauter quarante pas dans les rues d'Alexandrie, et bientôt perdant haleine, elle voulut parler et se pama ; elle se fit une nouvelle perfection de ce manque de forces, et de sa bouche sans haleine, il s'exhalait un charme tout-puissant.

###### MÉCÈNE.

« A présent, voilà Antoine obligé de la quitter pour toujours.

###### ENOBARBUS.

« Non, jamais il ne la quittera. L'âge ne peut la vieillir, ni l'habitude de la jouissance épuiser l'infinie variété de ses appas. Les autres femmes rassasient les appétits qu'elles satisfont; mais elle, plus elle donne, plus elle affame les désirs; car les choses les plus viles ont de la grâce chez elle; tellement que les prêtres sacrés la bénissent dans ses heures lascives.

###### MÉCÈNE.

« Si la beauté unie à la sagesse et à la modestie peuvent fixer le cœur d'Antoine, Octavie est pour lui un heureux lot.

###### AGRIPPA.

« Allons-nous-en; cher Enobarbus, deviens mon hôte, pendant ton séjour ici.

###### ENOBARBUS.

« Seigneur, je vous remercie humblement *. »

— Bon Enobarbus! c'est bien plutôt lui que Mécène et Agrippa devaient remercier : sans le vouloir, il venait de leur rendre service; il leur avait éclairé l'avenir. En temps de révolutions, lorsque l'empire est disputé par des rivaux d'égales forces; et que la fortune tarde à se prononcer; lire au livre du destin, quel avantage! que cela fait bien au

---

* *Antoine et Cléopâtre*, act. II, sc. II; trad. de Letourneur.

dévoûment! Grâce aux causeries d'Enobarbus, Agrippa et Mécène savaient d'avance, et à n'en plus douter, qu'Antoine avec sa Cléopâtre était un homme perdu (18). Quand *la troisième colonne de l'univers se transformait en jouet d'une prostituée* *; pouvait-on bâtir dessus? Non, certes :

« *Vis consili expers mole ruit sua* **. »

Et cependant, l'édifice social penche vers sa ruine. Comment le soutenir? Quel dieu invoquer? Le ciel est sourd; Vesta n'entend plus la prière des saintes vierges qui l'implorent. A qui Jupiter donnera-t-il mission de réparer le mal? A qui? Si ce n'est à l'élu des Augures; si ce n'est au *fils d'Apollon* :

« *Quem vocet Divum populus ruentis*
« *Imperî rebus? Prece qua fatigent*
« *Virgines sanctæ minus audientem*
   « *Carmina Vestam?*

« *Cui dabit partes scelus expiandi*
« *Jupiter? Tandem venias, precamur,*
« *Nube candentes humeros amictus,*
   « *Augur Apollo* ***! »

Donc pour une réédification il n'y a plus qu'Octave; Octave, paraît le seul sur qui Rome puisse

---

\* Antoine et Cléopâtre, act. I, sc. I.
\*\* Horat. od. IV, lib. III.
\*\*\* Idem, od. II, lib. I.

faire fond, sur qui l'empire puisse s'appuyer; il est la dernière colonne, l'unique :

« *O tutela præsens*
« *Italiæ dominæque Romæ* [*] ! »

Frêle, en apparence, Octave, à bien l'examiner, avait des élémens de force et de durée. D'abord, son titre de fils adoptif de César[**] ; qui, pour le peuple, promet un soutien des idées victorieuses à Pharsale; puis ses qualités personnelles : une insigne piété, un grand amour de la paix et de l'agriculture; c'est là de quoi rassurer les patriciens : un chef pieux, doit résister aux doctrines nouvelles, subversives; la paix, calme les esprits; l'agriculture, aide à les régir; car, dit fort bien Plutarque : « Ceux qui vivent du labour de la terre, portent plus patiemment le gouvernement de la noblesse [***]. » Avec le pouvoir monar-

---

[*] *Horat.* od. XIV, lib. IV.

[**] On voit dans Plutarque la valeur de ce titre : « La gloire « de César soutint et remit sus ses amis encore après qu'il fût « mort, et son nom eut tant d'efficace, qu'un jeune enfant qui « n'avait aucun moyen, ni aucun pouvoir de soi, il en fit in- « continent le premier homme des Romains, et en usa-t-on « comme d'*un* REMÈDE ou d'*un* CONTREPOISON contre la haine, « malveillance, et puissance d'Antoine. » — *Parall. de Dion et de M. Brutus.*

[***] *Thémistocle*, XXXVIII.

7.

chique d'Octave, l'ordre public renaîtra; plus d'émeutes à craindre; plus de pillage, ni d'assassinats:

« *Ego nec tumultum,*
*Nec mori per vim metuam, tenente*
*Cæsare terras* \*. »

Aussi long-temps qu'Octave-César sera là pour empêcher le renversement des choses, on ne verra plus de guerres civiles; les honnêtes gens pourront vivre en repos; et l'esprit de haine, de vengeance, qui met aux hommes le fer à la main, ne fera plus, pour leur malheur, se soulever les villes contre les villes:

« *Custode rerum Cæsare, non furor*
*Civilis aut vis eximet otium,*
*Non ira, quæ procudit enses,*
*Et miseras inimicat urbes* \*\*. »

Ces considérations militaient, je pense, en faveur d'Octave auprès de l'Aristocratie; qui, d'abord, l'avait dédaigneusement repoussé (19); mais qui, depuis, voyant la fortune de son côté, mieux avisée finissait par venir à lui, par comprendre qu'au milieu du tourbillon démocratique elle n'avait d'autre voie de salut que la monarchie; et que le jeune héritier de César était, après tout, le dernier es-

---

\* *Horat.* od. XIV, lib. III.
\*\* *Idem,* od. XV, lib. IV.

poir de la *patrie;* le seul chef en position de rétablir le principe d'ordre et d'autorité; enfin, pour me servir ici du langage de Corneille, plus propre que tout autre à reproduire la pensée de Virgile, le seul homme qui pût « prêter l'épaule au monde chancelant *; » — *everso succurrere sæclo.*

Que si, du côté de la naissance, le jeune *Octavius Thurinus* laisse quelque chose à désirer; s'il manque encore de ce prestige, de cette majesté qui appartient à la souveraine puissance; cela viendra; patience; que Virgile ait le temps de composer l'*Énéide;* et l'on verra de qui descend le vainqueur d'Actium; s'il est d'antique et noble race : « *Et mi genus ab Jove summo* ** » ! — Et moi aussi, Quirites, fiers patriciens, dieux de la terre, et moi aussi je

---

\* *Pompée,* act. I, sc. I.
\*\* *Æneid.* VI, 124, puis V, 569 :

« Alter Atys, genus unde Atti duxere Latini;
« Parvus Atys, pueroque puer dilectus Iulo. »

« Virgile a grand soin de jouer sur le nom d'*Atys,* et en fait l'auteur de la famille *Atia; cela donnait à Auguste des aïeux dans l'Énéide.* » — M. de Golbery, note 15, en sa traduction de Suétone, *Octav.-Aug.* IV. — Les deux familles des *Jules* et des *Atiens* se trouvaient réunies dans Auguste. M. Attius Balbus avait épousé *Julie,* sœur de Jules-César, et de ce mariage était née *Atia,* mère d'Octave.

suis des vôtres; car je remonte à Jupiter; et j'ai droit au souverain empire.

Quelque importante que fût pour *le petit Octave de Thurium* la question de naissance, d'être riche en aïeux, de remonter à Jupiter, et, ainsi, d'avoir droit au souverain empire; elle n'était cependant, cette importante question, que secondaire; et l'*Enéide* ne devait venir qu'après les *Géorgiques*; car avant de s'approprier la chose Romaine, et de pouvoir la régir souverainement, il fallait d'abord la sauver, la conserver : à l'empereur il fallait un empire. Or, le premier obstacle à l'établissement de l'Empire était la misère de l'Italie, et, par suite, chez un grand nombre, la pensée de l'abandonner, d'émigrer, d'aller sous un autre ciel chercher une meilleure patrie. Chose étrange! incroyable d'abord, mais réelle cependant : le peuple romain n'avait pas l'amour du sol; non; son territoire sacré, « sa *Ville Éternelle, bâtie par les Dieux pour devenir la reine du monde,* » il n'y tenait en réalité que fort peu, il n'y tenait pas du tout. Combien de fois il manifeste l'envie de les quitter! Toujours mécontent, toujours indisposé contre une ingrate patrie qui ne laisse à ses défenseurs, pour prix de leurs services, que l'indigence, les fers, et l'esclavage; tantôt il se retire sur une montagne, d'où ses chefs ont grand'-

peine à le rappeler; tantôt il veut à toute force aller s'établir à Veïes; dans l'espoir de s'y trouver mieux; Camille a beau lui dire, lui répéter que les oracles ont attaché à Rome son bonheur, sa puissance et sa gloire; peu s'en faut que le projet d'émigration ne s'exécute (20). Après la désastreuse journée de Cannes, un Questeur et je ne sais combien de Chevaliers sont dégradés pour avoir juré d'abandonner l'Italie \*. Plus tard, lorsque pour fuir la tyrannie de Sylla, Sertorius s'en va planter son étendard en Espagne; il y est suivi d'un si grand nombre de Romains, que bientôt « *Rome n'est plus dans Rome.* » Plus tard encore, lors de l'expédition de Crassus en Asie\*\*, beaucoup de soldats romains, et des meilleurs! des *Marses*, des *Appuliens*, préfèrent le pays Barbare à leur patrie : oubliant les *Boucliers sacrés*, et le *feu de Vesta;* oubliant l'honneur, l'insigne honneur d'être Romain et de porter la toge, les félons se marient à des femmes Barbares! Et, perversité des perversités! ils fraternisent

---

\* Voyez *Rome au siècle d'Auguste*, t. I, p. 290.

\*\* « Milesne Crassi conjuge barbara
Turpis maritus vixit? Et hostium,
Proh curia inversique mores!
Consenuit socerorum in arvis,
Sub rege Medo, Marsus et Appulus,

avec l'ennemi, avec les pères de ces femmes, dont ils cultivent les champs; et ils ont l'infamie de vivre et de vieillir sujets d'un roi Mède! Comme si Jupiter n'était plus au Capitole; comme si Rome n'était pas toujours la Ville par excellence ! »

Sous la dictature de César, il est question d'émigrer en masse; et de TRANSFÉRER LE SIÉGE DE L'EMPIRE DANS ILION OU DANS ALEXANDRIE: de nombreuses levées d'hommes achèveraient d'épuiser l'Italie, en lui enlevant tout le meilleur de sa population; Rome, dès-lors, ne serait plus qu'une province; régie au nom du chef suprême par quelques-uns de ses amis *.

L'empire romain no pouvait échapper à une translation.

Après les désastres du Triumvirat, la fièvre d'émigration reparaît; intense, continue; et, cette fois encore, les regards se tournent vers l'Orient. — L'Orient, est le pays des merveilles : l'or et l'ar-

---

Anciliorum, et nominis, et togæ<br>
Oblitus, æternæque Vestæ,<br>
Incolumi Jove et urbe Roma ! »<br>
Horat. od. v, lib. III.

* « Quin etiam VALIDA FAMA percrebuit, migraturum
« Alexandriam vel Ilium, translatis simul opibus imperii, ex-
« haustaque Italia delectibus et procuratione Urbis amicis per-
« missa. » — Sueton. *Jul.-Cæs.* LXXIX.

gent, l'ivoire, la soie, les pierreries, les aromates, toutes les richesses viennent de l'Orient! l'Orient est le séjour de la félicité : Antoine et les siens sont là qui mènent joyeuse vie; une *vie sans pareille!* pourquoi demeurer en Italie à vivre misérablement? Plutôt émigrer : la patrie est où l'on se trouve bien. Il faut faire comme les Phocéens : pour mettre un terme à leurs maux, les Phocéens résolurent, — et bravement ils exécutèrent leur résolution, — d'abandonner une patrie ingrate, maudite; puis de laisser leurs terres, leurs foyers, et leurs temples, servir de retraite aux bêtes fauves *.

---

* AD POPULUM ROMANUM.

« Altera jam teritur bellis civilibus ætas,
  Suis et ipsa Roma viribus ruit...
Forte, quid expediat, communiter, aut melior pars,
  Malis carere quæritis laboribus.
Nulla sit hac potior sententia, Phocæorum
  Velut profugit exsecrata civitas
Agros atque Lares proprios, habitandaque fana
  Apris reliquit et rapacibus lupis,
Ire, pedes quocumque ferent, quocumque per undas
  Notus vocabit, aut protervus Africus.
Sic placet? an melius quis habet suadere? secunda
  Ratem occupare quid moramur alite?
Sed juremus in hæc. . . . . . . .
  . . . . . . . . . .
Hæc, et quæ poterunt reditus abscindere dulces,
  Eamus omnis exsecrata civitas,

Et donc, que Rome, cité maudite, soit ainsi délaissée. Y resteront, s'ils veulent, les lâches; mais tout homme de cœur doit la fuir, il doit la fuir, et jurer de n'y revenir jamais. Loin, bien loin des bords du Tibre, il faut chercher un pays meilleur : Il est des îles fortunées où la terre produit sans culture; où la vigne fleurit sans avoir besoin d'être taillée; où l'olivier, et le figuier donnent toujours du fruit en abondance. Là, du creux des chênes distille le miel; et du sommet des montagnes jaillit une eau limpide et fraîche; qui jamais ne tarit, qui ne se corrompt jamais. Les chèvres viennent d'elles-mêmes s'offrir à la main qui les trait; les brebis rapportent des mamelles toujours pleines. Là, point de contagion parmi les troupeaux; point d'astre

---

Aut pars indocili melior grege; mollis et exspes
  Inominata perprimat cubilia.
Vos, quibus est virtus muliebrem tollite luctum,
  Etrusca præter et volate litora.
Nos manet Oceanus circumvagus; arva, beata
  Petamus arva, divites et insulas,
Reddit ubi Cererem tellus inarata quotannis,
  Et imputata floret usque vinea,
Germinat et nunquam fallentis termes olivæ,
  Suamque pulla ficus ornat arborem,
Mella cava manant ex ilice, montibus altis
  Levis crepante lympha desilit pede.

funeste qui les consume. Le soir on n'entend pas les ours gronder autour des bergeries; on n'y marche pas sur des serpens; jamais d'inondations, ni de sécheresse; mais du froid et du chaud modérément; une égale température. Ces heureuses contrées, furent, dans le temps, réservées par Jupiter aux gens de bien; quand l'âge d'or venant à finir, à céder le monde à l'âge de fer, la corruption prit le dessus.

Voilà les fables que répandaient à Rome parmi le peuple les partisans de l'émigration (24); au fort des discordes civiles, voilà l'idée que faisaient germer dans les têtes le désespoir et la misère.

---

    Illic injussæ veniunt ad mulctra capellæ,
        Refertque tenta grex amicus ubera;
    Nec vespertinus circumgemit ursus ovile,
        Nec intumescit alta viperis humus.
    Pluraque felices mirabimur, ut neque largis
        Aquosus Eurus arva radat imbribus,
    Pinguia nec siccis urantur semina glebis,
        Utrumque rege temperante cœlitum.........
    Nulla nocent pecori contagia; nullius astri
        Gregem æstuosa torret impotentia.
    Jupiter illa piæ secrevit litora genti,
        Ut inquinavit ære tempus aureum,
    Ærea dehinc ferro duravit sæcula, quorum
        Piis secunda, vate me, datur fuga. »
                  *Horat.* epod. XVI.

Le second livre des *Géorgiques* tend à désabuser les esprits; il combat ces pensers funestes; par un bien simple argument : l'Italie est le plus beau, le plus riche, le meilleur de tous les pays. Chose facile à démontrer :

— « Sur tous les points du globe soumis à la culture, du midi jusqu'à l'ourse, d'un bout du monde à l'autre bout, chaque pays, à bien l'observer, n'a reçu en partage que certaines richesses \*. Les arbres, par exemple, ont été comme répartis en autant de lots : l'Inde eut l'ébène; Saba l'encens. Ici, se trouve le bois odoriférant qui distille le baume; ailleurs, l'acanthe aux feuilles toujours vertes. L'Ethiopie, elle, récolte le blanc duvet du coton-

---

\* « Adspice et extremis domitum cultoribus orbem,
Eoasque domos Arabum, pictosque Gelonos.
Divisæ arboribus patriæ. Sola India nigrum
Fert ebenum ; solis est thurea virga Sabæis.
Quid tibi odorato referam sudantia ligno
Balsamaque, et baccas semper frondentis acanthi ?
Quid nemora Æthiopum, molli canentia lana ?
Velleraque ut foliis depectant tenuia Seres ?
Aut quos Oceano propior gerit India lucos,
Extremi sinus orbis ? Ubi aera vincere summum
Arboris haud ullæ jactu potuere sagittæ.
Et gens illa quidem sumptis non tarda pharetris.
Media fert tristes succos tardumque saporem
Felicis mali ; quo non præsentius ullum,

nier; les Sères, doivent au mûrier la soie; sur les rives du Gange et de l'Indus, croissent des forêts d'une hauteur prodigieuse; si hautes, que jamais flèche lancée par une main habile n'a pu dépasser leur cîme; et Dieu sait si dans ces contrées on manie l'arc habilement! La Médie, produit le bienfaisant citronnier; dont le fruit est le meilleur antidote contre le poison des belles-mères; dont la fleur, odorante, est un trésor pour la poitrine des vieillards.

Mais les divers produits de chaque pays mis en ligne de compte; il saute aux yeux que l'Italie a été grandement avantagée.

Ni les forêts des Mèdes, toutes riches qu'elles sont, ni les rives du Gange, toutes belles, ni l'Hermus avec ses sables d'or, ne peuvent le disputer à

> Pocula si quando sævæ infecere novercæ,
> Miscueruntque herbas et non innoxia verba,
> Auxilium venit, ac membris agit atra venena.
> . . . . . Animas et olentia Medi
> Ora fovent illo, et senibus medicantur anhelis.
>  Sed neque Medorum silvæ, ditissima terra,
> Nec pulcher Ganges, atque auro turbidus Hermus,
> Laudibus Italiæ certent; non Bactra, neque Indi,
> Totaque thuriferis Panchaia pinguis arenis.
> Hæc loca non tauri spirantes naribus ignem
> Invertere, satis immanis dentibus hydri;

la belle et opulente Italie. Non, la Bactriane, l'Inde, et même l'Arabie, cette heureuse terre des parfums, ne peuvent soutenir la comparaison. S'il est vrai de dire que les champs de l'Italie n'ont jamais été labourés par des taureaux jetant du feu de leurs narines; que jamais n'y furent semées des dents de dragon; et que jamais, non plus, on n'y vit sortir du sillon des hommes tout armés; il est bien vrai de dire aussi que ces champs fortunés regorgent de fruits, de grains, de vins exquis; et qu'il y vient des forêts d'oliviers magnifiques; qu'il y croît d'immenses troupeaux! Là, le belliqueux cheval bondit au milieu de gras pâturages, tout fier de sa liberté. Là, généreux Clitumne *, se baignent au courant de tes ondes sacrées et des brebis et des taureaux; toutes victimes choisies; d'une éclatante

---

Nec galeis densisque virum seges horruit hastis :
Sed gravidæ fruges, et Bacchi Massicus humor
Implevere ; tenent oleæque armentaque læta.
Hinc bellator equus campo sese arduus infert;
Hinc albi, Clitumne, greges, et maxima taurus
Victima, sæpe tuo perfusi flumine sacro,
Romanos ad templa Deum duxere triumphos.
Hic ver assiduum, atque alienis mensibus æstas;
Bis gravidæ pecudes, bis pomis utilis arbos.
At rabidæ tigres absunt et sæva leonum

\* Fleuve de l'Ombrie.

blancheur; semblables à celles qui tant de fois conduisirent aux temples des Dieux les triomphateurs Romains. En Italie, règne un printemps éternel. L'hiver y cède ses mois à l'été. Deux fois l'an les brebis y sont mères; deux fois l'an les arbres s'y couvrent de fruits. Et point d'animaux féroces; de tigres, ni de lions; point de ces plantes vénéneuses, mortelles pour qui les cueille; point de ces énormes serpens qui viennent vous enlacer, vous étouffer dans leurs replis. En Italie, sans la moindre crainte, vous cheminez; et, en cheminant, çà et là vous rencontrez des cités magnifiques; partout vous voyez les merveilles de l'industrie : des villes aériennes; posées, comme des nids, au sommet des rochers; d'antiques remparts, baignés à leurs pieds par un fleuve qui majestueusement s'écoule. — Ah! de tous les pays du monde, voilà bien le plus beau, le plus riche, le meilleur; celui que, de préférence, on doit vouloir habiter! Quelle situation

---

Semina; nec miseros fallunt aconita legentes;
Nec rapit immensos orbes per humum, neque tanto
Squameus in spiram tractu se colligit anguis.
Adde tot egregias urbes, operumque laborem,
Tot congesta manu præruptis oppida saxis,
Fluminaque antiquos subter labentia muros.
An mare, quod supra, memorem, quodque alluit infra,

avantageuse! Entre deux mers *; avec je ne sais combien de lacs; parmi lesquels le Laris et le Bénac peuvent, l'un par son immense étendue, l'autre par le flux et le bruissement de ses ondes, être pris pour deux autres mers! Où trouver des ports plus commodes? La digue tout récemment faite au Lucrin, est contre la fureur des flots une infranchissable barrière; et le nouveau *Port-Jules* ** en son vaste bassin offre aux vaisseaux un sûr abri!

Ce n'est pas tout : pour comble de richesse, l'Italie a aussi des mines; des mines de toute sorte : mines d'or, mines d'argent, mines de fer. Et puis de quelle forte trempe sont les hommes qu'elle produit! Les Marses, les Sabins, les Liguriens, si durs

---

Anne lacus tantos? te, Lari maxime, teque
Fluctibus et fremitu assurgens, Benace, marino?
An memorem portus, Lucrinoque addita claustra;
Atque indignatum magnis stridoribus æquor,
Julia qua ponto longe sonat unda refuso,
Tyrrhenusque fretis immittitur æstus Avernis?
Hæc eadem argenti rivos, ærisque metalla
Ostendit venis, atque auro plurima fluxit.
Hæc genus acre virum Marsos, pubemque Sabellam,

* Au nord la mer Adriatique, ou golfe de Venise, au midi la mer Tyrrhénienne. Ces deux mers s'appelaient *mare Superum*, et *mare Inferum*.

** Construit sous le consulat et par les soins d'Agrippa, l'an de Rome 717, pendant le triumvirat.

au mal, les Volsques, si habiles à lancer le javelot, sont tous enfans de l'Italie! C'est l'Italie qui a donné le jour aux Décius, aux Marius, aux généreux Camilles, aux Scipions, foudres de guerre, et enfin à César, le plus magnanime de tous *! Sans qui Rome en ce moment même verrait des peuplades de l'Inde insulter ses frontières.

Une terre aussi féconde, aussi glorieuse, qui donne tout en abondance, et qui enfante des héros! Comment vouloir la quitter? Comment ne pas la chérir? Ah! vive l'Italie! vive la Saturnie! vive le bon, l'antique Latium! Jadis l'agriculture faisait sa force et sa gloire : vive l'agriculture! il la faut restaurer.

C'est pour cela que Virgile *ose rouvrir les sources sacrées;* et que, par toutes les villes de l'Empire,

---

Assuetumque malo Ligurem, Volscosque verutos
Extulit; hæc Decios, Marios, magnosque Camillos,
Scipiadas duros bello; et te, maxime Cæsar,
Qui nunc extremis Asiæ jam victor in oris
Imbellem avertis Romanis arcibus Indum.
Salve, magna parens frugum, Saturnia tellus,
Magna virum; tibi res antiquæ laudis et artis
Ingredior, sanctos ausus recludere fontes,
Ascræumque cano Romana per oppida carmen.
*Georgic.* lib. II.

* A Octave-César. Ne pas confondre.

il redit des chants pareils à ceux du vieillard d'Ascra.

Les chants d'Hésiode, ainsi que ceux de Linus et d'Orphée, avaient la vertu d'amollir les tigres, d'émouvoir les arbres et les rochers *....... Ils apprivoisaient les natures sauvages : les chants de Virgile, ont semblable miracle à opérer : il s'agit d'apprivoiser les *Barbares*; de fixer sur le sol Italique des populations diverses que la guerre y a transplantées; et de les y faire prendre racine; enfin, il s'agit d'amener à la vie agricole, si paisible et si laborieuse ! des hommes habitués aux combats, aux remuemens de la guerre civile. Mais pour de tels hommes, qui d'un coup de main peuvent gagner gros, les richesses du travail ne sont-elles pas trop lentes, trop difficiles à acquérir ? Labourer, ensemencer, creuser, fouiller, bêcher, prendre incessamment de la peine, jusqu'à ce que vienne enfin le jour de la moisson; cela, pour eux, n'a rien de bien séduisant, rien qui les engage à changer d'état; la vie qu'ils mènent est encore préférable : agitée comme la mer, elle a, comme la mer, ses risques et ses profits.

C'est ici que l'art du poète brille de tout son

---

* Voir *Bucoliq.* églog. VI, 70-72; et *Georg.* IV, 511.

éclat : il a démontré que l'Italie est le meilleur pays du monde; il va, par corollaire, établir qu'en Italie la meilleure des conditions, celle qui procure en somme le plus de jouissances, c'est la condition du laboureur. Suivons le raisonnement :

Toute terre peut produire : seulement, il faut d'abord en étudier le génie\*; c'est-à-dire, qu'il faut savoir quel genre de productions lui est propre. Or cela s'apprend aisément; à la qualité, à la couleur de la terre; selon qu'elle est forte, ou légère; qu'elle a plus ou moins d'humidité. Des terres qu'au premier aspect l'on pourrait croire mauvaises; des collines réputées ingrates, à peine recouvertes d'une mince couche d'argile; des champs pleins de cailloux et de broussailles, sont pourtant susceptibles de rapport : l'arbre de Pallas, le vivace olivier, peut y venir; et très bien; témoin ces nombreux oliviers sauvages dont les fruits, pleins d'un suc amer, çà et là sont épars. Mais un terrain

---

\* « Nunc locus arvorum ingeniis; quæ robora cuique,
Quis color, et quæ sit rebus natura ferendis.
Difficiles primum terræ, collesque maligni,
Tenuis ubi argilla, et dumosis calculus arvis,
Palladia gaudent silva vivacis olivæ.
Indicio est tractu surgens oleaster eodem
Plurimus, et strati baccis silvestribus agri.

8.

gras, imprégné d'une douce humidité, où l'herbe foisonne, où la végétation est partout bien nourrie; un terrain comme celui qui, pour la plupart, se rencontre dans ces vallées qu'arrosent mille sources dont l'onde, du haut des rochers, apporte un limon fertile; au plein midi; tapissé de cette mâle fougère qui résiste au soc; ce terrain-là, pour sûr, donnera quelquejour des vignes excellentes et du plus grand rapport; car il est merveilleusement propice au raisin; il fera boire à pleine coupe un vin exquis; un nectar, pareil à celui qui s'offre aux Dieux en libations dans les sacrifices.

Boire à pleine coupe un vin exquis! Pour les *Barbares*, quoi de plus propre à les retenir en Italie? — Dans le temps, les Gaulois y vinrent par un même attrait : ils se trouvaient, de for-

---

At quæ pinguis humus, dulcique uligine læta,
Quique frequens herbis et fertilis ubere campus,
Qualem sæpe cava montis convalle solemus
Despicere; huc summis liquuntur rupibus amnes,
Felicemque trahunt limum; quique editus Austro,
Et filicem curvis invisam pascit aratris :
Hic tibi prævalidas olim multoque fluentes
Sufficiet Baccho vites; hic fertilis uvæ,
Hic laticis, qualem pateris libamus et auro,
Inflavit quum pinguis ebur Tyrrhenus ad aras,
Lancibus et pandis fumantia reddimus exta. »
*Ibid.*

tune, entre les Pyrénées et les Alpes, quand, pour la première fois, il leur arriva de goûter du vin apporté d'Italie; le breuvage leur sembla si bon; « ils furent si transportés du désir et de « la volupté d'en boire, que soudain ils chargè- « rent leurs armes, et emmenèrent femmes et « enfans, prenant leur chemin vers les Alpes, pour « aller chercher le pays qui produisait un tel fruit, « estimant toute autre terre stérile et sauvage *. » — En Italie, quiconque a des vignes à cultiver est sûr de s'enrichir.

Préfère-t-on la richesse des troupeaux? Il est facile d'y élever le gros et le menu bétail ** : la Tarentèse offre dans ses forêts des retraites plantureuses; et le Mantouan des plaines; des plaines d'une prodigieuse fécondité! toujours vertes et riantes; où l'on voit, aux bords fleuris d'un clair ruisseau, se jouer des cygnes éclatans de blancheur. Là, point ne manquent les claires fon-

---

* Plutarque, *Camille*, XXIV. *Voir* aussi Tite-Live, V, 33.

** « Sin armenta magis studium vitulosque tueri,
Aut fetus ovium, aut urentes culta capellas,
Saltus et saturi petito longinqua Tarenti,
Et qualem infelix amisit Mantua campum,
Pascentem niveos herboso flumine cycnos.
Non liquidi gregibus fontes, non gramina desunt;

taines; point ne manque la pâture : l'herbe broutée le soir, au matin est repoussée.

Donc, en ce pays aimé des cieux il y a certitude de prospérer. Et l'on pourrait encore hésiter à embrasser la vie agricole :

« *Et dubitant homines serere atque impendere curam* \*!»

Heureux, ah! trop heureux ceux qui l'embrassent, cette bonne vie! S'ils en sentaient les avantages\*\*. Loin de la mêlée des ambitions et des haines, ils reçoivent de la terre généreuse de quoi vivre dans l'aisance. S'ils n'ont point de palais, où, sous un superbe portique, se presse, dès le matin, la foule des cliens qui aspirent à saluer le patron\*\*\*,

---

Et, quantum longis carpent armenta diebus,
Exigua tantum gelidus ros nocte reponet. »
Ibid., 196.....

\* *Ibid*, 434.

\*\* « O fortunatos nimium, sua si bona norint,
Agricolas! Quibus ipsa, procul discordibus armis,
Fundit humo facilem victum justissima tellus.
Si non ingentem foribus domus alta superbis
Mane salutantum totis vomit aedibus undam;
Nec varios inhiant pulchra testudine postes,
Illusasque auro vestes, Ephyreiaque æra ;

\*\*\* L'étiquette romaine voulait que les deux premières heures de la journée d'un riche se passassent dans les visites des cliens:

« Prima salutantes atque altera conterit hora. »
Martial., lib. VI, 8.

et qui bientôt inondent ses appartemens; s'ils n'ont à faire admirer ni lambris magnifiques, ni vêtemens brodés d'or, ni vases de Corinthe; si la laine qu'ils portent ne trempa point dans les riches teintures de l'Orient; s'ils ne font usage d'aucun parfum, d'aucune essence; en revanche, ils ont du repos, de la sécurité, une vie simple, sans intrigue, et toutes les beautés, tous les trésors de la nature. Au sein de leurs vastes habitations, ils ont, véritablement, du loisir; des grottes, et des sources d'eau vive, de fraîches vallées, le mugissement des génisses; puis, sous l'ombrage, le sommeil le plus doux. Aux champs, c'est un plaisir de courir les bêtes fauves; la jeunesse n'y répugne pas à la fatigue; habituée qu'elle est à se contenter de peu. Aux champs, subsistent le culte des Dieux, et le respect de la famille. C'est là qu'exilée des villes la Justice a porté ses derniers pas. Aussi, serait-ce là que Virgile coulerait en paix ses jours; sans sa pas-

> Alba neque Assyrio fucatur lana veneno,
> Nec casia liquidi corrumpitur usus olivi:
> At secura quies, et nescia fallere vita,
> Dives opum variarum; at latis otia fundis,
> Speluncæ, viviqué lacus; at frigida Tempe,
> Mugitusque boum, mollesque sub arbore somni
> Non absunt. Illic saltus ac lustra ferarum,
> Et patiens operum, parvoque assueta juventus,

sion pour l'étude! Mais l'étude avant tout; avant tout il doit cultiver les Muses; et, rival de Lucrèce, approfondir les secrets de la nature. Si cependant il ne peut y parvenir; s'il sent, en chemin, les forces lui manquer; la campagne fera sa consolation, ses délices; il ira vivre au sein de quelque riant vallon, près d'un limpide ruisseau, avec son amour des Fleuves et des Forêts; sans plus se soucier de la gloire. Oh! que les champs arrosés par le Sperchius, que les hauteurs du Taygète foulées en cadence par les vierges de Sparte, lui semblent un délicieux séjour! Habiter les fraîches vallées de

> Sacra deum, sanctique patres; extrema per illos
> Justitia excedens terris vestigia fecit.
> Me vero primum dulces ante omnia Musæ,
> Quarum sacra fero ingenti perculsus amore,
> Accipiant, cœlique vias et sidera monstrent,
> Defectus solis varios, lunæque labores;
> Unde tremor terris; qua vi maria alta tumescant,
> Objicibus ruptis, rursusque in se ipsa residant;
> Quid tantum Oceano properent se tingere soles
> Hiberni, vel quæ tardis mora noctibus obstet.
> Sin, has ne possim naturæ accedere partes,
> Frigidus obstiterit circum præcordia sanguis,
> Rura mihi, et rigui placeant in vallibus amnes;
> Flumina amem silvasque inglorius. O, ubi campi,
> Sperchiusque, et virginibus bacchata Lacænis
> Taygeta! O, qui me gelidis in vallibus Hæmi
> Sistat, et ingenti ramorum protegat umbra!

l'Hémus, y reposer sous un épais ombrage; quelle
jouissance! la philosophie ne saurait, après tout,
en procurer de plus vive. Sans doute, pour le philosophe, c'est un grand contentement que de
parvenir à connaître les lois de la nature; et, nonobstant l'inexorable Destin, nonobstant l'avare
Achéron, de mettre toute crainte sous ses pieds :
mais aussi quelle félicité goûte celui qui a borné
tout son savoir au culte des Divinités champêtres;
celui qui révère Pan, le vieux Sylvain, et les Nymphes (22)! Le peuple peut donner les faisceaux;
des rois, pour briguer la faveur du sénat, peuvent
venir à Rome étaler leur faste; des frères ennemis
peuvent se disputer le trône; ou le Dace faire incursion (23); l'homme des champs, lui, n'en vit
pas moins calme. L'état de la chose romaine, et
la pensée que tout empire a sa fin, ne l'attris-

---

    Felix, qui potuit rerum cognoscere causas,
  Atque metus omnes et inexorabile fatum
  Subjecit pedibus, strepitumque Acherontis avari!
  Fortunatus et ille Deos qui novit agrestes,
  Panaque, Silvanumque senem, Nymphasque sorores!
  Illum non populi fasces, non purpura regum
  Flexit, et infidos agitans discordia fratres,
  Aut conjurato descendens Dacus ab Histro ;
  Non res Romanæ, perituraque regna ; neque ille
  Aut doluit miserans inopem, aut invidit habenti.

tent pas. Il n'a point à s'apitoyer sur les misères du pauvre; et il n'envie pas le riche; satisfait de l'aisance que ses récoltes lui procurent. A l'abri des rigueurs du droit, étranger aux folles querelles du Forum, il est dispensé de lire les mille tables de la loi (24). Et cependant que font les autres? — Les autres, courent les mers; affrontent les combats; ou tâchent à s'introduire en courtisans dans le palais des *rois* \*. Tel rêve le pillage d'une ville, et sur les Dieux Pénates porte une main sacrilége, pour en venir à boire dans le jaspe ou le saphir, et à se coucher sur des lits de pourpre; tel entasse richesses sur richesses, et couve son trésor. Celui-ci n'imagine rien de plus beau que les succès de la tribune, celui-là s'enivre des applaudissemens qu'à son entrée au théâtre lui donnent par deux fois le

---

Quos rami fructus, quos ipsa volentia rura
Sponte tulere sua, carpsit; nec ferrea jura,
Insanumque forum, aut populi tabularia vidit.
Sollicitant alii remis freta cæca, ruuntque
In ferrum, penetrant aulas et limina regum;
Hic petit excidiis urbem miserosque Penates,
Ut gemma bibat, et Sarrano dormiat ostro.
Condit opes alius, defossoque incubat auro.
Hic stupet attonitus rostris; hunc plausus hiantem.

\* On sait que les Romains donnaient aux *grands*, aux *riches*, le titre de *roi*.

peuple et le sénat. Enfin, il y en a qui prennent plaisir à verser le sang de leurs frères; et qui changent contre l'exil les lares paternels, le doux pays de leurs aïeux : ils vont, les malheureux, *sous un autre ciel chercher une patrie!*

L'homme des champs, demeure tranquille. Appuyé sur sa charrue, il a retourné la terre : telle est l'inauguration du cours annuel de ses travaux; cela, plus tard le met en état de nourrir les siens, et tout ce qui respire autour de ses modestes pénates : ses troupeaux, ses taureaux, qui méritent si bien de lui! Point de relâche que l'année ne soit bonne; que, finalement, il n'ait en abondance ou des fruits, ou du bétail, ou du grain; et sur les sillons force javelles, et force gerbes en ses greniers. L'hiver, il broie l'olive sous le pressoir; ses porcs (qui ont passé le temps chaud sur les hauteurs), lui

---

Per cuneos, geminatur enim, plebisque patrumque
Corripuit. Gaudent perfusi sanguine fratrum,
Exsilioque domos et dulcia limina mutant,
Atque ALIO PATRIAM QUÆRUNT SUB SOLE JACENTEM.
Agricola incurvo terram dimovit aratro.
Hinc anni labor; hinc patriam parvosque Penates
Sustinet; hinc armenta boum, meritosque juvencos.
Nec requies, quin aut pomis exuberet annus,
Aut fetu pecorum, aut cerealis mergite culmi,
Proventuque oneret sulcos, atque horrea vincat.
Venit hiems; teritur Sicyonia bacca trapetis;

reviennent en bon point après la glandée; les bois lui donnent l'arbouse, et autres baies; il a aussi à serrer maint autre présent de l'automne; et pour adoucir l'âpreté de son vin nouveau, il le met cuver au soleil, sur le sommet de quelque roche bien exposée. Parmi ces occupations se mêlent les joies de la famille. Bon père, le laboureur a près de lui des enfans qui se disputent ses caresses; une épouse chaste; une sainte maison. Il s'amuse à contempler ses vaches regagnant lentement l'étable, leurs mamelles gonflées de lait; et ses chevreaux pleins de vigueur, qui, bondissant au milieu de la prairie, font entre eux l'essai de leurs cornes naissantes. Religieux, il ne manque jamais de célébrer en personne les jours de fête. Alors, sur l'herbe, autour du feu qui pétille, il compose avec les compagnons de ses travaux un collége rustique : là, chacun tenant sa coupe pleine et couronnée, de pieuses liba-

---

    Glande sues læti redeunt; dant arbuta silvæ,
    Et varios ponit fetus auctumnus, et alte
    Mitis in apricis coquitur vindemia saxis.
    Interea dulces pendent circum oscula nati;
    Casta pudicitiam servat domus; ubera vaccæ
    Lactea demittunt; pinguesque in gramine læto
    Inter se adversis luctantur cornibus hædi.
    Ipse dies agitat festos, fususque per herbam,
    Ignis ubi in medio, et socii cratera coronant,

tions sont faites à Bacchus; des prix sont proposés à la force, et à l'adresse; tous les pâtres sont appelés aux combats de la lutte, et du javelot. — Voilà les spectacles, les *Jeux* des hommes de labour! Voilà la vie que pratiquaient, au bon vieux temps, les Sabins (25):

« *Agricolæ prisci, fortes, parvoque beati*[*]! »

la vie de Rémus et de Romulus! Voilà comment Rome est devenue la merveille du monde; et a, dans sa seule enceinte, renfermé sept monts! Avant le règne de Jupiter, quand l'homme, ayant encore le respect des choses saintes, n'égorgeait pas le

---

Te, libans, Lenæe, vocat; pecorisque magistris
Velocis jaculi certamina ponit in ulmo,
Corporaque agresti nudat prædura palæstræ.
Hanc olim veteres vitam coluere Sabini;
Hanc Remus et frater; sic fortis Etruria crevit;
Scilicet et rerum facta est pulcherrima Roma,
Septemque una sibi muro circumdedit arces.
Ante etiam sceptrum Dictæi regis, et ante
Impia quam cæsis gens est epulata juvencis,
Aureus hanc vitam in terris Saturnus agebat.
Necdum etiam audierant inflari classica, necdum
Impositos duris crepitare incudibus enses.
Sed nos immensum spatiis confecimus æquor,
Et jam tempus equum fumantia solvere colla.
*Ibid.*

[*] *Horat.* epist. I, lib. II, 140.

bœuf\* pour s'en nourrir, le bon Saturne, auteur de l'âge d'or, vivait sur cette terre de cette heureuse vie. En ce temps-là, ne retentissait pas la trompette guerrière, et le fer, mieux employé, n'était pas battu sur l'enclume, pour forger des glaives homicides.

— Mais sur ce point c'en est assez, et il nous faut reprendre haleine.

D'aussi délicieuses peintures devaient produire leur effet : la *vie agricole* fit envie. Oui, la *campagne* eut du succès; le *rustique* devint à la mode. Dégoûtés de l'ambition\*\*, de courir après la fortune dans les camps, sur la mer, au forum, ou dans les palais des grands, tous rêvaient le bonheur des champs, cette félicité primitive! Tous, jusqu'aux usuriers. Alphius, par exemple, homme d'argent s'il en fut, dans un moment d'enthousiasme retire des affaires ses capitaux; bien résolu à quitter Rome, à s'acheter une bonne métairie. Déjà, dans sa pensée, au

---

\* Tout ce qui touche l'élément sacré (la terre) est sacré « comme lui. Le bœuf laboureur de l'Italie est protégé par la « loi sainte aussi bien que la vache de l'Inde. » — M. Michelet, *Histoire Romaine*, t. I, ch. V, DES ÉTRUSQUES.

\*\*     Beatus ille, qui procul negotiis,
      UT PRISCA GENS mortalium,
    Paterna rura bobus exercet suis,
      Solutus omni fenore !
    Neque excitatur classico miles truci,
      Nec horret iratum mare,

fond de quelque riant vallon il voit errer ses troupeaux, les entend mugir, presse le miel de ses rayons, de ses brebis il vend la laine! Puis, toujours dans sa pensée, il marie la vigne à l'ormeau, serpe en main émonde ou retranche les rameaux infructueux, pour en greffer de plus utiles; enfin, loin du tracas de la ville, paisible au sein de son agreste domaine, à le faire valoir il s'applique, s'évertue, et se trouve ainsi l'homme le plus heureux du monde.... Mais bientôt, le naturel reprenant le dessus, Alphius rend tout son argent à l'usure. Que d'Alphius dans Rome! Car l'honnête Virgile a beau faire : le *nouvel âge d'or*, sera, pis que jamais, le siècle de l'usure.

> Forumque vitat et superba civium
> Potentiorum limina.
> Ergo aut adulta vitium propagine
> Altas maritat populos;
> Aut in reducta valle mugientium
> Prospectat errantes greges,
> Inutilesque falce ramos amputans,
> Feliciores inserit;
> Aut pressa puris mella condit amphoris;
> Aut tondet infirmas oves.....
> Hæc ubi locutus fenerator Alphius,
> Jamjam futurus rusticus,
> Omnem redegit Idibus pecuniam;
> Quærit Calendis ponere. »
> *Epod.* II.

Pendant les sept années consacrées au labeur des *Géorgiques* \*, la fortune d'Octave allait toujours grandissant; si bien que celui-ci, devenu assez fort pour écraser son rival, lui avait enfin livré bataille. Et dans le grand duel d'Actium, Antoine, vaincu, avait en mourant laissé son vainqueur maître du monde.

Déjà nous avons eu occasion de signaler l'excès des louanges données à Octave après la défaite et la mort de Sexte Pompée : *astre prédominant*, Octave s'était vu marquer sa place dans le ciel, et promettre l'apothéose : après *Actium*, il est Dieu; « *purpureo bibit ore nectar* \*\* »;

« *Plein d'éclat, plein de gloire, adoré des mortels,*
« *Il reçoit des honneurs qu'on ne doit qu'aux autels* \*\*\*. »

Les *Pères*, les *Quirites*, lui ont de si profondes obligations ! Comment pouvoir jamais s'acquitter

---

\* Il y a tout lieu de croire que, communiqués à Mécène dès leur naissance, les principaux passages de chacun des quatre chants étaient bientôt connus, mis en lumière ; si bien que l'ouvrage se trouvait comme édité partiellement. Nous verrons Auguste écrire à Virgile pour lui demander des *fragmens* de son *Énéide*. Et les *Œuvres d'Horace* ne parurent colligées en livre qu'après coup. Témoin l'épître XX, liv. I : « AD LIBRUM SUUM. »

\*\* *Idem*, od. IV, lib. III.

\*\*\* *La Fontaine*, Élég. I.

envers Octave? Comment lui offrir un témoignage assez éclatant de la reconnaissance publique?

> « *Quæ cura Patrum, quæve Quiritium,*
> « *Plenis honorum muneribus tuas*
> « *Auguste, virtutes in ævum*
> « *Per titulos memoresque fastos*
> « *Æternet* \*? »

Un décret du Sénat et du Peuple paie la dette commune au sauveur de la patrie; en lui donnant un pouvoir royal, absolu; en le mettant au-dessus des lois : il le déclare dispensé de leur observance.

Un moderne historien\*\* dit à ce sujet : « On voit « avec surprise un peuple qui venait si récemment « de répandre tant de sang pour la liberté, la sa-« crifier si lâchement aux caprices d'un homme; « mais le besoin du repos égarait les Romains : le « souvenir du passé les trompait, l'adresse de cet « homme les égarait. »

De ce moment, l'élan démocratique est dirigé, comprimé, par un monarque.

Mais quel titre donner à ce tout-puissant? — Le sénat s'assemble pour en délibérer. Octave, et quel-

---

\* Od. XIV, lib. IV.
\*\* M. de Ségur, *Histoire Romaine*, AUGUSTE, ch. II.

ques-uns des siens aimeraient assez le nom de *Romulus II* : avoir tiré la chose Romaine de l'épouvantable chaos où elle se trouvait plongée; n'est-ce pas une seconde fois l'avoir créée, être de nouveau le fondateur de Rome, proprement, un second Romulus?

*Romulus II*, a de nombreux partisans; et déjà la majorité va se déclarer en sa faveur; mais l'orateur *Munatius-Plancus*, un chaud ami de la nouvelle monarchie, d'autant plus chaud qu'il vient de s'y rallier, après avoir servi la cause d'Antoine; un religieux personnage! connu depuis par l'érection d'un temple à *Saturne* \*, et par les insignes honneurs dont, sous l'Empire, il est revêtu \*\*; Munatius, pense que dans l'état des choses, par intérêt pour Octave, par amour et respect de sa personne sacrée, il vaut mieux l'appeler *Auguste*. Ce nom, nouveau, n'a rien qui rappelle la royauté; partant, rien qui puisse effaroucher les esprits; au contraire, il est de nature à produire un bon effet : *Auguste!* ce mot comporte une idée de grandeur; de divine majesté; il laisse une impression religieuse. Sont appelés augustes, les lieux saints;

---

\* *Voyez* Suétone, *Oct.-Aug.*, XXIX.
\*\* *Voyez Diction. des Antiq. Rom.*, art. PLANCUS.

ceux où il y a quelque chose de consacré par les augures; d'*auctus,* accroissement, agrandissement; ou de *Gestus, Gustus,* deux termes de la langue divinatoire, usités pour le vol et le manger des oiseaux. Ennius dit :

« *Augusto augurio postquam inclita condita Roma est.*»

« Après que l'illustre Rome eut été fondée d'après un auguste augure (26) ».

L'avis de Munatius-Plancus méritait considération : mis aux voix, il est adopté. Bref, le vainqueur d'Antoine est, de par le Sénat, proclamé Auguste! Et, désormais, le petit Octave de Thurium, « *Octavius Thurinus* \*, sera « *Divus Augustus* »; le Divin Auguste.

— « Des hommes dont les pères avaient été vic-
« times de ses sanglantes proscriptions, ne rougis-
« sent pas de lui décerner les honneurs divins »\*\*!

Dion assure que les Dieux eurent la chose pour agréable; et qu'ils la consacrèrent par des prodiges : « Le Tibre, comme s'il se fût enorgueilli de

---

\* Ainsi l'appelait Antoine, par forme de dédain, «*per contumeliam;* » des envieux reprochant à Octave d'avoir eu pour bisaïeul un affranchi, un cordier de Thurium. — *Voir* Suét., *Octav.-Aug.*, II-VII.

\*\* M. Cayx, *Hist. de l'Emp. Rom.*, t. I, p. 39.

9.

la majesté du chef de l'empire, grossit tout-à-coup, et ses eaux, enflées outre mesure, couvrirent toutes les *parties basses* de la ville \* ». Un tribun du peuple, Sextus-Pacuvius, renchérissant, lui, sur la flatterie de Plancus, et sur la bassesse du Sénat, fait preuve d'un singulier dévoûment : il déclare se consacrer tout entier à Auguste ; et, séance tenante, prend l'engagement formel de ne lui point survivre, quel que soit l'accident qui vienne à trancher ses jours. Là-dessus, sorti du sénat comme une Bacchante, il va dans les rues, dans les carrefours, haranguer tous ceux qu'il rencontre sur son passage ; puis il revient dans l'assemblée suivi d'une populace nombreuse qu'il a forcée de se dévouer pareillement \*\*.

Les fanatiques de se porter aux pieds des autels ; d'invoquer, d'implorer Auguste ; et l'encens de fumer en l'honneur du nouveau Dieu.

Virgile, naturellement, parle de lui bâtir un temple. Quelle joie pour les cœurs étrusques ! Enfin voici l'ère de renaissance ! C'est, mieux que jamais, le moment de chanter *Palès* ; la Grande Déesse

---

\* M. Cayx. *Hist. de l'Emp. Rom.*, t. 1, p. 74.
\*\* Voir *Ibid.*

du Latium ; l'antique objet de son amour et de sa vénération :

« *Nunc Veneranda Pales, magno nunc ore sonandum !* »

C'est le moment de chanter *Apollon*, le divin pâtre de l'Amphryse ; de chanter les *Fleuves* et les *Forêts* du Lycée ; ces forêts, berceau de la religion, ces forêts dont l'ombre, les bruits, et le silence sont remplis de prodiges. Doux souvenirs ! Saintes récréations de la pensée ! C'est aussi le moment que dans la littérature romaine l'esprit Latin tente en faveur de l'*Etrurisme* une réaction ; dont Virgile s'honore d'être le chef *. — Plus d'Hellénisme ! — Ainsi le veulent les dieux Pénates et Vesta ; ainsi l'ordonne *Quirinus* (27). Plus d'Hellénisme ! Tel est le cri de ralliement des *sages*. Car, si l'on n'y prend garde, bientôt ce sera fait du vieil esprit *Latin* : de jour en jour il va s'effaçant ; il périt étouffé par les *Grecs* ; Rome ne

---

\* La réaction en faveur de l'*Étrurisme* est manifeste dans ce passage de Properce :

« ROMA fave, TIBI surgit opus ; date candida cives
« Omina, et inceptis dextera CANTET AVIS. »
Eleg. I, lib. IV.

Te quoque, Magna Pales, et te, memorande canemus,
Pastor ab Amphryso ; vos, silvæ amnesque Lycæi.

voit plus au cœur de ses enfans le moindre patriotisme; ils n'ont plus rien de *Romain* que le nom.

« *Nil patrium, nisi nomen, habet Romanus alumnus* \* ! »

Dès le troisième livre des *Géorgiques*, Virgile manifeste son peu d'amour de l'Hellénisme; et son parti pris de rompre avec lui. Pour commencer, il emploie l'arme de l'ironie : Les mythes grecs, sont usés, communs, rebattus \*\*. Qui ne sait, et de reste, la tyrannie jalouse d'Eurysthée, les immolations du cruel Busiris? A qui n'a-t-on pas dit l'enlèvement du jeune Hylas; la Retraite de Latone à Délos; Pélops et Hippodamie? Pélops, ce héros si fameux par son épaule d'ivoire, et par ses chevaux ailés! Les belles, les intéressantes choses que voilà! Avec de pareils sujets, flattez-vous donc d'occuper la pensée, de mener les cœurs

---

    Cætera, quæ vacuas tenuissent carmina mentes,
    Omnia jam vulgata. Quis aut Eurysthea durum,
    Aut illaudati nescit Busiridis aras ?
    Cui non dictus Hylas puer, et Latonia Delos?
    Hippodameque, humeroque Pelops insignis eburno,

 \* Propert., *ibid.*
 \*\* Delille observe que « Virgile tourne volontiers en ridicule les fictions des Grecs » (note 44, *Georg.*, liv. II). Puis, note 4, liv. III : « On entrevoit encore ici, dans la manière dont Virgile parle des Grecs, *une espèce de mépris* pour leurs fables. »

ÉTUDE SUR VIRGILE.

et les esprits.... Non, non; Rome demande une autre poésie; il faut, à l'envi de Lucrèce *, quitter les sentiers battus, trouver loin du vulgaire un chemin ignoré; puis découvrir *des sujets vainqueurs du temps et de la Parque* **.

C'est animé de ce zèle que Virgile songe à l'*Énéide*; grand et bel œuvre de religion et de monarchie! monument à la gloire du Peuple Latin, et d'Auguste. Au milieu des *Géorgiques* on l'entend s'écrier : « Ah! que les Dieux me prêtent vie; et je veux, le premier, faire descendre les Muses du haut de l'Hélicon, pour les fixer au sein de ma patrie. Oui, Mantoue, le premier (28), je te rapporterai les palmes d'Idumée; dans tes vertes prairies, au bord d'une onde pure, où le Mincio se plaît à ralentir et partager son onde, à cet endroit qu'il enveloppe d'une ceinture de roseaux, j'élève-

---

Acer equis? Tentanda via est, qua *me quoque* possim
Tollere humo, victorque virum volitare per ora.
*Primus* ego in patriam mecum, modo vita supersit,
Aonio *rediens* deducam vertice Musas;
*Primus* Idumæas referam tibi, Mantua, palmas;
Et viridi in campo templum de marmore ponam
Propter aquam, tardis ingens ubi flexibus errat
Mincius, et tenera prætexit arundine ripas.

* Voyez *De Rer. Nat.*, lib. I, 138-142; et 922-930.
** Lafontaine, *Fab.*, liv. XI, *Epilog.*

rai un temple de marbre. Au milieu sera César;
qui le remplira de sa majesté. Triomphant, radieux, couvert d'une royale pourpre, en honneur
de ce dieu je ferai voler sur la rive cent quadriges attelés des plus nobles coursiers. Toute la
Grèce peut m'y suivre; laissant là son Alphée, et
ses bois de Molorque *; qu'elle y vienne lutter, et
disputer le prix. Pour moi, le front paré d'un rameau d'olivier, je couronnerai les vainqueurs.
Douce illusion! il me semble déjà que vers le lieu
saint je m'avance; suivi d'un pompeux cortége;
heureux et fier d'en diriger la marche solennelle **;
je vois les victimes immolées; j'entre au théâtre;

---

In medio mihi Cæsar erit, templumque tenebit.
Illi victor ego, et Tyrio conspectus in ostro,
Centum quadrijugos agitabo ad flumina currus.
Cuncta mihi, Alpheum linquens lucosque Molorchi,
Cursibus et crudo decernet Græcia cæstu.
Ipse, caput tonsæ foliis ornatus olivæ,
Dona feram. Jam nunc sollemnes ducere pompas
Ad delubra juvat, cæsosque videre juvencos;

\* C'est sur les bords du fleuve Alphée, près d'Olympie, que
se célébraient les jeux olympiques. Étaient appelés bois de Molorque, ceux où se célébraient, en Argos, les fêtes en honneur
de Molorchus.

\*\* Après une longue désuétude, Auguste rétablit la *Marche
solennelle* vers le Capitole. *Voyez* Suétone, *Octav.-Aug.*,
XXXVIII.

où se célèbrent des jeux; le beau spectacle! les admirables changemens à vue! les magnifiques tapisseries! Celles-ci, qui représentent la conquête de la Bretagne, sont développées par des captifs bretons : eux-mêmes étalent leur défaite! Sur les portes du temple, l'or et l'ivoire reproduiront dans tout son éclat notre *nouveau Quirinus*; ses combats, ses victoires aux bords du Gange; le Nil, vaste champ de bataille, y sera couvert de vaisseaux : deux flottes immenses! Puis du sein des ondes surgiront de superbes colonnes d'airain *. On y verra toutes les villes de l'Asie recevant la loi de leur vainqueur; le Niphate repoussé; le Parthe cherchant en vain son salut dans la fuite; on y verra de doubles trophées; ravis en Orient et en Occident; un double triom-

---

Vel scena ut versis discedat frontibus, utque
Purpurea intexti tollant aulæa Britanni.
In foribus pugnam ex auro solidoque elephanto
Gangaridum faciam, victorisque arma Quirini,
Atque hic undantem bello magnumque fluentem
Nilum, ac navali surgentes ære columnas.
Addam urbes Asiæ domitas, pulsumque Niphaten,
Fidentemque fuga Parthum versisque sagittis,
Et duo rapta manu diverso ex hoste tropæa,
Bisque triumphatas utroque ab litore gentes.

* « Des proues des navires égyptiens, Auguste fit faire quatre colonnes d'airain. » — Servius, extrait d'une note de Delille. — Voyez *Énéide*, VIII, 672.

phe sur le même ennemi, battu dans l'un et l'autre hémisphère. Les fils d'Assaracus apparaîtront ressuscités, et avec eux les premiers-nés des nobles races, les chefs issus de Jupiter! A toutes ces grandes âmes le plus beau marbre de Paros rendra la vie; en commençant par Tros, leur père commun, et par le dieu du Cynthe, l'immortel auteur de Troie. Cependant que l'Envie (c'est-à-dire l'Opposition; Dieu sait combien s'opposaient à l'établissement d'Auguste!) Cependant que l'Envie en regard paraîtra faible, abattue, désespérée; enfin, réduite à l'impuissance, et les tourmens des enfers dans le cœur *.

Ainsi le veut la destinée d'Auguste : il parvient à dompter l'*Envie*, de son vivant! Romulus, et Bac-

---

    Stabunt et Parii lapides, spirantia signa,
    Assaraci proles, demissæque ab Jove gentis
    Nomina, Trosque parens, et Trojæ Cynthius auctor.
    Invidia infelix Furias amnemque severum
    Cocyti metuet, tortosque Ixionis angues,
    Immanemque rotam, et non exsuperabile saxum. »
                    *Georgic.* III, *Exord.*

* « Ceci regarde sans doute le *parti opposé* à Auguste. Au
« reste il y a, *probablement*, dans tout ce morceau, des allusions
« dont l'éloignement des temps nous empêche de sentir toute
« la finesse. » — Delille.

    « Romulus, et Liber pater, et cum Castore Pollux,
    Post ingentia facta Deorum in templa recepti,

chus, Castor, et Pollux, autres héros, autres bienfaiteurs du genre humain, comme lui reçus en la demeure des Dieux, eurent, eux, à déplorer l'ingratitude des hommes; pendant que sur terre ils étaient à terminer des guerres funestes, à régler les limites des nations, à fonder des villes, ils ne trouvèrent pas cette faveur qu'ils avaient droit d'espérer; Hercule lui-même, le *dompteur de l'Hydre,* qui, dans le cours de ses travaux terrassa tant de monstres; Hercule, éprouva que la mort seule peut étouffer l'envie; car telle est la commune loi : tout homme qui s'élève, et qui brille, offusque, en bas, les regards de la foule, jusqu'à ce qu'il soit éteint; alors, seulement alors, on commence à l'aimer : Auguste est plus heureux : de son vivant il voit que sur terre on lui rend justice; aucun honneur ne lui est refusé; il a des temples, des autels; on jure par son nom; et tous les honnêtes gens re-

---

Dum terras hominumque colunt genus, aspera bella
Componunt, agros assignant, oppida condunt,
Ploravere suis non respondere favorem
Speratum meritis. Diram qui contudit hydrum,
Notaque fatali portenta labore subegit,
Comperit invidiam supremo fine domari.
Urit enim fulgore suo, qui prægravat artes
Infra se positas ; extinctus amabitur idem.
Præsenti tibi maturos largimur honores,

connaissent, s'accordent à proclamer, que sur terre il n'y eut, il n'y aura jamais, rien de comparable à Auguste!

En attendant l'érection du monument qu'il projette, Virgile se fait un devoir d'achever les *Géorgiques*. C'est déjà là une œuvre d'un genre nouveau, essentiellement *Latine*, laborieuse, difficile; et que, néanmoins, il entreprit avec amour; à la sollicitation de Mécène; par l'influence de ce bon génie, de qui viennent toutes les grandes pensées; avec intention de quitter les sentiers battus, et de donner à la poésie romaine une direction meilleure *. Présentement donc, Virgile est tout à l'agriculture : pâtres et laboureurs sont là qui le réclament. Du Cithéron, du Taygète, et d'Epidaure, il entend une voix forte qui l'appelle, une voix qui lui crie : « Courage; point de relâche, il faut mener à bonne fin les *Géorgiques!* » Mais bientôt ce grand

---

Jurandasque tuum per nomen ponimus aras,
Nil oriturum alias, nil ortum tale fatentes. »
*Horat.* epist. I, lib. II, *Ad Augustum.*

* *Interea* Dryadum silvas saltusque *sequamur*
Intactos, tua, Mæcenas, *haud mollia jussa.*
Te sine nil altum mens inchoat. En age, segnes
Rumpe moras; vocat ingenti clamore Cithæron,
Taygetique canes, domitrixque Epidaurus equorum,
Et vox assensu nemorum ingeminata remugit.

travail sera fini ; alors, oh ! alors le poëte n'aura rien de plus à cœur que de chanter la victoire d'Auguste ; et de faire passer d'âge en âge la gloire de ce beau nom.

L'éducation des troupeaux, l'économie du peuple-abeille offraient matière à d'utiles enseignemens : Virgile y trouve les plus heureuses inspirations ; il en compose deux chants, non moins admirables que les deux premiers ; et le siècle d'Auguste, à son aurore, voit apparaître un poëme, qu'il peut avec orgueil opposer aux chefs-d'œuvre de la Grèce.

Le troisième livre, peut-être le plus travaillé de tous, contient des peintures exquises ; parmi lesquelles est exposée la *loi des pâtres*. J'appelle ainsi l'ensemble de tant d'instructions précises sur les soins à donner au bétail ; sur le croît, la conduite au pâturage et à l'abreuvoir ; enfin, sur tout ce qui constitue l'éducation et la richesse des troupeaux. C'est encore l'Italie qui, pour les pâtres, comme pour les laboureurs, offre le plus d'élémens de prospérité.

---

Mox tamen ardentes accingar dicere pugnas
Cæsaris, et nomen fama tot ferre per annos,
Tithoni prima quot abest ab origine Cæsar.
*Georgic.* Ibid.

Cependant, l'Italie se trouve entre les glaciers des Alpes et les feux du Vésuve et de l'Etna. — « Tandis que les neiges des Alpes et des Apen-
« nins menacent toujours de noyer la partie sep-
« tentrionale, les terres du midi sont inondées par
« les laves des volcans, ou bouleversées par des
« convulsions intérieures *. » Sur un sol de cette nature, brûlant et desséché, ou d'une humidité excessive, aller incessamment des forêts aux plaines, et des vallées aux montagnes; ce n'est pas tout plaisir ! — Sans doute. — Mais combien la peine doit sembler légère, comparativement à ce qui se passe dans les autres pays !

En Libye, c'est tout au plus s'il y a des pâturages **; et, de loin en loin, quelques cabanes habitées. Là, trop souvent, c'est le jour et la nuit, c'est durant des mois entiers qu'il faut être à chercher pâture. Les plaines sont si arides, et d'une si vaste étendue, que les troupeaux cheminent, cheminent dans le désert, sans rencontrer aucun abri.

---

\* M. Michelet, *Histoire Romaine*, t. I, ch. II.
\*\* « Quid tibi pastores Libyæ, quid pascua versu
  Prosequar, et raris habitata mapalia tectis?
Sæpe diem noctemque, et totum ex ordine mensem,
Pascitur, itque pecus longa in deserta sine ullis
Hospitiis; tantum campi jacet ! Omnia secum

Le pâtre Africain, n'a point de pénates; mais un toit nomade. Avec tout son attirail, avec son chien et son carquois il lui faut toujours être en marche, comme le soldat romain sous les armes; qui, par dévoûment à la patrie, se charge d'un lourd bagage; puis, au moment que l'ennemi l'attend le moins, arrive, paraît en ligne et campe devant lui.

Mais ce n'est encore rien que cela. En Scythie, et vers les Palus-Méotides, dans ces contrées que le fougueux Ister couvre d'une eau sablonneuse; dans celles où la chaîne du Rhodope, après s'être étendue jusqu'au pôle, semble sur elle se replier; dans toutes ces contrées, quelle misère! Les troupeaux sont constamment emprisonnés dans l'étable. Point d'herbe aux champs; aux arbres point de feuilles; mais de la neige; d'af-

---

  Armentarius Afer agit, tectumque, Laremque,
  Armaque, Amyclæumque canem, Cressamque pharetram.
  Non secus ac patriis acer Romanus in armis
  Injusto sub fasce viam quum carpit, et hosti
  Ante exspectatum positis stat in agmine castris.
   At non, qua Scythiæ gentes, Mæoticaque unda,
  Turbidus et torquens flaventes Hister arenas,
  Quaque redit medium Rhodope porrecta sub axem.
  Illic clausa tenent stabulis armenta. Neque ullæ
  Aut herbæ campo apparent aut arbore frondes;
  Sed jacet aggeribus niveis informis et alto

freuses montagnes de neige; un sol pelé, gelé jusqu'aux entrailles de la terre; un éternel hiver; des éternels frimas; un ciel gris; dont les ombres ne sont jamais dissipées; car le soleil lui tient rigueur; et quand il rentre dans sa carrière, et quand il précipite ses traits dans l'humide séjour. On voit là le cours d'un fleuve, enchaîné par le froid, subitement s'arrêter; l'onde devient assez dure pour supporter des roues ferrées : où des navires voguaient à pleines voiles, roulent de lourds charriots; les métaux se fendent; les vêtemens sur l'homme se raidissent; c'est à coups de hache qu'il faut tirer le vin; quant à l'eau des citernes, elle devient un bloc de glace; la barbe au menton se hérisse de glaçons; et, il n'y a pas à dire, c'est

---

Terra gelu late, septemque assurgit in ulnas.
Semper hiems, semper spirantes frigora cauri.
Tum sol pallentes haud unquam discutit umbras,
Nec quum invectus equis altum petit aera, nec quum
Præcipitem Oceani rubro lavit æquore currum.
Concrescunt subitæ currenti in flumine crustæ,
Undaque jam tergo ferratos sustinet orbes,
Puppibus illa prius patulis, nunc hospita plaustris.
Æraque dissiliunt vulgo, vestesque rigescunt
Indutæ, cæduntque securibus humida vina,
Et totæ solidam in glaciem vertere lacunæ,
Stiriaque impexis induruit horrida barbis.

partout que la neige tombe aussi drue : le menu
bétail périt; si le gros résiste; transi sous une enveloppe de grésil, il ne peut bouger : on dirait
d'énormes statues. Les cerfs ont beau se réunir en
troupe, et se serrer les uns contre les autres; ils ne
s'engourdissent pas moins; et c'est à peine si dans
cet océan de neige apparaît l'extrémité de leur bois.
Inconnu, là, le plaisir de la chasse (ce noble et
salutaire plaisir, cette grande occupation des Romains! *). Là, point de meutes, de toiles, de filets;
point de ces épouvantails de plumes aux couleurs
rouges, éclatantes **; mais quand les pauvres animaux s'efforcent vainement d'écarter l'amas qui les
arrête; on vient, on les approche, on leur abat la tête;
et cette proie inerte est dépecée toute frémissante :

---

Interea toto non secius aere ninguit.
Intereunt pecudes, stant circumfusa pruinis
Corpora magna boum; confertoque agmine cervi
Torpent mole nova, et summis vix cornibus exstant.
Hos non immissis canibus, non cassibus ullis,
Puniceæve agitant pavidos formidine pennæ;
Sed frustra oppositum trudentes pectore montem
Cominus obtruncant ferro, graviterque rudentes

* « Romanis solemne viris opus, utile famæ,
Vitæque, et membris !
*Horat.*, epist. XVIII, lib. I.

** « Voyez *Énéid.* XII, 750.

le beau triomphe! A grands cris chacun emporte sa part : le magnifique butin! En somme, les habitans de ce pays passent le meilleur de leur temps sous terre; dans de profondes cavernes; parmi des monceaux de bois; devant un large brasier; leur nuit sans fin, ils la passent à jouer, à boire; à boire quoi? savez-vous? Au lieu du divin jus de la treille, qui met si bien en joie! un acide breuvage, fait avec des sorbes, ou quelque autre liqueur fermentée. Voilà l'existence des nations hyperborées, de ces hommes qui dans une sauvage indépendance vivent par-delà les monts Riphées; sans frein, sans lois, toujours en lutte avec la nature, vêtus à peine de peaux de bêtes fauves.

En Italie, quelle différence! Les pâtres latins peuvent élever * : des porcs, des chèvres, des

---

    Cædunt, et magno læti clamore reportant.
Ipsi in defossis specubus secura sub alta
Otia agunt terra, congestaque robora, totasque
Advolvere focis ulmos, ignique dedere.
Hic noctem ludo ducunt, et pocula læti
Fermento atque acidis imitantur vitea sorbis.
    Talis Hyperboreo septem subjecta Trioni
Gens effræna virum Rhipæo tunditur Euro,
Et pecudum fulvis velantur corpora sætis. »
                                *Georgic.* III.

\* « Nec tibi cura canum fuerit postrema; sed una Veloces Spartæ catulos acremque Molossum

brebis, des taureaux, des chevaux, enfin, des troupeaux de toute espèce ; de magnifiques troupeaux ! et pour les garder, ils ont des chiens de bonne race, des lévriers de Sparte, ou des dogues d'Epire ; vites, forts, avec lesquels rien n'est à craindre ; ni vol de nuit, ni incursion de loups, ni surprise du pillard Ibère ; avec lesquels ils peuvent pratiquer le plaisir de la chasse ; courir le timide onagre, ou le lièvre, ou le daim ; relancer un sanglier hors de sa bauge ; suivre, poursuivre au sommet des montagnes les plus hautes un beau cerf, qui finit par tomber dans les rets !

En Italie, avec de l'activité, de la vigilance et de l'observation, on ne peut manquer de prospérer.

Il y a bien des épizooties ; mais comme les épizooties ont des causes et des signes connus ; il ne s'agit que d'étudier ces signes et ces causes *.

---

Pasce sero pingui. Nunquam custodibus illis
Nocturnum stabulis furem incursusque luporum,
Aut impacatos a tergo horrebis Iberos.
Sæpe etiam cursu timidos agitabis onagros,
Et canibus leporem, canibus venabere damas.
Sæpe volutabris pulsos silvestribus apros
Latratu turbabis agens, montesque per altos
Ingentem clamore premes ad retia cervum. »
*Ibid.*

* « Morborum quoque te causas et signa docebo.
Turpis oves tentat scabies, ubi frigidus imber

Un bon pâtre, sait préserver son troupeau. Le tout est de ne le point exposer à ces froides pluies qui pénètrent les plus épaisses toisons, aux glaciales atteintes de la brume; après la tonte, de le baigner au courant d'une onde pure; afin de laver et la sueur qui s'attache à la peau, et les blessures faites par les ronces.

Une brebis s'éloigne-t-elle du bercail, cherchant toujours le repos et l'ombre; est-elle paresseuse à brouter, ne faisant qu'effleurer la pointe de l'herbe; dans les marches a-t-elle de la peine à suivre; au milieu du pâturage se tient-elle couchée? enfin, le soir, revient-elle solitaire? — Il y a mal; et vite il faut s'occuper de la guérison, recourir aux hommes de l'art; vite il faut opérer; avant que la contagion n'ait gagné tout le troupeau; victime d'une mauvaise surveillance.

Rien de plus redoutable que la contagion; la foudre n'est pas plus prompte; elle attaque tout un troupeau, non pas isolément, individuellement;

---

Altius ad vivum persedit, et horrida cano
Bruma gelu; vel quum tonsis illotus adhæsit
Sudor, et hirsuti secuerunt corpora vepres.
Dulcibus idcirco fluviis pecus omne magistri
Perfundunt, udisque aries in gurgite villis
Mersatur, missusque secundo defluit amni.....
  Quam procul aut molli succedere sæpius umbræ

mais en masse; au milieu de ses quartiers d'été;
alors qu'il campe hors de l'étable. On a vu des races
entières être soudain emportées; on a vu même en
certains lieux l'espèce s'anéantir. Témoin la Norique et l'Iapidie * : les beaux pays jadis! Sur les
hauteurs, de belles et nombreuses habitations;
dans les plaines, d'immenses trésors! Et maintenant, vaste désert depuis des siècles, cet antique
empire des pâtres n'offre plus, hélas! que de tristes
solitudes.

Sur quoi, pour impressionner les esprits, et
d'autant mieux exciter leur sollicitude, Virgile
peint les ravages d'une épizootie. Ce tableau fait

> Videris, aut summas carpentem ignavius herbas,
> Extremamque sequi, aut medio procumbere campo
> Pascentem, et seræ solam decedere nocti ;
> Continuo culpam ferro compesce, prius quam
> Dira per incautum serpant contagia vulgus.
> Non tam creber agens hiemem ruit æquore turbo,
> Quam multæ pecudum pestes. Nec singula morbi
> Corpora corripiunt ; sed tota æstiva repente,
> Spemquegregemque simul, cunctamque ab origine gentem.
> Tum sciat, aerias Alpes et Norica si quis
> Castella in tumulis, et Iapydis arva Timavi,
> Nunc quoque post tanto videat, desertaque regna
> Pastorum, et longe saltus lateque vacantes.
>                                         *Ibid.*

* La *Norique* est une partie de la Bavière et du Tyrol;
l'*Iapidie* est le Frioul ou la Carniole.

le pendant de la *Peste d'Athènes*; avec cette insigne différence que, dans l'œuvre de Lucrèce, les Dieux ne peuvent rien au mal; tandis que dans l'œuvre de Virgile les Dieux, amis de la piété, veulent et peuvent préserver les hommes pieux; pour ne sévir que contre les impies, ennemis de leur divinité :

« *Di meliora piis, erroremque hostibus illum!* »

Venons enfin au dernier livre, à celui qui traite des abeilles. Comme les précédens, il est sous l'invocation de Mécène; et, comme eux, nourri de l'*Étrurisme*, d'un bout à l'autre il respire la religion et la monarchie.

Ainsi, le miel est un présent des Dieux :

« *C'est du séjour des Dieux que les abeilles viennent* * »

Les ruches ont cela de particulier et d'admirable, qu'elles offrent l'image de l'institution monarchique **; du primitif gouvernement de Rome,

---

\* La Fontaine, *Fab.* xii, liv. ix.

\*\* « La plus noble, la plus forte, *la plus puissante des mo-*
« *narchies a été faite*, au pied de la lettre, par des évêques
« (c'est un aveu de Gibbon) *comme une ruche est faite par des*
« *abeilles.* » — M. De Maistre, *Soirées de Saint-Pétersbourg*, Dixième entretien.

« Protinus aerii mellis cœlestia dona
Exsequar. Hanc etiam, Mæcenas, adspice partem.

avec ses *Gentes*, ses *Curies*, et toute l'organisation de la *Tribu*. Habituées à vivre en commun, sous un même toit, régies par une police bien entendue, les abeilles, seules parmi les autres animaux, paraissent avoir le sentiment de la *Patrie*, de la *Cité*, de la *Famille*, et de la *Propriété*; on pourrait presque dire qu'elles ont la religion des *Pénates* : laborieuses, prévoyantes, en vue de l'hiver qui doit venir elles travaillent l'été ; puis mettent en réserve, à une masse commune, ce qu'elles ont pu recueillir. Chez les abeilles, il y a sage répartition des emplois. Tandis que celles chargées de l'approvisionnement général vont aux champs butiner ; d'autres, les sédentaires, mêlent au gluten extrait de l'écorce des arbres les pleurs du narcisse, afin de jeter les premiers fondemens des rayons, et de

>Admiranda tibi levium spectacula rerum,
>Magnanimosque duces, totiusque ordine *Gentis*
>Mores, et studia, et populos, et prælia dicam.....
>    Solæ communes natos, consortia tecta
>*Urbis* habent, magnisque agitant sub legibus ævum,
>Et *patriam* solæ et certos novere *penates;*
>Venturæque hiemis memores æstate laborem
>Experiuntur, et in medium quæsita reponunt.
>Namque aliæ victu invigilant, et fœdere pacto
>Exercentur agris; pars intra septa domorum
>Narcissi lacrimam, et lentum de cortice gluten,
>Prima favis ponunt fundamina, deinde tenaces

composer l'enduit qui cimentera tout l'édifice. Celles-ci font l'éducation des plus jeunes, espoir de la ruche; celles-là distillent le miel dans toute sa pureté; puis de l'exquise liqueur emplissent les alvéoles. Il y a aussi les vigilantes, à qui la garde des portes est commise : sentinelles posées et relevées tour-à-tour, leur consigne est d'observer le ciel, et de pressentir les orages ; de recevoir le butin à mesure qu'il est apporté; puis, si quelque frêlon parasite tâche à s'introduire, de se réunir en troupe, et de le repousser. C'est une activité, un zèle général ; et le miel se fait, coule à flots, il embaume ! Vraiment, si les petites choses peuvent se comparer aux grandes, on dirait les Cyclopes occupés à forger la foudre (29) ; aspirant, les uns, en d'énormes outres l'air qu'ils soufflent sur leurs fourneaux ; plongeant,

---

Suspendunt ceras ; aliæ, spem gentis, adultos
Educunt fetus ; aliæ purissima mella
Stipant, et liquido distendunt nectare cellas.
Sunt, quibus ad portas cecidit custodia sorti ;
Inque vicem speculantur aquas et nubila cœli,
Aut onera accipiunt venientum, aut agmine facto
Ignavum fucos pecus a præsepibus arcent.
Fervet opus, redolentque thymo fragrantia mella.
Ac veluti lentis Cyclopes fulmina massis
Quum properant, alii taurinis follibus auras
Accipiunt redduntque, alii stridentia tingunt

les autres, dans une eau froide l'airain embrasé qui frémit; battant, ceux-là, l'enclume; à faire gémir l'Etna : les bras nerveux se lèvent, tombent, se relèvent, retombent; en cadence pleuvent les coups; et le fer sous la tenaille forcément obéit aux marteaux. Ainsi s'empressent les abeilles, tant leur est naturel le désir de, chacune en son emploi, croître la commune richesse! Aux plus âgées le gouvernement; à elles le soin de consolider les rayons, d'en ordonner la bonne architecture. Aux jeunes la vie active, laborieuse : elles ne reviennent que le soir, lasses, empêtrées de thym, goûter le plaisir de se refaire. Le temps du repos, comme celui du travail, est exactement le même pour tous les membres de la ruche.

---

 Æra lacu; gemit impositis incudibus Ætna.
 Illi inter sese magna vi brachia tollunt
 In numerum, versantque tenaci forcipe ferrum.
 Non aliter, si parva licet componere magnis,
 Cecropias innatus apes amor urget habendi,
 Munere quamque suo. Grandævis oppida curæ,
 Et munire favos, et Dædala fingere tecta.
 At fessæ multa referunt se nocte minores,
 Crura thymo plenæ; pascuntur et arbuta passim,
 Et glaucas salices, casiamque, crocumque rubentem,
 Et pinguem tiliam, et ferrugineos hyacinthos.
 Omnibus una quies operum, labor omnibus unus.
 . . . . . . . . . . . .

Police admirable\*! et d'autant mieux observée, que rien n'est là pour l'altérer : l'union amoureuse, l'effémination, les douleurs de l'enfantement, sont choses inconnues aux abeilles. C'est du sein des fleurs et des plus suaves plantes que, sans la moindre peine, à volonté, ces bienheureuses aphrodites se reproduisent, et se donnent une postérité. Leur empire vient-il à manquer d'un roi, a-t-il besoin de *petits Quirites*, par elles-mêmes elles y pourvoient; par elles-mêmes leurs maisons sont refaites, et leurs palais de cire conservés! Dans les courses où les entraîne l'amour des fleurs, le généreux désir de produire du miel, elles ont beau se fatiguer, s'user, succomber sous le poids des travaux; quoique, individuellement, leur existence soit de courte durée; — sept étés, guère plus; —

---

    Illum adeo placuisse apibus mirabere morem,
Quod nec concubitu indulgent, nec corpora segnes
In Venerem solvunt, aut fetus nixibus edunt;
Verum ipsæ e foliis natos et suavibus herbis
Ore legunt; ipsæ *regem* parvosque *Quirites*
Sufficiunt, aulasque et cerea regna refingunt.
Sæpe etiam duris errando in cotibus alas
Attrivere, ultroque animam sub fasce dedere.
Tantus amor florum, et generandi gloria mellis!
Ergo ipsas quamvis angusti terminus ævi

\* *Voyez* Montaigne, *Ess.*, liv. II, ch. XII.

leur race n'en demeure pas moins immortelle; et les générations s'y succèdent nombreuses, dans un état constant de prospérité.

Preuve de l'excellence du gouvernement monarchique! — Les ruches, petites cités florissantes, indiquent assez que la monarchie est l'empire de l'ordre et de la règle; que la royauté est le support de l'État; et que quand ce support vient à manquer, tout s'écroule.

En effet, les abeilles révèrent leur *roi* \*. Elles le révèrent si bien, que dans les pays monarchiques : en Égypte, en Lydie, chez les Parthes, les Mèdes, il n'y a pas un plus grand respect de la personne royale. Le peuple-abeille, tant qu'il conserve son roi, n'a qu'un seul et même esprit : l'esprit d'ordre et de soumission; mais dès que ce roi n'est plus, l'anarchie commence; le miel est mis au pillage;

---

Excipiat, — neque enim plus septima ducitur æstas;
At *genus immortale manet,* multosque per annos
Stat *fortuna domus, et avi numerantur avorum!*
Præterea regem non sic Ægyptus, et ingens
Lydia, nec populi Parthorum, aut Medus Hydaspes
Observant. Rege incolumi mens omnibus una est;

\* « On sait actuellement que c'est une *reine* et non pas un *roi*. L'unité d'une reine chez les abeilles est un point fondamental de leur gouvernement, et un fait incontestable dans leur histoire. » *Delille.*

les rayons, les cellules, tout l'édifice est détruit. Car le roi est le gardien, le conservateur de la richesse commune; objet d'admiration, il maintient l'ordre; il impose; autour de lui s'empressent les essaims avec un obséquieux murmure; c'est à qui l'escortera; souvent même l'escorte le porte en triomphe sur ses ailes; vienne la guerre, tous font au roi un rempart de leurs corps; tous briguent l'honneur de combattre, et de mourir pour lui. Magnanimes abeilles! généreuses filles du ciel! Bien sûr, ah! oui, bien sûr, comme l'ont pensé plus d'un sage, elles sont animées de l'esprit divin.

Ainsi considérée, l'histoire des abeilles peut s'adresser aux hommes, et les instruire. Elle le pouvait, alors, d'autant mieux, que, dans la langue divinatoire, les *abeilles*, les *ruches*, signifiaient les *peuples*, les *cités* *. Un tel sujet, traité par un tel

---

> Amisso rupere fidem, constructaque mella
> Diripuere ipsæ, et crates solvere favorum.
> Ille operum custos; illum admirantur, et omnes
> Circumstant fremitu denso, stipantque frequentes,
> Et sæpe attollunt humeris, et corpora bello
> Objectant, pulchramque petunt per vulnera mortem.
> His quidam signis, atque hæc exempla secuti,
> Esse apibus partem divinæ mentis et haustus
> Ætherios dixere. »
>
> *Georgic.*, lib. IV.

* Voyez *Enéide*, liv. I, 424-438; et liv. VII, 60-70.

poète s'anime, grandit, s'ennoblit; il devient *digne d'un consul!* A cette partie des *Géorgiques*, comme aux autres, Mécène doit un regard favorable. Quel succès! quand, après la victoire d'*Actium*, en vue du fait monarchique qui se prépare, Virgile vient avec tout le charme de son talent, et sous le voile transparent d'une fine allégorie, montrer un peuple laborieux, brave, soumis, qui naturellement prospère par l'amour de l'ordre et le respect de l'autorité, par le dévoûment à son roi! Virgile dit, et, certes, il a bien ses raisons pour le dire : « Mon sujet est petit; mais ne sera petite ma gloire; si quelque mauvais génie (le démon de la démocratie) ne vient se mettre à la traverse; et si Apollon (César-Auguste) daigne répondre à nos vœux :

« *In tenui labor ; at tenuis non gloria, si quem*
« *Numina læva sinunt, auditque vocatus Apollo.* »

Tout-à-l'heure nous signalions, comme obstacle à l'établissement de l'Empire, le peu d'attachement au sol et un vague désir d'aller sous un autre ciel chercher une meilleure patrie : sur ce point, les abeilles font encore au peuple romain la leçon.

Pour fonder un empire, il faut de la stabilité, de la fixité; sans fixité dans les principes, dans les institutions, dans les lois, nul n'est assuré de sa tranquillité, du succès de son travail, de la conservation de sa fortune. Or, écoutez Virgile :

— Pour fonder une ruche, il faut, d'abord, choisir un bon emplacement ; un séjour propice aux abeilles ; où il n'y ait aucun accès aux *vents* ; car les *vents* empêchent d'apporter de quoi composer le *miel*; un séjour, où le *bétail*, les *pétulans* chevreaux ne puissent faire injure aux *fleurs* ; ni la génisse vagabonde saccager la rosée, fouler aux pieds l'herbe naissante\*. Point, non plus, d'accès possible *aux vilains* et sales lézards, au guêpier, ni à aucune autre volatile de cette espèce ; enfin, à Progné l'hirondelle, dont la rouge poitrine porte les marques de sa cruauté ; arrière ces ennemis, ces ravageurs, qui, sans respect des filles du ciel, se font d'elles une proie pour leurs voraces petits. Mais de claires fontaines, et des étangs aux bords tapissés de ver-

---

\* « Principio sedes apibus statioque petenda,
Quo neque sit ventis aditus, nam pabula venti
Ferre domum prohibent ; neque oves hædique petulci
Floribus insultent, aut errans bucula campo
Decutiat rorem, et surgentes atterat herbas.
Absint et picti squalentia terga lacerti
Pinguibus a stabulis, meropesque, aliæque volucres,
Et manibus Procne pectus signata cruentis.
Omnia nam late vastant, ipsasque volantes
Ore ferunt dulcem nidis immitibus escam.

dure; mais un ruisseau, dont l'onde se joue à travers la prairie; voilà ce qu'il faut autour de la ruche; avec, au-devant, un beau palmier (30), ou un olivier vigoureux, bien touffu, qui lui prête son ombrage : aux premières sorties, quand sous la conduite de leurs chefs les nouveaux essaims vont jouir du printemps; quand à tous ces jeunes échappés de la cellule l'envie prend de folâtrer; il est bon qu'une rive prochaine les invite à venir se reposer de la chaleur; et qu'au besoin un arbre hospitalier les reçoive sous la feuillée.

« Dès que le soleil, vainqueur, a devant lui chassé l'hiver, redoré les campagnes, et répandu par tout le ciel une douce clarté; il faut voir comme les diligentes abeilles parcourent les prés et les bois, butinent au calice de chaque fleur, et caressent avec

---

At liquidi fontes et stagna virentia musco
Adsint, et tenuis fugiens per gramina rivus,
Palmaque vestibulum aut ingens oleaster inumbret.
Ut, quum prima novi ducent examina reges
Vere suo, ludetque favis emissa juventus,
Vicina invitet decedere ripa calori,
Obviaque hospitiis teneat frondentibus arbos. . . . .
. . . . . Ubi pulsam hiemem sol aureus egit
Sub terras, cœlumque æstiva luce reclusit,
Illæ continuo saltus silvasque peragrant,
Purpureosque metunt flores, et flumina libant

amour la surface des eaux! C'est alors que, par je ne sais quel charme secret, elles se sentent portées à croître et multiplier, à se construire des nids, pour y choyer leur géniture. De là ces cellules si bien bâties, ces merveilleux palais de cire où se conserve le miel qu'elles distillent.

Il peut arriver qu'au sortir de la ruche un essaim qui prend sa volée se laisse entraîner par le vent, et paraisse dans les airs flotter comme un sombre nuage : Attention! c'est qu'il cherche une onde pure, un verdoyant abri. Pour le retenir, vite, à pleines mains, des fleurs; vite des herbes parfumées; et qu'autour de lui retentissent les instrumens de *Cybèle* (31); alors, il s'arrêtera; le séjour lui plaira; puis chaque abeille viendra d'elle-même au sein de la ruche reprendre son travail accoutumé.

---

Summa leves. Hinc nescio qua dulcedine lætæ
Progeniem nidosque fovent; hinc arte recentes
Excudunt ceras, et mella tenacia fingunt.
Hinc, ubi jam emissum caveis ad sidera cœli
Nare per æstatem liquidam suspexeris agmen,
Obscuramque trahi vento mirabere nubem,
Contemplator; aquas dulces et frondea semper
Tecta petunt. Huc tu jussos adsperge sapores,
Trita melisphylla, et cerinthæ ignobile gramen,
Tinnitusque cie, et Matris quate cymbala circum.
Ipsæ consident medicatis sedibus; ipsæ
Intima more suo sese in cunabula condent.

Que si, d'aventure, les essaims ont quitté la ruche pour combattre (car souvent la discorde se met entre deux rois, et cause un soulèvement); c'est chose facile à reconnaître : il y a dans les masses d'eanimosité, une agitation qui respire la guerre ; les moins agiles s'émeuvent au bruit martial de l'airain qui retentit ; et leur bourdonnement imite les sons brisés du clairon. Alors toutes les abeilles se rassemblent ; elles déploient leurs ailes brillantes, aiguisent leurs dards, se préparent à l'action ; puis, groupées autour de leur roi, se pressent vers sa tente ; « *ad prætoria* \*; » en appelant de toutes

> Sin autem ad pugnam exierint, nam sæpe duobus
> Regibus incessit magno discordia motu;
> Continuoque animos vulgi et trepidantia bello
> Corda licet longe præsciscere : namque morantes
> Martius ille æris rauci canor increpat, et vox
> Auditur fractos sonitus imitata tubarum.
> Tum trepidæ inter se coeunt, pennisque coruscant,
> Spiculaque exacuunt rostris, aptantque lacertos,
> Et circa regem atque ipsa ad *prætoria* densæ

\* Pour la bataille d'*Actium*, « Auguste n'eut que deux flottes ; l'une à Misène, dans la baie de Naples, l'autre à Ravenne, sur la mer Adriatique. A chacune de ces escadres il attacha plusieurs cohortes d'élite, ce qui fit nommer *Prétoriennes* ces deux escadres, comme étant supérieures par le rang aux autres flottes que les Romains entretenaient sur les côtes de la Provence, sur le Rhin, sur le Danube et sur le Pont-Euxin. » M. Cayx, *Hist. de l'Emp. Rom.* t. I, p. 93.

leurs forces l'ennemi. On se rencontre enfin par une belle journée; le champ libre, on s'élance; on se heurte avec fracas; terrible est la mêlée; au milieu se font remarquer les chefs; — en de si faibles corps réside un grand courage! — Nul ne veut céder; jusqu'à ce qu'enfin un des deux partis vainqueur, ait mis les vaincus en fuite. Cette animosité, cette ardeur belliqueuse, peut facilement s'apaiser : suffit d'un peu de poudre jetée.

Mais, le combat fini, nécessairement il faut qu'un des deux rois périsse. Un des deux est de trop; il nuirait. Donc, au moins bon la mort; puis au meilleur l'empire. Les distinguer est facile : ils ne sont pas de même espèce. Celui ci, le meilleur, et aussi le plus beau, brille tout bardé d'or; il porte une cuirasse éclatante; tandis que cet autre fait peine à voir : paresseux, nonchalant, il ne va plus; il se traîne; il a perdu le sentiment de la gloire. Ainsi que les deux rois, les deux peuples diffèrent. Chez l'un, rien

---

Miscentur, magnisque vocant clamoribus hostem.
Ergo, ubi ver nactæ sudum camposque patentes,
Erumpunt portis; concurritur; æthere in alto
Fit sonitus, magnum mixtæ glomerantur in orbem,
Præcipitesque cadunt. Non densior aere grando,
Nec de concussa tantum pluit ilice glandis.
Ipsi per medias acies, insignibus alis,

ÉTUDE SUR VIRGILE.

que de laid, de dégoûtant; au contraire, chez l'autre, de l'éclat, de la bonne mine, un parfait ensemble de beauté. Voilà la bonne race! celle qui, de préférence, mérite tous les soins; car, dans un temps voulu, elle doit, pour sûr, donner un miel exquis; un miel si doux et si pur, qu'il domptera toute amertume de Bacchus.

— Pardon pour ce langage obscur, moins français que *latin* : « Un miel doux et pur qui dompte toute amertume de Bacchus! » Ceci, nous l'a-

---

Ingentes animos angusto in pectore versant,
Usque adeo obnixi non cedere, dum gravis aut hos
Aut hos versa fuga victor dare terga subegit.
Hi motus animorum atque hæc certamina tanta
Pulveris exigui jactu compressa quiescent.
  Verum ubi ductores acie revocaveris ambo,
Deterior qui visus, eum, ne prodigus obsit,
Dede neci; melior vacua sine regnet in aula.
Alter erit maculis auro squalentibus ardens,
Nam duo sunt genera; hic melior, insignis et ore,
Et rutilis clarus squamis : ille horridus alter
Desidia, latamque trahens inglorius alvum.
Ut binæ regum facies, ita corpora plebis.
Namque aliæ turpes horrent, ceu pulvere ab alto
Quum venit, et sicco terram spuit ore viator
Aridus; elucent aliæ, et fulgore coruscant
Ardentes auro, et paribus lita corpora guttis.
Hæc potior soboles; hinc cœli tempore certo

vouons, reproduit mal la pensée de Virgile, le sens caché de ces paroles :

« *Durum Bacchi domitura saporem.* »

Essayons de le faire comprendre. Les allusions, ici, pressent les allusions. Évidemment, la querelle des deux rois qui se disputent l'empire, est la querelle d'Octave et d'Antoine. Évidemment aussi, les deux essaims rivaux sont les deux peuples de Rome et d'Alexandrie; deux grandes ruches! Leur rencontre par un ciel serein dans les plaines de l'air, rappelle la rencontre des deux flottes à Actium, où, durant quatre jours, contraintes par un gros temps de se tenir à l'ancre, elles peuvent, enfin, le cinquième, vers midi *, déployer leurs ailes au soleil, et engager cette bataille différée, qui décide à qui appartiendra l'empire. D'un côté, le roi le meilleur et le plus beau, avec les sujets les meilleurs et les plus beaux : Auguste et les Quirites. Le bel Auguste — « *Forma fuit eximia* ** ! » — descendant de Vénus, glorieux fils d'Apollon, alors à la fleur de l'âge;

---

Dulcia mella premes, nec tantum dulcia, quantum
Et liquida, et durum Bacchi domitura saporem. »
*Ibid.*

\* La bataille, livrée le deuxième jour de septembre, s'engagea vers le midi. *Voir* Plutarque, *Antoine*, LXXXIII.

\*\* Sueton. *Octav. Aug.* LXXIX.

de l'autre côté, des abeillons dégoûtans, horribles à voir, menés par un lourd frelon : les Alexandrins et Antoine. Le hideux Antoine! fils dégénéré d'Hercule, adorateur effréné de Bacchus; que dis-je? lui-même un *nouveau Bacchus* \* ; qui, à cinquante ans, envieilli par la débauche, traîne ignoblement son gros ventre :

« *Ille horridus alter*
« *Desidia, latamque trahens inglorius alvum* \*\* *!* »

Vaincu, le mauvais roi succombe. Dès qu'il est mort, les bons essaims regagnent en paix la ruche; pour y composer un doux miel. — Au vrai, après la déconfiture d'Antoine, Rome l'emporte sur sa rivale Alexandrie; le vainqueur Auguste demeure l'*unique roi;* et sous son règne la nationalité latine triomphe, l'Empire Romain se constitue. Alors est entreprise l'œuvre de régénération, de reconstruction, à laquelle prennent part les *bons essaims*, ceux qu'anime l'esprit étrusque. Ceux-là sont, évidemment, la meilleure race : « *Hæc potior soboles !* » Ils

---

\* Or se disait Antoine extrait de la race d'Hercule, et en sa manière de vivre imitait Bacchus; à raison de quoi on l'appelait le *nouveau Bacchus.* » Plutarq. *Antoine*, LXXVII.

\*\* Ce que Virgile n'exprime ici que d'une façon obscure, et par voie d'allégorie, il le redira clairement, positivement, dans l'*Enéide. Voir* liv. VIII, 690 à 705.

travaillent, de concert, au bien commun, à l'établissement d'Auguste, à l'affermissement social; par eux se fera la Monarchie, comme une ruche est faite par les abeilles; ce *miel*, suave et pur, adoucira ce que *Bacchus* avait d'amer; proprement, il adoucira ce mauvais esprit oriental qui, à la suite du *nouveau Bacchus*, faillit envahir l'Occident. Car, avant Actium, Ibis, Anubis, Apis, et, généralement, toutes les divinités monstrueuses de l'Égypte, menaçaient l'existence de Neptune, de Vénus, de Minerve et autres Dieux :

« *Omnigenumque deum monstra, et latrator Anubis,*
« *Contra Neptunum et Venerem, contraque Minervam*
« *Tela tenent* \* ! »

Sans Auguste, déjà, peut-être, c'était fait d'eux. Mais, secondé par Apollon, qui du haut d'Actium combattait pour son fils bien-aimé, Auguste a vaincu, a frappé de terreur les monstres partis de l'Inde et de l'Égypte, les divinités de l'Orient, et il leur a fait rebrousser chemin :

« Actius *hæc cernens arcum intendebat* Apollo
« *Desuper : omnis eo terrore Ægyptus, et Indi,*
« *Omnis Arabs, omnes vertebant terga Sabæi* \*\*. »

---

\* *Æneid.* VIII, 699...
\*\* *Ibid.* 705...

Si bien que, pour quelque temps encore, *Neptune*, *Vénus*, *Minerve*, et autres Dieux ont été sauvés. Gloire à Auguste au plus haut de l'Olympe! gloire à ce sauveur des Dieux! Sa victoire conservatrice ne saurait être trop célébrée. Aussi, voyez dans l'*Énéide* le DIVIN, le *prophétique* BOUCLIER que Vénus fait forger pour Énée, sauveur des Dieux de Troie : Auguste y est représenté dans tout l'éclat de sa puissance à la journée d'*Actium*, menant au combat les généreux enfans de l'*Italie*, et portant avec lui toute *la Chose Latine* : le Sénat et le Peuple, les Pénates, et les Grands-Dieux; les mêmes Pénates, les mêmes Grands-Dieux que ceux sauvés une première fois par Énée :

« *Hinc Augustus agens Italos in prœlia Cæsar,*
« *Cum Patribus Populoque, Penatibus, et Magnis Dis,*
« *Stans celsa in puppi* \*! »

Mais, sans plus anticiper sur ce qui est de l'*Énéide*, achevons notre examen des *Géorgiques*; et, revenant au peuple *abeille*, poussons à bout l'allégorie \*\*.

« Avec des essaims volages, incertains, qui ne savent où se fixer; qui, toujours en l'air, perdent

---

\* *Æneid.*, VIII, 679.
\*\* At quum incerta volant, cœloque examina ludunt,
Contemnuntque favos, et frigida tecta relinquunt,

le temps à folâtrer, sans nul souci de la ruche, où les cellules, délaissées, demeurent froides, solitaires, il faut couper court à l'instabilité, empêcher un vain amusement. Rien de plus simple : ôter les ailes aux chefs. Ceux-ci ne bougeant plus, le reste se tient tranquille; et, dès-lors, plus de *décampement,* point d'émigration; surtout quand pour captiver les incertains, les volages, il y a là de beaux et bons jardins émaillés de fleurs odorantes, sous la tutelle de Priape (32). Bref, quand par la désertion et le chômage une *ruche* est en péril; pour la sauver, il faut aller sur les hauteurs quérir du thym et de jeunes pins vigoureux; ensuite, pratiquer tout à l'entour un ample semis; puis, une fois ces nouveaux plants bien assurés, leur distri-

---

Instabiles animos ludo prohibebis inani.
Nec magnus probibere labor : tu regibus alas
Eripe : non illis quisquam cunctantibus altum
Ire iter, aut castris audebit *vellere signa* [1].
Invitent croceis halantes floribus horti,
Et custos furum atque avium cum falce saligna
Hellespontiaci SERVET tutela Priapi.
Ipse thymum pinosque ferens de montibus altis,
Tecta serat late circum, cui talia curæ;
Ipse labore manum duro terat; ipse feraces

[1] *Vellere signa*, décamper. Lorsque les soldats romains voulaient décamper, ils arrachaient de terre les étendards plantés devant la tente du général.

buer de fécondes rosées. En d'autres termes, quand l'aristocratie se meurt, quand les familles patriciennes manquent; après avoir été ou moissonnées par la guerre civile, ou dispersées par l'émigration, ou enfin appauvries par le *vain amusement* du célibat : « *Ludo inani,* » dit Virgile ;

> « *Vitio parentum*
> « *Rara juventus,* »

dit Horace\*; en pareil cas, la dernière ressource pour sauver l'aristocratie, et recomposer le patriciat, c'est de *créer des patriciens;* c'est de faire souche avec de *nouvelles familles.* — Ce sera là, en effet, un des soins les plus chers de l'empereur Auguste; « *Cui talia curœ* \*\* ». A ces nouvelles familles, pour les séduire et les attacher au sol, il

---

Figat humo plantas, et amicos irriget imbres.
Atque equidem, extremo ni jam sub fine laborum
Vela traham, et terris festinem advertere proram,
Forsitan et, pingues hortos quæ cura colendi
Ornaret, canerem, biferique rosaria Pæsti,
Quoque modo potis gauderent intyba rivis,
Et virides apio ripæ, tortusque per herbam
Cresceret in ventrem cucumis; nec sera comantem
Narcissum, aut flexi tacuissem vimen acanthi,
Pallentesque hederas, et amantes litora myrtos.
*Ibid.*

\* *Od.* II, lib. I.
\*\* Voyez *Dion,* liv. LII, § 42.

faut des terres (33), des domaines, de délicieux jardins :

« *Invitent croceis halantes floribus horti !* »

Quel bonheur de se fixer là, de s'y arranger un commode séjour ! Ah ! si le poème des *Géorgiques* ne touchait à sa fin, n'était impatiemment attendu, qu'il ferait bon lui ajouter un chant sur l'*Horticulture*, et dire les douceurs d'une vie consacrée au culte des jardins ! car Virgile n'a pas oublié ce qu'il a vu, de ses yeux vu, lors de son voyage à Brindes, quand il suivit Mécène au congrès tenu dans cette ville pour y traiter de la paix entre les deux rivaux à l'empire [*] : Sous les murs de Tarente, dans ces plaines dorées que le Galèze humecte de son fertile limon, vivait heureux un père de famille, étranger d'origine, un vieillard de Coryce [**];

«*Homme égalant les rois, homme approchant des Dieux;*
«*Et comme ces derniers, satisfait et tranquille.*
«*Son bonheur consistait aux beautés d'un jardin* [***]. »

---

[*] An de Rome 715.

[**] *Coryce*, était une des principales villes de la *Cilicie-Trachée*; et la Cilicie, une de ces provinces d'Asie dont Pompée avait fait la conquête en vingt-neuf jours.

[***] La Fontaine, *Fab.* XX, liv. XII.

D'un bien modeste jardin! quelques arpens abandonnés; d'une terre qui ne convenait ni au labour, ni au pâturage, ni à la vigne; où, cependant, le bon vieillard s'était fait un petit manoir délicieux : des plants bordés de lis, de pavots, de verveine, lui donnaient des légumes en suffisante quantité; si bien qu'il se trouvait aussi riche qu'un roi; ayant, chaque soir à son retour, de quoi garnir amplement sa table; sans jamais rien acheter *. A lui les premiers dons de Flore; à lui les premiers dons de Pomone. Et quand, pour tout autre, l'hiver attristait encore la nature, fendait les rochers, enchaînait le cours des fleuves; lui, déjà de l'acanthe il émondait les rameaux, pressé de jouir, ne voulant pas attendre davantage le Printemps ni

---

* « Namque sub OEbaliæ memini me turribus arcis,
Qua niger humectat flaventia culta Galesus,
Corycium vidisse senem, cui pauca relicti
Jugera ruris erant; nec fertilis illa juvencis,
Nec pecori opportuna seges, nec commoda Baccho.
Hic rarum tamen in dumis olus, albaque circum
Lilia, verbenasque premens, vescumque papaver,
Regum æquabat opes animis, seraque revertens
Nocte domum, dapibus mensas onerabat inemptis.
Primus vere rosam, atque autumno carpere poma,
Et quum tristis hiems etiam nunc frigore saxa
Rumperet, et glacie cursus frænaret aquarum,
Ille comam mollis jam tum tondebat acanthi,

les Zéphyrs. Le moyen de n'avoir pas, ainsi, de nombreux essaims, de n'avoir pas des abeilles fécondes ? — Le vieillard de Coryce pressait, le premier, ses rayons, d'où le miel coulait à flots ; il avait des tilleuls, des pins, de la plus belle venue ; et jamais d'espérances trompées : toute promesse du printemps se trouvait tenue par l'automne : autant de fleurs, autant de fruits. C'est qu'aussi ce sage étranger possédait l'art de planter et de transplanter (34). Dans son jardin, il avait fait prendre racine à des ormes déjà vieux, à des poiriers déjà forts, à des pruniers greffés, et même à des platanes, assez grands pour donner aux buveurs de l'ombrage !

Que de bonnes choses comporterait l'*Horticulture!* Mais le temps et l'espace manquent à Virgile.

---

  Æstatem increpitans seram Zephyrosque morantes.
  Ergo apibus fetis idem atque examine multo
  Primus abundare, et spumantia cogere pressis
  Mella favis : illi tiliæ, atque uberrima pinus.
  Quotque in flore novo pomis se fertilis arbos
  Induerat, totidem autumno matura tenebat.
  Ille etiam seras in versum distulit ulmos,
  Eduramque pyrum, et spinos jam pruna ferentes ;
  Jamque ministrantem platanum potantibus umbras.
  Verum hæc ipse equidem spatiis exclusus iniquis
  Prætereo, atque aliis post me memoranda relinquo.

Pour le moment, il se contente d'indiquer le sujet, de l'effleurer, et aux autres le laisse; généreusement il le laisse, comme épis à glaner sur ses pas; puis il reprend l'histoire des *abeilles*.

Ce peuple si bien organisé, doit son organisation à Jupiter. Elle est une récompense de la bonne nourriture donnée jadis par les abeilles au roi du ciel quand les prêtres Curètes l'élevèrent dans l'antre de Dicté. — Sis en Crète, au milieu de cette île sainte et sacrée, mère-patrie des Dieux, pays de sapience et de théocratie, l'antre de Dicté, suivant l'antique tradition, était le berceau de Jupiter : « *Jovis incunabula Creten* [*] ! » Là, le respect de l'autorité avait profité beaucoup au *roi du ciel*, dans son enfance : il avait été, proprement, sa première nourriture. —

Maintenant, quand la *contagion* et la *faim* viennent à sévir, et dépeuplent une *ruche*, que convient-il de faire pour la repeupler ? Nous l'allons voir.

---

Nunc age, naturas apibus quas Jupiter ipse
Addidit, expediam : pro qua mercede canoros
Curetum sonitus crepitantiaque æra secutæ,
Dictæo cœli regem pavere sub antro. »
*Ibid.*

[*] Ovid., *Métam.*, VIII, 99.

Entre autres superstitions anciennement reçues dans le Latium, il y avait celle de la *Régénération des abeilles*. On croyait que quand les essaims viennent à périr, on peut, avec le sang d'un jeune taureau les régénérer. Un tel secret ne pouvait avoir été découvert que par quelque homme divin : on l'attribuait au pâtre Aristée. L'expérience faisait foi. Et si ce mode de régénération n'avait pas toujours réussi, c'était faute d'avoir bien observé le rit. Or, selon le rit, il fallait d'abord choisir un emplacement de peu d'étendue, disposé *ad hoc*, y établir une enceinte de murs étroite, couverte en tuiles, recevant le jour obliquement, par quatre fe-

---

\* « Sed, si quem proles subito defecerit omnis,
Nec, genus unde novæ stirpis revocetur, habebit,
Tempus et Arcadii memoranda inventa magistri
Pandere, quoque modo cæsis jam sæpe juvencis.
Insincerus apes tulerit cruor. Altius omnem
Expediam, prima repetens ab origine, famam.
Nam quâ Pellæi gens fortunata Canopi
Accolit effuso stagnantem flumine Nilum,
Et circum pictis vehitur sua rura phaselis,
Quaque pharetratæ vicinia Persidis urget,
Et viridem Ægyptum nigra fecundat arena,
Et diversa ruens septem discurrit in ora
Usque coloratis amnis devexus ab Indis;
Omnis in hac certam regio jacit arte salutem.
Exiguus primum, atque ipsos contractus ad usus
Eligitur locus. Hunc angustique imbrice tecti

nêtres exposées aux quatre vents; ensuite, prendre un taureau de deux ans, orné déjà de ses cornes, lui boucher les narines, puis le faire expirer sous la verge, en ayant soin de ne pas entamer sa peau. Ainsi immolé, l'animal était laissé dans l'enceinte sur un lit de thym et de lavande fraîche. Tout cela devait se faire à une époque fixe : au renouveau, quand l'onde reçoit les premières caresses de Zéphire; avant que les premiers bourgeons n'aient empourpré la campagne; et que la jaseuse hirondelle n'ait aux solives suspendu son nid. Alors s'opérait le prodige : du sang fermenté de la victime on voyait sortir des insectes, informes d'abord, et se traînant à peine; mais qui bientôt, développant leurs ailes, montaient en l'air par groupes et prenaient leur essor, drus comme la pluie par un orage, comme les flèches que le Parthe lance au commencement du combat.

Parietibusque premunt arctis, et quatuor addunt
Quatuor a ventis, obliqua luce, fenestras;
Tum vitulus bima curvans jam cornua fronte
Quæritur. Huic geminæ nares, et spiritus oris
Multa reluctanti obstruitur, plagisque perempto
Tunsa per integram solvuntur viscera pellem.
Sic positum in clauso linquunt, et ramea costis
Subjiciunt fragmenta, thymum, casiasque recentes.
Hoc geritur, Zephyris primum impellentibus undas,
Ante novis rubeant quam prata coloribus, ante
Garrula quam tignis nidum suspendat hirundo. »

Absurde, direz-vous, trois et quatre fois absurde!
Eh! oui, sans doute, absurde, autant de fois qu'il
vous plaira. C'est néanmoins dans cette croyance
populaire, d'origine sacrée, car elle venait des
bords du Nil, après avoir régné dans l'Inde, en
Perse et en Égypte, au temps des mystères Orphiques; c'est à pareille source que Virgile va puiser
l'épilogue de son poème. — Par où pouvait-il
mieux finir? —

L'épisode d'*Aristée*, avec toutes ses merveilles,
à travers le mythe obscur d'*Eurydice et Orphée*, démontre clairement trois choses:

Le pouvoir de la *divination*, l'importance du *rit*,
l'efficace des *sacrifices*.

Rappelez-vous: Le pasteur Aristée [*], après avoir
perdu ses abeilles, moissonnées par la contagion
et la faim, s'abandonnait au désespoir; quand Cyrène, sa mère, une Nymphe aimée d'Apollon! lui
conseille d'aller trouver Protée, devin par excel-

---

[*] Pastor Aristæus, fugiens Peneia Tempe,
Amissis, ut fama, apibus morboque fameque,
Tristis ad extremi sacrum caput adstitit amnis,
Multa querens, atque hac affatus voce parentem:
« Mater! Cyrene mater! quæ gurgitis hujus
Ima tenes, quid me præclara stirpe Deorum,
Si modo, quem perhibes, pater est Thymbræus Apollo,

lence, qui connaît le passé, le présent, l'avenir, et qui, lui révélant la cause de son malheur, doit infailliblement l'assister.

— Ce conducteur des phoques de Neptune, ce pasteur vénéré des Nymphes et du vieux Nérée, observez-le bien, je vous prie : sous l'azur de son manteau, vous reconnaîtrez la Divination en per-

Invisum fatis genuisti? Aut quo tibi nostri
Pulsus amor? Quid me cœlum sperare jubebas?
En etiam hunc ipsum vitæ mortalis honorem,
Quem mihi vix frugum et pecudum custodia sollers
Omnia tentanti extuderat, te matre, relinquo....
    Postquam est in thalami pendentia pumice tecta
Perventum, et nati fletus cognovit inanes
Cyrene, manibus liquidos dant ordine fontes
Germanæ, tonsisque ferunt mantelia villis.
Pars epulis onerant mensas, et plena reponunt
Pocula. Panchæis adolescunt ignibus aræ.
Et mater : « Cape Mæonii carchesia Bacchi,
Oceano libemus, » ait. Simul ipsa precatur
Oceanumque patrem rerum, Nymphasque sorores,
Centum *quæ silvas*, centum *quæ flumina servant*.
Ter liquido ardentem perfudit nectare VESTAM ;
Ter flamma ad summum tecti subjecta reluxit.
Omine quo firmans animum, sic incipit ipsa :
  « Est in Carpathio Neptuni gurgite vates
Cæruleus Proteus, magnum qui piscibus æquor
Et juncto bipedum curru metitur equorum.
Hic nunc Emathiæ portus patriamque revisit
Pallenen. Hunc et nymphæ veneramur, et ipse

sonne; la Divination, guide des peuples, reine du monde, objet de vénération pour les *jeunes* et pour les *vieux*. Aristée, veuf de ses abeilles, et venant se plaindre à sa mère, que d'abord il traite de cruelle, mais qui bientôt s'empresse de l'accueillir et de lui donner place en sa cour visitée des Dieux, parée des Nymphes les plus belles; le pasteur Aristée, figure assez bien Octave à la fin du Triumvirat; Octave fils d'Apollon! désolé de l'extinction du patriciat, et venant alors à sa mère, à l'Aristocratie, qui l'entend, l'accueille, et lui conseille de recourir à la Divination. Comme la science divinatoire, Protée est de difficile accès. Quand on l'aborde, il

> Grandævus Nereus. Novit namque omnia vates,
> Quæ sint, quæ fuerint, quæ mox ventura trahantur.
> Quippe ita Neptuno visum est, immania cujus
> Armenta, et turpes pascit sub gurgite phocas.
> Hic tibi, nate, prius vinclis capiendus, ut omnem
> Expediat morbi causam, eventusque secundet.
> Nam sine vi non ulla dabit præcepta, neque illum
> Orando flectes: vim duram et vincula capto
> Tende; doli circum hæc demum frangentur inanes.
> Ipsa ego te, medios quum sol accenderit æstus,
> Quum sitiunt herbæ, et pecori jam gratior umbra est,
> In secreta senis ducam, quo fessus ab undis
> Se recipit, facile ut somno aggrediare jacentem.
> Verum ubi correptum manibus vinclisque tenebis,
> Tum variæ illudent species atque ora ferarum.

se métamorphose : sanglier, tigre, dragon, lionne, flamme, onde fugitive, au moment qu'on croit le tenir, il échappe. Mais patience, on finit par le saisir, par lui faire reprendre sa forme première, et le contraindre à parler.

Plein de confiance, et se sentant une vigueur nouvelle depuis qu'il a respiré le même air que les Dieux, depuis que sur sa personne est répandu un parfum d'ambroisie, Aristée, sous la conduite de sa mère, vient à la demeure de Protée; cette demeure est un antre profond, pratiqué dans les flancs d'une montagne ruinée, au pied de laquelle la rage des flots vient expirer, où la mer forme

> Fiet enim subito sus horridus, atraque tigris,
> Squamosusque draco, et fulva cervice leæna ;
> Aut acrem flammæ sonitum dabit, atque ita vinclis
> Excidet, aut in aquas tenues dilapsus abibit.
> Sed, quanto ille magis formas se vertet in omnes,
> Tanto, nate, magis contende tenacia vincla ;
> Donec talis erit mutato corpore, qualem
> Videris, incepto tegeret quum lumina somno. »
>    Hæc ait, et liquidum ambrosiæ diffundit odorem,
> Quo totum nati corpus perduxit. At illi
> Dulcis compositis spiravit crinibus aura,
> Atque habilis membris venit vigor. Est specus ingens
> Exesi latere in montis, quo plurima vento
> Cogitur, inque sinus scindit sese unda reductos,
> Deprensis olim statio tutissima nautis.
> Intus se vasti Proteus tegit objice saxi.

12.

un golfe, anciennement le plus sûr abri pour les nautonniers surpris par l'orage. — De même Octave vient à la Divination, antique retraite du pouvoir, son meilleur refuge au milieu des tempêtes.

Or, Protée révèle au fils de Cyrène qu'un dieu vengeur le poursuit, parce qu'il a causé la mort d'*Eurydice* et celle d'*Orphée;* double meurtre qui veut de grandes expiations! Sur quoi Cyrène dit à son fils : « Ne te désole plus. Maintenant tu connais la cause de ton malheur : ce sont les Nymphes compagnes d'Eurydice qui ont jeté un sort sur tes

> Hic juvenem in latebris aversum a lumine Nympha
> Collocat; ipsa procul nebulis obscura resistit....
> . . . . . . . . . . . .
> Cujus Aristæo quoniam est oblata facultas,
> Cum clamore ruit magno, manicisque jacentem
> Vix defessa senem passus componere membra,
> Occupat. Ille, suæ contra non immemor artis,
> Omnia transformat sese in miracula rerum,
> Ignemque, horribilemque feram, fluviumque liquentem.
> Verum ubi nulla fugam reperit fallacia, victus
> In sese redit, atque hominis tandem ore locutus :
> « Nam quis te, juvenum confidentissime, nostras
> Jussit adire domos? Quidve hinc petis? » inquit. At ille :
> « Scis, Proteu, scis ipse; neque est te fallere cuiquam.
> Sed tu desine velle. Deum præcepta secuti
> Venimus hinc lapsis quæsitum oracula rebus. »
> Tantum effatus. Ad hæc vates vi denique multa

abeilles. Des prières, mon fils, des prières et des offrandes ; c'est le moyen de fléchir le céleste courroux et d'obtenir rémission. Mais écoute-moi bien : je vais, sans rien omettre, t'apprendre ce que tu dois faire; le rit qu'en cette conjoncture il te faut observer : dans le troupeau que tu élèves sur les vertes collines du Lycée, prends quatre taureaux, des plus forts et des plus beaux, et autant de génisses, qui n'aient point encore subi le joug ; dresse ensuite quatre autels devant le temple des Nym-

---

Ardentes oculos intorsit lumine glauco,
Et graviter frendens, sic fatis ora resolvit :
« Non te nullius exercent numinis iræ.
Magna luis commissa ; tibi has miserabilis Orpheus
Haudquaquam ob meritum pœnas, ni fata resistant,
Suscitat, et rapta graviter pro conjuge sævit.
Illa quidem, etc. . . . . . . . . . »
Hæc Proteus, et se jactu dedit æquor in altum ;
Quaque dedit, spumantem undam sub vertice torsit.
At non Cyrene ; namque ultro affata timentem :
« Nate, licet tristes animo deponere curas.
Hæc omnis morbi causa ; hinc miserabile Nymphæ,
Cum quibus illa choros lucis agitabat in altis,
Exitium misere apibus. Tu munera supplex
Tende, petens pacem, et faciles venerare Napæas ;
Namque dabunt veniam votis, irasque remittent.
Sed, modus orandi qui sit, prius ordine dicam.
Quatuor eximios præstanti corpore tauros,
Qui tibi nunc viridis depascunt summa Lycæi,

phes, et sacrifie; fais couler là le sang de tes victimes, puis va déposer leur corps au sein du bois, sous une épaisse feuillée. Après, dès que pour la neuvième fois se montrera l'Aurore, offre aux mânes d'Orphée des pavots, source d'oubli; aux mânes d'Eurydice, immole une génisse et une brebis noire, puis retourne au bois sacré. — Aristée obéit. Suivant l'ordre de sa mère, il se rend au lieu dit, dresse quatre autels, y mène quatre taureaux choisis, d'une beauté remarquable, quatre génisses, vierges encore du joug, et, dès que pour la neuvième fois se montre l'Aurore, il sacrifie; selon le rit prescrit! puis il retourne au bois sacré.

Tout-à-coup, ô prodige! les entrailles des vic-

---

    Delige, et intacta totidem cervice juvencas.
    Quatuor his aras alta ad delubra Dearum
    Constitue et sacrum jugulis demitte cruorem,
    Corporaque ipsa boum frondoso desere luco.
    Post, ubi nona suos Aurora ostenderit ortus,
    Inferias Orphei lethæa papavera mittes,
    Placatam Eurydicen vitula venerabere cæsa,
    Et nigram mactabis ovem, lucumque revises. »
    Haud mora ; continuo matris præcepta facessit.
    Ad delubra venit; monstratas excitat aras ;
    Quatuor eximios præstanti corpore tauros
    Ducit, et intacta totidem cervice juvencas.
    Post, ubi nona suos Aurora induxerat ortus,
    Inferias Orphei mittit, lucumque revisit.

times se sont liquéfiées; dans chaque corps bourdonnent des abeilles; qui, à travers les côtes, se frayant passage, s'élancent hors de leur prison; leurs essaims nombreux forment en l'air comme une épaisse nuée; bientôt ils viennent se grouper au sommet d'un même arbre; et l'on dirait des grappes de raisin dont le poids fait fléchir les branches.

Ainsi finissent les *Géorgiques;* par un prodige : la *régénération des abeilles;* et partant, la *reconstruction des ruches.* On voit si l'œuvre est complète, et bien ordonnée; si l'agriculture, la religion, la divination, y sont étroitement unies; enfin, si l'Etrusque Virgile n'était pas, en son temps, le *véritable anti-Lucrèce.* Cet instinct des nouvelles abeilles, d'aller, aussitôt après leur naissance, se grouper toutes au sommet d'un même arbre : étrurisme; pur étrurisme; encore une allégorie divinatoire : la ruche sociale venant à se reformer; les nouvelles familles, celles récemment *nées,* doivent, dégagées de l'esprit plébéien, libres enfin de tout lien démocratique, s'élever, s'élancer au prin-

---

Hic vero, subitum ac dictu mirabile monstrum !
Adspiciunt liquefacta boum per viscera toto
Stridere apes utero, et ruptis effervere costis,
Immensasque trahi nubes, jamque arbore summa
Confluere, et lentis uvam demittere ramis.

cipe sublime de l'aristocratie; puis se grouper toutes sur le grand arbre généalogique du *patriciat*; dont fléchissent les branches. — Il fallut bien qu'elles fléchissent! à l'avénement d'Auguste, il fallut bien se contenter d'un patriciat moins haut, d'une aristocratie secondaire. La loi *Julia*, conçue pour aviser à la conservation des familles, féconder le sol patricien, et enter sur le vieux tronc aristocratique des scions dont les feuillages pussent faire ombre à la nouvelle monarchie : « *prolis novæ ferax lex marita* \*! » la loi *Julia*, fléchit au temps; et, ce qui jadis eût été monstrueux, impossible; ce qui eût indigné, révolté les *Quirites*; cette loi régénératrice, le permet : par ooprit de conservation, elle permet aux patriciens (hormis aux sénateurs, ou fils de sénateurs) d'épouser les affranchies, et les filles des affranchies! —

Voilà les enseignemens que dans son zèle religieux et monarchique le favori de Mécène donne aux Romains; cependant que, de son côté, le grand César-Auguste, la foudre en main, s'avance

---

Hæc super arvorum cultu pecorumque canebam,
Et super arboribus, Cæsar dum magnus ad altum
Fulminat Euphraten bello, victorque volentes

\* Horat., *carm. sæcul.* 17-20.

victorieux jusqu'aux bords de l'Euphrate; sans plus rencontrer de résistance; les peuples voulant à l'envi reconnaître la loi de ce nouveau Jupiter-Olympien. C'est ainsi que retiré tranquillement à Naples, Virgile met à profit les loisirs que le dieu Octave lui a faits; étudiant; moins pour la gloire, que pour savourer les délices de l'étude, et s'*assagir* \*; j'entends, pour croître en sagesse et en science. Au sein de la mère-patrie des lettres, suçant un lait nourricier, le fils de Mantoue a pris une heureuse croissance. Si bien que le jeune poète dont les premiers essais se bornaient à des jeux de pâtres, à peindre Tityre mollement couché sous l'ombrage et faisant redire à l'écho des bois le nom de sa belle Amaryllis; ce jeune poète, désormais, avec toute la maturité du talent, aborde les plus graves sujets; de l'aveu même de ses rivaux, il chante, sur sa docte lyre, des vers pareils à ceux

---

Per populos dat jura, viamque affectat Olympo.
Illo Virgilium me tempore dulcis alebat
Parthenope, studiis florentem ignobilis oti,
Carmina qui lusi pastorum, audaxque juventa,
Tityre, te patulæ cecini sub tegmine fagi.
*Ibid.*

\* « J'estudiay jeune pour l'ostentation; depuis, un peu pour m'assagir; à cette heure pour m'esbattre; jamais pour le quest (gain). — Montaigne, *Essais*, liv. III, chap. III.

que chante Apollon \*; il égale, que dis-je? il surpasse Hésiode; et paraît de force à porter le sceptre d'Homère.

Aussi, à la nouvelle d'un second poème de Virgile, au bruit d'une épopée sur la *ruine de Troie* et la *fondation de l'Empire Romain*, que d'espérances! Quelle joie! tous en parlent; tous veulent paraître en avoir ouï parler; on s'attend à quelque merveille; d'autant mieux que les confidens de *l'Énéide*, *Æditui* (35), les élus de la littérature dynastique, ceux qui ont eu la faveur de lectures privilégiées, s'en vont faisant du nouveau chef-d'œuvre les plus magnifiques récits. L'un d'eux n'hésite pas à publier que, cette fois, poètes grecs et poètes romains ont trouvé leur maître; et qu'il va naître quelque chose de plus grand que l'Iliade :

« *Cedite Romani scriptores, cedite Graii;*
*Nescio quid majus nascitur Iliade* \*\* *!* »

Dans les annonces, il y a toujours de l'exagération. La critique, aujourd'hui, peut dire si

---

\* « Tu canis Ascræi veteris præcepta poetæ,
Quo seges in campo, quo viret uva jugo.
Tale facis carmen docta testudine, quale
Cynthius impositis temperat articulis. »
*Propert.*, lib. II, 34....

\*\* Propert., *loc. cit.*

l'œuvre latine ne fut pas un peu trop exaltée, aux dépens du poète grec. Car enfin, quelque beau, quelque admirable que soit ce chef-d'œuvre, on ne peut, comme le dit bien Montaigne, « oublier « que c'est principalement d'Homère que Virgile « tient sa suffisance; que c'est son guide et maistre « d'eschole; et qu'un seul traict de l'Iliade a fourny « de corps et de matière à cette grande et divine « Æneide *. »

Mais quand l'*Énéide* parut dans tout l'éclat de sa première jeunesse, elle fit tourner la tête aux Romains; qui, naturellement, trouvaient la fille de l'Iliade encore plus belle que sa mère.

L'enchanteresse avait si bien le désir de plaire! Elle souriait à tous; tenait à tous d'agréables propos; leur parlant d'eux, ou de leurs pères, du grand empire de Priam, tombé, mais, après sa chute, relevé plus grand en Italie; de cela, puis d'autres choses encore, pleines d'un intérêt pour eux tout particulier; de manière, toujours, à flatter leur amour-propre. Suivant l'*Énéide*, les Romains sont le peuple par excellence, le peuple élu des Dieux, destiné de longue main à devenir maître du monde. C'est ainsi que l'entendent, que l'ont toujours entendu les Par-

---

* *Essais*, liv. II, chap. XXXVI.

ques \*. Dans le temps, lorsque Enée poursuivi par la haine de Junon courait sur mer les plus grands périls, Vénus, sa mère, tout éplorée, mais de ses pleurs encore plus belle, vint trouver Jupiter et lui adresser ce discours \*\* :

« Souverain des Dieux et des hommes, qui tiens en main la foudre et les rênes du monde, qu'a donc fait mon Enée, et qu'ont fait les Troyens pour encourir ainsi ta disgrâce? Après tant de désastres, et tant de résignation, se peut-il que, pour les éloigner de l'Italie, le monde entier leur soit fermé ? Cependant, disiez-vous, par la suite des âges les Romains doivent un jour naître des Troyens; pour, à la tête des nations, continuer la race de Teucer, assujettir la terre et l'onde. Vous me l'aviez pro-

---

\* Progeniem sed enim Trojano a sanguine duci
  Audierat, Tyrias olim quæ verteret arces ;
  Hinc populum late regem, belloque superbum,
  Venturum excidio Libyæ : Sic volvere Parcas. »
  *Æneid.*, lib. I, 24...

\*\* « Tristior, et lacrimis oculos suffusa nitentes,
  Alloquitur Venus : « O qui res hominumque Deumque
  Æternis regis imperiis, et fulmine terres,
  Quid meus Æneas in te committere tantum,
  Quid Troes potuere, quibus, tot funera passis,
  Cunctus ob Italiam terrarum clauditur orbis ?
  Certe hinc Romanos olim, volventibus annis,
  Hinc fore ductores, revocato a sanguine Teucri,

mis, mon père! qui vous a fait changer? Cette
promesse faisait ma consolation : la chute de Troie,
sa ruine, me semblaient moins amères; à l'idée
d'un avenir qui compenserait le passé. Mais, hélas!
voici que des braves tant de fois éprouvés ont à
lutter encore contre la mauvaise fortune. Grand
roi! quand mettrez-vous un terme à ces pénibles
épreuves? Anténor, échappé à la fureur des Grecs,
a pu, lui, pénétrer au sein de l'Illyrie, au cœur du
royaume des Liburniens; il a pu du Timave franchir
les torrens, sain et sauf! puis, dans ces mêmes
contrées, fonder, pour les enfans de Teucer, la
ville de Padoue, à tous les siens donner des terres,
planter en lieu sûr les enseignes de Troie; bref,

>
> Qui mare, qui terras omni ditione tenerent,
> Pollicitus. Quæ te, genitor, sententia vertit?
> Hoc equidem occasum Trojæ tristesque ruinas
> Solabar, fatis contraria fata rependens.
> Nunc eadem fortuna viros tot casibus actos
> Insequitur. Quem das finem, rex magne, laborum?
> Antenor potuit, mediis elapsus Achivis,
> Illyricos penetrare sinus atque intima tutus
> Regna Liburnorum, et fontem superare Timavi,
> Unde per ora novem vasto cum murmure montis
> It mare proruptum, et pelago premit arva sonanti.
> Hic tamen ille urbem Patavi sedesque locavit
> Teucrorum, et genti nomen dedit, armaque fixit
> Troia ; nunc placida compostus pace quiescit.

maintenant, établi, parfaitement bien établi, Anténor règne en paix. Et nous, vos enfans, qui, de votre agrément, devons prendre place dans l'Olympe; nous, par la seule inimitié de Junon, nous sommes, je rougis de le dire, privés de nos vaisseaux, et rejetés loin du Latium! Est-ce là le prix de la piété? Est-ce ainsi que vous nous remettez sur le trône? »

Jupiter sourit; laisse voir sur son visage cet air serein qui calme les tempêtes; aux lèvres de Cypris il cueille un doux baiser; et, tranquillement, répond :

« Ne crains rien, ma fille; immuables sont les destinées de tes chers Troyens. Tu verras cette ville et ces murs de Lavinium que je t'ai promis; tu les verras; et tu conduiras aux cieux le magnanime Enée : dans mes décrets rien n'est changé.

---

Nos, tua progenies, cœli quibus annuis arcem,
Navibus, infandum! amissis, unius ob iram
Prodimur, atque Italis longe disjungimur oris.
Hic pietatis honos? Sic nos in sceptra reponis? »
  Olli subridens hominum sator atque Deorum
Vultu, quo cœlum tempestatesque serenat,
Oscula libavit natæ; dehinc talia fatur:
  « Parce metu, Cytherea. Manent immota tuorum
Fata tibi. Cernes urbem et promissa Lavini
Mœnia, sublimemque feres ad sidera cœli

Mais puisque sur ce point tu me parais inquiète, je veux te révéler ce qui doit être; et devant toi dérouler tout au long les secrets du destin. Enée aura à soutenir une grande guerre en Italie; il subjuguera des peuples belliqueux; après quoi ses braves compagnons le verront leur bâtir une cité, et leur donner des lois; jusqu'à ce qu'il se soit écoulé trois étés depuis l'inauguration de son règne; et trois hivers depuis la soumission des Rutules. Son fils Ascagne, à qui maintenant est donné le surnom d'*Iule* (Ilus c'était aux beaux jours d'Ilion), son fils Ascagne, ensuite régnera, et de son règne remplira toute une période de trente années; il transportera le siége de l'empire hors de Lavinium ; et ceindra de puissantes murailles *Albe-la-Longue*.

---

Magnanimum Ænean ; neque me sententia vertit.
Hic, tibi fabor enim, quando hæc te cura remordet,
Longius et volvens fatorum arcana movebo,
Bellum ingens geret Italia, populosque feroces
Contundet, moresque viris et mænia ponet,
Tertia dum Latio regnantem viderit æstas,
Ternaque transierint Rutulis hiberna subactis.
At puer Ascanius, cui nunc cognomen *Iulo*
Additur, Ilus erat, dum res stetit Ilia regno,
Triginta magnos volvendis mensibus orbes
Imperio explebit, regnumque ab sede Lavini
Transferet, et longam multa vi muniet Albam.
Hic jam ter centum totos regnabitur annos

Là, durant trois cents ans, régnera la race d'Hector; jusqu'à ce qu'une prêtresse, du sang des rois, *Ilia*, visitée du dieu *Mars*, enfante deux jumeaux, dont l'un, *Romulus*, fier de porter la sauvage dépouille d'une louve, sa nourrice, continuera la race d'Enée, bâtira la ville de *Mars*, et de tous les siens, appelés par lui de son nom, fera le *peuple Romain*. A la durée de ce peuple, non plus qu'à sa puissance, je n'assigne aucun terme : Je lui réserve un *empire sans fin*. Junon même, actuellement si fort courroucée, qui de ses vengeances fatigue la terre, la mer, et les cieux; Junon, sois en sûre, reviendra d'elle-même à des sentimens plus doux; et, de concert avec moi, fera le bonheur des Romains, alors les maîtres du monde. Grande et belle nation! Nobles cœurs sous la toge ! — Tel est notre bon

---

Gente sub Hectorea, donec regina sacerdos
Marte gravis geminam partu dabit *Ilia* prolem.
Inde lupæ fulvo nutricis tegmine lætus
*Romulus* excipiet gentem, et *Mavortia* condet.
*Mœnia*, *Romanos*que suo de nomine dicet.
His ego nec metas rerum nec tempora pono ;
*Imperium sine fine* dedi. Quin aspera Juno,
Quæ mare nunc terrasque metu cœlumque fatigat,
Consilia in melius referet, mecumque fovebit
Romanos, rerum dominos, *Gentemque Togatam* [1].

[1] Par opposition aux Grecs, qui portaient le manteau : « *Gens palliata.* »

plaisir. Un temps viendra que la *postérité* d'*Assaracus* fera porter le joug à la ville de Phthie\*, et à la célèbre Mycènes; et qu'elle dominera dans Argos vaincue. Du sang troyen le plus illustre naîtra *César*, dont l'empire n'aura de bornes que l'Océan, dont le nom ira jusqu'aux astres, *Jules*, il rappellera le nom du grand *Iule* : toi-même un jour, ma fille, en toute sécurité, tu recevras au ciel ce héros chargé des dépouilles de l'Orient; et tu verras la terre lui dresser des autels. Alors les hommes, devenus meilleurs, finiront par poser les armes. Ce sera le tour de la Paix et de la Justice; ce sera le règne de la Bonne-Foi, et de Vesta; *Rémus* et *Quirinus* s'entendront pour donner de sages lois \*; les

---

Sic placitum. Veniet lustris labentibus ætas,
Quum domus ASSARACI Phthiam clarasque Mycenas
Servitio premet, ac victis dominabitur Argis.
Nascetur pulchra Trojanus origine Cæsar,

\* *Phthius*, le fondateur de cette ville, était fils d'*Achœus*, et père d'HELLEN.

\*\* *Rémus* et *Quirinus* figuraient l'antagonisme des deux principes *Plébéien* et *Patricien*. « Rémus, est le plébéien; qui « occupe l'Aventin, qui n'a pas les auspices, qui méprise l'en- « ceinte sacrée du Pomœrium. » M. Michelet, *Hist. Rom.*, t. I, p. 100-109.

« *Non bene* mœnia quondam
Dicitur Iliades *transiluisse* Remus. »
Ovid. *Trist.* IV, *Eleg.* 3.

portes du temple de la Guerre seront à tout jamais fermées; puis, au fond, la Discorde, assise sur un amas de lances et d'épées, les mains garrottées derrière le dos, la colère dans l'âme et le feu dans les yeux, frémira de son impuissance.

Ainsi, de toute éternité les événemens sont prévus, les choses ordonnées :

. . . . . . . « *Sic fata Deum rex
Sortitur, volvitque vices; is vertitur ordo* [*]. »

Et Lucrèce qui disait que les Dieux ne prennent aucune part au gouvernement de ce monde! que, retirés au fond de leurs palais, dans une entière quiétude, ils laissent ici-bas aller les choses — qui, le plus souvent, vont fort mal! — On voit bien que Lucrèce n'est pas dans le secret des Dieux. Au con-

---

· Imperium Oceano, famam qui terminet astris,
Julius, a magno demissum nomen *Iulo*.
Hunc tu olim cœlo, spoliis Orientis onustum,
Accipies secura. Vocabitur hic quoque votis.
Aspera tum positis mitescent sæcula bellis.
Cana *Fides*, et *Vesta*, *Remo* cum fratre *Quirinus*,
Jura dabunt; diræ ferro et compagibus arctis
Claudentur belli portæ. Furor impius intus
Sæva sedens super arma, et centum vinctus aenis
Post tergum nodis, fremet horridus ore cruento. »
*Æneid.*, lib. I.

[*] *Ibid.*, III, 375.

traire Virgile se plaît à proclamer et leur sagesse et leur puissance; à démontrer que nul ne peut rien contre la volonté des Dieux :

« *Heu nihil invitis fas quemquam fidere Divis\*!* »

à prouver que sur terre et sur mer, rien ne se fait sans leur assistance. Enée n'agit que par la volonté, que par l'impulsion des Dieux (37). S'il délaisse Didon, c'est pour obéir aux Dieux, pour gagner les champs de Lavinium; où il doit fonder un grand empire : « *Fatalia arva!* » A la grandeur de Rome, Virgile reconnaît l'œuvre des Dieux. Il comprend, il explique leurs desseins suprêmes sur le Peuple Romain : d'autres peuples, en passant sur la terre, ont pu briller par les arts, et, avec plus de succès, peut-être, que les Romains, s'adonner à la sculpture, à l'éloquence, même à l'astronomie; les Romains, eux, vaillans guerriers et sages politiques sont appelés à régir le monde; ils y sont appelés, pour établir finalement une paix générale; — c'est-à-dire, sous le bienheureux règne d'Auguste une monarchie universelle; — usant de clémence avec les soumis; écrasant les superbes : telle est leur

---

\* *Æneid.*, lib. II, 403.

13.

divine mission \*. Celle des *chefs*, est de perpétuer l'aristocratie, la noble race d'Enée, le patriciat :

« *Æneadas magnos, et nobile Pallanteum!* »

Ils doivent, sous Auguste, renouer la chaîne des temps violemment brisée, rattacher le présent au passé; reproduire ces généreuses *familles troyennes* \*\*; qui, jadis, recueillant les restes d'*Ilion*, sous la conduite du pieux Enée les apportèrent en Italie; sauvant, ainsi, la *patrie*, la cité sainte de *Dardanus;* ressuscitée plus grande et plus belle dans Rome; dans Rome! la plus grande et la plus belle

---

\* Excudent alii spirantia mollius æra,
Credo equidem ; vivos ducent de marmore vultus ;
Orabunt causas melius ; cœlique meatus
Describent radio, et surgentia sidera dicent :
Tu regere imperio populos, Romane, memento ;
Hæ tibi erunt artes, *pacisque imponere morem,*
Parcere subjectis, et debellare superbos. »
Lib. VI, 848...
« Jure *omnia bella*
Gente sub Assaraci fato ventura *resident..* »
Lib. IX, 643.

\*\* De son côté, traitant la chose historiquement, Varron faisait, sur les *Familles Troyennes*, un livre savant, profond, qui devint, à bien dire, le *Nobiliaire Romain* (*Voyez* Servius, *Énéide*, V, 117-704, et la note de M. Michelet, à la page 406 du tome I de son *Histoire Romaine*). — Le religieux Corvinus Messala écrit aussi *sur les Familles Romaines* et *sur les Auspices* (Voyez *Biogr. Univ.*, MESSALA).

des cités; dans Rome! la reine du monde, la mère de tant de héros *! Fiers du sang de leurs aïeux, les Chefs Romains n'en laisseront pas tarir la source; et toujours grands, toujours vertueux, toujours dignes de l'Olympe, ils feront voir que véritablement ils ont pour auteurs

« *Les fils d'*Assaracus, *les descendans de* Tros,
« *Ces Dieux, ces demi-Dieux, cette famille immense*
« *Que termine* César, *que* Jupiter *commence*\*\*. »

Quant à César, le plus noble et le plus magnanime de tous, le plus *auguste*, de longue main la souveraineté lui est dévolue. La couronne lui appartient. Il doit régner; « *et par droit de conquête et*

---

\* « O patria, o Dívum domus Ilium, et inclyta bello
Mœnia Dardanidum! »
Lib. II, 242...

« En hujus, nate, auspiciis illa inclyta Roma
Imperium terris, animos æquabit Olympo,
Septemque una sibi muro circumdabit arces,
Felix prole virum; qualis Berecynthia Mater
Invehitur curru Phrygias turrita per urbes,
Læta Deum partu, centum complexa nepotes,
Omnes Cœlicolas, omnes supera alta tenentes. »
Lib. VI, 802...

\*\* *Delille*, traduction de :

« Assaraci proles, demissæque ab Jove gentis
« Nomina, Trosque parens, et Trojæ Cynthius auctor. »
*Georgic.* III, 36.

*par droit de naissance.* » Ce dernier droit, le plus sacré, nul, équitablement, ne saurait le contester; pourtant, comme il se rencontre encore des impies qui paraissent le méconnaître, et qui s'en vont murmurant les mots d'*usurpation*, de *tyrannie*; l'*Énéide*, pieuse, savante, et d'une imagination féconde, emploie sa piété, son savoir et son esprit, à démontrer le droit de César au trône; à soutenir.... la *légitimité* d'Auguste! Thèse difficile! sans doute; mais, sans doute aussi, nécessaire : — La légitimité est le ciment de tout édifice monarchique. Sans elle, point de durée. Or la dynastie d'Auguste, évidemment protégée des Dieux, puisque l'on y voit, à l'ombre du nom de César, croître de jeunes princes destinés à retenir le sceptre; cette dynastie si bonne, si précieuse, également chère à tous, au peuple, au sénat, aux chevaliers; cette divine dynastie, doit, pour le bonheur de tous, ne point finir, être éternelle, régir le monde à perpétuité :

« *Cæsareo juvenes sub nomine crescunt,*
« *Perpetuo terras ut domus ista regat*\*! »

---

\* Ovide ajoute :

« *Cumque bonis nuribus pro sospite Livia nato
Munera det meritis, sæpe datura, Deis;*

Ceux qui prêtent à l'*Énéide* assez d'attention pour la bien entendre, connaissent le fond de sa pensée. En suivant le fil de ses discours, on ne tarde pas à voir où la rusée * veut en venir; tant de conseils tenus dans l'Olympe, tant d'avis donnés par les Dieux, tant de songes, tant d'oracles, tant de prodiges, enfin, tant de merveilles si bien ourdies, vont toutes ensemble au même but : à démontrer, d'abord, les droits d'Enée sur l'empire de Troie et sur l'empire d'Italie; puis, conséquemment, les droits d'Octave-Auguste sur ce même et dernier empire (38). La chose, d'abord, étonne, a tout l'air d'un paradoxe; vraie cependant, sans peine elle s'explique; si l'on veut bien se reporter au point de départ de l'*Énéide*, au récit des derniers instans de Troie. Qu'expose-t-il ce poétique récit **?

— « Pendant la nuit, à ce doux moment du

---

Et pariter matres, et quæ sine crimine castos
    Perpetua servant virginitate focos.
Plebs pia, cumque pia lætentur plebe senatus,
    Parvaque cujus eram pars ego nuper, eques. »
                      Trist. IV, *Eleg.* II.

\* « Vatis Mæonii vestigia prudenter sive potius *callide* secutum. » — *Bartenstein.*

\*\* « Tempus erat quo prima *quies* mortalibus ægris
  Incipit, et dono Divum gratissima serpit.

premier sommeil où par un effet de la bonté divine se glisse au cœur des mortels l'oubli de leurs peines, Enée, profondément endormi (39), a une vision : Hector lui apparaît. Mais, hélas ! quel affreux changement ! Ce n'est plus cet Hector qui revenait tout fier, paré des dépouilles d'Achille ; tout radieux, d'avoir foudroyé les vaisseaux grecs : morne, souillé de sang et de poussière, tel qu'on le vit au char qui le traîna trois fois autour des murs d'Ilion, il verse d'abondantes larmes, et se présente

« *Couvert de ces tristes lambeaux*
« *Qu'une ombre désolée emporte des tombeaux* * ;

sa poitrine laisse voir, ouvertes, les nombreuses blessures qu'il reçut en défendant la patrie. —

In somnis ecce ante oculos mœstissimus Hector
Visus adesse mihi, largosque effundere fletus,
Raptatus bigis, ut quondam, aterque cruento
Pulvere, perque pedes trajectus lora tumentes.
Hei mihi, qualis erat ! quantum mutatus ab illo
Hectore, qui redit exuvias indutus Achilli,
Vel Danaum Phrygios jaculatus puppibus ignes !
Squalentem barbam, et concretos sanguine crines,
Vulneraque illa gerens, quæ circum plurima muros
Accepit patrios. Ultro flens ipse videbar
Compellare virum, et mœstas expromere voces
« O lux Dardaniæ ! spes o fidissima Teucrum,

* Corneille, *Polyeucte*.

Hector vient annoncer à Enée le sac et l'embrasement de Troie qui ne peut plus être défendue; il vient empêcher que ce *fils de Vénus* ne soit la proie des flammes; et pourvoir au *salut des Pénates*. Il enjoint à Enée de fuir, et de les prendre, les Pénates, pour compagnons de fortune : Enée leur cherchera un asile ; cet asile, sera la grande cité qu'il doit un jour bâtir, après avoir long-temps erré sur les mers.

— L'avis des Dieux ainsi donné, Hector, — notez ce qu'il va faire, car de cet acte solennel découle le droit divin, la légitimité; — Hector, remet à Enée le souverain pouvoir avec la sacrificature suprême : il lui apporte du fond du sanc-

> Quæ tantæ tenuere moræ? Quibus Hector ab oris
> Exspectate venis ? Ut te post multa tuorum
> Funera, post varios hominumque urbisque labores
> Defessi adspicimus! Quæ causa indigna serenos
> Fœdavit vultus? Aut cur hæc vulnera cerno ? »
> Ille nihil ; nec me quærentem vana moratur,
> Sed graviter gemitus imo de pectore ducens :
> « Heu fuge, nate Dea, teque his, ait, eripe flammis.
> Hostis habet muros ; ruit alto a culmine Troja.
> Sat patriæ Priamoque datum. Si Pergama dextra
> Defendi possent, etiam hac defensa fuissent.
> Sacra suosque tibi commendat Troja Penates.
> Hos cape fatorum comites ; his mœnia quære,
> Magna pererrato statues quæ denique ponto. »

tuaire la statue, les bandeaux, et le feu sacré de *Vesta*.

— Dès ce moment, dépositaire des Pénates, Enée est saisi de la *royauté*; il devient *Pontife et Roi*.

Cependant les Grecs mettent tout à feu et à sang. Un des fils du roi, Polite, est mort sous les yeux de son père; et lui-même, après avoir dans sa douleur tenté un dernier et inutile effort, le vieux Priam, trahi par l'âge, est tombé sous le fer du jeune Pyrrhus. Malédiction! Être sur le plus beau trône du monde, avoir en ses vastes États une multitude innombrable de sujets, en un mot, régner

    Sic ait; et manibus vittas, VESTAMQUE potentem,
Æternumque adytis effert penetralibus ignem.
Diverso interea miscentur mœnia luctu. . . . .
. . . . . . . . . . . . . . . . . . . . . . . . .
    Forsitan et, Priami fuerint quæ fata, requiras.
Urbis ubi captæ casum, convulsaque vidit
Limina tectorum, et medium in penetralibus hostem,
Arma diu senior desueta trementibus ævo
Circumdat nequicquam humeris, et inutile ferrum
Cingitur, ac densos fertur moriturus in hostes.....
    Ecce autem, elapsus Pyrrhi de cæde Polites,
Unus natorum Priami, per tela, per hostes
Porticibus longis fugit, et vacua atria lustrat
Saucius; illum ardens infesto vulnere Pyrrhus
Insequitur, jamjamque manu tenet, et premit hasta.
Ut tandem ante oculos evasit et ora parentum,

sur toute l'Asie; puis tout-à-coup tomber; et en tombant voir tous les siens périr! Voir sa capitale en flammes, sa citadelle détruite; enfin, pour comble de misère, subir, après sa mort, un dernier outrage, demeurer privé de sépulture! — Priam, gît étendu sur la grève; la tête séparée du tronc; et de son corps sanglant le misérable reste n'est plus que quelque chose de hideux, sans forme; qu'un je ne sais quoi sans nom.

Énée voudrait se venger, à sa fureur immoler des victimes; quand du haut des cieux sa mère lui apparaît. Elle lui apparaît, plus belle qu'il ne l'a jamais vue; dans tout l'éclat de sa divinité; telle qu'aux regards des Dieux elle se montre dans

---

Concidit, ac multo vitam cum sanguine fudit.
Hic Priamus, quamquam in media jam morte tenetur,
Non tamen abstinuit, nec voci iræque pepercit....
. . . . . Altaria ad ipsa trementem
Traxit (*Pyrrhus*), et in multo lapsantem sanguine nati,
Implicuitque comam læva, dextraque coruscum
Extulit, ac lateri capulo tenus abdidit ensem.
Hæc finis Priami fatorum; hic exitus illum
Sorte tulit, Trojam incensam, et prolapsa videntem
Pergama, tot quondam populis terrisque superbum
Regnatorem Asiæ : jacet ingens litore truncus,
Avulsumque humeris caput, et sine nomine corpus.
At me tum primum sævus circumstetit horror.
Obstupui; subiit cari genitoris imago,

l'Olympe. Vénus parvient à calmer son fils, et lui réitère l'ordre de quitter Troie, sans plus de combats. Énée se résout; mais son vieux père, lui, ne veut pas survivre à sa patrie; ni subir les rigueurs de l'exil. Devant ce chef de la famille, se tiennent en pleurs son fils, l'épouse de son fils, son petit-fils, tous les siens, qui le prient, le supplient, de ne point persister dans une résolution capable de le perdre, de perdre tout avec lui. Anchise néanmoins persiste; et dans tout le palais ce sont des pleurs, des gémissemens. Soudain éclate un

> Ut regem æquævum crudeli vulnere vidi
> Vitam exhalantem. . . . . . . . .
> Talia jactabam, et furiata mente ferebar,
> Quum mihi se, non ante oculis tam clara, videndam
> Obtulit, et pura per noctem in luce refulsit
> Alma parens, confessa Deam, qualisque videri
> Cœlicolis et quanta solet, dextraque prehensum
> Continuit, roseoque hæc insuper addidit ore :
> . . . . . . . . . . . . . . . . . .
> « Eripe, nate, fugam, finemque impone labori.
> Nusquam abero, et tutum patrio te limine sistam. »
> . . . . . . . . . . . . . . . . . .
> — Descendo, ac ducente Deo flammam inter et hostes
> Expedior. Dant tela locum, flammæque recedunt.
> Atque ubi jam patriæ perventum ad limina sedis,
> Antiquasque domos, genitor, quem tollere in altos
> Optabam primum montes, primumque petebam,
> Abnegat excisa vitam producere Troja,

*prodige* : pendant que le jeune *Iule* dans les bras de ses parens est inondé de leurs larmes; au-dessus de sa tête brille un éclair; puis une légère flamme innocemment se joue sur son front, qu'elle semble *couronner*. On s'effraie; vite on secoue sa chevelure ardente; on veut avec l'onde d'une source éteindre ce feu du ciel; mais Anchise plein de joie lève les yeux et les mains au firmament, puis il s'écrie : « Jupiter tout-puissant! si des prières peuvent te fléchir, abaisse sur nous un de tes regards; et si notre piété nous donne quelque mérite, daigne,

---

Exsiliumque pati......... fixusque manebat.
Nos contra effusi lacrimis, conjuxque Creusa,
Ascaniusque, omnisque domus, ne vertere secum
Cuncta pater, fatoque urgenti incumbere vellet.
Abnegat, inceptoque et sedibus hæret in isdem.

. . . . . . . . . . .
Talia vociferans (*conjux*) gemitu tectum omne replebat,
Quum subitum dictuque oritur *mirabile monstrum*.
Namque manus inter, mœstorumque ora parentum,
Ecce levis summo de vertice visus *Iuli*
Fundere lumen apex, tactuque innoxia molli
Lambere flamma comas, et circum tempora pasci.
Nos pavidi trepidare metu, crinemque flagrantem
Excutere, et sanctos restinguere fontibus ignes.
At pater Anchises oculos ad sidera lætus
Extulit, et cœlo palmas cum voce tetendit :
« Jupiter omnipotens, precibus si flecteris ullis,
Adspice nos, hoc tantum; et, si pietate meremur,

père suprême, nous secourir, et confirmer cet heureux *présage!* »

La réponse au *vieillard* ne se fait pas attendre : à peine a-t-il fini de parler, le *ciel tonne*; et, signe favorable, il tonne à gauche! Au milieu des ténèbres, on croit voir courir un flambeau : c'est une *étoile* qui file vers la demeure royale, dont elle rase le faîte, et qui va se cacher dans les forêts de l'*Ida* *; comme pour en montrer le chemin. Un long sillon de lumière a marqué son passage; tout autour se répand une épaisse vapeur de soufre.

A ce *second prodige*, Anchise reconnaît le *sceau*

---

    Da deinde auxilium, Pater, atque hæc omina firma. »
      Vix ea fatus erat senior, subitoque fragore
Intonuit lævum, et de cœlo lapsa per umbras
Stella facem ducens multa cum luce cucurrit.
Illam, summa super labentem culmina tecti,
Cernimus Idæa claram se condere silva,
Signantemque vias; tum longo limite sulcus
Dat lucem, et late circum loca sulfure fumant.
Hic vero victus genitor se tollit ad auras,
Affaturque Deos et sanctum sidus adorat :
« Jamjam nulla mora est, sequor, et, qua ducitis, adsum.
Di patrii, *servate domum, servate nepotem!*
Vestrum hoc augurium, vestroque in numine Troja est.
Cedo equidem, nec, nate, tibi comes ire recuso. »
    Dixerat ille; et jam per mœnia clarior ignis

* L'*Ida*, mont où *Cybèle* était particulièrement honorée; proprement, le berceau de l'aristocratie.

*divin*. Il comprend que la *dynastie* de son fils est *sacrée*. Alors, se rendant à l'évidence, il se lève, remercie les Dieux, adore le *signe céleste*, et dit : « Partons, mon fils, sans plus attendre ; je te suis, et veux aller où tu me conduiras. Dieux d'Ilion, sauvez, sauvez mon petit-fils ! Conservez ma famille ! Cet augure vient de vous ; Troie, j'en ai l'assurance, est encore sous votre protection. Partons, mon fils ; partons ; oh ! pour le coup, je cède ; va, maintenant, je ne refuse plus de te suivre. »

Énée donc se dispose à partir. Mais l'incendie a fait des progrès : encore un peu, et le palais d'Anchise est envahi ; on y entend déjà les éclats des flammes. — « Venez, mon père, s'écrie le bon fils ; venez ! que je vous place sur mes épaules ; un tel fardeau, pour moi, ne saurait être pénible. Quoi qu'il arrive, nous aurons tous deux même destin : ensemble nous périrons, ou nous serons sauvés

---

Auditur, propiusque æstus incendia volvunt.
« Ergo age, care pater, cervici imponere nostræ ;
Ipse subibo humeris, nec me labor iste gravabit.
Quo res cumque cadent, unum et commune periclum,
Una salus ambobus erit. Mihi parvus Iulus
Sit comes, et longe servet vestigia conjux.
Vos famuli, quæ dicam, animis advertite vestris.
Est urbe egressis *tumulus templumque vetustum*
*Desertæ Cereris*, juxtaque antiqua cupressus

ensemble. Auprès de moi marchera nôtre petit Iule; et ma femme (pour mieux éviter les regards de l'ennemi) à distance suivra mes pas. Vous, fidèles serviteurs, écoutez bien votre maître : hors de la ville, est, vous savez, une colline; et, sur cette colline, un temple de Cérès, abandonné, qui tombe en ruines; puis, tout contre, un cyprès, antique objet de culte pour nos pères : c'est là que, par des chemins divers, nous nous réunirons \*. Vous, mon père, prenez ces vases sacrés et les dieux de la *patrie* : au sortir des combats, encore tout couvert de sang, moi je ne puis les toucher sans crime, avant de m'être purifié dans une eau vive.

> Relligione patrum multos servata per annos;
> Hanc ex diverso sedem veniemus in unam.
> Tu, genitor, cape *Sacra* manu, *patriosque Penates*.
> Me bello e tanto digressum et cæde recenti,
> Attrectare nefas, donec me flumine vivo
> Abluero. »

\* Ce point de départ est remarquable : une *colline* et un *cyprès*, c'est-à-dire un *tombeau* [1], un temple *à Cérès!* Voilà bien la base de la constitution étrusque, l'union de l'agriculture et de la religion. Quant à la divination, on la rencontre à chaque pas dans l'*Énéide*.

[1] « Dans la plaine (de Lacédémone) sont éparses des *collines* assez élevées, faites de mains d'hommes, plus fréquentes en ce pays que dans les provinces voisines, et construites avant la naissance des arts, pour servir de *tombeaux* aux principaux chefs de la nation. — Barthel. *Voy. d'Anach.*, chap. XLI. — *Voyez* aussi *Énéide*, liv. III, 63-66.

Alors, jetant sur ses larges épaules une ample peau de lion, et muni de son précieux fardeau, Enée se met en marche. Il tient par la main le petit Iule; qui, bien que d'un pas inégal, s'applique à suivre son père; vient ensuite Créuse. Le groupe prend par les endroits les plus sombres. Mais, ô profond amour de la famille! ô pieux désir de sauver les dieux de la patrie! l'homme jusqu'alors inaccessible à la crainte; celui qui tout-à-l'heure encore voulait, seul, repousser tous les Grecs; cet

---

 Hæc fatus, latos humeros subjectaque colla
Veste super, fulvique insternor pelle leonis,
Succedoque oneri. Dextræ se parvus Iulus
Implicuit, sequiturque patrem non passibus æquis.
Pone subit conjux. Ferimur per opaca locorum.
Et me, quem dudum non ulla injecta movebant
Tela, neque adverso glomerati ex agmine Graii,
Nunc omnes terrent auræ, sonus excitat omnis
Suspensum, et pariter comitique onerique timentem.
Jamque propinquabam portis, omnemque videbar
Evasisse viam, subito quum creber ad aures
Visus adesse pedum sonitus, genitorque per umbram
Prospiciens: « Nate, exclamat, fuge, nate; propinquant.
Ardentes clypeos atque æra micantia cerno. »
Hic mihi nescio quod trepido male numen amicum
Confusam eripuit mentem. Namque avia cursu
Dum sequor, et nota excedo regione viarum,
Heu ! misero conjux fatone erepta Creusa
Substitit, erravitne via, seu lassa resedit,

intrépide héros, maintenant tremble à chaque pas, pour le vieillard qu'il porte, et pour l'enfant qu'il mène; un souffle, un rien, tout lui fait peur. Arrivé presque aux portes de la ville, lorsqu'il se croyait hors de tout danger, son oreille est frappée d'un bruit sourd et répété; ce sont les Grecs qui s'approchent. Anchise a distingué leurs boucliers rougeâtres au reflet de l'incendie, et leurs casques étincelans. Vite il dit à son fils de s'éloigner..... Cette malheureuse alerte, sépare l'époux de son épouse; et lui ne s'en aperçoit qu'au temple de Cérès; tous y sont hormis Créuse; elle seule manque (l'épouse!) elle seule trompe l'espoir commun. Énée la cherche, et l'appelle, mais il a beau la chercher et l'appeler, la rechercher et l'appeler encore, il ne la voit, ne l'entend plus; et lui-même,

---

Incertum ; nec post oculis est reddita nostris.
Nec prius amissam respexi, animumve reflexi,
Quam tumulum antiquæ Cereris sedemque sacratam
Venimus. Hic demum collectis omnibus una
Defuit, et comites, natumque, virumque fefellit.
Quem non incusavi amens hominumque Deorumque?
Aut quid in eversa vidi crudelius urbe ?.........
Ausus quin etiam voces jactare per umbram,
Implevi clamore vias, mœstusque Creusam,
Nequidquam ingeminans, iterumque iterumque vocavi.
Quærenti, et tectis urbis sine fine furenti,
Infelix simulacrum, atque ipsius umbra Creusæ

dans son désespoir, il finirait par se perdre, si, pour la troisième fois, il n'avait une vision : l'ombre de Créuse elle-même, plus grande que nature, lui apparaît, le frappe de stupeur, mais le rassure en ces mots : « Pourquoi te désoler ainsi, cher époux ? Ces choses n'arrivent pas sans l'ordre des Dieux. Il ne t'est point donné d'emmener avec toi Créuse. Le maître suprême ne le veut pas. Tu as à subir un long exil, à sillonner la vaste plaine des mers; ensuite, tu parviendras en Hespérie*; dans ces belles et populeuses contrées que baigne le Tibre; fleuve majestueux dont la source est en Etrurie; là, changement; prospérité; tu as en partage le trône, avec une royale épouse. Cesse de

---

Visa mihi ante oculos, et nota major imago.
Obstupui, steteruntque comæ, et vox faucibus hæsit.
Tum sic affari, et curas his demere dictis :
« Quid tantum insano juvat indulgere dolori,
O dulcis conjux ? Non hæc sine numine Divum
Eveniunt. Nec te hinc comitem asportare Creusam
Fas, aut ille sinit superi regnator Olympi.
Longa tibi exsilia, et vastum maris æquor arandum;
Et terram Hesperiam venies, ubi Lydius, arva
Inter opima virum, leni fluit agmine Tibris.
Illic res lætæ, regnumque, et regia conjux
Parta tibi. Lacrimas dilectæ pelle Creusæ.

* Les Grecs appelaient *Hespérie* les pays qui, comme l'Espagne et l'Italie, étaient à leur *occident*, Voir *Énéide*, I, 526.

pleurer ta chère Créuse. Je n'aurai pas à voir les superbes demeures des Myrmidons, ou des Dolopes : je n'irai pas servir des femmes grecques; moi, qui suis du sang de Dardanus; qui, par mes noces, suis devenue fille de Vénus-Uranie; non : retenue par la grande déesse mère des Dieux, je reste dans ces contrées *. Adieu! aime toujours notre fils. »

— Cela dit, l'ombre disparaît : son divin message est accompli.

Donc, avant de quitter Troie, le dépositaire des Pénates connaît sa destinée : Il doit se rendre en Hespérie. La prédiction n'est pas équivoque; plus tard, d'ailleurs, elle lui sera confirmée **. Aussi, — après l'affreuse tempête qui tout d'abord faillit l'engloutir, Énée rassure-t-il les siens. Malgré

---

  Non ego Myrmidonum sedes Dolopumve superbas
  Adspiciam, aut Graiis servitum matribus ibo,
  Dardanis, et Divæ Veneris nurus.
  Sed me magna Deum genitrix his detinet oris.
  Jamque vale, et nati serva communis amorem. »
    Hæc ubi dicta dedit, lacrimantem et multa volentem
  Dicere deseruit, tenuesque recessit in auras.
  Ter conatus ibi collo dare brachia circum;
  Ter frustra comprensa manus effugit imago,
  Par levibus ventis, volucrique simillima somno. — Lib. II.

* « Le culte de *Cybèle* resta sur le mont *Ida* après le sac de Troie. » — Note de M. *Villenave*.
** Voyez *Énéide*, III, 148-172.

sa propre douleur, il a pour eux des paroles de consolation : « Braves amis, leur dit-il, ce n'est pas d'aujourd'hui seulement que vous connaissez l'infortune; vous avez subi déjà les plus rudes épreuves! patience; avec l'aide des Dieux, nous arriverons au terme de nos maux. Vous qui avez vu de près la rage de Scylla et ses rochers mugissans; qui jusque dans leur antre avez affronté les Cyclopes; rappelez votre courage; point d'abattement, de tristesse; peut-être un jour, au souvenir du passé, goûterez-vous mieux votre bonheur. Car enfin, au milieu des hasards, à travers tant de périls, nous tendons vers le *Latium* ; où le destin nous montre un port; où nous devons *relever l'empire de Troie*. De la constance, et conservez-vous pour un meilleur avenir *. »

---

\* ........ « Dictis mœrentia pectora mulcet :
O socii, neque enim ignari sumus ante malorum,
O passi graviora! dabit Deus his quoque finem.
Vos et Scyllæam rabiem penitusque sonantes
Accestis scopulos, vos et Cyclopia saxa
Experti. Revocate animos, mœstumque timorem
Mittite. Forsan et hæc olim meminisse juvabit.
Per varios casus, per tot discrimina rerum
Tendimus in Latium, sedes ubi fata quietas
Ostendunt. Illic fas regna resurgere Trojæ.
Durate, et vosmet rebus servate secundis. »
                                    Lib. I, 198....

De la constance! — Aux plus mauvais jours, il ne faut pas désespérer\*. — Et, de fait, après une longue et périlleuse navigation durant laquelle il est sans cesse guidé par le ciel et les augures, par l'observation des astres et les présages de la foudre, par l'inspection des fibres des victimes, par le vol et le chant des oiseaux, par les songes et les prodiges, en un mot par la Divination; Énée, finalement, parvient en Hespérie; il prend terre au bon pays du Latium; sur les bords fortunés du Tibre; il y est reconnu par le roi Latinus pour le *gendre étranger* que lui ont annoncé les oracles; pour l'auteur promis d'une vaillante race, appelée par ses vertus à l'empire du monde \*\*; il épouse Lavinie, monte avec elle sur le trône, et, par cette heureuse alliance, doublement revêtu du pouvoir royal, il cumule les droits à l'empire d'Asie et ceux

---

\* De son côté Horace disait, avec le même esprit d'allusion que Virgile :

« *Nil desperandum* Teucro *duce, et auspice* Teucro. »
Od. vii, lib. i.

\*\*   « Hunc illum fatis externa ab sede profectum
   Portendi generum, paribusque in regna vocari
   Auspiciis; huic progeniem virtute futuram
   Egregiam, et totum quæ viribus occupet orbem.
Lib. vii, 256...

à l'empire d'Italie ; il réunit l'empire d'Orient à l'empire d'Occident.

— Bien, pour Enée; oui, voilà ses droits clairement établis : par la grâce des Dieux sauvé de Pergame en flammes, Enée a recueilli, conservé, *les Pénates*. Doublement investi de l'autorité suprême, Enée, par la grâce des dieux, roi du Latium et de la Troade, fut, à n'en pas douter, un monarque de droit divin, puissant, absolu, légitime..... fort bien; mais Auguste? qu'a tout ceci de commun avec lui? En quoi cela peut-il lui donner des droits à l'empire?

— C'est le secret de l'*Énéide;* ou plutôt, c'est une des révélations de l'*Énéide*, un de ces secrets de l'histoire, qu'elle possède à fond, et qu'elle se plaît à divulguer, dans l'intérêt des peuples; afin de mettre un terme à de longs et sanglans débats. On l'a dit avant nous : « le poème de *l'Énéide* « est une espèce de procès entre Auguste et les « Romains; procès qui se décide par la généalo- « gie de ce prince (40). »

Appuyée sur la tradition, riche de faits anciens non contestés, authentiques, la généalogie d'Auguste avait l'insigne mérite d'apprendre au peuple romain, qui l'ignorait, ou qui, du moins, n'en avait plus qu'un vague souvenir, sa propre généalogie *. L'une et l'autre, à son origine, se perdait dans la nuit des temps; remontant l'une et l'autre, par *Romulus* et par *Enée*, jusques à *Dardanus*; l'auteur de cette *race Dardanienne*, d'antique et glorieuse mémoire, qui, après le désastre d'Ilion, s'armant de courage pour sauver ses *Pénates*, — proprement la *famille*, la *religion* et la *monarchie*, — vint, à travers mille périls sur les mers d'Etrurie, avec ses *enfans*, ses *vieillards*, et ses *dieux*, s'établir au sein du Latium; et là, malgré tous ses malheurs, malgré toutes ses pertes, plus vigoureuse et plus belle, comme un chêne que la cognée a rendu plus vigoureux et plus beau **, parvint à relever la mo-

---

* Pandite nunc Helicona, Deæ, cantusque movete,
Qui bello exciti reges, quæ quemque secutæ
Complerint campos acies; *quibus Itala jam tum
Floruerit terra alma viris*, quibus arserit armis.
Et meministis enim, Divæ, et memorare potestis;
Ad nos vix tenuis famæ perlabitur aura. »

        Lib. VII, 642...

Puis, au livre VI, 756 :

« Nunc age, *Dardaniam prolem* quæ deinde sequatur
Gloria, qui maneant Itala de gente nepotes,
Illustres animas, *nostrumque in nomen ituras*,
Expediam dictis, et *te tua fata docebo*. »

** « Gens, quæ cremato fortis ab Ilio
 Jactata Tuscis æquoribus sacra,

narchie, à fonder cet empire universel et sans fin que, dans le temps, Jupiter avait promis :

« *Imperium sine fine dedi!* »

Arrêtons nos regards à cette curieuse *généalogie*; à cette pièce importante du *procès* où, jadis, se trouvèrent engagées les destinées du monde; car, au fond, il ne s'agit alors de rien moins que d'une question d'état entre la Démocratie et l'Aristocratie ; entre la République et la Royauté. Depuis l'expulsion des Tarquins, la Monarchie Latine avait perdu ses titres : l'*Énéide* les recherche, les retrouve, et les lui rend.

---

Natosque maturosque patres,
Pertulit Ausonias ad urbes,

Duris ut ilex tonsa bipennibus
Nigræ feraci frondis in Algido,
Per damna, per cædes, ab ipso
Ducit opes animumque ferro.

. . . . . . . . . . .
Merses profundo, pulchrior evenit ! »
Horat., *Od.* IV, lib. IV.

# GÉNÉALOGIE
## DE
# LA MAISON ROYALE DE TROIE
### ET DE
# LA MAISON D'ALBE*.

---

DARDANUS**, . . . . . . . . Fils de Jupiter et d'Électre, né en Étrurie, après y être monté sur le trône fut contraint par la révolte d'en descendre, et de s'enfuir de ses États. Réfugié dans la Samothrace, puis en Phrygie, il y épousa la fille unique de TEUCER; successeur de ce prince, il bâtit la ville de TROIE; et, lui-même, laissa pour héritier son fils unique

ERICHTHONIUS; . . . . . . Lequel engendra
TROS; . . . . . . . . . . . . . Lequel eut trois fils :
   ILUS, ASSARACUS,
     et GANYMÈDE . . . . Ce dernier, le plus beau des mortels, fut, à cause de sa beauté, enlevé au ciel, pour y être l'échanson des Dieux.

---

\* A l'auteur de l'*Exposition Raisonnée de l'Énéide* le mérite de cette généalogie. Nous ne faisons souvent que le copier, ou développer son idée.

\*\* Voyez *Énéide*, VI, 206; et ci-après.

Ainsi, la Famille Royale de Troie se partage en deux branches. La première, l'aînée, la branche régnante, a pour chef *Ilus*, fondateur de la *citadelle* qui devient le berceau de la Monarchie *d'Ilion;* la seconde branche, la cadette, a pour chef *Assaracus* :

« *Hic genus antiquum* TEUCRI, *pulcherrima proles,*
« *Magnanimi Heroes, nati melioribus annis,*
« Ilus*que,* Assaracus*que, et Trojæ* Dardanus *auctor* *. »

### ILUS.
Ilus eut pour fils
LAOMÉDON.
Laomédon eut cinq fils, savoir :

Tithon,
Priam,
Lampus,
Clytius,
Icétaon.

Tithon fut enlevé par l'Aurore :
Priam régna : les trois autres périrent.

### PRIAM.
Priam eut cinquante fils et douze filles.

*Hector* était celui des fils qui devait régner; il était la *lumière de la Dardanie;* le plus ferme espoir des Troyens :

« O lux Dardaniæ ! Spes o fidissima Teucrum ! »

### ASSARACUS.
Assaracus eut pour fils
CAPYS.
Capys n'eut qu'un fils, c'est
ANCHISE.

### ANCHISE.
Anchise n'eut qu'un fils, qui est *Enée;* cet Enée que la Bonne-Vénus (*Vénus-Uranie*) enfante sur les bords du Simoïs :

« Ille Æneas quem Dardanio Anchisæ
« Alma Venus Phrygii genuit Simoentis ad undam. »

Cet Énée, que la Sibylle recon-

---

* *Énéide,* VI, 649. *Voir* aussi liv. VIII, 135.

naît pour un vrai rejeton des Dieux :

« Sate sanguine Divum
« Tros Anchisiade. . . . . . . . . .
« . . . . Deum certissima proles! »

Cet Énée, enfin, que les Romains nomment leur père; et qu'ils vénèrent comme la souche de leur grande nation :

« Pater Æneas, Romanæ stirpis origo*! »

La noble race! Elle est issue de Jupiter! Elle est fière de son origine *Dardanienne*. Énée, sent bien que dans ses veines coule le sang du père des Dieux; et ce beau sang, qui enfle son courage, à tous les siens inspire un juste orgueil :

« *Ab Jove principium generis; Jove Dardana pubes*
« *Gaudet avo; Rex ipse Jovis de gente suprema*
« *Troius Æneas* \*\*! »

### HECTOR.

Hector avait un fils nommé ASTYANAX; mais ce fils fut précipité par les Grecs du haut d'une tour.

### ÉNÉE.

Énée n'eut qu'un fils nommé Ascagne, autrement *Ilus*, jusqu'à la ruine de Troie, et, depuis lors, *Iule*. Ascagne, après Énée, continue la *race de Dardanus*; et c'est à lui que Rome devra sa grandeur et sa gloire :

« Et juxta Ascanius, magnæ spes altera Romæ\*\*\*. »

---

\* Voir *Énéide*, liv. I, 618; liv. II, 282; liv. VI, 126 et 323; liv. XII, 167.
  \*\* Lib. VII, 220.
  \*\*\* Lib. XII, 169.

La branche aînée démérite : les parjures de Laomédon, les excès de Pâris, demandaient une vengeance éclatante. Les Dieux, dans leur courroux, rejettent une odieuse race ; et retranchent même le trône qu'elle occupait : Troie de fond en comble est détruite :

« *Divum, inclementia Divum,*
« *Has evertit opes, sternitque a culmine Trojam\*.* »

Elle est détruite sans retour! pour demeurer à tout jamais ensevelie sous ses ruines! Ce sont les Grecs qui exécutent la sentence, avec quelle rigueur! vous le savez ; tout le second livre de l'*Énéide* est plein de cette lamentable histoire :

« *Trojanas ut opes et lamentabile regnum*
« *Eruerint Danai\*\*!* »

Il y a des époques où ces souvenirs-là font frémir. Et quand on songe que « *les empires meurent aussi,* » le cœur se serre à la vue de pareils tableaux. Virgile, frissonne au récit de la ruine de Troie ; il n'en parle qu'à regret, et les yeux mouillés de larmes :

« *Quis talia fando*
« *Temperet a lacrimis?* . . . . . . . . . . .
« . . . *Animus meminisse horret, luctuque refugit\*\*\*.* »

---

\* Lib. II, 603.
\*\* *Ibid.*, IV.
\*\*\* *Ibid.*

Cependant les Dieux, sévères, sont justes. Ils ne veulent pas que les innocens périssent confondus avec les coupables ; ni que la monarchie soit éteinte : or, la seconde branche a toujours respecté le ciel, toujours pratiqué la vertu ; la seconde branche sera conservée. Mise aux droits de la première, c'est elle qui recueille la royauté ; et, comme pour retremper le principe monarchique en le faisant remonter à sa source, elle va, par ordre des Dieux, s'établir où jadis régnèrent ses auteurs ; en Italie ; dans le royaume de Lavinie :

« *In regna Lavini*
« *Dardanidæ venient* [*] ! »

C'est là qu'Énée, s'arrêtant, fondant une nouvelle dynastie, de *Dardanus* éteint rallume le flambeau ; c'est là que les descendans de Dardanus, revenus au sein de leur mère-patrie, prospèrent, croissent,

---

[*] Lib. VI, 85. — Horace dit en son solennel *Chant Séculaire* :

« Iliæque
Litus Etruscum tenuere turmæ,
Jussa pars mutare Lares et urbem
Sospite cursu,

Cui per ardentem sine fraude Trojam
Castus Æneas, patriæ superstes,
Liberum munivit iter, daturus
Plura relictis. »

multiplient ; et, enfin, donnent à la *maison d'Enée*, à la royale maison d'Albe,

« *Une postérité d'éternelle durée* *. »

Après la mort de son père, devenu chef de la famille ; maître de sa personne, et de celle de tous les siens, Enée, légitimement, exerce à son tour la puissance paternelle, le pouvoir absolu ; il règne trois ans à Lavinium ; laisse le trône à son fils ; qui, lui, règne trente ans ; et, selon que Jupiter l'avait prédit, Ascagne-Iule bâtit, enferme de murailles (de l'enceinte sacrée du *pomœrium*) *Albe-la-Longue ;* où il transfère le siége de son empire ; et là, sa postérité, tout *Hectoréenne*, — puisque son auteur fut élu, adopté par Hector pour hériter du pouvoir suprême, et demeurer saisi des Pénates : « *Gens Hectorea !* » sa postérité, règne durant trois cents ans. Dans la nombreuse suite des rois qui se succèdent, le sang *Troyen* se mêle au sang *Latin* ;

---

* Racine, *Esther*, act. I, sc. IV.

« Dardanidæ duri, quæ vos a stirpe parentum
Prima tulit tellus, eadem vos ubere læto
Accipiet reduces : antiquam exquirite matrem.
Hic domus Æneæ cunctis dominabitur oris,
Et nati natorum, et qui nascentur ab illis. »

Lib. III, 95....

la branche Albaine des *Silvius* s'ente sur la tige d'Enée :

« *Italo commixtus sanguine surget*
« *Silvius, Albanum nomen* \*! »

Puis dans cette royale lignée apparaît enfin *Numitor*, l'aïeul de *Romulus*, de ce merveilleux enfant allaité par une louve, suscité pour bâtir la *ville éternelle* de Mars; de Mars, l'auteur reconnu du martial peuple romain.

*Romulus*, fils de Mars et de la prêtresse *Ilia*, sortait, par sa mère, du sang d'*Assaracus* :

« *Romulus, Assaraci quem sanguinis Ilia mater*
« *Educet* \*\*. »

*Ilia*, son nom le dit bien, descendait d'*Ilus-Iulus*. D'Ilia, descend Jules-César. Cela ne fait pas l'ombre d'un doute. Personne au monde n'ignore l'*origine Troyenne* de Jules-César :

« *Nascetur pulchra Trojanus origine Cœsar!* »

c'est du grand Iule que lui est venu directement son beau nom de Jules :

« *Julius, a magno demissum nomen Iulo!* »

Par ce noble fils d'Enée, les *Jules* sont sortis de Vénus : « *a Venere Julii!* — Jules-César l'a pro-

---

\* Lib. VI, 762.
\* *Ibid.*, 779.

clamé de son vivant. Témoin ce discours prononcé par lui publiquement, à la tribune aux harangues, pour louer, après leur mort, sa tante Julie et son épouse Cornélie. Dans l'éloge de sa tante, touchant sa double origine et celle de son père, Jules a dit au peuple, qui l'a respectueusement écouté : « La « famille maternelle de ma tante Julie est issue des « rois; sa famille paternelle, se lie aux Dieux Im- « mortels. C'est d'Ancus-Martius que sont descen- « dus les rois Marcius, et tel fut le nom de sa mère; « *c'est de Vénus que sont issus les Jules*, et notre « famille fait partie de leur race. Ainsi notre maison « réunit à la sainteté des rois, qui sont les plus « puissans parmi les hommes, la majesté révérée « des Dieux, qui tiennent les rois eux-mêmes en « leur pouvoir *. »

A Rome l'opinion commune est que Vénus dé-

---

\* « Quæstor (Julius-Cæsar) Juliam amitam, uxoremque Corneliam, defunctas laudavit e more pro rostris. Et in amitæ quidem landatione, de ejus ac patris sui utraqne origine sic refert : — « Amitæ meæ Juliæ maternum genus ab regibus ortum, paternum cum Diis Immortalibus conjunctum est. Nam ab Anco Marcio sunt Marcii reges, quo nomine fuit mater : « A Venere Julii, cujus gentis familia est nostra. Est ergo in genere et sanctitas regum, qui plurimum inter homines pollent, et cærimonia Deorum, quorum ipsi in potestate sunt reges. » — Sueton., *Jul.-Cæsar*, VI (trad. de M. de Golbery).

sira, dans le temps, s'unir au petit-fils d'Assaracus afin qu'un jour le grand César s'honorât d'avoir les *Jules* pour ancêtres :

« *Assaracique nurus dicta est, ut scilicet olim*
   *Magnus Iulæos Cæsar haberet avos* *. »

Au résumé, il demeure établi :

Que Dardanus, fils de Jupiter, était maître légitime de l'empire d'Italie, et fondateur de la ville de Troie;

Qu'Enée, fondateur de la ville de Lavinie, était l'unique héritier de Dardanus;

Qu'Ascagne-Iule, fils d'Enée, était fondateur de la ville d'Albe;

Que Romulus, fondateur de la ville de Rome, était l'unique rejeton de la race d'Iule;

Enfin, que Jules-César était du sang d'Iule.

Conséquemment, Jules-César a hérité de tous les droits de ces héros, ses pères, sur l'empire qu'ils ont fondé; et, ces droits, il les a transmis avec son nom à Auguste, son fils adoptif; à Auguste! comme lui, « le noble sang d'Anchise et de Vénus : *clarus Anchisæ Venerisque sanguis* **! »

Conséquemment aussi, Auguste, qui compte ces quatre héros : Dardanus, Enée, Iule, et Jules, au

---

\* Ovid., *Fast.*, lib. IV, 124.
\*\* Horat., *Carm. Sæculare.*

rang de ses aïeux; est seul légitime héritier de l'empire Romain. Sur cette tête unique repose tout l'espoir de la *patrie*; comme jadis sur la tête d'Iule reposait tout l'espoir de son père :

« *Omnis in Ascanio cari stat cura parentis* \* *!* »

Iule! Auguste! créatures précieuses! objets particuliers de la tendresse de Vénus! Car elle voit, cette bonne mère, dans l'un, ce qui lui reste de *Dardanus*; et dans l'autre, ce qui lui reste d'*Iule* :

« *Quod de Dardanio solum mihi restat Iulo* \*\* *!* »

Iule! Auguste! sur vous est la dernière marque du *sceau divin*; en vous réside la *légitimité*; de vous dépend l'avenir de la Monarchie!

Il est bien vrai que l'*Enéide* pourrait, à juste titre, s'appeler « *l'arbre généalogique de la Famille des Jules* \*\*\* ! » Elle établit leur lignée; et, bien qu'elle remonte jusque dans la nuit des temps, elle fait clairement voir que cette noble maison

« *A pour aïeul le père et le maître des Dieux;*
« *Le ciel, tout l'univers est plein de ses aïeux* \*\*\*\*. »

---

\* Lib. I, 647.
\*\* Ovid., *Metam.*, XV, 768.
\*\*\* « *Quidni Æneis* STEMMA IULEUM *inscribi possit?* — Bartenstein. — *Voyez* plus haut notre note 10 : « *Stemmate Tusco.* »
\*\*\*\* Racine, *Phèdre*, act. IV, sc. V.

15.

Conclusion : de la divine race des *Jules*, Auguste est le dernier rejeton : « *ab alto demissum genus Ænea!* * » Lui seul est là qui représente vingt générations de rois ; et parmi les autres chefs il brille d'un éclat suprême ; comme on voit au firmament briller la lune parmi les autres clartés :

> « *Micat inter omnes*
> « *Julium sidus, velut inter ignes*
> « *Luna minores*\*\*. »

Après une semblable généalogie, comment nier la *légitimité* d'Auguste ? Et que parler d'*usurpation* ? Les droits ne sont-ils pas bien établis ? ne tombe-t-il pas sous le sens que l'empire, dévolu à Auguste par la force des armes, lui appartenait déjà par les droits du sang ? — Les droits des couronnes ne se prescrivent pas : Dardanus, forcé de sortir du royaume qu'il possédait en Italie, et par la rébellion chassé de ses États, Dardanus, en exil, n'en était pas moins le représentant du droit divin ; le pasteur des peuples, investi de l'autorité monarchique ; le souverain du royaume fondé par ses pères ; du royaume où, de temps immémorial, ses pères avaient régné. C'est pour cela, précisément, que

---

\* *Horat.*, Sat. v, lib. II, 63.
\*\* *Idem*, Od. XII, lib. I.

les Dieux jugèrent à propos de rappeler en Italie la postérité de Dardanus; afin que ce momarque, issu de Jupiter, marqué du sceau divin, admis dans le palais des cieux sur un trône d'or au nombre des Immortels, fût, en la personne de ses légitimes successeurs, réintégré dans son royaume; et que l'injure faite à la maison la plus ancienne, la plus noble, la plus puissante, en un mot la plus royale qu'il y eût au monde, fût enfin réparée*.

Même réparation dans la personne d'Auguste. Successeur d'Enée, comme Enée l'était de Dardanus, pour recouvrer le trône de ses pères, Auguste se présente, à son tour, sous les mêmes auspices qu'Enée. Pieux comme lui, il est, comme lui,

---

\* « Atque equidem memini, fama est obscurior annis,
Auruncos ita ferre senes, his ortus ut agris
*Dardanus* Idæas Phrygiæ penetravit ad urbes,
Threiciamque Samum, quæ nunc Samothracia fertur.
Hinc illum Corythi Tyrrhena ab sede profectum
Aurea nunc solio stellantis regia cœli
Accipit, et numerum Divorum altaribus auget.....
Afferimur, *pulsi regnis*, quæ maxima quondam
Extremo veniens Sol adspiciebat Olympo.....
Sed nos fata Deum vestras exquirere terras
Imperiis egere suis. *Hinc Dardanus ortus
Huc repetit*, jussisque ingentibus urget Apollo
*Tyrrhenum ad Tibrim*, et fontis vada sacra Numici. »
Lib. VII, 206...

l'homme du destin; l'homme annoncé par les oracles :

« *Hic vir, hic est, tibi quem promitti sæpius audis.*
« *Augustus Cæsar, Divi genus* \*. »

Il a, comme Enée, la conscience de sa divine élection, Apollon l'inspire et le pousse : « *Jussis ingentibus urget Apollo!* » Aussitôt après le meurtre de Jules-César, Auguste s'arrache au doux séjour d'Apollonie \*\*; pour aller à sa destinée (*Fato profugus*), bravement; préparé à tout; résigné\*\*\*; malgré de timides conseils, il a fait voile vers l'Italie; sentant bien que les Dieux l'appellent à la succession de César; et que, en l'appelant à la succession d'un tel père, ils lui imposent le devoir de régner;

---

\* Lib. vi, 792.

\*\* Ville d'Épire; ville ionienne, voluptueuse. — « Octavien y était alors, depuis cinq à six mois, avec Mécène. César l'y avait envoyé avec la qualité de colonel de cavalerie, dans le dessein où il était de marcher contre les Parthes. Il se mit en mer sur la nouvelle de la mort de César; débarqua à Lupie, aujourd'hui la Rocca; alla à Brindes, prit le nom de César, vint à Rome, et se porta pour l'héritier de *Jules*, son grand-oncle maternel et son père adoptif. » — Le P. Sanadon, *Vie d'Horace. Voyez* aussi Suétone, *Octav.-Aug.*, viii.

\*\*\* . . . . . . . . . . « Non ulla laborum
. . . . Nova mi facies inopinave surgit.
Omnia præcepi, atque animo mecum ante peregi. »
Lib. vi, 104...

de régner dans Rome! c'est-à-dire d'y restaurer la religion et la monarchie. Mais avant que l'élu des Dieux en soit venu là, que de traverses! que de combats à soutenir! sur terre, sur mer, que de périls! dix ans de luttes. Dix ans *! Que de courage il lui a fallu! quelle vertu! quel héroïsme! Certes, assez souvent il affronta le trépas pour avoir cent fois succombé, si le ciel l'eût permis **; mais le ciel protége Auguste; sa piété a triomphé de tous les obstacles : « *Vicit iter durum pietas* ***! » Et maintenant voici qu'il lui est donné, comme au pieux Enée, d'asseoir sa dynastie; et de fonder l'Empire Romain : véritable travail d'Hercule ****!

Ainsi le divin Auguste est, à n'en pas douter,

---

\* C'est la durée du triumvirat; c'est le temps nécessaire à Octave pour en venir au pouvoir absolu, *et recomposer la ruche.*—Voyez Suétone, *Octav.-Aug.*, XXVII.

\*\* . . . . . . . . « Si fata fuissent
   Ut caderem, meruisse manu. »
                                    Lib. II. 430.

\*\*\* Lib. VI.

\*\*\*\* « Multum ille et terris jactatus et alto......
Multa quoque et bello passus, dum conderet urbem,
Inferretque Deos Latio. Genus unde Latinum,
Albanique Patres, atque altæ mœnia Romæ.....
. . . . . . . . . . . . Multosque per annos.
Errabant acti fatis maria omnia circum :
Tantæ molis erat Romanam condere gentem! »
                                    Lib. I, *Exord.*

un monarque légitime. En montant sur le trône, loin d'usurper, il ne fait rien que de juste * : il recouvre l'héritage de ses pères; tout comme le pieux Enée recouvra, jadis, l'héritage de Dardanus. D'où cette conséquence, que le temps qu'a duré la république est un temps d'usurpation, d'usurpation sur la Royauté (41). L'*Énéide* ne dit point cela précisément; non, certes; une telle proposition révolterait; or l'*Enéide* veut, avant tout, rétablir le calme et dissiper la haine. Mais, logiquement, cela résulte de l'économie de son poème; et c'est bien aussi ce que Mécène, ce que Auguste veulent insinuer aux Romains. A bon entendeur demi-mot. Chacun dut comprendre, et se tenir pour averti. Mauvais citoyen, impie, ennemi de l'Etat et des Dieux quiconque ose contester la légitimité d'Octave-Auguste, et faire à son règne la moindre opposition. Opposition bien vaine! assurément; car « *le destin a trouvé ses voies;* » et, le temps venu, les prédictions s'accomplissent. Il a été prédit que « César-Auguste **, fils d'un Dieu, rétablira dans le Latium l'âge d'or, comme au temps du bon roi

---

\* . . . . . . . . . . . Non indebita posco
Regna meis fatis.
Lib. vi, 67.

\*\* Augustus–Cæsar, Divi genus, aurea condet
Sæcula qui rursus Latio, regnata per arva

Saturne; qu'il étendra son empire sur les Garamantes, et sur tous les peuples de l'Inde; qu'il poussera ses conquêtes plus loin que n'ont fait Alcide et Bacchus : et voilà que le règne d'Auguste commence; pour le bonheur du genre humain! c'est vraiment l'âge d'or : les hommes renoncent à s'entre-tuer; plus de guerre; enchaînée la Discorde; fermé le temple de Janus; la Bonne-Foi, Vesta, reprennent leur empire; Plébéiens et Patriciens, vont désormais, sous le régime des lois, se donner le baiser de paix, vivre en bons frères! Il ne peut donc plus y avoir que des insensés qui veuillent s'opposer au règne d'Auguste; que des ambitieux désappointés, des *envieux*; autrement,

  « *Qui ne sait point qu'à sa vaillance*
  « *Il ne se peut rien ajouter,*
  « *Qu'on reçoit de sa bienveillance*
  « *Tout ce qu'on en doit souhaiter,*
  « *Et que si de cette couronne*
  « *Que sa tige illustre lui donne*
  « *Les lois ne l'eussent revêtu,*

---

Saturno quondam, super et Garamantas et Indos
Proferet imperium. . . . . . . . . .
Nec vero Alcides tantum telluris obivit.....
Nec, qui pampineis victor juga flectit habenis,
Liber, agens celso Nysæ de vertice tigres. »
      Lib. VI, 793...

« *Les peuples, d'un juste suffrage,*
« *Ne pouvaient, sans faire naufrage,*
« *Ne l'offrir point à sa vertu* \*. »

Mais, grâce au ciel, les *envieux* n'ont plus qu'à ronger leur frein : réduits, contenus, impuissans, désormais ils verront tous leurs efforts échouer contre un même écueil; contre la fortune d'Auguste; éternel désespoir de tous ses ennemis :

« *Invidia infelix furias amnemque severum*
« *Cocyti metuet, tortosque Ixionis angues,*
« *Immanemque rotam, et non exsuperabile saxum* \*\*. »

C'est donc une chose bien entendue : les Dieux ont préparé l'avénement de César-Auguste; et il faut par ordre des Dieux recevoir la loi de ce maître prédestiné; sans quoi, malheur aux rebelles! toute ville qui refuserait de se soumettre, sera foudroyée, de fond en comble renversée \*\*\*. Et point de sacriléges complots; point d'attentat à la vie du prince! car Mécène est là qui veille. Préfet

---

\* Malherbe, *Ode au sujet de l'attentat commis contre Henri-le-Grand.*
\*\* *Georgic.* III, 37.
\*\*\* « Ne qua meis esto dictis mora; Jupiter hac stat :
Neu quis ob inceptum subitum mihi segnior ito.
*Urbem* hodie causam belli, regna ipsa Latini.
Ni frænum accipere et victi parere fatentur,
Eruam, et æqua solo fumantia culmina ponam. »
Lib. XII, 566...

de Rome, il a l'œil et l'oreille à tout; en même temps qu'il récompense les bons, il retient les méchans par la peur des supplices : le fils de Lépide, avec une poignée de mécontens, de jeunes fous comme lui, rêvait le meurtre d'Octave; et dans de secrets conciliabules préparait un bouleversement, au nom de la liberté; le fils de Lépide, arrêté, mis aux fers, a péri; victime de sa conjuration éventée! — Résister, est folie; conspirer, c'est se perdre....... Il faut obéir, — saluer le divin Auguste, lui laisser prendre le *sceptre de ses pères*; il faut se rallier à sa dynastie.

Toutefois, le ralliement fut laborieux! le jeune Lépide eut des imitateurs. Il s'en trouva parmi le peuple; il s'en trouva parmi les grands (42); de façon que pour abattre Octave, les coups partaient et d'en bas et d'en haut. Chez le peuple, c'était du désespoir, de l'animosité contre un perfide : — En arrivant au pouvoir par le choix du vainqueur de Pharsale, Octave, tout d'abord, avait parlé de constitution nouvelle et de réforme, « *constituendæ et corrigendæ reipublicæ;* » il avait promis de donner satisfaction au peuple et à l'armée; vaine promesse! l'élu de César, a déserté les intérêts du peuple, a trahi la démocratie! — Chez les grands, c'était de la haine; un profond ressentiment contre le *héros de Pharsale;* devenu « le dieu du peuple et celui des soldats; » contre lui, contre son fils, contre toute sa race; tant leur tenait au cœur le souvenir de *Pharsale!*

« *Manet alta mente repostum!* »

Nous verrons plus loin si la fable de *Junon courroucée* contre Enée, — qu'elle poursuit pour l'empêcher, lui et les siens, de s'établir en Italie, mais qui, finalement, désarmée par la vertu et les offrandes de ce même Enée, le voit avec plaisir s'asseoir au trône de *Latinus* —; nous verrons si cette fable, principe et fin de l'*Enéide*, n'est pas encore une allégorie; n'est pas l'ingénieuse esquisse de l'opposition faite à Octave par l'Aristocratie, fière et vindicative Junon (43)!

Deux choses, réellement, avaient préparé l'avénement d'Auguste : ses victoires d'abord, et l'épuisement des partis.

Au retour d'*Actium*, lors de son triple triomphe pour la Macédoine, pour la Dalmatie, et pour l'Égypte, le nouveau César, promené par la ville sur un char superbe, avait pu, durant trois jours, étaler sa gloire et captiver les regards *. En le voyant

---

\* « At Cæsar, triplici invectus Romana triumpho
Mœnia, Dis Italis votum immortale sacrabat,

acquitter le vœu solennel qu'il avait fait aux *dieux de l'Italie* de leur consacrer, *dans Rome*, trois cents temples des plus beaux, ç'avait été partout sur son passage des cris de joie, des *vivat*, des applaudissemens, un enthousiasme universel *! Dans tous les lieux saints les dames romaines formaient des chœurs; dans tous s'élevaient des autels; et devant ces autels fumait, coulait le sang des plus belles victimes. Assis sur un trône d'ivoire à l'entrée du temple d'Apollon, le triomphateur, pontife et roi! avait, en personne, reçu, et suspendu aux voûtes sacrées toutes les offrandes. Les nations vaincues : Numides, Lelèges, Cariens, Gélons, Parthes, Gau-

---

Maxima ter centum totam delubra per Urbem.
Lætitia ludisque viæ plausuque fremebant ;
Omnibus in templis matrum chorus, omnibus aræ ;
Ante aras terram cæsi stravere juvenci.
Ipse, sedens niveo candentis limine Phœbi,
Dona recognoscit populorum, aptatque superbis
Postibus : incedunt victæ longo ordine gentes,
Quam variæ linguis, habitu tam vestis, et armis.
Hic Nomadum genus, et distinctos Mulciber Afros,
Hic Lelegas, Carasque, sagittiferosque Gelonos

* Pour aider à l'enthousiasme, Octave avait distribué aux citoyens 400 sesterces (79 fr. 50 c.) par tête; les enfans même ayant part à la gratification. Puis les soldats, au nombre de cent vingt mille, avaient reçu, chacun, 1,000 sesterces (198 fr. 78 c.).—Voyez *Hist. de l'Emp. Rom.*, par M. Cayx, t. I, p. 44.

lois, Scythes, Germains, toutes les peuplades des lointaines contrées que baigne l'Euphrate, ou le Danube, le Rhin, ou l'Araxe, avaient fait à leur vainqueur un cortége immense et singulièrement remarquable par la diversité des langues, des costumes, et des armures. Curieux spectacle! grande et belle représentation! d'un effet magique sur la multitude : depuis ce triomphe, libre à César-Auguste d'agir en roi :

« *Le monde en le voyant a reconnu son maître\*.* »

Quant aux partis, après cent ans de guerres civiles \*\*, on conçoit leur épuisement. Le parti des nobles, se trouvait presque anéanti; le populaire, vainqueur, n'avait en somme remporté que des victoires coûteuses et stériles; force était que

---

Finxerat. Euphrates ibat jam mollior undis,
Extremique hominum Morini, Rhenusque bicornis,
Indomitique Dahæ, et pontem indignatus Araxes. »
Lib. VIII, 745...

\* Racine, *Esther*, act. I, sc. V.
\*\* Tout autant! car les troubles commencent avec les Gracques, et ne sont finalement apaisés qu'après la bataille d'Actium. Or les Gracques apparaissent de 620 à 630; et la victoire d'Auguste est de 723. Dans cet intervalle se succèdent : Marius, Sylla, Crassus, Pompée, César, Brutus et Cassius, Lépide, Antoine, Octave. Que de combats! que de proscriptions! que de sang versé!

la lutte cessât; et à défaut de réconciliation, d'une véritable et franche paix, qu'il y eût au moins un armistice.

La bonne fortune d'Octave fut de venir à ce moment de lassitude générale, et d'en profiter, pour, à titre de médiateur, sous le nom, peu ambitieux, de Prince du Sénat, s'emparer du pouvoir suprême, et, plus heureux que Scipion, plus heureux que César, se constituer roi *. — Où César à peine assis avait trouvé une mort cruelle, Octave, prend place, s'installe, et fournit un règne de quarante ans!

« *I decus, i nostrum; melioribus utere fatis* **. »

On sait qu'une des premières scènes de ce long drame est la scène du *Refus*; habilement jouée : à l'imitation du bon Numa ***, Octave feint de ne vouloir point de la royauté qu'il convoite. C'est assez l'ordinaire en ce temps-là : Tibère, paraît désolé de succéder à Auguste. A la lecture du testament qui l'institue héritier de l'empire, il fond en larmes, et répond à ses amis qui lui conseillent d'accepter :

---

\* « Lepidi atque Antonii arma in Augustum cessere; qui CUNCTA DISCORDIIS CIVILIBUS FESSA, nomine principis, sub imperium ccepit. » — Tacit., *Annal.*, lib. I, cap. I.

\*\* *Æneid.*, VI, 547.

\*\*\* *Voyez* Plutarque, *Numa*, IX.

« ah! vous ne savez pas quel monstre c'est que l'empire*! » Néron, se fait forcer la main pour régner; tout d'abord, il parle d'abdiquer et d'aller vivre tranquille à Rhodes : « *cessurus imperio, Rhodumque abiturus\*\* !* » Avant Tibère et Néron, ainsi voudrait faire Auguste. Un beau jour Rome apprend que dans une conférence tenue entre lui, Mécène, et Agrippa, il a résolu d'abdiquer : l'exemple de Sylla l'engage à préférer aux soucis du pouvoir le repos de la vie privée. Il laissera les Romains s'entendre sur la forme de gouvernement qu'il leur convient de se donner. — Là-dessus, grand émoi : Auguste se retirer! quand on comptait si bien sur lui; quand on commence à respirer, à jouir de la tranquillité rétablie..... quel contre-temps! la fâcheuse nouvelle! Auguste manquant, les luttes vont renaître; bientôt on sera replongé dans le chaos de la guerre civile; et peut-être, qui sait? peut-être, alors, verra-t-on s'accomplir cet abominable projet, sourdement conçu, de transférer en Orient le siége de l'empire..... Les gens de bien frissonnent.

Sur ce point encore l'*Énéide* cherche à rassurer

---

\* « Impar dolori congemuit..... diu tamen recusavit impudentissimo mimo; adhortantes amicos increpans, ut ignaros, quanta bellua esset imperium. »—Sueton., *Tiber.*, XXIII et XXIV.

\*\* Idem, *Nero*, XXXIV.

les esprits : Auguste retiendra l'empire. Il régnera; parce qu'il ne peut pas s'en dispenser. Choisi par le Destin pour sauver Rome, pour restaurer la Religion et la Monarchie, Auguste ne peut pas, sous peine d'encourir la vengeance céleste, faillir à sa mission. Elle est laborieuse, sans doute! mais il aura la vertu de l'accomplir jusqu'au bout; il persévérera, se dévouera; et dans son dévoûment, par suite de son respect de la volonté des Dieux, il résistera au désir, bien légitime, qu'il pourrait avoir de rebâtir *Ilion*; le berceau des rois ses ancêtres; détruit, hélas! sans retour; enfin il n'adoptera pas le projet de transférer les pénates de Rome en terre étrangère, plutôt que de les retenir en Italie; où, depuis Saturne et Janus, tant de bons rois ont, successivement, répandu la prospérité; où, d'ailleurs, sa propre fortune est attachée; non; Auguste n'abandonnera pas un pays plein de religieux souvenirs; l'antique demeure de ses pères :

« *Hic domus, hæc patria est* [*]. »

Les dieux Pénates l'ont, dans le temps, dit à Enée

---

[*] *Æneid.*, VII, 123. — Les VIIe et VIIIe livres de l'*Énéide* sont essentiellement consacrés à ces religieux souvenirs.

de la part d'Apollon \* : « Notre patrie, est cette contrée que les Grecs nomment Hespérie; terre antique, puissante par les armes et par l'agriculture, qu'habitèrent jadis les OEnotriens, appelée depuis, et maintenant encore, Italie; du nom de son chef *Italus;* voilà le pays qui, proprement, nous appartient; d'où sont sortis et *Dardanus*, et *Jasius* son père, notre premier adorateur! c'est là que nous devons résider. »

Il faut croire qu'à l'avénement d'Auguste le Projet de *Translation*, ébruité sous Jules-César, avait pris consistance. La question alors se présentait ainsi : l'Occident peut-il échapper à l'invasion des mœurs et de l'esprit de l'Orient? L'esprit Latin, qui de jour en jour s'affaiblit, sera-t-il assez

---

\* « Est locus, Hesperiam Graii cognomine dicunt,
Terra antiqua, potens armis atque ubere glebæ :
OEnotrii coluere viri ; nunc fama, minores
Italiam dixisse, ducis de nomine gentem.
Hæ nobis propriæ sedes : hinc *Dardanus* ortus,
Jasiusque pater, genus a quo principe nostrum. »
Lib. III, 162.

De son côté Properce disait aussi que les *Dieux Pénates* ne pouvaient avoir un meilleur asile que l'Italie :

*Huc* melius profugos misisti, Troja, Penates.
O quali vecta est Dardana puppis ave! »
*Eleg.* I, lib. IV, 40.

fort pour résister, et conserver à Rome l'empire de sa nationalité? ou bien : la résistance étant impossible; la nationalité Latine n'existant plus; le Pouvoir, en péril, ne doit-il pas délaisser Rome pour aller prendre ailleurs, dans *Ilion* ou dans Alexandrie, son centre, son point d'appui?

Le projet, était voulu par le plus grand nombre, par les mécontens, les nécessiteux, les *envieux*, par tous les ennemis de la monarchie : il l'était même par les ralliés du parti d'Antoine, amoureux de l'Orient, jaloux d'y reprendre leur joyeux train de vie; et, probablement, encore par les esprits philosophes, par les réformateurs, imbus de cette idée que « *l'on ne peut travailler en grand que dans l'Orient* \*. » La supposition est probable, quand on voit l'un des chefs de la littérature dynastique, *l'œdituus* Horace, plaisanter un des adeptes de l'*école Socratique* sur son esprit conquérant, sur ses dispositions belliqueuses pour aller ranger à la domination romaine les parties insoumises de la Haute-Asie\*\* (44).

---

\* Napoléon. — « L'Occident était trop étroit. Notre César à nous disait naguère : « On ne peut travailler en grand que dans l'Orient. » — M. Michelet, *Histoire Romaine*. t. II, 344.

\*\*  AD ICCIUM.

« Icci, beatis nunc Arabum invides
Gazis, et acrem militiam paras

16.

Quoi qu'il en soit, le projet alarmait *les riches*, les gens de bien, ceux qui, nantis après tant de révolutions, se trouvaient en dernier lieu posséder *la bonne terre de Saturnie*. La translation les ruinait. En créant une nouvelle capitale, où seraient portées les richesses de Rome, elle achevait de perdre l'Italie; elle étouffait l'*Empire Romain* à son berceau; tandis qu'au contraire la fixité, l'unité, la centralisation dans Rome, profitait à ce même empire, le faisait croître, prospérer. Enée, dut au principe d'unité la fondation de son empire, le succès de sa dynastie. Quand il en fit sa règle, ce ne fut pas sans en avoir médité, reconnu, toute l'importance; aussi, ce généreux principe, le recommande-t-il expressément à tous ses successeurs! Lorsqu'au milieu de tant de périls Enée songeait à fonder l'empire Latin, sagement il se dit : « Si jamais j'entre dans le Tibre; si jamais

---

Non ante devictis Sabææ
  Regibus, horribilique Medo
Nectis catenas. . . . . . . . .
Quum tu coemptos undique nobiles
Libros Panæti, *Socraticam* et *domum*
  Mutare loricis Hiberis,
  Pollicitus meliora, tendis. »
            *Od.* XXIX, lib. I.

sur les rives du Tibre je vois naître, s'élever l'empire promis à ma race; je veux, de toutes ces villes, jadis alliées, et de tous ces peuples consanguins, de l'Épire et de l'Hespérie, qui, par *Dardanus*, leur divin auteur, ont une même destinée (une destinée monarchique); je veux, de ces parties homogènes faire un tout, former un seul et même corps, animé d'un seul et même esprit : puissent comme nous le vouloir nos arrière-neveux :

« *Si quando Tibrim, vicinaque Tibridis arva,*
« *Intraro, Gentique meæ data mœnia cernam;*
« *Cognatas urbes olim, populosque propinquos,*
« *Epiro, Hesperia, quibus idem Dardanus auctor,*
« *Atque idem casus,* UNAM *faciemus utramque*
« *Trojam animis.* MANEAT NOSTROS EA CURA NEPOTES*. »

Auguste était-il pour, ou contre, le *Projet de Translation ?*

A coup sûr, la politique conservatrice voulait qu'il le repoussât. Mécène le repoussait. Ce sage conseiller, dès le principe, avait recommandé à Octave deux choses; deux choses essentielles, d'où, proprement, dépendait sa fortune ** : la première, de laisser entrevoir un secret penchant pour l'A-

---

\* Lib. III, 501...

\*\* « Præterea, si qua est *Heleno* prudentia, vati
  Si qua fides, animum si veris implet Apollo,

ristocratie, et d'amadouer celle-ci, de la gagner par ses promesses et ses dons; — ce que Virgile appelle, en son poétique langage, « reconnaître le pouvoir de la grande Junon, sacrifier à Junon, désarmer, à force de vœux et d'offrandes, le courroux de la puissante déesse; — moyen de réussir, de l'emporter sur un rival, et de parvenir enfin au trône.

Le seconde recommandation était de s'attacher à l'*Italie**; sans penser jamais pouvoir s'établir ailleurs que dans Rome. Mécène, et avec lui tout le

---

Unum illud tibi, nate Dea, præque omnibus unum
Prædicam, et repetens iterumque iterumque monebo ;
Junonis magnæ primum prece numen adora,
Junoni cane vota libens, dominamque potentem
Supplicibus supera donis ; sic denique victor
*Trinacria* fines Italos mittere relicta. »
Lib. III, 434...

La *Trinacrie* était la Sicile; or, la Sicile était la *Grande-Grèce*. Pour qu'Auguste arrivât à son but, à la monarchie, il devait quitter les démocratiques *idées grecques*, et entrer dans les aristocratiques *idées étrusques*.

* « Nate Dea, quo fata trahunt retrahuntque, sequamur.
Quidquid erit, superanda omnis fortuna ferendo est...
Consiliis pare, quæ nunc pulcherrima NAUTES
Dat senior : lectos juvenes, fortissima corda,
Defer in Italiam. »
Lib. v, 704-731.

parti Latin, disait : « Hors de Rome, point de salut. Octave peut, en Italie, conserver la chose Latine, et fonder un puissant empire. Seulement, il faut refaire l'Italie; ramener dans ce corps épuisé la chaleur et la vie; il faut *rendre à la mère ses enfans.* » C'est-à-dire, rappeler les exilés, les émigrés; puis rétablir les institutions, remettre en vigueur les anciennes coutumes, faire retour au passé.

Mais la voix des sages est-elle écoutée? Mécène, dans le principe, eut le sort de Cassandre [*]. Car lorsque Antoine et les siens goûtaient aux bords du Nil les délices de la vie asiatique, quand ce maître de l'Orient paraissait au faîte de la puissance, et sur le point de saisir le sceptre du monde, qui pouvait s'attendre à la fortune d'Auguste? Comment croire qu'un jour tous ces enfans prodigues de l'Italie, entraînés loin de leurs foyers, voudraient revoir les bords du Tibre, revenir à la mère-patrie, puis, au sein de la *famille,* reprendre les coutumes, les mœurs du Latium, en un mot,

---

[*] . . . . . . . . « Corythum, terrasque require
Ausonias : Dictæa negat tibi Jupiter arva......
. . . . . . . . . . . . Nate, Iliacis exercite fatis,
Sola mihi tales casus Cassandra canebat:
Nunc repeto hæc generi portendere debita nostro,

redevenir *Latins* \*? Cependant les faits étaient là;
les prévisions de Mécène se trouvaient réalisées; les
plus incrédules devaient se rendre, et désormais
suivre en toute confiance les avis *du sage*.

Ce n'est pas qu'Auguste refusât précisément
d'écouter Mécène : non, certes; d'ordinaire il se
réglait par ses avis; mais, prudent, circonspect,
« *circumspectissimus et prudentissimus princeps* \*\*,
sur la grave question de transférer l'empire, ou de
le conserver en Italie, Auguste y regardait à deux
fois avant de prendre un parti ; il *dilayait*, sans laisser pénétrer sa pensée; lorsque enfin, cédant aux
*sages conseils*, et se sentant mieux assis, il finit par
se résoudre à ne pas déplacer le siége de l'empire,
et à le maintenir dans Rome, bien que le sol y
tremblât \*\*\*.

Résolution magnanime! Grande victoire pour le

---

  Et sæpe Hesperiam, sæpe Itala regna vocare.
  *Sed* quis ad Hesperiæ venturos litora Teucros
  Crederet? Aut quem tum vates Cassandra moveret?
  Cedamus Phœbo, et moniti meliora sequamur. »
         Lib. III, 170...

\* *Voir* Horace, *Poème Séculaire*, 38-45.
\*\* Sueton., *Tiber.*, XXI.
\*\*\* « Et dubitamus adhuc virtutem extendere factis?
Aut *metus Ausonia prohibet consistere terra?* »
         Lib. VI, 807.

parti Latin! Virgile, Horace, l'ont, à l'envi, célébrée : « Enfin, s'écrie Énée, conduit par la Sybylle aux portes du temple d'Apollon, enfin *nous la tenons cette terre d'Italie!* elle ne nous échappera pas; nous allons rompre avec la fortune de Troie :

« *Jam tandem Italiæ fugientis prendimus oras :*
« *Hac Trojana tenus fuerit fortuna secuta* *.* »

Et plus loin, quand Virgile en vient à exhumer les vieilles chroniques de la Monarchie Latine, ressuscitée, quel bonheur! quelle joie! Il espère, il voit naître un nouvel ordre de choses, plus noble, plus majestueux; il semble respirer plus à l'aise; sa poitrine se dilate, il est en pleine monarchie :

« *Major rerum mihi nascitur ordo!*
« *Majus opus moveo* **! »

Cette belle ode sur l'*Apothéose de Romulus*, dans laquelle Horace déploie toutes les richesses de sa poésie pour démontrer ensemble deux propositions, en apparence, fort peu liées; à savoir que la constance et la fermeté sont le propre des grandes âmes destinées aux grandes choses; et que jamais JUNON ne souffrira que Troie soit rebâtie; cette ode magnifique, qui,

---

* *Æneid.*; VI, 61.
** *Ibid.*, VII, 44.

« *Élevant jusqu'au ciel son vol ambitieux,*
« *Entretient dans ses vers commerce avec les Dieux* [*];»

qu'est-ce autre chose que le chant de victoire du parti Latin-Conservateur, après qu'Auguste a rejeté le Projet de Translation (45)?

Ce projet funeste, il l'a rejeté bravement, définitivement, pour ne plus y revenir; et désormais, dût la multitude, — cet ignorant, capricieux et féroce tyran, — dût la multitude menacer; dût gronder l'émeute; dût l'Empire crouler; sur la tête de l'Empereur dût tomber la foudre; rien au monde ne pourra faire qu'Auguste consente à transférer l'empire : immuable est sa volonté.

Le voilà bien *le sage, le juste, l'homme de cœur*, l'homme d'une *tenace vertu*, qui sait persévérer en ses desseins, et résister aux pernicieux entraînemens de la foule; qui ne se laisse intimider ni par les menaces d'un tyran, ni par aucune espèce de violence; qui va droit à son but, imperturbable, sans relâche, et

« *Si loin de chanceler,*
« *Que la chute du ciel ne pourrait l'ébranler* [**]. »

---

[*] Boileau, *Art Poét.*, ch. II.
[**] Corneille,

« Justum et tenacem propositi virum
Non civium ardor prava jubentium,

Toujours la constance réussit : c'est par la constance que sont parvenus au céleste séjour Pollux et Hercule ; ces deux héros entre lesquels Auguste, rayonnant de gloire, a sa place au banquet des Dieux. C'est par la constance que Bacchus a mérité ce char de triomphe traîné par des tigres, que lui seul avait fini par dompter. C'est par la constance que, sur les coursiers de Mars, Romulus a fui l'Achéron ; et le jour qu'il gravit l'Olympe, le jour de

> Non vultus instantis tyranni
> Mente quatit solida, neque *Auster* [1],
>
> « Dux inquieti turbidus *Hadriæ*,
> Nec fulminantis magna manus Jovis ;
> Si fractus illabatur orbis,
> Impavidum ferient ruinæ.
>
> Hac arte Pollux et vagus Hercules
> Enisus, arces attigit igneas ;
> Quos inter Augustus recumbens
> Purpureo bibit ore nectar.
>
> Hac te merentem, Bacche pater, tuæ
> Vexere tigres, indocili jugum
> Collo trahentes ; hac QUIRINUS
> Martis equis Acheronta fugit,

[1] *Auster*, vent du midi, vent extrêmement chaud ; c'est bien cela : de l'Orient soufflait le vent d'orage : le vent *perturbateur de l'Adriatique*; autrement dit, de l'Italie ; et de l'Italie Étrusque, de la *Toscane*; car « on appelle cette mer qui regarde le Septentrion la mer Adriatique, à cause d'une ville jadis fondée par les *Toscans* qui s'appelle *Adria*. — Plutarque, *Camille*, xxv.

son apothéose, Junon tint ce discours à l'immortelle assemblée :

« Ilion n'est plus. Le Destin a voulu qu'un injuste, un incestueux, et une femme étrangère, causassent la ruine d'Ilion; après que Laomédon eut refusé de payer aux Dieux le tribut qu'il leur avait promis; après qu'un premier outrage à notre divinité et à celle de la chaste Minerve eut mérité déjà le châtiment d'un peuple ingrat et de son roi parjure. *Le trop fameux amant d'une adultère n'affiche plus ses coupables amours* \*. La perfide maison de Priam n'a plus d'Hector à opposer aux Grecs; et la guerre, long-temps entretenue par nos dissen-

---

Gratum elocuta consiliantibus.
Junone Divis : « Ilion, Ilion
   « Fatalis incestusque judex
     « Et mulier peregrina vertit
« In pulverem, ex quo destituit Deos
« Mercede pacta Laomedon, mihi
   « Castæque damnatum Minervæ
     « Cum populo et duce fraudulento.
« Jam nec Lacænæ splendet adulteræ
« Famosus hospes, nec Priami domus
   « Perjura pugnaces Achivos
     « Hectoreis opibus refringit,
« Nostrisque ductum seditionibus
« Bellum resedit. Protinus et graves

\* *Antoine* et *Cléopâtre* n'existaient plus.

sions, est terminée. Plus de haine. Ce petit-fils que je détestais pour sa *naissance Troyenne* (« *Trojanus origine Cæsar!* ») je lui rends, par égard pour Mars, toute mon affection. Qu'il entre dans ces brillantes demeures; qu'il vienne boire le nectar à pleine coupe, prendre rang parmi nous, et partager notre félicité; j'y consens; pourvu qu'*entre Ilion et Rome la mer maintienne à tout jamais une séparation profonde*. Je consens que les exilés d'Ilion aient en tous lieux puissance et prospérité; pourvu que la tombe de Priam et celle de Pâris soient toujours des troupeaux insultées; pourvu qu'elles servent, de repaire aux bêtes fauves. Que le Capitole porte son front superbe aux cieux; que Rome triomphante dicte la

---

« Iras, et invisum nepotem,
« Troica quem peperit sacerdos,
« Marti redonabo. Illum ego lucidas
« Inire sedes, ducere nectaris
« Succos, et adscribi quietis
« Ordinibus patiar Deorum.

« Dum longus inter sæviat Ilion
« Romamque pontus, qualibet exsules
« In parte regnanto beati;
« Dum Priami Paridisque busto
« Insultet armentum, et catulos feræ
« Celent inultæ, stet Capitolium

loi aux Parthes soumis; que d'un bout à l'autre de l'univers elle répande la terreur de son nom; qu'elle en remplisse et les mers qui séparent l'Europe de l'Afrique, et toutes les eaux du Nil; que par un héroïque mépris elle laisse au sein de la terre l'or, — qui, pour le bonheur des hommes, n'en devrait jamais sortir; — qu'elle l'y laisse enfoui, plutôt que de vouloir d'une main sacrilége extraire cet instrument de tant de crimes; et si dans quelque partie du monde quelque peuple ose lui résister, qu'elle le châtie; car, je le sais, les légions romaines bravent et les glaces du Nord et les feux du Midi : mais, ces glorieuses destinées, je ne les consens qu'à une condition; *c'est que jamais*, ni par respect

---

« Fulgens, triumphatisque possit
« Roma ferox dare jura Medis.

« Horrenda late nomen in ultimas
« Extendat oras, qua medius liquor
« Secernit Europen ab Afro,
« Qua tumidus rigat arva Nilus;

« Aurum irrepertum, et sic melius situm,
« Quum terra celat, spernere fortior,
« Quam cogere, humanos in usus
« Omne sacrum rapiente dextra.

« Quicumque mundo te minus obstitit,
« Hunc tanget armis, visere gestiens
« Qua parte debacchentur ignes,
« Qua nebulæ pluviique rores.

de leurs aïeux, ni par confiance en leurs propres forces, *les Romains ne songeront à relever Ilion*. Relevée sous de funestes auspices, cette cité maudite serait le théâtre de nouveaux malheurs : moi, sœur et femme de Jupiter, je mènerais contre elle de vaillantes cohortes; et fût-elle trois fois rebâtie, enveloppée de murs d'airain par ordre d'Apollon; trois fois elle tomberait sous les coups de mes Argiens (46); trois fois les épouses captives auraient à pleurer leurs époux et leurs enfans. »

Ainsi parla Junon. Et tout l'Olympe d'applaudir.

La muse d'Horace, pourrait bien en conter plus

> « Sed bellicosis fata Quiritibus
> « Hac lege dico, ne nimium pii,
> « Rebusque fidentes, avitæ
> « Tecta velint reparare Trojæ.
>
> « Trojæ renascens alite lugubri
> « Fortuna tristi clade iterabitur,
> « Ducente victrices catervas
> « Conjuge me Jovis et sorore.
>
> « Ter si resurgat murus aeneus,
> « Auctore Phœbo, ter pereat meis
> « Excisus Argivis; ter uxor
> « Capta virum puerosque ploret. »
>
> *Od.* III, lib. III.

De son côté Properce disait :

> « *Troja cades, et Troia Roma resurges!*
> *Eleg.* I, lib. IV, 88.

long sur les destinées d'*Ilion et de Rome*; elle s'en tient là ; mais on voit qu'elle en sait davantage, initiée qu'elle est au conseil des Dieux ; — j'allais dire, profane ! au conseil des ministres. Elle se tait ; et pour cause ; d'abord, par discrétion ; de peur d'affaiblir les grandes choses qu'elle eut la faveur d'entendre, et qu'il ne convient pas de rapporter :

> « *Quo, Musa, tendis? Desine pervicax*
> *Referre sermones Deorum, et*
> *Magna modis tenuare parvis*[*]. »

Puis, franchement aussi, parce que les longs ouvrages lui font peur :

> « *Non hæc jocosæ conveniunt lyræ*[**]. »

Papillon du Parnasse, elle aime à voltiger de fleur en fleur et d'objet en objet. Pour elle, donc, c'en est assez sur un point aussi grave; possible qu'une autre fois elle y revienne [***].

Plus sérieuse, et faite aux récits de longue haleine, la muse de Virgile traite à son tour la question; plus amplement. Elle aussi admire *la fermeté*,

---

[*] *Ibid.*
[**] *Ibid.*
[***] *Voir* l'ode « *Pastor quum traheret*, etc., » sœur de la précédente.

*la résistance* : un roi sage, doit résister aux exigences populaires, et ne rien concéder à l'émeute. *Latinus* en est un exemple : ce sage monarque maintenait depuis long-temps ses Etats dans une paix profonde; lorsqu'un jour, au mépris des auspices, au mépris des oracles, le peuple veut le contraindre à une guerre injuste; de toutes parts, sous les fenêtres de son palais un rassemblement armé se presse en criant : « la guerre! la guerre! nous voulons la guerre! » — Latinus ne s'en émeut point; il résiste, demeure ferme, inébranlable; inébranlable comme un roc contre lequel la rage des flots vient expirer *.

Avec la muse de Virgile, plus d'incertitude possible; on sait à quoi s'en tenir sur le *Projet de Translation*, et, en général, sur l'issue du « *procès*

---

\* . . . . . . . . . « Rex arva Latinus et urbes
Jam senior longa placidas in pace regebat.....
Undique collecti coeunt, Martemque fatigant.
Ilicet infandum cuncti contra omina bellum,
Contra fata Deum, perverso numine, poscunt;
Certatim regis circumstant tecta Latini.
Ille, velut pelagi rupes immota, resistit,
Ut pelagi rupes, magno veniente fragore,
Quæ sese, multis circum latrantibus undis,
Mole tenet scopuli; nequidquam spumea circum
Saxa fremunt, laterique illisa refunditur alga. »
*Æneid.*, lib. VII, 46-583.

*entre Auguste et les Romains;* car elle notifie, pour ainsi dire, les débats et l'arrêt suprême du Conseil, du Conseil tenu dans l'*Olympe. Troyens* et *Latins* virent leur sort écrit dans cet endroit de l'Énéide où *Jupiter* dit à *Junon*:

« Chère épouse, ne voudrez-vous pas en finir*? Vous connaissez la divine naissance d'*Énée;* vous savez qu'il appartient à l'Olympe; et que par ses vertus il doit *au ciel* prendre place; vous le savez; vous en convenez; pourquoi donc toujours contre lui quelque machination nouvelle? Allons, ne soyez pas inflexible; et cédez enfin à ma prière. Point de dépit, de cette mauvaise humeur qui vous mine; plus de bouderie, éclaircissez ce front où la tristesse est peinte; que je le voie reprendre sa sérénité. Les temps sont accomplis. Vous avez pu sur la terre et sur l'onde poursuivre Enée et les siens,

---

\* « Quæ jam finis erit, conjux? Quid denique restat?
Indigetem Ænean scis ipsa, et scire fateris,
Deberi cœlo, fatisque ad sidera tolli.
Quid struis? . . . . . . . . . . .
. . . . . . . . . . . . . . . . . .
Desine jam tandem, precibusque inflectere nostris;
Nec te tantus edat tacitam dolor, et mihi curæ
Sæpe tuo dulci tristes ex ore recursent.
Ventum ad supremum est. Terris agitare vel undis
Trojanos potuisti, infandum accendere bellum,

allumer une déplorable guerre, faire injure à la plus belle, à la plus noble maison, et semer le deuil dans les familles; assez; n'allez pas plus loin; je vous le défends. »

D'un air soumis et respectueux la fille de Saturne répond :

« Roi des Dieux, votre volonté m'est connue; il suffit.... je me rends et renonce aux combats; je ne veux plus entendre parler de guerre; mais une grâce, je vous prie; une grâce; qui ne saurait en rien contrarier le Destin; qui est *toute dans l'intérêt du Latium*, et en vue de la majesté de ses rois, vos fils : au moment de conclure la paix, et d'opérer une fusion; quand par d'heureuses alliances, que j'approuve, les deux peuples vont se conjoindre, et ne plus en former qu'un; n'ordonnez pas que les *Latins* aient à changer leur nom primitif; à devenir,

---

Deformare domum, et luctu miscere hymenæos;
Ulterius tentare veto. » — Sic Jupiter orsus;
Sic Dea summisso contra Saturnia vultu :
   « Ista quidem quia nota mihi tua, magne, voluntas,
Jupiter . . . . . . . . . . . . . .
Et nunc cedo equidem, pugnasque exosa relinquo.
Illud te, nulla fati quod lege tenetur,
Pro Latio obtestor, pro majestate tuorum ;
Quum jam connubiis pacem felicibus, esto,
Componcnt, quum jam leges et fœdera jungent,
47.

à s'appeler *Troyens; à changer leur manière de parler et de se vêtir. Que le* LATIUM *reste le* LATIUM. *Qu'à tout jamais y règne la maison d'Albe; que le peuple romain doive sa grandeur et sa gloire à ce qu'il a d'Italien : quant à Troie, elle n'est plus; souffrez qu'elle et son nom aient péri sans retour.* »

Jupiter sourit, et réplique à Junon :

« Eh quoi! vous, ma sœur; vous, qui, comme moi, procédez de Saturne, avez-vous pu concevoir une telle défiance, nourrir en votre cœur un tel ressentiment? Calmez-vous; et laissez une colère vaine. J'acquiesce à votre demande; bien volontiers, je vous l'assure : oui, *les Ausoniens conserveront le langage et le costume de leurs pères; ils ne changeront pas de nom; les Troyens ne feront que se*

---

Ne vetus indigenas nomen mutare LATINOS,
Neu TROAS fieri jubeas, TEUCROSque vocari,
Aut vocem mutare viros, aut vertere vestem.
Sit *Latium*, sint *Albani* per sæcula reges;
Sit ROMANA potens *Itala* virtute propago :
*Occidit occideritque* sinas cum nomine *Troja.* »
  Olli subridens hominum rerumque repertor :
« Et germana Jovis, Saturnique altera proles,
Irarum tantos volvis sub pectore fluctus?
Verum age, et inceptum frustra summitte furorem.
Do, quod vis, et me victusque volensque remitto.
Sermonem AUSONII patrium moresque tenebunt,
Utque est, nomen erit; commixti corpore tantum

mêler, que co-habiter avec eux : les uns et les autres auront, au demeurant, même culte, mêmes cérémonies; j'entends que cette grande nation n'ait qu'une seule et même physionomie; qui sera *toute Latine*. De ce mélange du sang Troyen avec le sang Latin naîtra une race d'hommes supérieure; *essentiellement pieuse;* qui, vous le verrez, par ses vertus égalera les Dieux [*]; et jamais vos autels n'auront fumé de plus d'encens. »

Junon, dès-lors, se trouve satisfaite. Du moment qu'elle est assurée que les *Latins* auront le dessus (*subsident Teucri!*) elle ne s'oppose plus au triomphe d'Énée; bien mieux, par un heureux retour, elle le voit, ce triomphe, avec plaisir :

« *Annuit his Juno, et mentem lætata retorsit.* »

Notez que tout ceci se passe dans l'Olympe lors-

---

Subsident Teucri. Morem ritusque sacrorum
Adjiciam, faciamque omnes uno ore LATINOS.
Hinc genus, Ausonio mixtum quod sanguine surget,
Supra homines, supra ire Deos pietate videbis,
Nec genus ulla tuos æque celebrabit honores. »
Annuit his Juno, et mentem lætata retorsit.
　　　　　　　　Æneid., lib. XII, 794-842.

[*] Cette race d'hommes, *supérieure, essentiellement pieuse,* ressemble fort à celle annoncée *par les savans devins de la Toscane;* qui devait se produire lors de la *mutation du monde;* au passage en un autre âge.

qu'est venu pour Enée le moment décisif; quand il va se mesurer avec son rival, combattre *Turnus*, le vaincre, le tuer, et, lui mort, épouser *Lavinie*, s'établir en paix dans le *Latium*, finalement, y monter sur le trône.

Notez encore que c'est là le dénouement de l'*Enéide*. Puis, dites si la fable de Virgile n'est pas sœur de l'histoire ? Si par elle nous n'avons pas, sur les hauteurs poétiques, une représentation vraie de ce qui se passa sur terre à l'établissement d'Auguste; lorsque après le combat décisif d'Actium l'Orient et l'Occident, réduits sous un seul maître, vinrent à mêler leurs peuples, à ne plus former qu'un empire ? Le lieu de la scène, et les noms des personnages sont changés; mais bientôt ils se reconnaissent; et le drame aisément s'explique : le *pieux Enée*, c'est Auguste; et, lui-même, après que, de son vivant, il a reçu l'apothéose, le Divin Auguste, dans son emploi d'empereur-Dieu, remplit parfois le rôle de *Jupiter*, père des hommes et roi des Dieux, moteur de toutes les destinées : « *hominum pater atque deum rex; hominum rerumque repertor!* » — *Turnus*, guerrier aux formes athlétiques [*], audacieux qui le dispute au pieux Enée ; et

---

[*] Voir *Énéide*, VII, 784; et IX, 29.

qui dans sa lutte avec lui vainement pense l'écraser en lui jetant une énorme pierre qu'il enlève au milieu des champs (la borne du dieu Terme *) : « *Jaculator audax* **! » Turnus, l'affronteur de Cybèle ***, l'ennemi commun de l'*Etrurie*, — « *infensa Etruria Turno* ****! » Turnus n'est-il pas Antoine, ce prétendu fils d'Hercule, ce soldat impie, déserteur du culte de *Vesta*, qui s'en va loin de ses Pénates, en Orient, prendre pour femme une *étrangère*, porter le joug de Cléopâtre « *emancipatus feminæ* *****! » et qui l'ose ensuite disputer au Divin

---

\* Voir *Idem*, XII, 897-908 ; et Ovid. *Fast.* II, 644.
\*\* Horat., *Od.* IV, lib. III, 56.
\*\*\* Voir *Énéide*, IX, 109.
\*\*\*\* *Ibid.*, XII, 233.
\*\*\*\*\* Horat., *Epod.* IX, 12.

« Hinc ope Barbarica, variisque Antonius armis
Victor, ab Auroræ populis et litore rubro
Ægyptum, viresque Orientis et ultima secum
Bactra vehit ; sequiturque, nefas ! Ægyptia conjux. »
      *Æneid.*, lib. VII, 686.

« Les lois défendaient le mariage avec les *étrangères ;* et de là vint le déchaînement public contre Marc-Antoine, quand on sut qu'il avait épousé Cléopâtre. » — *Diction. des Antiq. Rom.* (Matrimonium).

Causa mali tanti, conjux iterum hospita Teucris,
*Externique* iterum *thalami.* »
      Lib. VI, 94.

Auguste? Il porte une main sacrilége sur la pierre limite

« *Limes agro positus, litem ut discerneret arvis;* »

Il ébranle la pierre du foyer : « *saxum antiquum, ingens!* » double symbole de la *propriété*, de la *cité*, de la *famille*; antique base du *patriciat!* Antoine, ainsi que Turnus, est repoussé des *Etrusques* *. Abandonné des Dieux, vaincu, réduit aux abois, il meurt; et en mourant fait acte de soumission; proclame l'heureux établissement de son vainqueur, et la fin des guerres civiles **. La fille de Saturne, sœur et femme de Jupiter, *l'altière et vindicative Junon*, si zélée conservatrice de la chose Latine, c'est, nous l'avons dit, l'Aristocratie; fille du Temps; qui, par *les hommes de labour*, procède de *Saturne*; l'Aristocratie, sœur, épouse du Pouvoir-Royal ( *de Jupiter*); étant née du même principe que lui; pour exister conjointement avec lui; l'Aristocratie, qui, après dix ans de *bouderie*, d'opposition au

---

\* *Énée*, au contraire, est secondé par les *Étrusques* : il doit son triomphe à son alliance avec *Évandre*, qui lui procure celle des *Étrusques*.

\*\* ..... « Vicisti; et victum tendere palmas
 Ausonii videre : tua est Lavinia conjux;
 Ulterius ne tende odiis. »
  Lib. XII, 936.

triomphe d'Auguste, finit par se rallier à cet *homme du destin*; lorsqu'elle en obtient l'assurance que *Troie ne sera point relevée*; que dans l'inévitable mélange des peuples, les *Latins* auront toujours le dessus, et qu'ils conserveront les us et coutumes de leurs pères; enfin, que l'Occident ne sera point absorbé par l'Orient; le Latium continuant d'être, comme par le passé, le Latium. A cette condition, l'Aristocratie, d'hostile qu'elle était, devient favorable à Auguste : « *Saturnia Juno jam melior* \* ; » elle lui prête son concours : — « *Consilia in melius refert* \*\* „

En effet, dans le Sénat, plus un membre qui ne déteste ouvertement l'*abominable* Antoine, et qui ne porte aux nues *le Divin* Auguste. Plus un qui ne s'empresse de frayer au Divin Auguste le chemin du trône. Tous sont heureux et fiers de servir un tel prince, de l'aider à bâtir la Monarchie : chacun y veut porter sa pierre \*\*\*.

---

\* *Ibid.*, 179.
\*\* Lib. I, 282.
\*\*\* . . . . . « O fama ingens, ingentior armis,
Vir Trojane, quibus cœlo te laudibus æquem?
Justitiæne prius mirer, belline laborum?
Nos vero hæc *patriam* grati referemus ad *Urbem*;
Et te, si qua viam dederit fortuna, Latino

L'Aristocratie ne pouvait plus long-temps garder rancune à Auguste, ni lui refuser son concours; quand elle le trouvait dans les meilleures dispositions; quand il promettait de rétablir les choses, de largement l'indemniser, de lui donner plus qu'elle n'avait perdu : « *daturus plura relictis* \* ! » enfin, quand par ses offrandes, par ses dons, il effaçait le tort de son origine, et le révolutionnaire souvenir de Pharsale (47)! — Jamais les autels de Junon n'avaient fumé de plus d'encens.

Car, après la défaite d'Antoine, il s'est opéré dans Octave un changement complet : l'Empereur a dépouillé le Triumvir, et revêtu un personnage nouveau. On le voit se rapprocher de l'Aristocratie, lui tendre ouvertement les bras, et lui consacrer tout le pouvoir qu'il tient de la Démocratie (48). On l'entend parler de *résistance* et de *conservation*; d'un *système* de gouvernement, qu'il

---

Jungemus regi : quærat sibi fœdera TURNUS.
Quin et fatales murorum attollere moles
Saxaque subvectare humeris Trojana juvabit. »
      Lib. XI, 122...

Ce discours du *vieux* DRANCÈS est suivi d'un murmure d'approbation *unanime* :

« Dixerat hæc, unoque omnes eadem ore fremebant. »

\* Horat. *Carm. Sæcul.* 44.

croit excellent, ou du moins le meilleur possible, le seul propre à sauver la chose publique en péril, à la soutenir, à l'affermir ; en fondant un nouvel ordre de choses ; système dont il se glorifie d'être l'auteur ; sans autre ambition que celle d'en recueillir, de son vivant, les fruits ; heureux, si en mourant il emporte l'espoir qu'après lui sa fondation aura de la durée *.

Ce système, personnel, conçu pour capter tout le monde en général, est, particulièrement, de nature à contenter l'Aristocratie : son point de départ, est une large distribution d'emplois. Et afin d'en avoir à donner davantage, afin de rattacher à son gouvernement un plus grand nombre de personnes, l'empereur imagine force charges, force maîtrises (49) ; il crée des places d'Inspecteurs, de Con-

---

* Quam voluntatem (retinendi imperii) quum præ se identidem ferret, quodam etiam edicto his verbis testatus est : « Ita mihi SALVAM ac SOSPITAM rempublicam SISTERE [1] in sua sede liceat, atque ejus rei fructum percipere, quem peto, ut OPTIMI STATUS AUCTOR dicar ; et moriens ut feram mecum spem, MANSURA in vestigio suo *fundamenta* reipublicæ, *quæ jecero*. » — Fecitque ipse se compotem voti, *nisus omni modo, ne quem novi status pœniteret.* » — Sueton. *Octav.-Aug.*, XXVIII.

[1] *Sistere*, retenir, arrêter. D'où Jupiter-*Stator ; a sistendo.* NOTA : Le temple à Jupiter-Stator, construit au pied du noble Mont-Palatin, proche du lieu dit *Regia*, était contigu au temple de *Vesta.* — *Voir* Plutarq. *Romulus*, XXVIII ; et le *Diction. d'Antiq. Rom.* (JUPITER).

trôleurs, de Directeurs-Généraux des Travaux Publics, des Ponts-et-Chaussées, des Eaux et Forêts, du Lit du Tibre, de la Distribution des Grains au Peuple..... et mainte autre place encore; — l'invention, en pareil cas, peut aller si loin! — Bref, sur tous les points de l'Empire, du centre aux extrémités, l'administration s'ourdit, se développe, s'étend, comme un immense réseau.

Est rétablie, est donnée premièrement à Mécène, la charge de Préfet de la Ville; avec de plus amples attributions\*. Sont institués deux Triumvirats : l'un grand électeur; chargé d'élire au Sénat ceux qui lui semblent les plus dignes; l'autre, inspecteur suprême; chargé de passer en revue l'Ordre des Chevaliers, aussi souvent que besoin sera : à bien dire, deux nouvelles espèces de censure. Quant aux Censeurs, proprement dits, que, depuis long-temps, on s'abstenait de nommer; et pourtant dont l'office était jadis si révéré des Romains, qu'ils l'estimaient saint et sacré \*\*; Auguste les réintègre dans toutes leurs fonctions; — lesquelles entre autres choses consistent à empêcher que nul ne néglige la culture de ses terres;

---

\* Voir *Diction. des Antiq. Rom.* (PRÆFECTUS URBIS).
\*\* *Voir* Plutarque, *Camille*, XXIII.

que nul, sans cause légitime, ne garde le célibat. — Agrippa, le *vertueux* Munatius-Plancus (50), sont, des premiers, revêtus de la Censure; et lui-même, l'Empereur, trois fois il l'exerce; pour mieux s'ériger en *maître des mœurs*; des mœurs, que par son exemple il doit régler :

« *Exemploque suo mores reget* \*! »

Le nombre des préteurs est augmenté \*\*. Ce n'est pas tout : Auguste crée deux charges de Préfet du Prétoire, ou de Commandant de la Garde du Prince \*\*\*; — car le Prince a une garde; chargée de veiller à la sûreté de sa personne : surveillance bien nécessaire! une garde privilégiée; qui reçoit double solde \*\*\*\*; et qui, fait remarquable, est, ainsi que la garnison de Rome, presque entière-

---

\* Ovid., *Metam.*, lib. xv, 835.

\*\* Quoque plures partem administrandæ reipublicæ caperent, *nova officia excogitavit* : curam Operum Publicorum, Viarum, Aquarum, Alvei Tiberis, Frumenti populo dividundi, Præfecturam urbis, Triumviratum Legendi Senatus, et alterum recognoscendi turmas equitum, quotiescumque opus esset. Censores, creari desitos, longo intervallo creavit : numerum Prætorum auxit. » Sueton. *Octav.-Aug.*, xxxvii.

\*\*\* « Prætorianorum quoque militum duos præfectos tum primum instituit. » — Dion. Voir *Diction. des Antiq. Rom.* (PRÆFECTUS PRÆTORIO).

\*\*\*\* Voir *Dion*, liv. 53, § II; et *Histoire de l'Emp. Rom.*, par M. Cayx, tom. I, p. 63.

ment tirée des pays les plus religieux, et, partant, les moins accessibles aux *idées nouvelles* : de l'Etrurie, de l'Ombrie, du vieux Latium, et des plus anciennes colonies romaines *.

Pendant les jours d'orage, le vent populaire avait poussé au Sénat nombre d'*intrus*; des *hommes nouveaux*, de la plus grossière étoffe; des *étrangers*; qui n'avaient rien de *Romain*; en un mot, des indignes. Antoine, pour sa part, y avait introduit des *gens de l'autre monde*, des plébéiens, désignés, élus, à ce qu'il disait, par Jules-César la veille de sa mort; et, vu cette espèce de nomination posthume, ironiquement appelés *sénateurs de l'Orcus*. Dans ces circonstances, pour rendre au noble corps la considération et la dignité qui en sont l'âme et la vie, il fallait une épuration : Auguste ne tarde pas à épurer le sénat. Autant que possible, il évince ceux qui n'étant pas nés de pères ingénus ont eu le tort de sortir de leur condition; comme dit Horace, « de ne pas rester dans leur peau **. » Autant que possible, il revient à l'organisation primitive; élève de moitié le cens

---

\* « Quanquam insideret Urbem proprius miles, tres urbanæ, novem prætoriæ cohortes, *Etruria* ferme *Umbriaque delectæ*, aut vetere Latio et coloniis antiquitus romanis. » — Tacit., *Annal.*, lib. IV, 5; Vid. et Cicer., *De Divinat.*, lib. I, 42.

\*\* Voyez *Sat.* VI, liv. I, 22.

exigé de chaque Père-Conscrit ; et afin que dorénavant les fonctions sénatoriales soient remplies avec plus de zèle, avec un esprit religieux, comme un véritable sacerdoce, il ordonne que tout membre, avant de siéger, fasse devant l'autel du Dieu dans le temple de qui se tiendra l'assemblée, une libation de vin pur et d'encens *.

Il rétablit aussi quelques-unes des plus anciennes cérémonies tombées en désuétude. Par exemple, l'*Augure du Salut;* grande fête religieuse ! où, tout travail cessant, on priait pour le salut du Peuple Romain ; les fonctions de *Flamen Dial;* pontife chargé des plus augustes mystères de la religion ** ; puis les *Fêtes Lupercales;* puis les *Jeux Séculaires;* puis les *Jeux Compitaux* ***.

---

\* « Senatorum affluentem numerum deformi et incondita turba (erant enim supra mille et quidam indignissimi, et post necem Cæsaris per gratiam et præmium allecti, quos *Orcinos* vulgus vocabat), ad modum *pristinum* et splendorem redegit duabus lectionibus..... Quo autem lecti probatique, et religiosius et minore molestia senatoria munera fungerentur, sanxit, ut priusquam consideret quisque, thure ac mero supplicaret apud aram ejus Dei, in cujus templo coiretur.... Senatorum censum ampliavit, ac pro octingentorum millium summa duodecies sestertia taxavit, supplevitque non habentibus. » — Sueton., *Octav.-Aug.*, XXXV et XLI.

\*\* *Voyez* Ovid., *Fast* II, 282.

\*\*\* Les *Jeux Compitaux* étaient célébrés en l'honneur des

Et quel digne, quel saint usage fait Auguste des trésors de Cléopâtre, remis en ses mains par Apollon!

Il multiplie les édifices religieux; accroît le nombre des prêtres, leurs dignités, leurs priviléges; les prêtresses de *Vesta* surtout ont part à sa munificence. Parmi les temples nouvellement bâtis, trois, celui de *Mars-Vengeur*, celui d'*Apollon-Palatin*, et celui de *Jupiter-Tonnant*, sont d'une beauté, d'une richesse merveilleuses * !

---

Dieux Lares, dans les places publiques surtout par les *esclaves*, ce qui fut cause que finalement on les défendit, *de peur qu'ils n'occasionnassent quelque conspiration.* — Voyez *Diction. des Antiq. Rom.* ( LUDI ).

\* « Sacerdotum et numerum et dignitatem, sed et commoda auxit, præcipue Vestalium virginum.... Nonnulla etiam ex antiquis cærimoniis, paulatim abolita, RESTITUIT: ut *Salutis Augurium, Diale-Flaminium, Sacrum Lupercale, Ludos Sœculares* et *Compitalicios*.

« Publica opera plurima exstruxit : ex quibus vel præcipua, Forum cum æde Martis-Ultoris, templum Apollinis in Palatio, ædem Tonantis-Jovis in Capitolio. »—Suet., *Ibid.*, XXIX et XXXI.

Aussi Virgile fait-il dire par Énée à la prêtresse de Cumes, qu'en reconnaissance de son *établissement dans le Latium*, il élevera un temple de marbre à Apollon et à Diane; et instituera des fêtes en l'honneur d'Apollon :

> Sanctissima Vates,
> Præscia venturi, da, non indebita posco
> Regna meis fatis, Latio considere TEUCROS,

Il répare les anciens temples ruinés par le temps ou consumés par des incendies, et les orne tous, aussi bien que les nouveaux, des dons les plus magnifiques : l'or, l'argent, les perles, les pierreries, y sont à profusion\*. Oh! ce n'est pas sous le règne d'Auguste que les temples perdront de leur éclat. Non; à leur front la vieillesse n'imprimera point ses outrages. Car Auguste, sauveur des hommes, est aussi le *sauveur des Dieux!* Les Dieux, en retour, feront pour lui ce que lui-même a fait pour eux : à sa maison ils donneront de l'éclat et de la durée \*\*.

---

Errantesque deos, agitataque numina Trojæ.
*Tum* Phæbo et Triviæ solido de marmore templum
Instituam, festosque dies de nomine Phæbi. »
Lib. vi, 66.

Ces *Jeux appelés du nom d'Apollon*, font allusion aux *Jeux Actiaques*, institués par Auguste, espèce de *Jeux Apollinaires;* puisqu'ils étaient en l'honneur d'Apollon, son protecteur suprême à la bataille d'Actium.

\* « Ædes sacras, vetustate collapsas aut incendio absumptas, REFECIT; easque et cæteras opulentissimis donis adornavit, ut qui in cellam Capitolini Jovis sedecim millia pondo auri, gemmasque ac margaritas quingenties H S. una donatione contuleret. » — Sueton., *Ibid.*, xxx.

\*\* « Cætera ne simili caderent labefacta ruina,
    Cavit *sacrati* provida cura *Ducis:*
Sub quo delubris sentitur nulla senectus,
    Nec satis est homines, OBLIGAT ILLE DEOS !

Après les Dieux Immortels, viennent immédiatement, et presque sur la même ligne, les Chefs, *Duces!* les Chefs, à qui le peuple Romain doit tout; par qui de si bas et si petit commencement il est monté, depuis, à si haute gloire et si grande puissance! Auguste, rend à la mémoire des *Chefs* les honneurs les plus solennels. Et d'abord de chacun d'eux il restaure les monumens; ayant bien soin d'en conserver les inscriptions primitives; puis, dévotement, il place leurs statues sous le double portique du Forum qu'il édifie; comme sous une arche sainte; comme autant d'effigies protectrices, fières d'assister au triomphe du Patriciat et de la Monarchie *.

Rome entière participe à cette œuvre de restauration : l'Empereur la veut grande et belle; appro-

---

Templorum positor, templorum sancte REPOSTOR,
    Sit superis, opto, mutua cura tui :
Dent tibi cœlestes, QUOT TU CŒLESTIBUS ANNOS,
    Próque tua maneant in statione domo. »
                                Ovid., *Fast.*, II, 60...

Tite-Live aussi appelle Auguste « *Templorum omnium conditor aut Restitutor.* »

* « Proximum a Diis Immortalibus honorem memoriæ DUCUM præstitit, qui imperium populi Romani ex minimo maximum reddidissent. Itaque et opera cujusque, manentibus titulis, et statuas omnium triumphali effigie in utroque Fori sui porticu dedicavit. » — Sueton., *Ibid.*, XXXI.

priée à la grandeur, à la majesté de l'empire. Et afin que, désormais, elle ne soit plus, comme par le passé, sujette aux inondations et aux incendies; il projette de la refaire sur un meilleur plan, de remplacer les masures par des palais; si bien qu'un jour il puisse se glorifier de rendre toute de marbre la ville qu'il reçut toute de briques *.

Pour ce qui est des *Jeux*, cette grande affaire des Romains, Auguste fait merveille **; et laisse loin derrière lui tous ses prédécesseurs; tous ceux qui par ce moyen entreprirent de gagner le suffrage du peuple. Non-seulement il déploie un luxe royal en donnant, presque tous les jours, des jeux

---

\* « Urbem neque pro majestate imperii ornatam, et inundationibus incendiisque obnoxiam, excoluit adeo, ut jure sit gloriatus, *marmoream* se relinquere, quam *latericiam* accepisset. » — *Ibid.* XXIX.

\*\* L'*Énéide* aussi fait merveille : tout son cinquième livre est plein de jeux. Il y a, notamment, le *Jeu de Troie!* célébré par les enfans des premières familles; noble jeu s'il en fut! cher aux Latins, dès l'origine de la monarchie :

« Hunc morem, hos cursus, atque hæc certamina primus
Ascanius, longam muris quum cingeret Albam,
Rettulit, et priscos docuit celebrare Latinos.
Quo puer ipse modo, secum quo Troia pubes
Albani docuere suos; hinc maxima porro
Accepit Roma, et patrium servavit honorem;
Trojaque nunc, pueri Trojanum dicitur agmen. »
                                   Lib. v, 597.

d'une variété et d'une magnificence jusqu'alors inconnues : mais il fournit encore une preuve nouvelle de sa sagesse et de son bon goût; en remettant, au théâtre, chaque spectateur à sa place. Avant Auguste, le spectacle était une cohue : Plébéiens et Patriciens s'y trouvaient confondus; car la loi *Roscia* n'avait statué que sur les quatorze premiers rangs\*; et, encore, depuis Pharsale, était-elle de fait, cette aristocratique loi, comme abrogée; d'où un pêle-mêle inconvenant, choquant :

« *Rusticus urbano confusus, turpis honesto* \*\* !

Des soldats se permettaient de siéger au banc des chevaliers (51)! Point de places réservées ; aucun respect du rang, ni de la personne. Ainsi, à Pouzzoles, un jour de grande représentation, je ne sais quel sénateur, arrivé tard, avait trouvé la salle pleine, sans que nul songeât le moins du monde à lui faire place! — Auguste, instruit de l'aventure, en avait paru indigné; et de peur de voir se renouveler un pareil scandale, il demande au sénat un décret par lequel, chaque fois qu'il y aura, n'im-

---

\* « Quia lex ROSCIA nihil, nisi quatuordecim ordinibus sanxit. » — Tacit., *Annal.*, lib. xv, 32. — Cette loi, rendue sur la motion du tribun *Roscius Otho*, est de 686 ; de vingt ans antérieure à *Pharsale*.

\*\* Horat. *Ars. Poet.*, 214.

porte où, spectacle public, les siéges du premier rang seront, de droit, réservés aux sénateurs; les ambassadeurs, n'iront plus à l'orchestre; où se faufilent des affranchis; le soldat, et pour cause, sera séparé, isolé du peuple; les hommes mariés (en considération et par encouragement du *mariage*), auront, en dehors de la multitude, des siéges particuliers; et les fils de famille, ceux revêtus encore de la robe prétexte, des gradins spéciaux; tout près de leurs instituteurs. Enfin, le parterre demeurera interdit aux gens mal vêtus \*.

La scène aussi est rappelée à l'ordre : un nouveau

---

\* Spectaculorum et assiduitate, et varietate atque magnificentia, omnes antecessit...... Spectandi confusissimum ac solutissimum morem correxit, ordinavitque, motus injuria senatoris, quem Puteolis per celeberrimos ludos consessu frequenti nemo receperat. Facto igitur decreto patrum, ut, quoties quid spectaculi usquam publice ederetur, primus subselliorum ordo vacaret senatoribus. Romæ legatos liberarum sociarumque gentium vetuit in orchestra considere, quum, quosdam etiam libertini generis mitti, deprehendisset. Militem secrevit a populo. Maritis e plebe proprios ordines assignavit : prætextatis cuneum suum, et proximum pædagogis : sanxitque, ne quis PULLATORUM media cavea sederet. » — *Ibid.*, XLIII-IV. — « *Pullati*, les vêtus d'un drap de la couleur appelée *pulla*, qu'on interprète ordinairement par couleur *noire ;* mais que Vossius dit être la couleur *gris-de-fer*. C'était celle que portaient les *gens du peuple*, les pauvres. » — Voyez *Diction. des Atiq. Rom.* (PULLATI).

genre s'y produit, religieux et monarchique (52).

Puis l'Empereur songe à ramener la bonne tenue; l'ancien Costume Romain *; d'une régularité si parfaite! qui marquait si bien les conditions **! Mais, dans le désordre général, tout, jusqu'au costume, s'est altéré, a changé; de façon que depuis long-temps on ne s'y reconnaît plus. Sous Jules-César, plus le moindre décorum; plus de distinction observée dans l'habillement : l'Esclave a pu aller vêtu comme le Maître; des Affranchis se mêler aux Citoyens, et être pris pour des Ingénus.... Confusion fâcheuse! Abus déplorable! Autre abus : par suite de sa familiarité avec le soldat, Jules César, quand il haranguait la troupe, ne se servait point du mot de *soldats*; mais bien de celui de *camarades*; plus flatteur, et empreint d'une certaine amitié. Auguste, lui, trouve à cette appellation quelque chose de trop familier, de peu digne; et, une fois les troubles finis, dans ses édits, comme

---

\* *Voir* Suétone, *Ibid.*, XL; et Appien, *Guer. civ.*, liv. II.

\*\* Dans le principe, il y avait la *toge* et la *tunique*. La toge était un habit d'honneur ; défendu au menu peuple, qui, lui, n'avait d'autre vêtement qu'une tunique sans manches ; d'où *tunicatus populus* (*Voyez* Horace, *Epít.* VII, liv. 1, 66) ; d'où les *tunicati* et les *togati*. — Voyez *Diction. des Antiq. Rom.* (TOGA).

dans ses discours, il ne se sert plus que du mot de : *soldats*; faisant défense aux princes ses fils, ou beaux-fils, d'en employer désormais aucun autre quand ils s'adresseront à l'armée : la hiérarchie, le retour à l'ordre, la majesté du chef de l'Etat, celle de son auguste famille, ne le permettent plus *.

Le populaire Jules-César, avait de singulières idées! des idées qui, vraiment, n'appartenaient qu'à lui : ne s'était-il pas imaginé de faire coucher par écrit et de publier ce qui journellement se disait ou se faisait au Sénat et dans les assemblées du peuple; espèce de compte rendu quotidien de toutes les séances; embryon de *Journal*, où chacun pouvait lire et contrôler les actes du Gouvernement. Auguste, coupe court à cette publicité; il écrase l'aigle dans l'œuf : défense expresse de rien publier; « *nefas!* » Les discours et les actes de la noble

---

* « Etiam habitum vestitumque *pristinum reducere* studuit. »
— *Ibid.*, XL.

« Nec *milites* eos pro concione, sed blandiori nomine *commilitones* appellabat (Jul.-Cæsar). — Id. *Jul.-Cæs.*, LXVII.

« Neque post bella civilia aut in concione, aut per edictum, ullos militum *commilitones* appellabat (Augustus), sed *milites* : ac ne a filiis quidem, aut privignis suis, imperio præditis, aliter appellari passus est; ambitiosius id existimans, quam aut ratio militaris, aut temporum quies, aut sua domusque suæ majestas postularet. » — Idem, *Octav.-Aug.*, XXV.

assemblée doivent demeurer secrets; c'est bien assez qu'on les dépose aux Archives; et que vers la fin de chaque année il en soit fait mention dans les *Annales*; sommairement; sans commentaire * (53).

Cet aperçu du système d'Auguste, indique assez que dans le *Nouvel Ordre de Choses* le présent emprunte beaucoup au passé; et qu'à l'égard de l'avenir il s'agit bien plus de restaurer que d'innover, bien plus de conservation que de réforme.

La paix est l'appui du système.

Avec la paix, les *idées de Pharsale* peu-à-peu s'assoupiront; l'*effervescence démocratique*, l'*emportement des peuples*, finira par céder au besoin de repos..... Bref, le monde haletant s'arrête pour respirer.

Alors, de toutes parts, ce sont des louanges, des actions de grâces à Auguste; au *restaurateur de l'ordre*; à *l'auteur de la tranquillité, de la prospérité publique*. On prie, on remercie les Dieux. Les jours de fêtes, on prie dans les temples; les autres jours,

---

\* « Inito honore PRIMUS OMNIUM INSTITUIT (Jul.-Cæsar), ut tam senatus quam populi diurna acta confierent, et *publicarentur*. » Idem, *Jul.-Cæs.*, XX.

« Auctor et aliarum rerum fuit (Augustus) : in quis, *ne* acta senatus *publicarentur*. » — Idem, *Octav.-Aug.*, XXXVI.

au sein des familles : pères, mères, enfans, réunis dans un même amour à la table commune, invoquent et bénissent le *Père de la Patrie*; et font en son honneur de pieuses libations. C'est, proprement, chaque jour, une nouvelle *charistie* (54); où, comme au bon vieux temps, on boit à la mémoire des *chefs*; on chante leurs vertus; et dans ces libations, dans ces chants d'allégresse sont, à qui mieux mieux, reproduits les noms, les augustes noms de *Dardanus*, et de *Teucer*, d'*Enée*, d'*Anchise*, et de *Vénus* \* !

Les rois amis et alliés de Rome rendent aussi un souverain hommage au *pacificateur du monde* : ils projettent de fonder, chacun en leur royaume, une ville appelée *Césarée*; du beau nom de César-Auguste \*\*; ils conviennent de faire achever à frais

---

\* « Nosque et profestis lucibus et sacris,
 Inter jocosi munera Liberi,
  Cum prole matronisque nostris
   Rite Deos prius apprecati,
 Virtute functos, more patrum, *Duces*,
 Lydis remixto carmine tibiis
  Trojamque et Anchisen et almæ
   Progeniem Veneris canemus. »
           Horat., *Od.* xv, lib. iv.

\*\* Il y en eut en Mauritanie, en Palestine, en Galatie, en Cappadoce, en Cilicie, en Pisidie, en Arménie. — *Voir* les liv. v et vi de Pline.

communs le temple jadis commencé dans Athènes à *Jupiter-Olympien*; pour, ensuite, le consacrer *au génie d'Auguste*. En attendant, mus par le besoin de conférer avec ce bon génie, ils quittent leurs Etats pour l'aller trouver; non-seulement à Rome, mais dans les provinces; quand parcourant son vaste empire, il daigne, astre propice, se montrer brillant et radieux *. Entre eux et lui, les choses se passent comme en famille : vêtus d'une simple toge, et sans aucun insigne, on les voit chaque jour courtiser le puissant monarque; ainsi que cliens le Patron **.

Tout cela n'allait-il pas à contenter l'Aristocratie? Tout cela ne devait-il pas la ramener, la con-

---

\* Nous le verrons plus loin:

« Enim vultus ubi tuus
Affulsit populo, gratior it dies,
Et soles melius nitent. »

*Od.* v, lib. iv.

\*\* « Reges amici atque socii, et singuli in suo quisque regno CÆSAREAS urbes condiderunt; et cuncti simul ædem Jovis-Olympii, Athenis antiquitus inchoatam, perficere communi sumptu destinaverunt, Genioque ejus dedicare ; ac sæpe regnis relictis, non Romæ modo, sed provincias peragranti, quotidiana officia togati, ac sine regio insigni, more clientium præstiterunt. » — Sueton, *Ibid.* lx.

vertir, et la déterminer à prêter son concours? — Vraiment, oui. L'Aristocratie, passe de la haine à la bienveillance; approuve le *système* d'Auguste ; et enfin satisfaite, donne au *Nouvel Ordre de Choses* une entière adhésion :

« *Annuit his Juno, et mentem lœtata retorsit.* »

La preuve, c'est que, dans une circonstance solennelle, quand, pour exprimer au chef de l'Etat la reconnaissance publique, il s'agit de lui déférer le titre de *Père de la Patrie* ; tous les Pères Conscrits le lui donnent, ce titre, à l'unanimité, d'enthousiasme, sans qu'il soit besoin de délibérer, ni d'aller aux voix. Et pour le lui porter, le déposer à ses pieds, avec leurs vœux et leurs hommages, ils désignent Marcus Valérius Corvinus Messala, leur président, j'imagine, à coup sûr, l'un des plus nobles d'entre eux, car, dit l'histoire, il avait du vieux sang Sabin dans les veines, car il était de la *gens Valéria*, venue, dans le temps, à Rome avec le roi Tatius ; au demeurant, un habile homme ! qui, ayant su, comme Pollion, exploiter la querelle des deux rivaux à l'empire, comme Pollion avait, en fin de compte, retiré des troubles une immense fortune : « *Inter Antonium et Augustum bellorum præmiis referti* [*]! »

---

[*] Tacit. *Annal.*, XI, 7.

Par l'organe de Messala, tous les Pères disent à l'empereur :

« César-Auguste, nous te souhaitons à toi et à ta
« maison ce qui peut tourner à ton bonheur et à
« son avantage ; car c'est souhaiter l'éternelle féli-
« cité de la république et la prospérité du Sénat.
« Ce Sénat, d'accord avec le Peuple Romain, te sa-
« lue *Père de la Patrie.* »

A quoi César-Auguste, les larmes aux yeux, répond :

« Sénateurs, mes vœux sont accomplis : que
« pourrais-je demander encore aux Dieux Immor-
« tels, sinon de conserver jusqu'au terme de ma
« vie cet accord dans vos sentimens envers moi [*].

— Vous le conserverez, ô vous le plus habile et

---

[*] « Patris Patriæ cognomen universi repentino maximoque consensu detulerunt ei (Augusto)..... Mox in Curia Senatus, neque decreto, neque acclamatione, sed per Valerium Messalam. Is, mandantibus cunctis, « quod bonum, » inquit, « faustumque sit tibi, domuique tuæ, Cæsar-Auguste : sic enim nos perpetuam felicitatem reipublicæ et læta huic precari existimamus : Senatus te, consentiens cum populo romano, consalutat *Patriæ Patrem.* » — Cui lacrimans respondit Augustus his verbis (ipsa enim, sicut Messalæ, posui) : « Compos factus votorum meorum, Patres Conscripti, quod habeo aliud Deos Immortales precari, quam ut hunc consensum vestrum ad ultimum vitæ finem mihi perferre liceat ? » — Sueton., *Octav.-Aug.*, LVIII (trad. de M. de Golbery). — Vid. et Ovid., *Fast.*, lib. II, 128.

le plus heureux des Triumvirs! Vous le conserverez. Après tant de signes manifestes de la protection des Dieux,

« *Vous n'avez rien à craindre :*
« *On portera le joug désormais sans se plaindre ;*
« *Et les plus indomptés, renversant leurs projets,*
« *Mettront toute leur gloire à mourir vos sujets.*
« *Aucun lâche dessein, aucune ingrate envie*
« *N'attaquera le cours d'une si belle vie ;*
« *Jamais plus d'assassins, ni de conspirateurs :*
« *Vous avez trouvé l'art d'être maître des cœurs.*
« *Rome avec une joie et sensible et profonde*
« *Se démet en vos mains de l'empire du monde :*
« *Vos royales vertus lui vont trop enseigner*
« *Que son bonheur consiste à vous faire régner.*
« *D'une si longue erreur pleinement affranchie,*
« *Elle n'a plus de vœux que pour la* Monarchie\*. »

Voilà justement où l'*Énéide* l'attendait.

Maintenant que nous avons touché du doigt le but du poème, deux mots sur la marche du poète.

Ce n'était pas chose facile que d'aller à la monarchie à travers les brouillards démocratiques dont l'atmosphère se trouvait chargée; non; l'entreprise était hardie; la route longue et pleine d'écueils. Virgile, à l'instar d'Auguste, dut n'avancer que lentement, que prudemment, avec une grande circonspection, en prenant plus d'un détour, en fai-

---

\* Corneille, *Cinna*, act. V, sc. III.

sant plus d'une halte. Avant qu'Enée puisse *entrer dans le Tibre*, y trouver un port, et *prendre terre en Ausonie*; avant qu'il parvienne au fortuné séjour que, dans le lointain, lui destine Apollon; il doit subir une navigation longue et périlleuse; il lui faut souvent côtoyer, louvoyer : « *prœterlabere necesse est !* » * — Ainsi fait l'auteur de l'*Enéide*. De là plus d'un reproche : « il ne se hâte pas vers l'événement; il semble parfois oublier et son point de départ et sa destination; et puis quelle idée, d'aller prendre pour héros de son poème un homme tel qu'Enée ! Il a beau dire, et l'exalter comme un modèle de piété, de justice, comme un guerrier sans pareil pour son insigne bravoure et son extrême crainte des Dieux; Enée, après tout, n'inspire pas grand intérêt. Moins belliqueux que dévot, il ne

---

* « Principio Italiam, quam tu jam rere propinquam,
Vicinosque, ignare, paras invadere portus,
Longa procul longis via dividit invia terris.
ANTE et Trinacria lentandus remus in unda,
Et salis Ausonii lustrandum navibus æquor,
Infernique lacus, Æææque insula Circæ,
*Quam tuta possis urbem componere terra.*
Signa tibi dicam; tu condita mente teneto....
Ecce tibi Ausoniæ tellus; hanc arripe velis.
Et tamen hanc pelago præterlabere necesse est.
Ausoniæ pars illa procul, quam pandit Apollo. »
*Æneid.*, III, 381-478.

prête guère à l'action, et ne constitue en somme qu'un personnage froid et monotone *. »

— Il est de fait que le *pieux Enée* s'avance rarement au combat, et qu'il brille peu par sa vaillance : à chaque instant on le voit stupéfait, interdit ; la voix lui manque ; son sang se glace dans ses veines...... Ceci ressemble fort à de la couardise. Avec la belle Didon, quelle conduite est la sienne ! Un fils de Vénus répondre comme il fait à tant d'amour ! Un hôte oublier si vite la plus douce hospitalité ** ! C'est aussi par trop de soumission aux ordres du Destin, par trop d'obéissance aux oracles ; c'est par trop s'effrayer des nocturnes visions ***. Pauvre Didon ! ah ! le pieux Enée ne se montre guère généreux. — Pour ma part, je ne soutiendrai pas qu'il soit ce qu'on appelle *héroïque*. Mais Auguste l'était-il ? Où vit-on ce *héros* se signaler par son courage ? A la journée d'Actium,

---

* « Quo justior alter
Nec pietate fuit, nec bello major et armis.....
Troius Æneas, pietate insignis et armis. »
Lib. I, 545 ; et VI, 404-770.

« Saint Évremond dit qu'Énée est plus propre à être le fondateur d'un ordre de moines que d'un empire. » — Voltaire, *Essai sur la Poés. épiq.*, chap. III.

** Voir *Énéide*, III, 598.

*** *Idem*, IV, 332-397 ; et VI, 457-466.

ce n'est pas lui, c'est Agrippa qui combat, et qui décide de la victoire. A Philippes, on ne sait s'il met le pied sur le champ de bataille; en tout cas peut-on dire qu'il s'y trouve malgré lui; parce qu'un des siens, visité la nuit par Minerve, est venu, en sage ami, l'avertir qu'il fera bien de ne pas demeurer plus long-temps sous sa tente; autrement, il s'y tenait coi; bien résolu de n'en pas sortir; pour raison de santé; ce qui n'empêche pas qu'à sa rentrée dans Rome on lui fait ovation. De bravoure personnelle, Auguste n'en avait point : le tonnerre et les éclairs le glaçaient d'effroi; les songes l'inquiétaient; et, durant le printemps, il en avait de fréquens, de terribles. Quant aux auspices, aux présages, il y ajoutait une foi entière. Si le matin on lui présentait mal son soulier, si on lui mettait le gauche pour le droit, c'était mauvais signe. Au contraire, de la rosée au commencement d'un voyage de long cours par terre et par mer, lui annonçait un prompt et heureux retour. Les prodiges, le faisaient trembler *.

---

* « Philippensi acie, quamvis statuisset non egredi tabernaculo propter valetudinem, egressus est tamen amici somnio monitus¹..... Bis ovans ingressus est Urbem, post *Philippense,*

¹ « Velléius Paterculus dit que ce fut le médecin Artorius. Valère Maxime nous apprend que ce fut *Minerve* qui apparut en songe à Artorius; il y joint les plus basses adulations. » — *Note de M. de Golbery.*

Donc chez Auguste la superstition dominait, et aussi l'ambition, mais point l'amour; non, point l'amour; ce démon-là sur lui n'eut jamais le moindre empire. A la vue de Cléopâtre, de cette femme belle et gracieuse qui, tout d'abord, séduisait, « *prenait les cœurs dans ses filets;* » si belle, si gracieuse, que César n'avait pu la voir sans l'aimer; et que, pour elle, Antoine venait de sacrifier l'empire du monde! à la vue de Cléopâtre, Auguste demeure froid, impassible; *maître de lui comme de l'univers*, il ne ressent d'autre désir que celui d'emmener à Rome la reine d'Egypte captive; pour la donner en spectacle au peuple, comme ornement de son triomphe.

Des critiques nous disent : dans l'épopée de Virgile, un preux de la trempe d'Hector, un guerrier tel que César, aurait pu jouer un bien plus beau rôle. — Possible. Mais ce preux, ce guerrier, ne

---

et rursus post Siculum bellum... Tonitrua et fulgura paulo infirmius EXPAVESCEBAT... Ipse per omne ver plurima, et formidolosissima, et vana, et irrita videbat : tempore rariora, et minus vana... Auspicia et omina quædam pro certissimis observabat. Si mane sibi calceus perperam, ac sinister pro dextero, induceretur, ut dirum; si, terra marive ingrediente longinquam profectionem, forte rorasset, ut lætum, maturique et prosperi reditus. Sed et ostentis præcipue movebatur. » — Sueton., *Octav.-Aug.*, XXII, et XC-I-II.

serait plus l'image d'Auguste (55); ne serait point le héros de la paix et de la religion; mais le concours que le poète veut prêter à ce héros, en deviendrait moins efficace. Pendant que de son côté le dévot Auguste relève les temples, Virgile, du sien, avec le *pieux Enée*, refait la religion \*. Il rétablit les traditions et les croyances antiques, les us abolis et les rites tombés en désuétude \*\* : autant de ruines à réparer, autant de pierres à remettre en place; si bien que l'*Etrurisme* est entièrement reconstruit. Sa base était la divination : c'est aussi sur la divination que repose l'*Enéide;* tout comme sur la divination s'appuie la fortune d'Auguste. Le pieux Enée, le dévot Auguste, ne méditent rien, ne font rien d'important, sans, auparavant, prendre les augures : après la chute de l'empire d'Asie, et l'anéantissement de la dynastie de Priam, à ce moment fatal où croulait Ilion, jadis si superbe! où toute la ville de Troie n'offrait plus qu'un amas de ruines et de cendres, Enée consulte les augures; et les augures, favorables, lui répondent qu'il doit

---

\* « Cinerem et sopitos suscitat ignes;
Pergameumque *Larem*, et canæ penetralia *Vestæ*
Farre pio et plena supplex veneratur acerra. »
Lib. v, 744.

\*\* *Voir*, notamment, lib. III, 402, 409.

rallier autour de lui ce qui reste de braves; pour ensemble s'exiler; et, au moyen d'une flotte construite avec des *pins du mont Ida* (56), dans le port d'Antandre, aller ensemble à la recherche de *terres désertes* \*; bien qu'ils ne sachent pas encore précisément où le destin les conduira; où il leur sera donné de s'arrêter \*\*.

Pareillement César-Auguste: après les désastres de l'Italie, quand la Chose Romaine semblait perdue, il a consulté les augures; et les augures lui ont dit d'espérer, de faire voile vers Rome, pour, à travers mille écueils, aller au trône vacant; sans se laisser abattre par le péril; mais, au contraire, en déployant de jour en jour plus d'énergie : de

---

\* La monarchie, désertée par les Romains?

\*\* « Postquam res Asiæ Priamique evertere gentem
Immeritam visum Superis, ceciditque superbum
Ilium, et omnis humo fumat Neptunia Troja;
Diversa exsilia et desertas quærere terras
Auguriis agimur Divum, classemque sub ipsa
Antandro et Phrygiæ molimur montibus Idæ,
Incerti, quo fata ferant, ubi sistere detur,
Contrahimusque viros.
      Lib. III, *Exord.*

Omnem cursum mihi prospera dixit
*Relligio*, *et cuncti suaserunt numine Divi.* »
   *Ibid.* 362. Vid. et VI, 57-60.

l'audace; et il doit réussir : la fortune seconde les audacieux :

« *I, sequere Italiam ventis, pete regna per undas......*
« *Tu ne cede malis, sed contra audentior ito............*
« *Audentes Fortuna juvat* \*. »

Lorsque, fatigué d'une longue course, incertain de la route à suivre et du lieu le plus propice à son établissement, Enée vient à Délos adorer le père des augures, le divin Apollon, lui demandant un asile, un coin de terre où reposer, lui et les siens, où pouvoir enfin bâtir une cité durable; le suppliant de protéger cette autre Pergame, de sauver les restes échappés aux fureurs des Grecs, et de manifester sa volonté par quelque signe; Apollon la manifeste aussitôt : dans le temple, hors du temple, tout s'émeut; tout s'ébranle; le sanctuaire s'ouvre; le trépied mugit; vite l'on se prosterne; d'en haut se fait entendre une voix qui révèle au héros ses glorieuses destinées; puis soudain la joie renaît; les cœurs se rouvrent à l'espérance \*\*.

---

\* Voyez *Æneid.* IV, 882; et X, 285.
\*\* « Templa Dei saxo venerabar structa vetusto :
 « Da propriam, Thymbræe, domum! da mœnia fessis,
 Et genus, et mansuram urbem! *Serva* altera Trojæ
 Pergama, relliquias Danaum atque immitis Achilli!
 Quem sequimur? Quove ire jubes? Ubi ponere sedes?
 Da, Pater, augurium, atque animis illabere nostris! »

Pareillement César-Auguste : à son retour d'*Apollonie*, lorsqu'il entre dans Rome, on voit tout-à-coup, par un ciel clair et serein, un cercle semblable à l'arc-en-ciel entourer le disque du soleil; la foudre, heureux présage! la foudre va frapper le monument de *Julie*, fille de César. En prenant possession de son premier consulat, Auguste consulte les augures; et soudain lui apparaissent, comme jadis à Romulus, douze vautours; comme à Enée, vers le commencement de sa course, il apparaît douze cygnes *. Puis quand le jeune consul sacrifie, on reconnaît à un signe certain qu'il est de la plus belle espérance : les foies de toutes les victi-

---

    Vix ea fatus eram; tremere omnia visa repente,
Liminaque, laurusque Dei, totusque moveri
Mons circum, et mugire adytis cortina reclusis.
Summissi petimus terram, et vox fertur ad aures :
« Dardanidæ duri, quæ vos a stirpe parentum
Prima tulit tellus, eadem vos ubere læto
Accipiet reduces. Antiquam exquirite matrem.
Hic domus Æneæ cunctis dominabitur oris,
Et nati natorum, et qui nascentur ab illis. »
Hæc Phœbus : mixtoque ingens exorta tumultu
Lætitia; et cuncti, quæ sint ea mœnia, quærunt,
Quo Phœbus vocet errantes, jubeatque reverti.
Tum genitor, veterum volvens monumenta virorum :
« Audite, o proceres, ait, et spes discite vestras... »
                      Lib. III, 85...

* Voyez *Énéide*, I, 394.

mes se découvrent jusqu'à la moins fibre! Et pas un devin n'hésite à dire que cela pronostique de grandes destinées *. Dès le principe, les *oiseaux* avaient indiqué la fortune d'Auguste: Les armées des Triumvirs se trouvant réunies, un aigle posé sur la tente d'Octave s'élance sur deux corbeaux qui le harcèlent, et les précipite à terre. Tous sont frappés de ce présage : on conprend qu'ainsi la discorde divisera les Triumvirs; et le résultat est prévu : Antoine et Lépide (ces deux importuns corbeaux) seront précipités par l'*aigle* Octave **.

Le pieux Enée, le divin Auguste, sont, l'un et l'autre, dirigés par les augures : « *Auguriis agimur Divûm!* » Les dignes chefs! Que craindre avec eux?

---

\* « Post necem Cæsaris, reverso ab Apollonia et ingrediente eo Urbem, repente liquido ac puro sereno, circulus ad speciem cœlestis arcus orbem solis ambiit : ac subinde Juliæ, Cæsaris filiæ, monumentum fulmine ictum est. Primo autem consulatu, ei augurium capienti duodecim se vultures, ut Romulo, ostenderunt; et immolanti omnium victimarum jecinora replicata intrinsecus ab ima fibra paruerunt, nemine peritorum aliter conjectante, quam læta per hæc et magna portendi. » — Sueton., *Octav.-Aug.*, xcv.

\*\* « Contractis ad Bononiam Triumvirorum copiis, « Aquila, « tentorio ejus supersedens, duos corvos hinc et inde infestan- « tes afflixit, et ad terram dedit; notante omni exercitu, fu- « turam quandoque inter collegas discordiam, qualis secuta est, « atque exitum præsagiente. » — *Ibid.*, xcvi.

Et comment ne pas vouloir se laisser conduire à des guides aussi sûrs, manifestement investis de la protection divine?

« *Fatalem Æneam manifesto numine ferri.*
« *Admonet ira Deum* \* ! »

Comment ne pas les respecter, ne pas les aimer? Énée, n'est point de ces héros funestes que détestent les mères et les épouses; de ces foudres de guerre qui renversent les cités; non; ses armes protègent, et ne font pas violence : « *nec vim tela ferunt* \*\*; » c'est sa piété qui fait sa force. — Voilà les armes, le héros que Virgile se plaît à chanter. — Avec Énée, point d'alarmes; mais bien paix et sécurité : loin de détruire, il édifie \*\*\*. En plus d'un lieu s'élèvent des monumens de sa sagesse; à leur base, sont tous les élémens de la *cité* : le sillon, la pierre du foyer, les Pénates, la famille, la propriété, le culte de la terre, et celui des tombeaux; puis, au sommet, l'aristocratie; l'autorité des pères; le Sénat \*\*\*\*.

---

\* *Æneid.*, XI, 232. Déjà Virgile avait dit, liv. III, 374 :
 « Nate Dea, nam te majoribus ire per altum
 « Auspiciis manifesta fides. »
\*\* *Ibid.*, lib. VI, 400.
\*\*\* *Voyez* liv. III, 17; liv. IV, 261, et ci-après.
\*\*\*\* « Et tandem antiquis Curetum allabimur oris.
 Ergo avidus muros optatæ molior urbis,

Enée, est proprement l'auteur de l'*Étrurisme* : c'est lui qui dans les Etats du bon roi Latinus apporte le culte des tombeaux, les rites pieux, les saintes cérémonies; par lui les peuples d'Italie sont conquis à la religion (57). Sa vertu, pour agir, n'a pas besoin des sanglantes mêlées; elle a de pacifiques exploits, et des victoires sans larmes : bâtir une ville; établir une colonie, suspendre un bouclier à la porte du temple d'Apollon; — un bouclier conquis *sur les Grecs !* — prendre terre au rivage d'*Actium;* y donner des jeux en l'honneur d'Apollon; aborder en Epire; y voir le modèle des épouses, la vertueuse Andromaque, offrant un sacrifice et fondant en larmes sur la tombe qu'elle prit soin d'élever à son époux \*; converser avec un *sage*, digne interprète des Dieux, pontife et roi, grand

---

Pergameamque voco, et lætam cognomine gentem
Hortor *amare focos, arcemque attollere* tectis. »
       Lib. III, 132.

« Interea Æneas urbem designat aratro,
Sortiturque domos, hoc Ilium, et hæc loca Trojam
Esse jubet. Gaudet regno Trojanus Acestes;
Indicitque forum, et Patribus dat jura vocatis.
Tum vicina astris Erycino in vertice sedes
Fundatur Veneri Idaliæ, tumuloque sacerdos
Ac lucus late sacer additur Anchiseo.
       Lib. v, 756.

\* Voyez *Énéide,* III, 301.

prêtre d'Apollon; retrouver un vieil ami de son père Anchise, et de ce vieil ami recevoir une sainte hospitalité; honorer son père; célébrer par des jeux solennels l'anniversaire de sa mort; donner une tombe à sa nourrice \*, une à Polydore, une à Misène \*\*; enfin, partout sur son passage dresser aux *dieux Mânes* des autels \*\*\*; pour Enée ce sont là des faits mémorables, des prouesses. Ses Pénates, qu'il a ravis au fer des Grecs, et que, pieusement, il porte en Italie, voilà ses dépouilles opimes, ses trophées \*\*\*\*. Ce qui, dans la pensée

---

\* *Ibid.*, VII, *Exord.*
\*\* *Ibid.*, III, 63-69, et VI, 163-236.
\*\*\* « Un tombeau devenait une espèce de temple où les ancêtres étaient honorés comme des Dieux domestiques, et les Dieux *Mânes* n'étaient autre chose que les ancêtres d'une famille. »
\*\*\*\* « Interea magnum sol circumvolvitur annum,
Et glacialis hiems Aquilonibus asperat undas.
Ære cavo clypeum, magni gestamen Abantis,
Postibus adversis figo, et *rem carmine signo*:
« Æneas hæc de Danais victoribus arma ! »
                              Lib. III, 283...

« His Vatem aggredior dictis, ac talia quæso :
« Trojugena, interpres Divum, qui numina Phœbi,
Qui tripodas, Clarii lauros, qui sidera sentis,
Et volucrum linguas, et præpetis omina pennæ,
Fare age. . . . . . . . . . .
                              *Ibid.*, 359...

de Virgile, met Enée au-dessus de tout autre héros, ce qui élève au ciel sa gloire, c'est d'avoir, au milieu d'une ruine générale, sauvé les Dieux de sa patrie\*; puis, à la tête des quelques familles échappées au massacre, d'avoir, en dépit des orages, malgré la fureur des flots, conservé le feu sacré de *Vesta*. — Telle était la gloire d'Auguste. Aux yeux des sages, pas de gloire plus belle.

C'est ainsi que nous nous expliquons le caractère et la personne d'Enée. Ainsi nous entendons l'*Enéide*. Histoire merveilleuse, divine! qui, *selon l'usage et le rit* de la divination, presque toujours à double entente, procède, du commencement à la fin, par symbole et par allégorie.

Virgile avait ses raisons pour préférer à tout autre héros *le pieux Enée*. Ce génie conservateur n'en imaginait pas de plus louable, de plus vrai, de plus opportun. En effet, la Conservation voulait

---

« Egressi veneramur Apollinis urbem.
Rex Anius, rex idem hominum Phœbique sacerdos,
Vittis et sacra redimitus tempora lauro,
Occurrit; veterem Anchisen agnoscit amicum.
Jungimus hospitio dextras, et tecta subimus. »
*Ibid.*, 80.

\* « Sum pius Æneas, raptos qui ex hoste Penates
Classe veho mecum, fama super æthera notus. »
Lib. VI, 379.

un chef pieux et pacifique; qui rétablit l'ordre, la religion et les lois; un chef, un roi, comme Numa; dont le pouvoir, faible d'abord, peu-à-peu se fortifie; et se consolide si bien, qu'il permet de fonder un grand empire :

> « *Qui legibus urbem*
> *Fundabit, Curibus parvis et paupere terra*
> *Missus in imperium magnum* \*. »

Mais toute *Latine*, toute conservatrice que voulût être cette Virgilienne poésie; elle ne put, elle-même, se préserver de l'*Hellénisme*, s'abstenir de respirer les doctrines de Socrate et de Platon : *Phédon*, et la *République,* sont en substance au cœur de l'*Enéide*. Phédon! cette sublime théorie de l'âme; cette dernière et puissante leçon du condamné de l'aréopage. La République ! cette généreuse utopie; ce profond aperçu de la réforme du monde; « la *préface de l'Evangile*. » Au sixième livre de l'*Enéide,* on voit les progrès faits par l'humanité depuis Homère jusqu'à Virgile : la civilisation est plus avancée de dix siècles. Ainsi, le Tartare, où tout coupable va subir la peine de ses crimes, qu'il faut enfin confesser; même ceux commis dans l'ombre, avec une maligne joie, avec l'idée de tromper

---

\* *Æneid.*, VI, 811.

le ciel, et sans aucun repentir, en différant de jour en jour, jusqu'à la mort, l'heure de l'expiation \*; l'Elysée, où tendent les âmes échappées du corps, leur prison; n'entrant que les pures; allant les autres, celles qui furent plus faibles que coupables, attendre ailleurs que dégagées de toute souillure elles soient entièrement purifiées; le Tartare et l'Elysée de Virgile, annoncent l'Enfer, le Purgatoire, et le Paradis des Chrétiens : « *amœna piorum concilia* \*\* ! » On sent la transition, le passage du vieux monde idolâtre à des *croyances nouvelles*.

Voyez : près des mauvais frères et des mauvais fils, Virgile montre *punis* les *mauvais patrons* qui abusèrent leurs cliens; c'est-à-dire, qui en abusèrent; les cœurs durs, inhumains, qui sur terre amassaient des richesses pour eux seuls; sans donner rien à leurs proches; — et ceux-là forment le plus grand nombre! car le monde est en proie à l'égoïsme.

Sont punis aussi l'adultère, l'incestueux, et le parjure; les cupides; qui, pour de l'or, firent ou

---

\* « Gnosius hæc Rhadamanthus habet durissima regna,
    Castigatque auditque dolos; subigitque fateri,
    Quæ quis apud superos, furto lætatus inani,
    Distulit in seram commissa piacula mortem. »
                                                Lib. vi, 567.
\*\* Lib. v, 735.

défirent les lois; qui vendirent leur patrie, et la livrèrent au caprice d'un tyran; enfin, tous les méchans; tous ceux qui après avoir osé le mal, ont joui de leur audace *.

Evidemment, « ces punitions attachées à la vio-
« lation des sentimens et des lois de la nature; la
« haine fraternelle, l'absence de respect filial, de
« bonne foi, de *charité* (*nec partem posuere suis*), la
« trahison, la bassesse vendant à prix d'or la jus-
« tice ou la patrie; lui imposant un maître; les
« joies coupables du cœur (*mala mentis gaudia* **).
« placées à côté du cortége ancien des enfers, pu-
« nies comme l'étaient les attentats de Thésée en-
« vers les Dieux; cette voix terrible :

« *Discite justitiam moniti, et non temnere Divos*,
« toutes ces profondes et magnifiques pensées indi-

---

\* Hic, quibus invisi fratres, dum vita manebat,
  Pulsatusve parens, et fraus innexa clienti;
  Aut qui divitiis soli incubuere repertis,
    « Nec partem posuere suis : quæ maxima turba est;
    « Quique ob adulterium cæsi. . . . . . .
    « Vendidit hic auro patriam, dominumque potentem
    « Imposuit, fixit leges pretio atque refixit.
    « Hic thalamum invasit natæ vetitosque hymenæos.
    « Ausi omnes immane nefas, ausoque potiti. »
                                    Lib. VI, 609...

\*\* « Il y a un traité de morale dans ces mots. » — M. de Maistre, *Soirées de Saint-Pétersbourg*.

« quent un *ordre moral nouveau* \*. » — Les idées de fraternité (58), d'humanité, de philanthropie, ont pénétré dans plus d'un cœur :

« *Sunt lacrimæ rerum et mentem mortalia tangunt*\*\*! »

Voici venir la Charité, suivie de la Bienfaisance. On les entrevoit l'une et l'autre dans ce passage de Cicéron : « Est-il au monde rien de meilleur, rien de plus excellent que la bonté, la bienfaisance? Comment assez mal penser des hommes pour n'imputer qu'à faiblesse le mérite de ceux qui furent bienfaisans et généreux? N'y a-t-il donc naturellement entre les bons aucune affection, aucune sympathie? Aimer, voilà le mot d'où vient le nom d'*amitié*. Or, l'amitié, si nous ne la pratiquons qu'en vue de notre propre intérêt, et non à l'avantage de la personne par nous affectionnée, ce n'est plus de l'amour, mais du commerce, un échange de procédés utiles. Les prés, les champs, les troupeaux, sont aimés de cette sorte, pour le profit qu'on en

---

\* M. Charpentier, *Étude sur Virgile*. Plus loin, il ajoute : « Dans ces châtimens attachés à la violation de la loi morale, « dans ces expiations inconnues au Polythéisme grec, dans ces « récompenses accordées à la vertu, il y a un pressentiment de « la révélation évangélique, un rayon du jour nouveau qui se « levait sur le monde. »

\*\* *Æneid.*, I, 462.

retire. Aimer les hommes, c'est autre chose : cet amour est purement gratuit *.

Aussi, quelle différence entre l'Elysée d'Homère et l'Elysée de Virgile! Homère, on ne peut plus bref à l'endroit des récompenses réservées à la vertu, n'avait eu à placer au fortuné séjour d'autre héros que Ménélas, frère du *roi des rois*, et l'un des chefs de la noble race des Atrides : Virgile, y place non-seulement le père de la religion, de la civilisation, le divin Orphée; non-seulement les auteurs de la monarchie, Dardanus, Ilus, Assaracus, et toute la noble race de Teucer, si féconde en princes magnanimes, nés *dans un temps meilleur* (alors que le principe monarchique florissait, que le pouvoir royal n'était pas contesté); mais encore, à ces héros d'antique origine, à ces heureux mortels de naissance illustre, Virgile adjoint.....

---

* « Quid enim est melius, aut quid præstantius bonitate et beneficentia ? Ne homines quidem censetis, nisi imbecilli essent, futuros beneficos et benignos fuisse ? Nulla est CARITAS naturalis inter bonos ? Carum ipsum verbum est amoris, ex quo amicitiæ nomen est ductum : quam si ad fructum nostrum referemus, non ad illius commoda, quem diligimus; non erit ista amicitia, sed mercatura quædam utilitatum suarum. Prata, et arva, et pecudum greges diliguntur isto modo, quod fructus ex eis capiuntur : HOMINUM CARITAS, et amicitia GRATUITA est. » — *De Nat. Deor.*, lib. I, 44.

les *hommes utiles!* ceux qui, dans leur passage sur terre ayant bien mérité d'autrui, se sont acquis des droits à la reconnaissance publique : « Sous l'ombrage odorant d'une forêt de lauriers, où l'onde d'un beau fleuve entretient une éternelle fraîcheur, des groupes de convives mollement assis sur l'herbe chantent en chœur le joyeux hymne du Pæan : ce sont les *bienfaiteurs de l'humanité* : « Tous ceux qui
« l'ont défendue par leur courage, honorée par
« leur piété; qui l'ont embellie par le génie des arts,
« ou consolée par de nobles accens. Aussi, à de
« tels hommes, pour récompense, plus de ces
« vains amusemens qui charmaient les héros; plus
« de chars fantastiques, de coursiers imaginaires,
« d'armes inutiles; mais bien la contemplation de
« la vérité, les plus sublimes extases, les plus dou-
« ces rêveries *. » — La foi chrétienne n'ira pas au-delà.

---

\* M. Charpentier, *Ut Supra*.

« Devenere locos lætos et amœna vireta
Fortunatorum nemorum, sedesque beatas.
Largior hic campos æther et lumine vestit
Purpureo; solemque suum, sua sidera norunt.
Pars in gramineis exercent membra palæstris;
Contendunt ludo, et fulva luctantur arena;
Pars pedibus plaudunt choreas, et carmina dicunt,
Nec non Threicius longa cum veste sacerdos

ÉTUDE SUR VIRGILE.

Et c'est la *Sibylle de Cumes* qui conduit Énée à pareil spectacle! Et c'est Anchise, ce sage vieillard, dont les regards portent si loin dans l'avenir, *pater Anchises!* c'est l'époux de Vénus, le père d'Énée, qui révèle à son fils, conservateur des Dieux, une telle philosophie; fatale, nécessairement, à ces mêmes Dieux! Nécessairement fatale; car enfin, la doctrine d'une âme universelle, dont chaque âme est une portion, et qui du haut des cieux

---

Obloquitur numeris septem discrimina vocum ;
Jamque eadem digitis, jam pectine pulsat eburno.
Hic genus antiquum TEUCRI, pulcherrima proles,
Magnanimi heroes, nati melioribus annis,
Ilusque, Assaracusque, et Trojæ Dardanus auctor.
Arma procul, currusque virum miratur inanes.
Stant terra defixæ hastæ, passimque soluti
Per campos pascuntur equi ; quæ gratia curruum
Armorumque fuit vivis, quæ cura nitentes
Pascere equos, eadem sequitur tellure repostos.
   Conspicit, ecce alios dextra lævaque per herbam
Vescentes, lætumque choro Pæana canentes,
Inter odoratum lauri nemus : unde superne
Plurimus Eridani per silvam volvitur amnis.
Hic manus, ob patriam pugnando vulnera passi;
Quique sacerdotes casti, dum vita manebat;
Quique pii vates, et Phœbo digna locuti ;
Inventas aut qui vitam excoluere per artes ;
Quique sui memores alios fecere merendo :
Omnibus his nivea cinguntur tempora vitta. »
                             Lib. VI, 639.

répandue dans le monde y vivifie tous les êtres; le système de la métempsychose, suivant lequel les âmes ne meurent point, mais vont, au sortir du corps, dans les régions sublimes se retremper, se régénérer; pour, ensuite, après un laps de mille ans, revenir, au commandement d'un Dieu, vivre une nouvelle vie\*; cette doctrine et ce système,

---

\* « O pater, anne aliquas ad cœlum hinc ire putandum est
Sublimes animas, iterumque in tarda reverti
Corpora? Quæ lucis miseris tam dira cupido [1]? »
— « Dicam equidem, nec te suspensum, nate, tenebo, »
Suscipit Anchises, atque ordine singula pandit.
  « Principio cœlum ac terras, camposque liquentes,
Lucentemque globum lunæ, Titaniaque astra
Spiritus intus alit, totamque infusa per artus
Mens agitat molem, et magno se corpore miscet.
Inde hominum pecudumque genus, vitæque volantum,
Et quæ marmoreo fert monstra sub æquore pontus.
Igneus est ollis vigor, et cœlestis origo
Seminibus, quantum non noxia corpora tardant,
Terrenique hebetant artus moribundaque membra.
Hinc metuunt cupiuntque, dolent gaudentque, neque auras
Dispiciunt, clausæ tenebris et carcere cæco.
Quin et supremo quum lumine vita reliquit,
Non tamen omne malum miseris, nec funditus omnes
Corporeæ excedunt pestes; penitusque necesse est

[1] « Si l'on compare cette réflexion d'Énée avec le regret qu'Achille exprime dans l'*Odyssée* de n'être plus au nombre des vivans, on voit quels progrès avait faits la philosophie dans l'intervalle qui sépare le siècle d'Auguste des temps Homériques. » — *Note de M. Villenave.*

tirés de Pythagore, de Socrate, et de Platon, un jour fourniront des armes aux adversaires du Polythéisme : l'apôtre saint Paul s'en servira pour établir l'unité d'un Dieu ; après lui s'en serviront les pères de l'Église. Ah ! quand l'Étrusque Virgile rattache à son *Enéide* de semblables leçons, il ne résiste déjà plus, il cède, et compose avec l'Hellénisme ; il suit le progrès de son siècle.

Après tout, ce zélé conservateur ne se fait pas illusion. Il sent bien, au fond, que l'*Etrurisme* périt, et que, cette fois, les *Pénates*, ne peuvent plus être sauvés, enfin qu'une catastrophe est proche ; il le sent ; cela se voit à sa mélancolie, à son animadversion contre les Grecs, contre ces perfides, ces abo-

---

Multa diu concreta modis inolescere miris.
Ergo exercentur pœnis, veterumque malorum
Supplicia expendunt. Aliæ panduntur inanes
Suspensæ ad ventos ; aliis sub gurgite vasto
Infectum eluitur scelus, aut exuritur igni.
Quisque suos patimur manes ; exinde per amplum
Mittimur Elysium, et pauci læta arva tenemus,
Donec longa dies, perfecto temporis orbe,
Concretam exemit labem, purumque reliquit
Ætherium sensum, atque aurai simplicis ignem.
Has omnes, ubi mille rotam volvere per annos,
Lethæum ad fluvium Deus evocat agmine magno,
Scilicet immemores supera ut convexa revisant,
Rursus et incipiant in corpora velle reverti. »
           Lib. VI, 720...

minables Grecs (59), qui perdent Rome, comme jadis ils perdirent Troie. Son noir pressentiment se trahit dès le début de l'*Enéide*, à la fable du *cheval de Troie*, si bien ourdie! machine du poëme, si bien empreinte du génie étrusque, Virgilien! Sénèque dit * que les bons écrivains doivent imiter les abeilles : — de même que celles-ci vont au calice de chaque fleur butiner les sucs propices à la composition de leur miel; après quoi, au moyen de certaine mixture et de certain travail qui leur est propre, elles transforment tout ce butin en une substance délicieuse; de même un auteur nourri des anciens peut, par l'usage qu'il on fait et par le tour qu'il leur donne, s'approprier leurs pensées et leurs beautés; si bien qu'elles finissent par être siennes, et qu'encore qu'on découvre d'où elles furent tirées, siennes toujours elles paraissent. — Virgile est la meilleure des abeilles. Il fait son miel de toute chose; non-seulement de ce qu'il prend à Théocrite, à Hésiode, à Nicandre, à Homère, à Dictys, à Euripide, et à Platon; mais encore de ce que chemin faisant il trouve de bon, de propice à son œuvre, dans les histoires, les chroniques, les con-

---

* Epît. 84.

tes, dans tout ce qui occupe la curiosité des hommes, et qui alimente leur croyance. Ainsi, « la fable « d'un cheval de bois bâti par les Grecs, et rempli de « leurs soldats, était une vieille tradition populaire, « faite pour amuser les enfans et les vieilles femmes. « Quelle noblesse, quel intérêt, quelle vraisemblance « a su lui donner l'art du poète *! » Ajoutons : quel enseignement profond, étrusque, divinatoire ! Elle démontre que l'*invasion grecque*, funeste à l'empire d'Ilion, l'est pareillement à l'empire Romain. Des deux côtés, même ruine : dans Troie, l'ennemi pénètre au moyen d'un cheval de bois, ingénieusement fabriqué, de la hauteur d'une montagne,—où se cachent des audacieux, résolus à saccager la *cité* que depuis long-temps ils assiégent sans avoir pu s'en rendre maîtres. — Dans Rome, c'est au moyen de la *Philosophie ;* flanquée des sciences et des arts, et de tout ce qui constitue le *Progrès*, espèce de coursier, colosse armé de toutes pièces, qui, lui aussi, porte en ses flancs de hardis démolisseurs **. Des deux côtés même prétexte à

---

\* Delille, *Remarques sur l'Énéide* (liv. II).

\*\* « Neque ante PHILOSOPHIAM PATEFACTAM, quæ nuper inventa est, hac de re (de Divinatione) communis vita dubitavit. » — Cicer. *De Divinat.*, lib. I, 39.

Donc, avant cette invention funeste, avant l'*ouverture* de la

l'invasion ; même mensonge : un don à Minerve ;

« *Innuptæ donum exitiale Minervæ!* »

à Minerve *non mariée;* c'est-à-dire, qui ne participe point aux *noces;* qui ne prend aucun intérêt à la conservation des *familles;* au salut du *patriciat :* cette divinité-là, n'est pas de celles que révère l'Aristocratie.

Un *don à Minerve* \*! La chose, d'abord, paraît suspecte : suffit qu'elle vienne des Grecs, pour inquiéter les *sages;* qui, eux, voudraient voir tout ce merveilleux échafaudage à cent pieds sous terre ; ou le livrer aux flammes ; ou du moins l'explorer dans toutes ses parties ; afin de bien s'assurer qu'au fond il n'y a pas d'embûche. — « Troyens, s'écrie Laocoon, ceci cache un piége ; méfiez-vous ; pour moi,

---

muraille *Latine* (du *Pomœrium*) à la Philosophie grecque, tout succédait à l'*Étrurisme ; et* la Divination était en crédit ; Properce le dit clairement, en se servant de cette même figure du *Cheval de Bois :*

« *Jam bene spondebant tunc omina,* quod nihil illos
Læserat abiegni VENTER APERTUS EQUI. »
*Eleg.*, I, lib. IV, 42.

*Voir* notre note 27, page 348.

\* *Nota :* la rétribution annuelle payée par les écoliers à leurs maîtres s'appelait *Minerval;* parce qu'elle s'effectuait aux fêtes de *Minerve,* patronne des études, du progrès des lumières. — Voir *Diction. des Antiq. Rom.*, et la note 20 d'*Achaintre*, à la sat. VI d'*Horace*, liv. I.

je crains tout des Grecs ; tout ; jusqu'à leurs présens :

« *Equo ne credite, Teucri,*
« *Quidquid id est, timeo Danaos et dona ferentes.* »

Mais la multitude ne pense pas comme les sages : elle ne conçoit pas que là-dessous il puisse y avoir rien de pernicieux...... Elle ne connaît pas l'astuce grecque *.

Vient un hypocrite (*Sinon*) qui se dit malheureux, persécuté ; qui, d'un air de victime, expose ses misères, en fait un récit pathétique, à tirer les larmes des yeux ; et bonnement on l'écoute ; bonnement on se laisse prendre à son langage menteur ;

---

\* « Fracti bello, fatisque repulsi,
Ductores Danaum, tot jam labentibus annis,
Instar montis *equum*, divina Palladis arte,
Ædificant, sectaque intexunt abiete costas.......
Huc delecta virum sortiti corpora furtim
Includunt cæco lateri, penitusque cavernas
Ingentes uterumque armato milite complent....
 At Capys, et quorum melior sententia menti,
Aut pelago Danaum insidias suspectaque dona
Præcipitare jubent, subjectisve urere flammis ;
Aut terebrare cavas uteri et tentare latebras.
 Scinditur incertum studia in contraria vulgus....
Ignari scelerum tantorum artisque Pelasgæ......
 Talibus insidiis perjurique arte Sinonis
Credita res : captique dolis, lacrimisque coacti,
Quos neque Tydides, nec Larissæus Achilles,

bref, les beaux discours de ce perfide, suivis d'une stupide commisération, l'emportent, et perdent ceux que n'avaient pu dompter ni Diomède, ni Achille, ni dix ans de combats, ni mille vaisseaux! Car *le peuple* finit par croire que le *don à Minerve* peut à son tour le protéger, devenir pour lui un *Palladium*, et dès-lors il veut se l'approprier; pour mieux l'introduire, vite lui-même il fait à ses murs une large brèche.

La fatale machine entre; aux applaudissemens de *la jeunesse* (60) : des enfans, des jeunes filles *non mariées* la contemplent, l'admirent, l'escortent en triomphe; et toutes les mains de se porter complaisamment sur le lien qui l'amène : chacun veut y avoir touché. Elle entre; s'établit au milieu de la ville..... c'est fait d'*Ilion*, de l'antique demeure

---

Non anni domuere decem, non mille carinæ.....
    Dividimus muros, et mœnia pandimus urbis.
Accingunt omnes operi, pedibusque rotarum
Subjiciunt lapsus, et stuppea vincula collo
Intendunt : scandit fatalis machina muros,
Feta armis : pueri circum innuptæque puellæ
Sacra canunt, funemque manu contingere gaudent.
Illa subit, mediæque minans illabitur urbi.
O patria, o Divum domus Ilium, et inclyta bello
Mœnia Dardanidum! . . . . . . .
Clarescunt sonitus, armorumque ingruit horror.
Excutior somno, et summi fastigia tecti

des Dieux; ils vont tomber ces murs qu'illustra la vaillance des nobles fils de Dardanus :

« *O Patria, o Divum domus Ilium, et inclyta bello*
« *Mœnia Dardanidum !* »

Une fois l'ennemi dans la *cité*, la *cité* croule :

« *Hostis habet muros ruit alto a culmine Troja.* »

Alors la perfidie devient manifeste; les machinations des *Grecs* sont connues ; — on voit où l'Hellénisme conduit (61); — plus d'illusion possible; le rêve se dissipe; hélas! la chose n'est que trop claire, il s'agit du renversement de la *cité* : les *chefs*, retirés sur les hauteurs, écoutent et regardent; puis, en voyant ainsi périr ce qui faisait leur honneur, leur joie, ils demeurent stupéfaits, anéantis. — Tout s'écroule et se brise; la société s'en va; aucune digue à opposer au torrent qui l'entraîne ! —

---

Ascensu supero, atque arrectis auribus adsto :
In segetem veluti quum flamma furentibus austris
Incidit, aut rapidus montano flumine torrens
Sternit agros, sternit sata læta, boumque labores,
Præcipitesque trahit silvas : stupet inscius alto
Accipiens sonitum saxi de vertice pastor.
Tum vero manifesta fides, Danaumque patescunt
Insidiæ.
                      Lib. II.

C'est à ce moment suprême que Virgile fait apparaître le grand prêtre *Panthée*, gardien de la *citadelle* et du *temple d'Apollon*; le représentant de *tous les Dieux*; le Polythéisme en personne; — son nom, du moins, ses actes, ses paroles, tout nous le fait envisager ainsi * — : *Panthée*, a pu d'abord échapper aux traits des Grecs; mais bientôt, le péril croissant, il a, d'une main, pris ses dieux vaincus; de l'autre, le dernier né de sa race; puis, troublé, ne sachant plus que devenir, il court au trépas; sans que rien puisse le préserver; ni sa piété, ni les bandeaux sacrés d'Apollon **; quand Enée l'aperçoit au milieu des flammes, et lui crie : « Où en sommes-nous, Panthée? y a-t-il encore espoir de sauver la *citadelle?* » — Panthée répond en gé-

---

\* Pan—thée, en grec, *Pan* tout, *Theos* dieu.

\*\* . . . . . . « Nec te tua plurima, Pantheu,
Labentem pietas, nec Apollinis infula texit. »
                        Lib. II, 429...

« Ecce autem telis PANTHEUS elapsus Achivum,
Pantheus Othriades, arcis Phœbique sacerdos,
Sacra manu, victosque Deos, parvumque nepotem
Ipse trahit, cursuque amens ad limina tendit.
« Quo res summa loco, Pantheu? Quam prendimus arcem? »
Vix ea fatus eram, gemitu quum talia reddit :
« Venit summa dies et ineluctabile tempus
Dardaniæ : fuimus Troes, fuit Ilium, et ingens
Gloria Teucrorum : ferus omnia Jupiter Argos

missant : « c'est fait de la *Dardanie* \*. Son dernier jour est venu; plus moyen de lutter. Peuple de *Tros*, hélas! nous fûmes; *Ilion* fut; et la race de *Teucer* eut un règne glorieux! maintenant, c'est au tour des Grecs; ainsi le veut l'inexorable destin; les voici maîtres de notre ville embrasée; au sein de nos murs leur funeste cheval vomit des hommes armés; et Sinon, le traître Sinon, vainqueur, insulte à notre crédulité; en propageant l'incendie. Toutes les portes sont ouvertes : l'ennemi, plus nombreux que jamais, arrive à flots et se précipite; il est partout le fer en main, prêt à donner la mort : vainement les premières senti-

---

Transtulit : incensa Danai dominantur in urbe.
Arduus armatos mediis in mœnibus adstans
Fundit equus, victorque Sinon incendia miscet,
Insultans : portis alii bipatentibus adsunt,
Millia quot magnis unquam venere Mycenis.
Obsedere alii telis angusta viarum
Oppositi : stat ferri acies mucrone corusco

\* « *Dardanus*, lorsqu'il édifia premièrement la ville de Troie, y porta les saintes images des Dieux samothraciens, et les y dédia ; mais depuis, Énée, quand la ville fut prise, les déroba, et les garda jusqu'à ce qu'ils'en vint habiter en Italie. » — Plutarque, *Camille*, XXXVII. — Donc, figurément, la *Dardanie*, et la vieille *Cité* religieuse, le vieux système Latin-étrusque, c'est tout un.

nelles ont engagé le combat; impossible de prolonger une aveugle résistance! »

Ce dernier oracle du grand prêtre d'Apollon, ce chant suprême de *Panthée*, n'était-il pas, dans le for de Virgile, l'arrêt suprême du Polythéisme? — Nous le croyons. Virgile voit le Polythéisme assiégé, battu en brèche, envahi de toutes parts, et ruiné par les idées philosophiques, ces *lumières de la Grèce!* qui, de plus en plus répandues, éclatent au milieu de la *cité* comme un vaste incendie :

« *Incensa Danai dominantur in urbe!* »

Rome que n'ont pu ruiner ni le voisinage des Marses\*, ni l'invasion de Porsenna, ni les jaloux efforts de Capoue\*\*, ni Spartacus, ce grand agitateur! ni l'Allobroge, toujours prêt à se révolter \*\*\*; Rome

---

Stricta, parata neci : vix primi prælia tentant
Portarum vigiles, et cæco Marte resistunt. »
                Lib. II, vid. I, ad 336.

\* « Quam neque finitimi valuerunt perdere Marsi,
    Minacis aut Etrusca Porsenæ manus,
Æmula nec virtus Capuæ, nec Spartacus acer,
    Novisque rebus infidelis Allobrox ;

\*\* Cette république avait fait alliance avec Annibal, dans l'espérance de devenir à son tour la capitale de l'Italie. » — Note de *Binet*.

\*\*\* « Les *Allobroges*, habitans de la Savoie et du Dauphiné. Les députés de ce peuple étaient entrés dans la conspiration de Lentulus, en faveur de Catilina ; mais ils le trahirent, et découvrirent tout à Cicéron. » — *Idem*.

qui, sans être abattue, reçut les coups que lui porta la Germanie par la main des Cimbres et des Teutons; les coups du cruel Annibal, ce fléau des familles! Rome périt par la dispute, par les discords issus de la philosophie, par l'impiété des Romains; il faut que son destin s'accomplisse : elle aussi, comme Troie, servira de retraite aux bêtes fauves; un *barbare* vainqueur viendra fouler aux pieds sa cendre; et le pavé de ses temples retentira sous les pas des chevaux. Malédiction! Horreur! on verra la tombe de Romulus, la tombe du père des Quirites, ouverte, souillée, profanée; et de ses os sacrés la poudre sera jetée au vent!

Ah! plus d'un fils de Romulus, plus d'un noble descendant de Tros, d'Ilus, et de Teucer, devaient avoir au fond du cœur le désespoir de Panthée; et, comme lui, se dire en gémissant : la résistance n'est plus possible!

---

Nec fera cærulea domuit Germania pube,
    Parentibusque abominatus Hannibal,
Impia perdemus devoti sanguinis ætas,
    Ferisque rursus occupabitur solum.
Barbarus, heu! cineres insistet victor, et Urbem
    Eques sonante verberabit ungula;
Quæque carent ventis et solibus ossa Quirini,
    Nefas videre! dissipabit insolens. »

*Horat.*, epod. XVI.

César-Auguste a beau faire : ni son extrême piété, ni son recours en Apollon, ne peuvent empêcher une chute inévitable. Vainement à ses côtés les *premières sentinelles* tentent de résister, et de sauver la *patrie*. Agrippa, notamment, a beau bâtir un nouveau temple *à tous les Dieux*, un temple de marbre, de granit et de bronze, un monument indestructible ! Au jour marqué, Rome n'en verra pas moins son *Panthéon* superbe devenir une église à Marie sainte Vierge et mère de Jésus-Christ.

Avec un tel pressentiment, quelle foi dans son œuvre pouvait avoir l'auteur de l'*Enéide?* — Une fort peu vive; assurément. — Aussi, lorsqu'elle arrive à terme, ne veut-il plus la publier, cette œuvre merveilleuse, depuis long-temps attendue ! De là le bruit que, se sentant mourir avant d'avoir pu mettre la dernière main à l'*Énéide*, Virgile ordonna de la brûler; comme si sa gloire de poète devait être compromise; comme si l'on pouvait s'imaginer que celui qui, toute sa vie, avait montré beaucoup moins le désir de la célébrité, que l'amour de l'étude et de la retraite, fut saisi tout-à-coup d'un tel accès d'amour-propre; et que la tête lui ait tourné au point de vouloir, pour quelques fautes légères, condamner au feu tout un poème sagement conçu, longuement élaboré. Car on ne peut pas dire que le temps ait manqué à Virgile. Si jamais poète eut le loisir de *vingt fois sur le métier remettre son ouvrage;* certes, c'est bien Virgile; c'est bien lui qui *sans cesse le polissait et le repolissait;* léchant, disait-il, les nouveau-nés de sa muse, comme l'ourse ses petits \*. — Horace veut jusqu'à neuf ans pour faire un poème, et le parfaire : Virgile en mit douze au sien. — L'*Enéide* n'est point parfaite; sans doute; mais où trouver la perfection? Elle n'est pas dans l'*Iliade;* elle n'est pas dans l'*Odyssée*; le bon Homère quelquefois sommeille : pourquoi Virgile n'aurait-il pas, lui aussi, payé tribut à l'humaine faiblesse? Après tout, quelques défauts ne suffisent pas pour ternir un ouvrage étincelant de sublimes beautés. Le soleil même a ses taches. Et, vraiment, nous ne voyons pas que dans l'intérêt de sa gloire Virgile eût tant à se défier de l'*Enéide :* elle lui avait valu d'unanimes applaudissemens; toute la cour d'Auguste portait aux nues le chantre d'Enée; par ce qu'il connaissait de l'œuvre, l'Empereur en attendait merveille; si bien qu'absent de Rome, en lointaine expédition, au milieu des soins de la guerre, il écrivait lui-même

---

\* « Dicere solebat (Virgilius), carmen se ursæ more parere et lambendo demum effingere. » — *In Vita Virgilii.*

au poète, dans les termes les plus pressans et les plus flatteurs pour lui demander l'*Enéide*, ou tout au moins quelque partie de sa chère *Enéide* *. La princesse Octavie, fondant en larmes, évanouie à ce bel épisode où son fils Marcellus apparaît enlevé à l'amour du peuple romain **, avait fait compter à Virgile une somme considérable ***. Bref, l'*Enéide* ne pouvait que profiter à son auteur, et mettre le comble à sa gloire : comment croire qu'honoré, choyé, récompensé, il répugnât à la publier, et qu'il ordonnât de la brûler, par ce seul motif qu'elle était incorrecte et inachevée? — Plus on examine la chose, et moins elle semble vraie. — Un esprit sérieux, qui l'a de près observée, n'hésite pas à la déclarer « tout-à-fait incroyable ****. » Il veut que Virgile se soit re-

---

* « Augustus vero, quum jam forte expeditione Cantabrica abesset, et supplicibus atque minacibus per jocum literis efflagitaret, ut sibi de *Æneide*, ut ipsius verba sunt, vel primas carminis hypographas, vel quodlibet colon mitteret : negavit Virgilius. » — (*In vita Virgilii*).

** « *Tu Marcellus eris!* » — Lib. VI.

*** *Dena sestertia pro singulo versu!* » — Dix sesterces par chacun des vers de cette épisode, qui en a trente-deux ; la somme était énorme alors. — Voyez *Biogr. Univ.* (VIRGILE).

**** « *Bartenstein*, recteur de l'école de Cobourg, et professeur au Gymnase de cette ville. Dans une savante dissertation, intitulée : *Cur Virgilius moriens Æneida comburi jussit?* »

penti de l'*Enéide*, comme d'une mauvaise action;
il le suppose en peine d'avoir élevé Auguste au rang
des Dieux; plus jaloux d'obtenir en dernier lieu
l'estime des gens de bien que la faveur du prince;
et, partant, résolu à sacrifier de poétiques chimères, une fable ingénieuse, déduite en vers élégans; plutôt que d'encourir le reproche de s'être
fait un soutien du despotisme. Sa conclusion, est
celle-ci : « soit blâme de la part de ses amis, soit
remords d'avoir divinisé le tyran Auguste, soit toute
autre cause, il y eut en Virgile un fond de mauvaise humeur qui le fit non-seulement différer jusque vers la fin de ses jours la publication de l'*Enéide*; mais encore vouloir, à l'article de la mort,

---

il dit : « Incredibilem prorsus esse rationem, cur Virgilius Æneida comburi jusserit, quam vulgo dictitant ut opus inemendatum et imperfectum. »

Puis, après ample examen, le docte Allemand conclut ainsi :
« Pœnituit nimirum Virgilium ad Deos in Æneide evecti Augusti, et gravibus justisque de causis pœnituit, bonam bonorum multorum existimationem anteposuit unius Augusti gratiæ, satiusque duxit lusum ingenii, fabulam elegantissimo carmine expositam interire, quam se tyrannidis patronum et defensorem accusari.... Tandem hoc supponimus, Virgilium vel ab amicis vituperatum, vel ipsum nimis laudati tyranni pœnituisse, vel quacumque de causâ subirasci cœpisse, ut libri editionem non solum ad vitæ exitum differret, sed etiam moribundus prorsus abolitam cuperet. »

ne la point publier du tout, et même la livrer aux flammes; comme pour faire amende honorable. »

Ne serait-ce pas que le sage Etrusque, versé dans la science des temps, eût, par l'étude de son siècle, une notion de l'avenir? — Et sans aller jusqu'à dire que « Virgile *entrevit le Messie* » on peut, plus sûrement, admettre que Virgile prévit la *mutation du monde* dans un temps prochain : devant ce fait invincible, reconnaissant l'inanité de son travail; sentant que son œuvre conservatrice ne pouvait rien conserver; en désespoir de cause, il l'aura voulu retrancher, et emporter ses dieux avec lui.

Ce qu'il y a de certain, c'est qu'à peine cette grande et belle composition de l'*Enéide* est-elle achevée, que Virgile songe à l'anéantir. Et il l'anéantirait, sans la mort qui vient le prendre au milieu d'un voyage; quand il n'a pas sous la main ses tablettes; mais il les demande à plusieurs reprises, avec instance, dans l'intention avouée de mettre l'*Enéide* au feu. On les lui refuse; il persiste; alors par testament il ordonne de la brûler [*]. Toute sacrée que soit la volonté suprême

---

[*] « Qui quum gravari morbo sese sentiret, scrinia sæpe et magna instantia petivit, crematurus Æneida : quibus negatis, testamento comburi jussit, ut rem inemendatam imperfectam

d'un mourant, celle-ci, grâce au ciel, ne pouvait être exécutée; les exécuteurs désignés déclinèrent leur office en remontrant au testateur qu'une œuvre dédiée, notoirement, au Divin Auguste, était sa propriété (62); qu'y attenter devenait un sacrilége, un crime de lèse-majesté. Malheur à quiconque s'en rendrait coupable! — La remontrance prévalut; et l'*Enéide* fut éditée! Mais quand Auguste apprit qu'il avait ainsi failli perdre le diamant de sa couronne, il demeura stupéfait; et on l'entendit s'écrier : « est-ce possible? quoi! Virgile à sa dernière heure a pu donner un tel ordre [*]? Quoi! l'*Énéide* eût été la proie des flammes? Et la muse de Virgile, cette divine institutrice, eût désormais gardé le silence du tombeau? Non; non; en pareil cas, point de testament qui tienne; il s'agit bien vraiment, de volonté dernière, de recommandation suprême, et de respect à la loi! périsse la loi plutôt que l'*Enéide*. Il ne sera pas dit qu'un seul jour,

---

que. Verum *Tucca* et *Varius* monuerunt, id Augustum non permissurum. » — *In Vita Virgilii*.

[*] « Ergone supremis potuit vox improba verbis
Tam dirum mandare nefas? Ergo ibit in ignes,
Magnaque doctiloqui morietur musa Maronis?
Sed legum servanda fides : suprema voluntas
Quod mandat fierique jubet, parere necesse est.

qu'un instant aura perdu le fruit de tant de veilles; perdu l'ouvrage de tant d'années ! »

— En voulant détruire l'*Enéide*, Virgile frustrait l'attente d'Auguste; il déméritait. Favori qui cesse de complaire, tombe bientôt en disgrâce.... Virgile mourut à propos : l'Empereur ne put qu'honorer la cendre du grand poète qui l'avait déifié.

---

Frangatur potius legum veneranda potestas,
Quam tot congestos noctesque diesque labores
Hauserit una dies ! »

*In Vita Virgilii.*

FIN DE L'ÉTUDE SUR VIRGILE.

# NOTES
# SUR VIRGILE.

### NOTE 1. — p. 1.

« *La pensée soumise au pouvoir des nombres.* » — On sait que Pythagore avait mis en crédit la science des nombres, appliquée à toutes les religions. — « Le nombre, messieurs, le nombre ! dit le religieux M. de Maistre, il est l'ordre et la symétrie ; il est la barrière évidente entre la brute et nous » (*Soirées de Saint-Pétersbourg*, t. II, 112). Dans l'histoire de Rome, « La cité elle-même, qui
« est la loi matérialisée, n'est que rhythme et que nombre.
« Les nombres trois, douze, dix, et leurs multiples, sont
« la base de toutes ses divisions politiques :

« *Martia Roma triplex, equitatu, plebe, senatu,*
« *Hoc numero tribus et sacro de monte tribuni.*

« Trois tribus, trente curies, trois cents sénateurs, trente
« villes latines, etc., etc. » — M. Michelet, *Hist. Rom.*, ch. II.

### NOTE 2. — p. 8.

« *Vainement l'aristocratie a fait poignarder César au nom de la liberté.* » — On entrevoit dans Suétone la politique patricienne : « Après le meurtre de César, tous les sénateurs, par crainte de nouveaux troubles, votèrent pour qu'il y eût *amnistie pleine et entière de ce fait.* » — Tibérius-Néron (le père de Tibère, issu de l'aristocra- « tique maison des Claudiens); fut, lui, plus franc que tous les autres : il pensa et dit que « il y avait lieu de faire un rapport sur les récompenses à décerner aux tyrannicides. *Cæsare occiso, cunctis turbarum metu abolitionem facti decernentibus, etiam de præmiis tyrannicidarum referendum censuit.* » — Tiber., iv.

Autre observation : Dolabella (gendre de Cicéron, connu par son attachement à la cause de César), ayant rencontré à Smyrne, puis fait mourir Trébonius, gouverneur de l'Asie-Mineure, et l'un des meurtriers de César ; « Dès que la nouvelle de cette action fut sue à Rome, le sénat déclara Dolabella ennemi du peuple romain. » — *Voyez* Bayle, *Diction. Hist.*, Dolabella.

## NOTE 3. — p. 29.

« *La révolte des Titans contre le maître du tonnerre.* » — Certain passage d'Horace indique bien ce que, lors de l'avénement d'Auguste, on entendait par *la révolte des Titans* contre le *Dieu* qui par des lois équitables gouvernait seul la terre, les enfers, les mers orageuses, les ombres, les tristes royaumes, les autres Dieux et les mortels :

« Scimus ut impios
Titanas, immanemque turmam,
Fulmine sustulerit caduco,
Qui terram inertem, qui mare temperat

Ventosum, et urbes, regnaque tristia,
Divosque, mortalesque turbas
Imperio regit unus æquo. »
Od. iv, lib. iii.

*Dacier* voit (et nous voyons après lui) dans tout ce passage une allégorie, où, sous le nom des Titans, Horace désigne Cassius et Brutus, et, sous celui de Jupiter, il représente Auguste, vainqueur de l'opposition.

### NOTE 4. — p. 32.

« *Le dieu du Cynthe vint lui pincer doucement l'oreille.* » Bouchaud dit — en son commentaire sur la *Loi des XII Tables*, loi 1$^{re}$ : — « Regardant l'oreille comme
« le siége de la mémoire, et persuadés qu'elle conserve
« tout ce que l'on a vu et entendu, de même que les cosses
« renferment les graines de la plante, les Romains avaient
« adopté l'usage de prendre et tirer le bout de l'oreille
« aux personnes dont ils invoquaient le témoignage.....

« Quant au rit de *pincer l'oreille* de celui qu'on pre-
« nait à témoin, rit qui s'observait anciennement chez les
« Romains, nous avons eu occasion de citer d'anciennes
« médailles et des pierres gravées antiques, qui représen-
« tent ce pincement d'oreille..... Les auteurs de la bonne
« latinité, faisant allusion à ce rit de pincer l'oreille des
« témoins, se servent fréquemment de l'expression *aurem*
« *alicui vellere*, pour dire, *in memoriam alicui aliquia*
« *revocare* (remettre quelque chose en la mémoire de
« quelqu'un). C'est ainsi que Virgile dit :

« *Quum canerem reges et prælia Cinthius aurem*
« *Vellit et admonuit.* »

## NOTE 5. — p. 37.

« *Les plus religieux veulent qu'éclairé par une illumination d'en haut, Virgile ait entrevu le Messie.* » — Ainsi le voulurent, dans le temps, Lactance et l'empereur Constantin : leur opinion a trouvé de chauds partisans parmi les modernes [1]. Récemment, M. de Maistre est entré dans une sainte colère à l'idée que, de nos jours, on pût voir dans le *Pollion* de Virgile autre chose qu'une prophétie de la naissance de Jésus-Christ. — « N'est-ce
« rien que ce cri général qui annonce de grandes choses ?
« Remontez aux siècles passés, transportez-vous à la
« naissance du Sauveur. A cette époque une voix haute et
« mystérieuse, partie des régions orientales, ne s'écriait-
« elle pas : L'*Orient est sur le point de triompher ; le*
« *vainqueur partira de la Judée : un enfant divin nous*
« *est donné, il va paraître, il descend du plus haut des*
« *cieux, il ramènera l'âge d'or sur la terre...?* Vous
« savez le reste. Ces idées étaient universellement répan-
« dues ; et comme elles prêtaient infiniment à la poésie, le
« plus grand poète latin s'en empara et les revêtit des cou-
« leurs les plus brillantes dans son *Pollion*, qui fut depuis
« traduit en assez beaux vers grecs, et lu dans cette lan-
« gue au concile de Nicée par l'ordre de l'empereur Con-
« stantin. Certes, il était bien digne de la Providence d'or-
« donner que ce cri du genre humain retentît à jamais
« dans les vers immortels de Virgile. Mais l'incurable in-

---

[1] Voyez l'*Argument* mis par Lemaire en tête de la IV<sup>e</sup> *Églogue* (Classiques Latins); et l'*Étude sur Virgile*, par M. Charpentier. *Paris*, Panckoucke, 1834, pages xxv-xxviii.

« crédulité de notre siècle, au lieu de voir dans cette
« pièce ce qu'elle renferme réellement, c'est-à-dire un
« monument ineffable de l'esprit prophétique qui s'agitait
« alors dans l'univers, s'amuse à nous prouver doctement
« que Virgile n'était pas prophète, c'est-à-dire qu'une
« flûte ne sait pas la musique, et qu'il n'y a rien d'extraor-
« dinaire dans la quatrième églogue de ce poète ; et vous
« ne trouverez pas de nouvelle édition ou traduction de
« Virgile qui ne contienne quelque noble effort de raison-
« nement et d'érudition pour embrouiller la chose du
« monde la plus claire. » — *Soirées de Saint-Pétersbourg*, t. II, p. 271). — *Voyez* aussi Voltaire, *Essai sur
les Mœurs :* DES SIBYLLES.

### NOTE 6. — p. 38.

« *Le système étrusque des âges.* » — Nous lisons dans
l'*Histoire Romaine* de M. Michelet (chap. v) : « Les seuls
« Étrusques, dans notre Occident, sentirent que les em-
« pires meurent aussi. Ils n'annoncèrent pas d'une ma-
« nière confuse le renouvellement du monde, comme on
« le trouve indiqué dans le *Prométhée* d'Eschyle et dans
« la *Voluspa Scandinave*. Ils partagèrent l'humanité en
« plusieurs âges, s'en réservèrent un seul, et se prédirent
« eux-mêmes le moment où ils feraient place à un autre
« peuple. L'Étrurie devait périr au $x^e$ siècle de son exis-
« tence.....

« De même que le siècle fait la vie de l'homme, que dix
« siècles composent celle de la nation étrusque, en six
« mille ans se trouve resserrée toute la vie de la race hu-
« maine. Les Dieux ont mis six mille années à créer le

« monde; il en faut encore autant pour compléter le cycle
« mystérieux de la *Grande année*, et pour épuiser la suc-
« cession des nations et des empires par lesquels l'huma-
« nité passera. Ainsi les hommes, les peuples, les races,
« s'éteignent dans leur temps. Les Dieux eux-mêmes, les
« grands Dieux (*consentes*), doivent mourir un jour, et
« sur les ruines de ce monde, fleuriront encore de nou-
« velles races, de nouveaux empires et de nouveaux
« Dieux. »

### NOTE 7. — p. 45.

« *Chez nous un sage a dit de ce chant prophétique,
qu'il pourrait passer pour une version d'Isaïe.* » — Le
religieux M. de Maistre dit, en effet (*ut supra*) : « Croyez-
« vous que le siècle de Virgile manquât de beaux esprits
« qui se moquaient de *la Grande année*, et du *siècle*
« *d'or*, et de la *chaste Lucine*, et de l'*auguste mère*, et
« *du mystérieux enfant ?* Cependant tout cela était vrai :

« *L'enfant du haut des cieux était prêt à descendre.*

« Et vous pouvez voir dans plusieurs écrits, nommément
« dans les notes que Pope a jointes à sa traduction en vers
« du *Pollion*, que cette pièce pourrait passer pour une
« version d'Isaïe. Pourquoi voulez-vous qu'il n'en soit pas
« de même aujourd'hui ? L'univers est dans l'attente.
« Comment mépriserions-nous cette grande persuasion ?
« Et de quel droit condamnerions-nous les hommes qui,
« avertis par ces signes divins, se livrent à de saintes
« recherches ? »

### NOTE 8. — p. 46.

« *Il ne faut pas croire que dans Silène Virgile se posât en sectateur d'Épicure.* » — Beaucoup l'ont cru; mais

point Heyne. Dans son Commentaire sur la sixième Églogue, il dit fort bien : « Pour moi, je ne vois aucune raison de rapporter au *Système d'Épicure*, — comme l'ont fait des grammairiens qui, pour cela, s'appuient sur Scyron, — toute cette belle œuvre de Virgile ; où Silène chante l'origine du monde, d'après les idées des poètes et des philosophes les plus anciens, et où, pour plus d'embellissement, il donne à son esprit un libre cours dans le champ des fictions. Dirai-je pourquoi? Parce que la question des quatre élémens, principes de toutes choses, avait été déjà, comme réfutation des systèmes d'Empédocle et autres, traitée à fond par le chef de l'école épicurienne, par Lucrèce ; puis encore parce que *la fable de Virgile enrôlé dans la secte d'Épicure*, repose uniquement sur l'autorité pseudonyme de Donat, et sur celle de Servius, ou plutôt sur la parole de gens sans aucune espèce d'importance, qui ont abusé du crédit de ces deux noms. — *Nititur tota de Virgilio Epicureæ philosophiæ sectatore fabula fide Pseudodonati et Servii, aut potius vanissimorum hominum, qui nomina ista sunt mentiti.* »

### NOTE 9. — p. 47.

« *Y rattacher les mythes les plus anciens.* » — Heyne dit encore (*ut supra*) : « La fable de Silène, toute mystérieuse, était, en fait de cosmogonie et de philosophie ce qu'il y avait de plus ancien. — *Fuit autem antiquissima aliqua reconditior fabula de Sileni philosophia et super res naturales et ethicas disputationibus.* » — Puis M. Charpentier (note sur cette même sixième Églogue) : « On le voit, cette Églogue est pleine des mythes anciens ;

c'est un rapide, mais curieux tableau de cette histoire primitive, qui s'était conservée, bien que défigurée, dans les fables nouvelles de la Grèce. »

### NOTE 10. — p. 55.

« *Tusco* STEMMATE *ramus.* » — A ce passage de Perse, Achaintre dit en note : « La noblesse originaire de Toscane était la plus estimée à Rome. L'Étrurie, avant « d'être soumise aux Romains, avait un roi particulier à « qui les douze lucumons ou principaux seigneurs du « pays étaient obligés de fournir chacun un licteur. C'é- « tait de ces lucumons que descendaient les plus illustres « familles de patriciens et même de chevaliers. Mécène, « qui était de ce dernier ordre, comptait plusieurs lucu- « mons parmi ses ancêtres; et Horace n'a pas oublié cette « circonstance dans les éloges qu'il lui adresse. »

*Stemma*, proprement, *couronne, guirlande.* « Ce mot « a été appliqué ensuite par métaphore aux statues des « ancêtres qu'on ornait de couronnes de fleurs. La der- « nière signification de *stemma,* celle que Perse adopte « ici, a été *arbre généalogique,* parce que les Romains « représentaient sur leur arbre généalogique le nom de « chacun de leurs aïeux, enfermé dans une figure ronde, « un cercle, une espèce de couronne : usage que nous « avons emprunté d'eux. »

### NOTE 11. — p. 61.

« *Là-dessous qu'y avait-il de caché? — Quelque allusion divinatoire.* » — En effet, « dans les hiéroglyphes égyptiens, le scorpion et le crocodile terrestre, sont l'image de *deux ennemis d'égale force* qui luttent ensemble ; car tantôt le scorpion succombe, tantôt le crocodile. Les Egyptiens voulant désigner *un seul vainqueur*, représentaient ou le lézard ou le *scorpion*. Voulaient-ils désigner un vainqueur prompt ? C'était le crocodile ; un vainqueur lent ? le scorpion ; à cause de la lenteur de ses mouvemens [1]. » Or, entre la bataille de Philippes, qui donne le pouvoir aux triumvirs, et celle d'Actium, où l'amant de la reine du Nil, le *crocodile* Antoine finit par succomber, il y a, de compte fait, dix années. Il ne fallait pas moins à Octave pour en venir à ses fins, l'emporter sur son rival, *ennemi d'égale force*, et demeurer le *seul vainqueur*. Remarquons, en outre, que par l'interposition du nouvel astre ainsi substitué à la balance, cet emblème d'équilibre disparaissait, et qu'alors on voyait, en son lieu, briller *Auguste*, signe de réparation et de justice, nouveau symbole de l'*équité*.

Tout imparfait qu'est notre commentaire, peut-être explique-t-il mieux qu'on ne l'a fait jusqu'ici *ce passage* de Virgile *qui a tant exercé les commentateurs*. On finirait alors par comprendre « *l'idée bizarre de déplacer des constellations pour Auguste, et même de détrôner en sa faveur Jupiter ou Neptune;* « ce qui, aux yeux de M. Tissot, a semblé n'être « qu'*une flatterie aussi dépourvue de sens que de pudeur.* »

La monarchie d'Auguste devait s'inaugurer par une apothéose, et, partant, découler du droit divin. Aussi, chez les poètes dynastiques, est-ce une idée fixe de porter Octave au ciel, et de l'*y insérer*. Horace, par exemple :

---

[1] Voyez *Dictionnaire de la Fable*, Scorpion.

« Quibus
Antris egregii Cæsaris audiar
Æternum meditans decus
*Stellis inserere*, et concilio Jovis.
Od. xxv, lib. III.

## NOTE 12. — p. 64.

« *L'agriculture est la lutte de l'homme contre la terre*, etc. » — L'Étrusque Virgile est si bien convaincu que l'agriculture est la lutte de l'homme contre la terre, une sainte milice, qu'en maint endroit des *Géorgiques* on le voit ordonner les travaux agricoles comme des travaux militaires. Ainsi, au livre II, touchant la plantation de la vigne, il veut que les ceps soient rangés et alignés comme des soldats sur le champ de bataille :

« *Ut sæpe ingenti bello quum longa cohortes
Explicuit legio, et campo stetit agmen aperto.* »

Puis au troisième live, il fait camper les troupeaux hors de l'étable, comme soldats à la belle étoile. Les lieux qu'ils occupent sont leurs quartiers d'été; « *œstiva.* » Or, dit très bien le père La Rue : « ÆSTIVA et HYBERNA, *loca sunt in quibus milites per œstatem et hyemem degunt: idque a militibus transtulit* (*Virgilius*) *ad greges, qui œstivis noctibus non continentur in stabulis, sed in pascuis sub dio.* »

## NOTE 13. — p. 67.

« *Le pernicieux usage de la Frumentation.* » — *Frumentatio*, la distribution des blés, était un ancien usage ches les Romains, et fut presque toujours employée pour gagner l'amitié, les suffrages du peuple (Voyez *Diction. des Antiq. Rom.* Frumentatio).

Ceux qui aspiraient aux charges avaient à faire des largesses en pois, en fèves, en blé, en argent; largesses si coûteuses, que souvent les plus riches s'y ruinaient :

« *In cicere, atque faba, dona tu perdasque lupinis,*
*Latus ut in Circo spatiere, aut œneus ut stes,*
*Nudus agris, nudus nummis, insane, paternis?* »
Horat., *Sat.* III, lib. II, 184.

Une multitude innombrable de gens « végétaient nour-
« ris des distributions publiques, logés dans les combles
« de ces vastes maisons de Rome (*insulæ*), où s'entassaient
« à la hauteur de sept étages toutes les misères de l'Ita-
« lie. » — M. Michelet, *Histoire Romaine*, t. II, p. 274.

## NOTE 14. — p. 68.

« *La disette et la peste étaient pour le peuple romain un mal chronique.* » — Aussi, dans son *Chant Séculaire*, Horace fait-il dire, par le chœur des jeunes garçons et des jeunes filles, à la louange d'*Apollon Sauveur* : « C'est lui qui, touché de vos prières, éloignera du peuple et du prince la *guerre*, la *famine* et la *peste*, et qui les fera tomber sur les Perses et sur les Bretons nos ennemis :

« *Hic bellum lacrimosum, hic miseram famem*
*Pestemque a populo et principe Cæsare in*
  *Persas atque Britannos*
  *Vestra motus aget prece.* »
    Od. XXI, lib. I.

## NOTE 15. — p. 85.

« *De tels présages ne se produisent pas en vain.*» — Telle était du moins la croyance entretenue par la divination (*Voyez* Cicéron, *De la Divinat.*, liv. I, 43-44 ; Tibulle, *Élég.*, v, liv. II, Plutarque, *Vie de Marcellus*, 46 ; de *Fabius Maximus*, 4, et de *Camille*, 13). Tacite rapporte que, vers la fin de l'année où il y eut incendie de Rome (incendie attribué par Néron aux chrétiens), où il y eut vaste conjuration contre la vie de l'empereur, et à Préneste, soulèvement des gladiateurs, assez grave pour faire craindre une nouvelle *guerre de Spartacus;* vers la fin de cette année, « on ne se s'entretint que de prodiges,
« avant-coureurs de calamités prochaines ; coups de fou-
« dre plus réitérés qu'à aucune autre époque ; apparition
« d'une comète, sorte de présage que Néron expia tou-
« jours par un sang illustre ; embryons à deux têtes, soit
« d'hommes, soit d'animaux, jetés dans les chemins, ou
« trouvés dans les sacrifices où l'usage est d'immoler des
« victimes pleines. Enfin, dans le territoire de Plaisance
« (en Étrurie), un veau naquit, dit-on, près de la route,
« avec la tête à la cuisse ; et les Aruspices en conclurent
« qu'on voulait donner à l'empire une autre tête, mais
« qu'elle ne serait pas forte, ni le secret bien gardé, parce
« que l'accroissement de l'animal avait été arrêté dans le
« ventre de la mère, et qu'il était sur la voie publique, »
— *Annal.*, liv. XV et XLVII ; — Trad. de Burnouf.

En effet, fut découverte la conspiration qui, réellement, tendait à *donner à l'empire une autre tête;* car il s'agissait de faire empereur un philosophe ! — « Le bruit

« courut que Subrius, de concert avec les centurions, avait
« décidé secrètement, mais non pourtant à l'insu de Sé-
« nèque, qu'une fois Néron tué par la main de Pison, Pi-
« son serait tué à son tour, et l'empire donné à Sénèque,
« comme à un homme sans reproche, appelé au rang su-
« prême par l'éclat de ses vertus. » — *Ibid.*, LXV.

Justice faite des conspirateurs, « on décerna ensuite
« des offrandes et des actions de grâces aux Dieux, avec
« des hommages particuliers au *Soleil*, qui a, près du Cir-
« que, où devait s'exécuter le crime, un ancien temple, et
« dont la Providence avait dévoilé ces mystérieux com-
« plots. » *Ibid.*, LXXIV.

« *Solem quis dicere falsum*
*Audeat?* »

### NOTE 16. — p. 86.

« *Au bord d'une tombe ouverte s'arrêtera stupéfait
de voir d'énormes ossemens.* »

— « *Grandiaque effossis mirabitur ossa sepulcris!* »

Delille, en s'excusant de n'avoir pu rendre le mot *grandia*, dit que, si l'on en croit les commentateurs, ce mot
fait allusion à une opinion particulière des anciens, qui
croyaient que les hommes dégénéraient de siècle en siècle.
— Nous entendons plus simplement le mot *grandia*:
Depuis que J.-César avait recruté de *Barbares* ses cohortes, — la légion de l'*alauda* (l'alouette) était composée
de Barbares entièrement, — il devait y avoir eu dans les
armées d'Antoine et d'Octave, dans celles de Brutus et
Cassius, force Gaulois, force Germains, de ces hommes du

Nord aux formes athlétiques, à la taille gigantesque, qui, selon que l'observe Tacite, excitaient l'admiration des Romains : *Nudi ac sordidi in hos artus, in hæc corpora quæ* MIRAMUR EXCRESCUNT » (*De Morib. German.*, xx). Aux batailles de Pharsale et de Philippes, beaucoup de ces géans avaient laissé leurs os : « *grandia ossa !* »

### NOTE 17. — p. 92.

« *On savait trop que le nouvel Hercule*, etc. » — Octave se disant *fils d'Apollon*, et, par Jules-César, descendant de Vénus; Antoine, lui, se faisait descendre d'*Hercule*, par son fils *Antéon*. Il affectait de contrefaire le port et la contenance du héros. Plutarque observe qu'il y avait dans le maintien d'Antoine une certaine grandeur qui lui donnait quelque ressemblance avec les statues et les médailles d'Hercule.

### NOTE 18. — p. 98.

« *Agrippa et Mécène savaient d'avance, et à n'en plus douter, qu'Antoine avec sa Cléopâtre était un homme perdu.* » — La chose fut long-temps douteuse; et les partisans d'Octave craignaient. Témoin ce passage d'Horace, en l'ode qui, plus particulièrement, célèbre la victoire d'*Actium :* « Qu'on apporte de plus grandes coupes, et des vins de Lesbos ou de Scio; qu'on nous verse de ce généreux Cécube qui raffermit les sens; grâce au ciel nous allons noyer dans le vin les soucis, l'inquiétude que nous ressentions pour la cause de César :

« *Capaciores affer huc, puer, scyphos,*
*Et Chia vina, aut Lesbia,*

*Vel, quod fluentem nauseam coerceat,*
   *Metire nobis Cæcubum.*
*Curam metumque Cæsaris rerum juvat*
   *Dulci lyæo solvere.* »
         Epod. ix, « *Ad Mœcenatem.* »

Donc, la Fortune mettait le temps à se prononcer ; et en attendant qu'elle se prononçât, il fallait agir de prudence. De là cette anecdote bien connue : Après Actium, un homme, des plus prudens, se présente au vainqueur avec un corbeau, à qui il avait appris à dire : « *Vive Octave !* » — Octave, flatté, achète l'oiseau, et le paie royalement.... Il ignorait que le même homme avait eu la précaution d'instruire un autre corbeau à répéter : « *Vive Antoine !* » — Celui-là seul eût paru si Antoine avait été le vainqueur.

### NOTE 19. — p. 100.

« *L'Aristocratie, qui d'abord l'avait dédaigneusement repoussé.* » — Suétone dit (*Octav.-Aug.*, x-xii ; trad. de M. de Golbery) : Auguste alors (avant la bataille de Philippes) se tourna vers la faction des grands, auxquels Antoine était odieux.... Mais quand il sut qu'après sa fuite Antoine avait été accueilli par Lépide, et que les autres chefs, d'accord avec les armées qu'ils commandaient, s'unissaient à ses adversaires, il abandonna sans hésiter la cause de l'aristocratie, et pour justifier cette variation dans sa conduite, il accusa les paroles et les actions de quelques-uns des grands : les uns *l'avaient traité de petit garçon*, les autres devaient avoir dit qu'il convenait de le récompenser et de *l'élever* : *Quasi alii se* « *puerum,* » *alii* « *ornandum tollendumque* » *jactassent.*

## NOTE 20. — p. 102.

« *Peu s'en faut que le projet d'émigration ne s'exécute.* » — Les tribuns du peuple avaient proposé un édit tendant à ce que le sénat et le peuple fussent mi-partagés pour habiter une moitié à Rome, l'autre moitié à Véies. —
« Les uns et les autres en seraient plus riches, et garde-
« raient aisément leurs terres et leurs biens des courses de
« leurs ennemis par le moyen de ces deux grosses villes.
« Le peuple qui, était déjà multiplié en grand nombre, et
« *sans fortune* [1], le trouvait le meilleur du monde, et ne
« faisait autre chose que crier et tumultuer à l'entour de
« la tribune aux harangues, en demandant que l'on mît
« cette loi aux voix et suffrages du peuple. Mais le sénat
« universellement, et les plus gens de bien d'entre les au-
« tres citoyens estimant que cette proposition des tribuns
« était la destruction et non pas division de la ville de
« Rome, ne pouvaient endurer qu'elle tirât avant, et avaient
« leurs recours à Camille, lequel, craignant de venir à
« l'essai de tenter si la loi passerait ou non, allait tou-
« jours inventant quelques occasions et quelques nou-
« veaux empêchemens, par lesquels il dilayait (différait)
« et rejetait toujours à un temps autre l'entérinement de
« cette loi, et pour ces raisons était haï de la commune. »
— Plutarq., *Camille*, xiv.

## NOTE 21. — p. 107.

« *Voilà les fables que répandaient parmi le peuple les partisans de l'émigration.* » — A ce point de vue,

---

[1] On peut traduire ainsi, suivant la correction de Reiske, qui me paraît assez probable. *B. V.*

s'explique une ode d'Horace jusqu'ici peu comprise, et sur le mérite de laquelle les *grammairiens ont disputé*.

*Dacier :* « Cette ode fut faite pendant les guerres civi-
« les, et par conséquent *c'est une des premières d'Horace.*
« M. Le Fèvre écrit que c'est l'ouvrage d'un jeune homme,
« mais que pourtant il ne laisse pas d'y avoir beaucoup
« de bon. Scaliger en a jugé moins favorablement ; car il
« dit que si on en excepte les vers qui sont fort travaillés,
« et dont les seconds vers, c'est-à-dire les vers épodes,
« sont tous des iambes purs, dont la composition est fort
« difficile, l'*ode est ridicule et impertinente*, et que c'est
« une *impudence insigne* que de vouloir persuader à
« trois cent mille citoyens Romains de quitter leur patrie.
« On juge toujours mal quand on juge par prévention, et
« qu'on ne se donne pas la peine d'examiner à fond les
« choses dont on juge. Quand la guerre civile se ralluma
« entre Antoine et Auguste, l'an de Rome 721, Rome fut
« remplie de désordres et de dissensions, les citoyens se
« préparant, les uns à suivre le parti d'Antoine, et les au-
« tres à se ranger du côté d'Auguste. Horace, qui était
« témoin de cette division, et qui savait par sa propre ex-
« périence les maux dont elle pouvait être suivie, témoi-
« gne son chagrin dans cette ode, et il tâche de faire voir
« aux Romains que cet acharnement qu'ils ont les uns
« contre les autres ne vient ni de l'avarice, ni de l'ambi-
« tion de leurs chefs, mais de la colère des Dieux, qui
« veulent venger le meurtre de Rémus, et que tant qu'ils
« habiteront une ville dont les murailles ont été cimentées
« avec le sang, ils ne doivent pas espérer la fin de leurs

« misères ; qu'ils n'ont donc qu'à partir pour aller cher-
« cher des lieux plus heureux, à l'imitation des Phocéens
« qui, pour éviter les fléaux de la guerre, quittèrent vo-
« lontairement leur pays. C'est proprement cette histoire
« des Phocéens qui a donné à Horace l'idée de cette ode,
« où il fait une description admirable des îles Fortunées,
« pour faire encore mieux remarquer, par une opposition
« sensible, la désolation de Rome et de l'Italie. On n'a
« présentement qu'à lire l'ode, je m'assure qu'on s'éton-
« nera de la critique hardie et peu judicieuse de Scaliger.
« Heinsius ne pouvait le mieux condamner qu'en disant :
« *In Epodis sextam et decimam, quæ antiquitatis uni-*
« *versæ excedit conatum, ineptam judicavit.* » Scaliger
« a trouvé inepte la seizième des épodes, qui surpasse tout
« ce que l'antiquité a tenté dans ce genre. — Cette épode
« fut faite sur la fin de l'an de Rome 722 ou 723. Horace
« étant dans la trente-quatrième ou trente-cinquième an-
« née de son âge. »

*Achaintre* : « L'avis de critiques aussi profonds que
« Heinsius, Dacier, Sanadon, Mitscherlich, est bien res-
« pectable sans doute ; mais je ne crois pas que celui de
« Scaliger soit ici tout-à-fait à mépriser. Sans doute cette
« ode renferme de grandes beautés et des vers excellens ;
« mais aussi, il faut convenir, avec le docte Le Fèvre,
« qu'*elle sent un peu le jeune homme,* et qu'elle a passa-
« blement l'air d'*une amplification de rhétorique.* »

*Binet :* « On croit que cet ouvrage fut composé à l'oc-
« casion de la rupture entre Octave et Antoine, peu avant
« la bataille d'Actium. On sent bien que le poète ne dut
« pas la montrer à Auguste, après sa victoire : et c'est

« pour cela, sans doute, qu'elle resta aussi dans le porte-
« feuille. »

A notre tour nous disons : un point constant, c'est que l'ode dont il s'agit, *une des premières d'Horace*, fut composée pendant les discordes civiles. Un point constant, c'est qu'Horace, *jeune homme,* prit rang parmi les adversaires d'Octave. Dès-lors, il dut débuter par écrire dans un esprit d'opposition à celui-ci. Or, avant l'établissement monarchique d'Auguste, l'opposition, le peuple, voulait la translation démocratiquement conçue par J.-César. Plus tard, quand Horace, vaincu et gracié, aura été admis par Mécène au nombre des amis d'Auguste, « *in amicorum numero,* » il composera une autre ode, non moins belle (*non moins obscure*), pour louer la constance, la tenace vertu du monarque qui, décidément, se refuse à transférer ailleurs que dans Rome le siége de l'empire :
« *Justum et tenacem propositi virum!* »

## NOTE 22. — p. 121.

« *Quelle félicité goûte celui qui révère Pan, le vieux Sylvain, et les Nymphes!* » — *La Nature des Choses* avait eu trop de succès pour que Virgile ne convînt pas de la satisfaction qu'un philosophe peut éprouver à lire dans le grand livre de la Nature, et à connaître ses secrets. Il en convient donc :

« *Felix, qui potuit rerum cognoscere causas.* »

Mais, cela dit, vite, avec un saint enthousiasme, Virgile s'écrie :

« *Fortunatus et ille Deos qui novit agrestes,*
*Panaque, Silvanumque senem*[1], *Nymphasque sorores!* »

Puis, là-dessus, il consacre une quarantaine de ses plus beaux vers à exprimer tout le bonheur des *esprits simples;* qui, eux, ne mettent pas sous leurs pieds les croyances reçues : « *Beati pauperes spiritus!* » — Delille dit : « Il est clair que c'est de *Lucrèce* que veut parler ici « Virgile. Ces vers expriment l'objet que ce poète s'était « proposé. Il *oppose* à celui qui sonde les secrets de la « nature celui qui sait jouir de ses richesses. Il semble « que ceci est une comparaison indirecte entre le poème « de Lucrèce sur *la Nature des Choses*, et celui de Vir-« gile sur *la Culture de la Terre*. »

C'est-à-dire que le religieux poème de Virgile fait opposition à *la Nature des Choses*. Sans aucun doute. A moins d'admettre, comme Delille l'a fait ailleurs (*Discours prélimin.* à sa traduction des *Géorgiques*), qu'en cet endroit Virgile se soit contredit. Suivant Delille, « On ne « peut lire cet éloge de la vie champêtre sans être tenté « de vivre à la campagne, et sans préférer, contre le sen-« timent de Virgile lui-même, la vie d'un cultivateur à « celle d'un philosophe. »

---

[1] *Le vieux Sylvain*, était une des divinités les plus anciennes et les plus honorées de l'Italie, où l'on croyait qu'il avait pris naissance, et qu'il avait régné pour le bonheur des hommes. Il avait plusieurs temples à Rome, un dans les jardins du mont Aventin, un autre dans la vallée du mont Viminal, et un troisième sur le bord de la mer, d'où il était appelé *Litoralis*. Nous l'avons déjà signalé, les prêtres du dieu Sylvain formaient, à Rome, un des principaux colléges du sacerdoce.

Virgile ne se contredit point. Que veut-il? Tempérer le désir des *recherches* indiscrètes, avoir moins de *philosophes*, et plus de *laboureurs*. A cet effet, il expose que si la philosophie, a pour les esprits forts des jouissances, le sentiment religieux procuré aux esprits simples le bonheur.

### NOTE 23. — p. 121.

« *Des rois peuvent venir à Rome étaler leur faste; des frères ennemis se disputer le trône; ou le Dace faire incursion.* » — Après la défaite de Philippe, roi de Macédoine, et celle d'Antiochus-le-Grand, roi de Syrie, Rome étant devenue la reine du monde, tous les rois de l'Afrique et de l'Asie venaient y étaler leur pourpre, courtiser le sénat, arbitre de leur sort.

Les petits-fils de Massinissa, Adherbal, Hiempsal et Jugurtha, s'étaient, après la mort de leur père, cruellement disputé le trône de Numidie, dont Jugurtha avait fini par s'emparer, au moyen d'un double fratricide, et en gagnant à prix d'argent bon nombre de sénateurs.

Dans le temps même que Virgile écrivait ses *Géorgiques*, Phraate et Tiridate se disputaient le trône de Perse.

Les *Daces* inquiétaient Rome par leurs fréquentes incursions (*Voyez* Suétone, *Octav.-Aug.*, XXI). Selon Florus, ces peuples passaient le Danube (l'*Ister*) quand il était gelé, et ravageaient toute la rive droite de ce fleuve; qui devenait ainsi complice de leurs incursions : « *conjurato Histro.* » Or, Antoine avait, sous-main, excité les Daces et autres barbares à inquiéter les frontières Romaines : « *A M. Antonio ad societatem et auxilia ferenda pellecti fuerant isti populi : quo factum esse videtur, ut in fines Romanos infestis mox armis incurrerent.* » — Vid. in Vita Virgil., *per annos digesta*, U. C., 725.

### NOTE 24. — p. 122.

« *Il est dispensé de lire les mille tables de la Loi.* » — Chez les Romains, la loi se gravait sur des tables; anciennement de chêne, ensuite d'ivoire, finalement d'airain, et disposées dans un lieu public, dit *Tabularium*. Le Tabularium fut principalement établi derrière les temples de Jupiter-Tonnant et de la Concorde; le long des portiques en arcades avec colonnes doriques, qui servaient de mur de terrasse à l'*area* même du Capitole. Quand Vespasien entreprit la restauration du Capitole, il voulut aussi rétablir *trois mille tables* d'airain qui avaient péri dans l'incendie. — *Voyez* Suét., *Vespas.*, VIII; et *Rome au siècle d'Auguste*, Lott. XXIV.

### NOTE 25. — p. 125.

« *Voilà la vie que pratiquaient, au bon vieux temps, les Sabins.* » — Dans la réaction religieuse tentée à l'avénement d'Octave-Auguste, la littérature dynastique vante fort le bon vieux temps. Properce, a ce remarquable passage : « où la maison de Rémus et de Romulus a pris par degrés un si grand développement, dans le principe les deux frères eurent pour tout empire le FOYER. Ce palais du sénat, qui maintenant porte sa tête aux nues tout resplendissant de pourpre et d'or, humble, autrefois reçut des hommes au cœur rustique, des *pères* vêtus d'une simple toison. Pour régler les affaires, à son de trompe s'assemblaient les *plus vieux* des *Quirites*; souvent au milieu d'une prairie ; cent d'entre eux suffisaient à composer le sénat. Alors, sans doute, ne flottaient pas au cintre d'un théâtre de magnifiques draperies ; la scène n'exhalait pas de doux parfums ; mais aussi personne, alors, PERSONNE NE CHERCHAIT DES DIVINITÉS ÉTRANGÈRES, et le peuple soumis, respectueux, tenait au culte de sa patrie :

« *Qua gradibus domus ista Remi se sustulit, olim*
 *Unus erat fratrum maxima regna* FOCUS.
*Curia prætexto quæ nunc nitet alta senatu,*
 *Pellitos habuit, rustica corda, patres.*
*Buccina cogebat priscos ad verba Quirites ;*
 *Centum illi in prato sæpe senatus erat.*
*Nec sinuosa cavo pendebant vela theatro ;*
 *Pulpita sollemnes non oluere crocos.*
*Nulli cura fuit externos quærere Divos,*
 *Quum tremeret patrio pendula turba sacro.* »
      Eleg. I, lib. IV.

## NOTE 26. — p. 131.

« *Après que l'illustre Rome eut été fondée d'après un auguste augure.* » — Voici le passage de Suétone (*Octav.-Aug.*, VII) : « Postea Cæsaris, et deinde Augusti cognomen assumpsit (Octavius): alterum testamento majoris avunculi ; alterum Munatii Planci sententia : quum, quibusdam censentibus, ROMULUM appellari oportere, quasi et ipsum conditorem Urbis, prævaluisset, ut AUGUSTUS potius vocaretur, non tantum novo, sed etiam ampliore cognomine (quod loca quoque religiosa, et in quibus augurato quid consecratur, augusta dicuntur, ab auctu, vel ab avium gestu gustuve, sicut etiam Ennius docet, scribens :

« *Augusto augurio postquam inclita condita Roma est*). »

M. de Golbéry, en sa note 25, dit que « toute cette ex-
« plication (à partir des mots : *quod loca quoque reli-*
« *giosa*, etc.) paraît être transcrite de *Festus* et interpo-
« lée dans Suétone par quelque maladroit interprète. »
Possible. Cependant, comme dans le sénat, — non encore
*épuré* par Auguste, — il se trouvait plus d'un *intrus* ignare,
cette *explication* pourrait bien être réellement de Suétone lui-même, qui, en historien exact, l'aurait reproduite
du discours de Munatius à l'appui de sa motion. Lors de
l'avénement d'Auguste, la piété se trouvant à l'ordre du
jour, il faisait bon afficher des connaissances divinatoires.

## NOTE 27. — p. 153.

« *Plus d'Hellénisme! ainsi le veulent les Dieux Pénates et Vesta; ainsi l'ordonne Quirinus.* » — C'est Horace qui nous l'apprend. Lui aussi cédant à la *manie* de
son siècle; lui, né au sein de la belle Italie, s'était mis à
*gréciser;* et il avait fait de *petits vers grecs;* quand un
jour, vers minuit, (heure solennelle ! heure à laquelle les
songes ne trompent jamais!) Quirinus lui apparaît, et
lui fait défense expresse de *gréciser davantage.* — « In-
sensé, dit le Dieu, mais c'est porter du bois dans la forêt
que de vouloir ainsi grossir les bataillons *des Grecs !*

« Atque ego quum Græcos facerem, natus mare citra
« Versiculos, vetuit me tali voce Quirinus,
« Post mediam noctem visus, quum somnia vera :

« In silvam non ligna feras insanius, ac si
« Magnas GRÆCORUM malis implere catervas. »
*Sat.* x, lib. 1.

Dans l'ode XXXII du livre 1ᵉʳ « *ad Lyram*, » Horace fait, en quelque sorte, amende honorable de ses quelques *poésies grecques*. Il dit *à sa Lyre* de lui accorder, ce qu'à lui-même on lui demande, des chants faits pour durer, des CHANTS LATINS :

> « Poscimur... si quid vacui sub umbra
> « Lusimus tecum [1], quod et hunc in annum,
> « Vivat et plures, age, dic LATINUM,
>> *Barbite*, carmen......

Après quoi, tout en JUPITER, tout en APOLLON, Horace est bien résolu à ne la plus invoquer, sa lyre, que religieusement, saintement, en digne fils du Latium :

> « O decus PHOEBI, et dapibus supremi
> « Grata testudo JOVIS ! o laborum
> « Dulce lenimen, mihi cumque salve
>> « RITE vocanti ! »

Le Latin Properce disait aussi :

> « Vertite equum, Danai, male vincitis. Ilia tellus
>> Vivet, et huic cineri Jupiter arma dabit. »
> Optima nutricum nostris, lupa Martia, rebus,
>> Qualia creverunt mœnia lacte tuo !
> Mœnia namque pio conor disponere versu ;
>> Hei mihi, quod nostro parvus in ore sonus !

---

[1] Sous-entendez *Græce ;* dit fort bien *Binet.*

Sed tamen exiguo quodcumque e pectore rivi
 Fluxerit, hoc patriæ serviet omne meæ.
Ennius hirsuta cingat sua dicta corona ;
 Mi folia ex hedera porrige, Bacche, tua,
Ut nostris tumefacta superbiat Umbria libris,
 Umbria, Romani patria Callimachi. »

*Eleg.* I, lib. IV.

Ce qui voulait dire, à-peu-près :

« Arrière, messieurs les *Grecs*, arrière ! Et ne croyez pas demeurer vainqueurs. Vous avez beau faire, et beau dire, LA CHOSE LATINE DURERA ; le feu qui vous semble éteint, *Jupiter* saura le ranimer. Louve de Mars, tu es la meilleure des nourrices ; c'est à toi que Rome doit son développement et sa grandeur. Rome ! divine cité ! je veux chanter tes merveilles. Hélas ! je n'ai que peu de voix ; mais, ce peu, je le consacre tout à ma patrie ; et puissent mes chants la servir. u'Ennius, après tous ses beaux discours, soit fier de son hellénique couronne ; moi, je ne te demande, ô Bacchus, que quelques feuilles du lierre qui t'est consacré ; afin que l'Ombrie s'en orgueillisse de mes écrits ; qu'elle se réjouisse, cette chère Ombrie, d'avoir donné le jour au Callimaque Romain. »

— Properce était de l'*Ombrie,* qui, avec l'Étrurie, se trouvait être une des régions de l'Italie les moins accessibles au *progrès des lumières*. Dans notre *Étude sur Catulle*, nous avons dit que Callimaque était auteur d'hymnes religieux. C'est sous ce rapport que *le pieux* Properce ambitionne le titre de *Callimaque Romain*. Dans un de ses accès de zèle, il dit positivement : « Je chanterai la religion de Rome, ses fêtes, et toutes les *antiquités Lati-*

*nes*. Voilà, messieurs les *Grecs*, le but de mes efforts, où je veux en venir, moi :

« *Sacra diesque canam, et cognomina prisca locorum;*
   *Has* MEUS *ad metas sudet oportet* EQUUS. »
                                                    Ibid.

Quant à Ennius, nous avons signalé, dans notre *Étude sur Lucrèce*, qu'il fut, à bien dire, le premier introducteur de l'*Hellénisme* en Italie.

### NOTE 28. — p. 135.

« *Oui, Mantoue, le premier, je te rapporterai les palmes d'Idumée* ; etc. » — Virgile dit :

« PRIMUS ego in patriam mecum, modo vita supersit,
« Aonio REDIENS deducam vertice Musas ;
« PRIMUS Idumæas referam tibi, Mantua, palmas. »

Or, nous lisons dans le *Commentaire* de Bouchaud *sur la Loi des XII Tables* (onzième Table, loi 1ʳᵉ) : « La loi
« Gabinia [614] avait ordonné que le peuple, dans les
« élections, ne donnerait plus son suffrage de vive voix,
« mais par bulletins.
« Les bulletins étaient distribués à chaque citoyen par
« les *diribitores*, auxquels on joignait des gardiens (*custodes*), pour veiller à ce qu'il ne se commît aucune fraude
« dans la distribution des bulletins..... Dans le Champ-
« de-Mars, il y avait autant de petits ponts que de cen-
« turies, c'est-à-dire qu'il y en avait cent quatre-vingt-
« treize. Ces petits ponts, construits à la hâte avec des
« planches, étaient peu élevés de terre. Chaque citoyen
« passait à son tour sur un de ces petits ponts pour aller

« donner son suffrage.... On donnait, à la tête de chaque
« pont, deux bulletins à chaque citoyen, qui allait à l'au-
« tre bout remettre un de ces bulletins dans un petit pa-
« nier. L'huissier appelait chaque centurie, suivant l'or-
« dre dans lequel elle avait été tirée au sort. Celui de la
« centurie *qui donnait le premier son suffrage*, s'appe-
« lait PRIMUS. Les citoyens, *à leur retour* du pont qu'ils
« avaient traversé, se renfermaient dans des retranche-
« mens que Lucain appelle *Ovilia*:

..... « *Et miseræ maculavit ovilia Romæ.*

« Ces retranchemens, dans le Champ-de-Mars, étaient
« fermés par des barreaux. »

Virgile est le premier à voter contre l'Hellénisme ; *primus* ; son vote déposé, au retour, *rediens*, il se renferme à Mantoue, dans l'Etrurisme. Son retranchement à lui, c'est un temple à Auguste (la Monarchie) ; fermé par une onde pure et une verte ceinture de roseaux : par l'aristocratie.

### NOTE 29. — p. 152.

*On dirait les Cyclopes occupés à forger la foudre.* »
— Cette comparaison des petites choses aux grandes, a bien ici son importance : elle rétablit, incidemment, la vieille croyance aux Cyclopes, fabricateurs de la foudre ; croyance qui, du temps de Virgile, était, comme tant d'autres, moquée, déniée par la philosophie. Témoin ce passage de Cicéron, tout imbu de l'esprit de Lucrèce :
« Je ne pense pas que vous soyez assez simple pour croire que les Cyclopes sur l'Etna fabriquent à Jupiter sa foudre. Et comment, cette foudre, la pourrait-il lancer coup sur coup tant de fois, si, de fait, elle ne lui donne qu'un seul

coup à frapper? Jupiter ne se trouverait plus avoir entre les mains de quoi avertir les hommes sur ce qu'ils doivent faire ou ne pas faire : *Non enim te puto esse eum, qui Jovi fulmen fabricatos esse Cyclopas in Ætna putes. Nam esset mirabile, quomodo id Jupiter toties jaceret, quum unum haberet; nec vero fulminibus homines, quid aut faciendum esset, aut cavendum, moneret.* » — *De Divinat.* lib. II, 19.

### NOTE 30. — p. 159.

« *A l'entrée de la ruche un beau palmier.* » — C'est, proprement, à la tête de la société l'aristocratie. Dans la langue divinatoire, le *palmier* est d'une grande signification. Au nombre des présages qui précédèrent la naissance d'Auguste, et qui annonçaient sa grandeur future et son immuable félicité, figure celui-ci : « Jules-César, choisis-
« sant près de Munda un lieu pour son camp, fit couper
« un bois; il s'y trouva un *palmier* qu'il ordonna de res-
« pecter comme présage de la victoire. Le rejeton qui
« naquit de ce palmier prit un tel accroissement en peu
« de jours, qu'il égala non-seulement celui qui lui avait
« donné naissance, mais encore le couvrit : des colombes
« s'y réfugièrent et y établirent leurs nids, quoique cette
« espèce d'oiseaux évite surtout les feuilles âpres et dures.
« Ce fut principalement ce prodige, dit-on, qui détermina
« César à ne vouloir de successeur que le petit-fils de sa
« sœur. » — Suéton. *Octav. Aug.* XCIV. (Trad. de M. de Golbery.)

### NOTE 31. — p. 160.

« *Et qu'autour de lui retentissent les instrumens de Cybèle.* » — On ne s'attendait guère à rencontrer Cybèle en cette affaire. Mais Cybèle, la Terre, est la mère de l'aristocratie, la patronne des *cités ornées de tours* (Voyez t. I, *Catulle*, 315). — Delille dit en note à ce passage : « Il est vraisemblable que cette pratique bizarre (de frapper sur des chaudrons ou sur des bassins de cuivre) doit son origine à la superstition païenne, et à l'usage où l'on était dans les fêtes de Cybèle, de frapper sur des bassins de cuivre, en mémoire d'un bruit pareil qu'avaient fait les Corybantes en faveur de Jupiter. On sait que le vieux Saturne ayant la manie de dévorer tous ses enfans, sa femme, Cybèle voulut au moins dérober celui-ci à sa fureur ; qu'elle le fit cacher avec soin dans un antre du mont Ida, qu'on nommait *Dictys* ; et qu'elle engagea les Corybantes, qui étaient ses ministres et ses prêtres, à faire autour du berceau de son fils un si beau tintamarre, que les cris de son enfant ne pussent point percer. On sait aussi que nos abeilles jouaient, avec les Corybantes, un grand rôle dans cette importante affaire ; que ce fut à leur miel que Jupiter dut la conservation de ses jours, et qu'elles eurent la gloire d'être les nourrices du plus grand des dieux. Il est bien étrange qu'un usage inutile, ridicule, fondé sur une tradition aussi absurde et aussi puérile, se soit conservé fidèlement jusqu'à nous, et que nos fermiers fassent encore tous les jours, sans le savoir, les honneurs du berceau de Jupiter. »

## NOTE 32. — p. 168.

« *De beaux et bons jardins sous la tutelle de Priape.* » — Nous avons eu, dans *Catulle*, occasion de signaler que le dieu Priape était le conservateur de la *famille* et de la *propriété*. C'est donc sous la tutelle de Priape que Virgile

place les beaux et bons jardins faits pour captiver les *abeilles volages*. Horace, au commencement de sa satire VIII, liv. I, parle aussi de Priape, et de *beaux jardins nouvellement dressés*. Sur quoi le P. Sanadon fait cette note : « Octavien voulant corriger l'infection du mont Es-
« quilin, qui était comme la voirie de Rome, obtint l'a-
« grément du sénat et du peuple romain, pour donner une
« partie de ce terrain à Mécène, qui y fit faire une ma-
« gnifique maison avec des jardins d'une grande étendue.
« Ce qu'Horace appelle *novos hortos* (et Virgile *pingues*
« *hortos*), Properce l'appelle *novos agros*, dans l'élégie
« *Disce quid Esquilias*. Ainsi ces deux pièces furent
« faites dans le même temps. Mécène avait fait faire dans
« ces jardins un grand réservoir, où il faisait couler des
« eaux chaudes quand il voulait nager. Dion en parle au
« livre LV. » — Mécène ne fut probablement pas le seul à
qui Octavien donna de quoi se faire *de beaux et bons jardins*.

### NOTE 33. — p. 170.

« *A ces nouvelles familles, pour les séduire et les attacher au sol, il faut des terres.* » — NOTA BENE : « Au-
« guste, après avoir pris la Sicile sur le jeune Pompée,
« avait promis aux soldats de leur distribuer des terres;
« mais la guerre qu'il eut à soutenir contre Antoine l'a-
« vait obligé de différer cette distribution. Ce fut proba-
« blement en cette année (723, après Actium), qu'Au-
« guste put effectuer sa promesse. Il ne s'agit nullement
« ici des terres distribuées après la bataille de Philippes,
« comme quelques interprètes l'ont cru. » — *Achaintre*, note à ce passage d'Horace :

« *Quid? Militibus promissa Triquetra*
« *Prædia Cæsar, an est Itala tellure daturus?*»
Sat. vi, lib. ii, 56.

« Et les terres que César a promises aux soldats, sera-ce
« en Sicile qu'il les donnera, ou en Italie ? »

## NOTE 34. — p. 172.

« *C'est qu'aussi ce sage étranger possédait l'art de planter et de transplanter.* » — Delille dit, à cet endroit :
« J'ai fait entendre dans ma traduction le *véritable sens*,
« qu'aucun traducteur ne me paraît avoir saisi..... Ce
« vieillard plantait des tilleuls et des pins : aussi, dit Vir-
« gile, voyait-il le premier ses essaims fécondés, etc.

« La liaison de ces deux vers avec les précédens dé-
« pend du mot ERGO, qui a été passé par presque tous
« les traducteurs. Ces remarques sont, je crois, moins
« minutieuses qu'on pourrait le croire au premier coup
« d'œil, puisqu'elles tombent sur des *méprises qui défi-*
« *gurent Virgile* dans la plupart des traductions.
« Les commentateurs n'ont pas mieux compris le pas-
« sage qui suit. Virgile veut dire que ce vieillard avait
« trouvé le secret de transplanter des arbres déjà forts :
« il est aisé de s'en convaincre par les épithètes qu'il a
« données à chacun des arbres, qu'il nomme, *seras ul-*
« *mos, eduram pirum, spinos jam pruna ferentes,*
« *jamque ministrantem platanum potantibus umbras.*
« En effet, Virgile, dans tout ce morceau, représente ce
« vieillard comme cultivateur habile, qui avait su perfec-
« tionner le jardinage. »

Nous avons indiqué, nous, que pour l'établissement de

l'Empire, la politique du sage Mécène était de *transplanter* en Italie des populations étrangères, et de les y *faire prendre racine*. Octave y transplanta jusqu'à vingt-huit colonies. La note de Delille cadre parfaitement avec notre manière d'interpréter les *Géorgiques*.

### NOTE 35. — p. 186.

« *Les confidens de l'Énéide, Ædituï, etc.* » — C'est ainsi que Horace appelle les poètes *amis de la maison d'Auguste*, commis à sa garde et conservation, enfin, les poètes *dynastiques*. Car, « les Ædituï étaient proprement
« les sacristains, ou plutôt les chapelains qui desservaient
« un temple, et qui étant parfaitement instruits du culte
« qui était agréable à leur Dieu, et des cérémonies
« qu'on y devait observer, en instruisaient les peuples.
« C'est pourquoi ce nom convient fort bien aux chantres,
« aux hérauts de la vertu des grands hommes. » — Note de *Dacier*, à ce passage d'Horace :

« *Sed tamen est operæ pretium cognoscere quales*
Ædituos *habeat, belli spectata domique*
Virtus, *indigno non committenda poetæ.* »

Epist. I, lib. II, 229.

Les poètes *Ædituï* « apprennent aux peuples les grandes
« actions de leur héros, et leur enseignent le culte et le
« respect qu'ils sont obligés de lui rendre. Horace parle
« ici de la vertu d'Auguste comme d'une déesse qui a un
« temple, des prêtres, et un culte réglé. » — *Ibid.*

### NOTE 36. — p. 186.

« *Il va naître quelque chose de plus grand que l'Iliade.* » — C'est Properce qui dit cela. Or, que dit l'his-

toire à l'endroit de Properce ? — « Il était fils d'un che-
« valier romain. Son père, qui possédait des biens consi-
« dérables, s'était attaché au *parti d'Antoine ;* après la
« prise de Pérouse, proscrit avec tous ceux qui avaient
« suivi les mêmes étendards, il fut, dit-on, traîné par l'or-
« dre d'Auguste au pied de l'autel de César et immolé aux
« mânes de cet ancien dictateur. La plus grande partie de
« ses biens fut confisquée et vendue à l'encan. Privé de
« son père et de sa fortune, le jeune Properce se rendit à
« Rome pour y suivre ses études et les exercices du bar-
« reau ; mais entraîné par le goût des plaisirs, et séduit
« peut-être par le succès de quelques pièces de vers, il
« ne tarda pas à abandonner cette carrière et à renoncer
« au culte de Thémis, pour se livrer tout entier à celui des
« Muses.... Mécène, qui se faisait un devoir et une gloire
« d'encourager tous les poètes qui pouvaient chanter les
« louanges de son maître, accueillit Properce [1] et le re-
« commanda aux bienfaits d'Auguste, dont les faveurs le
« *dédommagèrent* d'une partie des pertes qu'il avait
« éprouvées dans sa fortune. »—Extrait de la *Vie de Properce*, par M. Pottier, en tête de son édition des *OEuvres
de Properce*, in-8°, Paris, Malepeyre, 1825.

Ce favori d'Auguste, cet *œdituus*, devait être un des
premiers dans la confidence de l'*Énéide*, et servir de héraut à sa gloire.

Que Properce exalte l'*Énéide*, rien de mieux ; et son
admiration nous paraîtrait toute naturelle, si en l'expri-
mant il n'affichait certain mépris de la Philosophie. « A

---

[1] Voyez *Éleg.* VIII, liv. VIII.

quoi bon, dit-il, *Socratiser,* ou rechercher *la nature des choses ?* Que sert de lire Lucrèce? Où cela peut-il vous mener?

« *Qui tua* SOCRATICIS *tibi nunc sapientia libris*
   *Proderit, aut* RERUM *dicere posse* VIAS *?*
*Aut quid* LUCRETI *tibi prosunt carmina lecta ?* »
                                           Lib. II, 34.

Droit au solide allait le viveur Properce. Voyez : il se donne en exemple pour montrer comment, sans patrimoine, sans que nul de ses aïeux ait bien mérité de la chose publique, on peut, avec de l'esprit et la faveur du prince, se faire une fort jolie existence, briller dans le monde, et enfin, avoir au sein des amours des jours filés d'or et de soie :

« *Adspice me, cui parva domi fortuna relicta est,*
   *Nullus et antiquo Marte triumphus avi,*
*Ut regnem mixtas inter conviva puellas*
   *Hoc, ego quo tibi nunc elevor, ingenio !*
*Me juvat hesternis positum languere corollis.* »
                                           Ibid.

Properce est un poète de même école que Catulle :

« *Naturæ sequitur semina quisque suæ.* »
                                   Eleg. VIII, lib. 8.

## NOTE 37. — p. 195.

« *Énée n'agit que par la volonté, que par l'impulsion des Dieux.* » — Un homme qui avait étudié à fond, et qui savait son Virgile, *Bartenstein,* dit : « L'économie et l'ensemble de l'*Énéide* font au système d'Épicure une opposition si marquée, que tout véritable Epicurien doit rire et hausser les épaules en voyant, non pas par ci, par là, l'intervention de quelque Dieu ; mais, tout le long du poëme, presque tous les Dieux occupés d'Énée, en travail pour Énée : « Æneidos œconomia et habitus ita ADVERSA-TUR EPICURI PLACITIS, ut his imbutus non possit non ridere et dedignari, non unum modo alterumne Deum ex machina intervenientem, sed fere universos per totam fabulam de Ænea occupatos et laborantes. » — (*Cur Virgil. moriens Æneida comburi jussit ?* cap. XXI). OEuvre dont nous aurons plus loin occasion de parler plus amplement.

### NOTE 38. — p. 199.

« *Tant de conseils tenus dans l'Olympe..... tant de prodiges.... vont à démontrer les droits d'Énée sur l'empire de Troie, et sur l'empire d'Italie.* » — Outre les episodes du songe d'Hector, de la mort de Polite, et de Priam ; outre celui de l'ombre de Créuse, sont à noter : le voyage d'Énée à Buthrote en Epire, et son entrevue avec Déiphobe aux enfers — (Voyez *Énéide*, liv. III, 344, et liv. VI, 495).

Dans son voyage à Buthrote, Énée apprend qu'Hélénus, fils de Priam et d'Hécube, ne pouvait prétendre à l'empire, puisqu'il était déchu de ses droits par l'esclavage dans lequel il avait vécu à la cour de Pyrrhus, fils d'Achille. Hélénus, d'ailleurs, n'avait point d'enfants : il annonce lui-même à Énée les destinées glorieuses qui l'attendent en Italie : par conséquent Énée reçoit dans cette entrevue une cession réelle que lui fait Hélénus de ses droits, si cette cession était nécessaire ; et il se convainc par lui-même qu'Hélénus ne laissera point d'héritier.

Dans l'entrevue aux enfers, Enée voit Déiphobe chez les morts, et apprend de sa bouche comment il a péri à Troie la nuit où les Grecs ont pris cette ville.

Et puis combien d'oracles établissent les droits légitimes d'Enée sur l'empire d'Italie! Ceux que Jupiter prononce dans le ciel, soit qu'il développe à Vénus les destinées de son fils, soit qu'il envoie Mercure à Carthage ordonner à Enée d'aller en Italie; soit que dans le Conseil des Dieux de l'Olympe il déclare ses intentions sur la guerre que les Latins font à Enée; soit qu'il fléchisse le cœur de Junon, et engage la déesse à consentir enfin à l'établissement d'Enée en Italie.

Ceux d'Apollon en Lycie, à Délos, en Epire, à Cumes : le Dieu y déclare à Enée, par l'organe de ses ministres, que le Destin l'envoie en Italie. Ceux des Dieux Pénates de Troie, qui instruisent Enée, de la part d'Apollon, que le royaume d'Italie est la demeure que le ciel lui destine.

Ceux de la Harpie Céléno, qui lui donne un signe certain auquel il reconnaîtra le lieu où finiront ses voyages.

Ceux de Cassandre, qui annonçait souvent à Anchise cette glorieuse destinée de sa race.

Et les apparitions! Combien de fois Anchise est envoyé par le ciel à Enée pour lui rappeler l'ordre du Destin! Quelles instructions il donne à son fils dans les Champs-Elysées!

Sur terre aussi que d'oracles rendus par les Dieux de l'Italie pour annoncer Enée.

Celui du Dieu Faune; père de Latinus.

Celui de la Nymphe Carmente, mère d'Evandre, sur Enée et sur ses descendans.

Celui du Dieu du Tibre. — Le Tibre, en saluant Enée du nom de fils des Dieux, l'appelle le sauveur de Troie, le conservateur de la Monarchie de Pergame; il l'assure que depuis long-temps le Latium soupire après lui; que le Latium est la contrée où il doit s'établir, sans se laisser effrayer par aucune menace; le courroux des Dieux étant satisfait :

« *O sate gente Deum, Trojanam ex hostibus urbem*
*Qui revehis nobis,* Æternaque Pergama servas,
*Exspectate solo Laurenti, arvisque Latinis,*
*Hic tibi certa domus; certi, ne absiste, Penates.*
*Neu belli terrere minis : tumor omnis et iræ*
*Concessere Deum.* »
Lib. VIII, 37...

Il y a encore, j'oubliais, l'oracle des devins de la Toscane, qui ordonnent aux Toscans, de la part des Dieux, d'attendre l'arrivée d'un chef étranger, avant que de mettre leur armée en campagne. Il y a enfin la tradition qui s'était conservée dans le royaume des Latins depuis le départ de Dardanus jusqu'au temps où Enée arriva en Italie, qu'il viendrait un jour des descendans de ce prince, qui RENTRERAIENT DANS LES DROITS DE LEURS ANCÊTRES, et seraient souverains de ces contrées.

Tous ces oracles supposent les droits que sa naissance donne à Enée. Quelques-uns servent à les faire connaître et à les établir. Ces droits sont reconnus par Latinus, par les Toscans, par Evandre, par les ennemis même d'Enée. Ces différens aveux forment autant d'épisodes qui répondent aux oracles des Dieux, ainsi que les oracles des Dieux rendent témoignage aux droits du héros démontrés par

## NOTES.

ces épisodes. — Note tirée de l'*Exposition Raisonnée de l'Énéide;* ouvrage dont il est parlé ci-après.

### NOTE 39. — p. 200.

« *Énée profondément endormi a une vision.* » — D'après les erremens de la Divination, pour devenir *lucide*, avoir de ces avertissemens qui ne trompent jamais, il fallait être profondément endormi : « Nec vero unquam animus hominis naturaliter divinat, nisi quum ita solutus est et vacuus, ut ei plane nihil sit cum corpore. Quod aut vatibus contingit, aut DORMIENTIBUS..... Igitur qui se tradet QUIETI, præparato animo quum bonis cogitationibus, tum rebus ad tranquillitatem accommodatis, CERTA ET VERA CERNIT IN SOMNIS. — Cicer., *De Divinat.*; lib. 1, 49, 53, 55, 56.

C'est bien pour cela que, dans les instans les plus solennels, quand il s'agit de prendre une importante décision, Virgile commence par montrer son Héros livré au sommeil, et profondément endormi.

### NOTE 40. — p. 215.

« *On l'a dit avant nous : le poème de l'Enéide est une espèce de procès entre Auguste et les Romains ; procès qui se décide par la généalogie de ce prince.* » — Qui a dit cela ? — Un Professeur émérite d'Eloquence, un Ancien Recteur de l'Université de Paris, M. *Vicaire*, en son « PLAN DE L'ENÉIDE DE VIRGILE, OU EXPOSITION RAISONNÉE DE L'ÉCONOMIE DE CE POÈME, *pour en faciliter l'intelligence. Ouvrage dans lequel on discute quel a été le but principal de l'auteur en composant son Poème.* — In-12, *Paris*, Debure, 1787. »

Et ceci n'a pas été dit à la légère ; car le Professeur déclare que « cet ouvrage est le fruit de ses réflexions et de « ses veilles depuis le moment que la Providence l'a atta- « ché à l'éducation de la jeunesse [1]. »—Puis le Rapporteur à l'examen de ce nouveau livre dit en son *Approbation* : « *Après trente ans de travail sur Virgile*, l'auteur a « fait un résultat plein de lumières et de goût, que nous « avons cru devoir être utile aux instituteurs, agréable « aux gens du monde, et fort instructif pour les jeunes « gens. »

D'après ce, je m'étonne que, dans le nombre des traducteurs, commentateurs, annotateurs, qui, depuis M. Vicaire, ont expliqué l'*Énéide*, et révélé l'esprit, le génie de Virgile, pas un n'ait parlé de cette *Exposition Raisonnée*. Comment, par exemple, M. Tissot, qui nous a donné de si savantes *Études sur Virgile* ; qui, tout d'abord, a reconnu que « le fils d'Anchise, sans cesse épouvanté de « quelque apparition, sans cesse à la merci des devins, « courant d'oracles en oracles entre lesquels il flotte avec « une étrange incertitude, est l'image parfaite d'Auguste « imbu d'une foule de superstitions, croyant aux songes, « aux bons et aux mauvais jours, à toutes les sortes de « prédictions [2] ; » puis encore, ailleurs [3], que « le prince « troyen, pleurant au lieu d'agir, ressemble trop à Octave « caché sur la flotte d'Agrippa pendant la bataille d'Ac- « tium. » — Comment M. Tissot n'a-t-il pas développé

---

[1] *Dédicace à M. le Garde-des-Sceaux.*
[2] *Considérat. prélimin. aux Études sur Virgile,* p. LXXIX.
[3] *Études sur Virgile,* p. 89.

davantage le *Plan de l'Enéide*, et montré toute la similitude du destin d'Auguste et du destin d'Enée? — Il nous eût ainsi fait mieux connaître le but du poème et le but du poète.

Quoi! pas un mot du travail de M. Vicaire? — Il a pourtant son mérite. A notre sens, ce professeur, sans avoir fait de bruit, est entré plus avant que tout autre dans la pensée de Virgile. Et nous dirons ce que lui-même dit en son temps : « Cette manière de développer le poème de l'*Énéide* nous a paru si claire, si simple, si naturelle, que nous ne pouvions concevoir comment elle ne s'était pas présentée à l'esprit de tout lecteur qui fait usage de son jugement et de sa raison [1]. »

## NOTE 44. — p. 232.

« *Le temps qu'a duré la République, est un temps d'usurpation.* » — L'auteur de l'*Exposition Raisonnée de l'Énéide* dit à ce propos : « Puisque l'empire Romain appartient à Auguste par les droits du sang, il est naturel « d'en conclure que cet empire avait été long-temps usurpé « sur la famille d'Auguste, et que le temps qu'avait duré « la République était, en quelque sorte, un temps d'usur- « pation. Comment les Romains devaient-ils recevoir une « conséquence si révoltante? La liberté était leur idole, « ils lui sacrifiaient tout... Virgile a bien senti que cette « proposition, énoncée simplement, ne pourrait plaire aux « Romains; et c'est pourquoi il a eu soin de la modifier.

« 1° Ce sont les descendans d'Enée eux-mêmes qui ont

---

[1] Préface au *Plan de l'Enéide*, p. XI.

« établi la liberté sur les ruines de la tyrannie. — Les
« enfans d'Enée se précipitaient dans les dangers pour
« défendre leur liberté :

« *Æneadæ in ferrum pro libertate ruebant.* »
Lib. VIII, 648.

« 2° C'est la maison d'Assaracus qui a fait les conquêtes
« pendant le règne de la liberté. Le souverain des Dieux
« le déclare au plus haut de l'Olympe. — Après un cer-
« tain nombre de lustres viendra le temps où Phthie,
« la célèbre Mycènes et Argos passeront sous le joug de
« la maison d'Assaracus :

« *Veniet lustris labentibus ætas,*
*Quum domus Assaraci Phthiam clarasque Mycenas*
*Servitio premet, ac victis dominabitur Argis.* »
Lib. I, 287.

« Anchise dans les enfers dit la même chose à Enée
« (*Voyez* liv. VI, 836; et liv. I, 19). — Par le tour que le
« poète a pris, le règne de la liberté n'est pas une véri-
« table usurpation, ce n'est qu'une espèce d'interrègne,
« où la famille à laquelle appartenait l'empire avait part
« au gouvernement.

« 4° Le système que prend Virgile pour envelopper sa
« proposition, tandis qu'il la développe, est très propre à
« la faire goûter; c'est un poème épique.... Le merveil-
« leux qui en fait l'âme, y répand un air de majesté, qui
« inspire du respect, en même temps qu'il attache. La
« religion, qui produit le merveilleux, lui donne le poids
« imposant de l'autorité divine. Le lecteur se laisse ga-
« gner aux attraits d'une poésie sublime; il suit le fil de

« la narration ; il cède à la force séduisante d'un charme
« qui l'entraîne sans qu'il s'en aperçoive. Ce n'est plus le
« poète qui donne des leçons ; c'est le lecteur qui s'in-
« struit, qui se convainc, qui se persuade lui-même. C'est
« ce que les Romains ont éprouvé. Quand le poème de
« l'*Énéide* parut, il fit à Rome une impression étonnante.»
(pages 193-197).

## NOTE 42. — p. 235.

« *Il s'en trouva parmi le peuple ; il s'en trouva
parmi les grands.* » — Suétone dit (*Octav.-Aug.*, XIX,
trad. de M. de Golbery): « Auguste réprima des trou-
« bles, des mouvemens séditieux et des *conspirations*
« *nombreuses*, et sans leur donner le temps de s'étendre,
« les étouffa dès qu'il en eut connaissance : ces faits eurent
« lieu *en divers temps*. D'abord il eut affaire au jeune
« *Lépide* (le fils du Triumvir, le neveu de Brutus [1]), puis
« à *Varron-Muréna*, à *Fannius-Cépion* [2], à *Egnatius* [3],

---

[1] « Pendant qu'Auguste était à Alexandrie, le fils de Lépide
forma le projet de le tuer à son retour. C. Mécène commandait alors
à Rome ; il sut pénétrer les desseins de ce jeune homme. »—*Note du
traducteur*.

[2] « Le premier avait été adopté par Térentius Varron ; il était
d'ailleurs d'un caractère doux : tous deux furent mis à mort, pour
avoir formé le complot de tuer Auguste. » — *Idem*. — Dion dit
(liv. LIV) : « Les conjurés furent condamnés par contumace, pris
ensuite, et mis à mort. *Muréna* ne tira aucun secours ni de son
frère Proculéius, ni de *son beau-frère Mécène*, quoi qu'ils fussent
tous deux les plus avant dans la faveur d'Auguste. » — *Idem*.

[3] « Ce fut trois ans après le supplice de Varron et de Cépion.
Egnatius, après son édilité, dans laquelle il avait recherché la faveur du peuple, se présenta pour demander le consulat. Sextus-

« enfin, à *Plautius-Rufus*, et à *Lucius-Paulus*, mari
« de sa petite-fille[1]. Ce ne fut pas tout encore : il arrêta
« les menées de L. *Audasius*, accusé de faux testament,
« dont cependant l'âge avait affaibli la tête et le corps;
« puis d'*Epicade*, issu par un mélange d'une famille de
« Parthes; enfin de *Télèphe*, esclave nomenclateur d'une
« femme : Auguste n'était pas même à l'abri de conspira-
« tions de la part des hommes de la plus basse condition.
« Audasius et Epicade avaient formé le projet d'enlever
« Julie sa fille, et Agrippa son petit-fils, des îles dans les-
« quelles ils étaient renfermés, et de les conduire à l'ar-
« mée. Télèphe, comme si le destin lui eût réservé l'em-
« pire, voulait attaquer et le Sénat et Auguste lui-même.
« Une nuit on surprit aussi près de son lit un *valet de*
« *l'armée* d'Illyrie, qui avait pénétré jusque-là en trom-
« pant la vigilance des gardiens. Il avait à sa ceinture un
« couteau de chasse. On ne sait pas bien si cet homme
« était aliéné, ou s'il feignit la démence : la question ne
« put lui arracher aucun aveu. »

### NOTE 43. — p. 236.

« *L'aristocratie, fière et vindicative Junon!* » — A
ceux qui douteraient que, dans la pensée de Virgile, Junon fut le symbole de l'Aristocratie, nous ferons observer
que, suivant la tradition, Junon était la patronne de l'a-

---

Saturninus l'en empêcha. On rapporte qu'il conçut le projet de
tuer Auguste; qu'il fut plongé dans un cachot, et qu'on l'y fit périr
avec ses complices. » — *Idem.*

[1] Il avait épousé Julie fille d'Agrippa et de Julie. Il fut consul
en 754. — *Idem.*

ristocratique cité de Veies, capitale de l'aristocratique Etrurie; qu'après la prise de Veies, c'est-à-dire, après l'introduction à Rome de l'esprit étrusque, l'image de *Junon* fut apportée par l'aristocrate Camille; précisément vers l'époque où l'histoire signale les luttes les plus vives entre les Plébéiens et les Patriciens; que cette même image fut reçue dans Rome par la fleur de l'Aristocratie; par les jeunes hommes les *plus beaux*, les *mieux faits* de l'armée, qui, purifiés et vêtus de robes blanches, s'approchèrent de la statue avec le plus grand respect; « la suppliant de vouloir accepter et avoir pour agréable la bonne affection des Romains, et volontairement s'en venir habiter avec les autres Dieux qui avaient en protection la ville de Rome [1]. »

Junon, veille au *mariage:* « *cui vincla jugalia curæ;* » donc elle ordonne les *Noces;* principe de l'Aristocratie (*Voir* plus haut, *Catulle*, p. 256). Essentiellement *conservatrice*, elle tire d'un péril, préserve d'un danger. C'est une *Grande Reine*, sœur et femme de Jupiter, qui siége sur un Trône, ornée de toutes les marques de la Royauté; qui préside à toutes les richesses et à tous les Royaumes du monde: « JUNO SOSPITA *Magna Regina!* » Son oiseau favori est un Paon.

## NOTE 44. — p. 244.

« *Supposition probable, quand on voit l'un des chefs de la littérature dynastique, l'ÆDITUUS, Horace, plaisanter un des adeptes de l'École Socratique.....* » — L'esprit de conquête, chez les *jeunes philosophes*, s'expli-

---

[1] *Voyez* Tite-Live, v, 22; et Plutarque, *Camille*, XIII.

que quand on se souvient que « César voulait pénétrer
« dans ce muet et mystérieux monde de la Haute-Asie,
« dompter les Parthes, et renouveler la conquête d'A-
« lexandre. Puis, recommençant les vieilles migrations
« du genre humain, il serait revenu par le Caucase, les
« Scythes, les Daces et les Germains, qu'il aurait domptés
« sur sa route. Ainsi l'empire romain, fermé par l'Océan,
« embrassant dans son sein toute nation policée ou bar-
« bare, n'eut rien craint du dehors, et n'eut plus été ap-
« pelé vainement l'empire universel, éternel. » — M. Michelet, *Hist. Rom.*, t. II, 344. — Et le genre humain
n'eut plus formé qu'une seule et même famille..... *démocratique.* Cette idée était sœur du *Projet de Translation.*

### NOTE 45. — p. 250.

« *Cette ode magnifique, qui,*

*Elevant jusqu'au ciel son vol ambitieux,*
*Entretient dans ses vers commerce avec les Dieux,* etc. »

— A ce passage de Boileau, inspiré par Horace, M. *Amar*
consigne en note que « Horace veut détourner Auguste du
« *projet secrètement formé de transporter à Troie le*
« *siège de l'Empire Romain.* Il s'élève par la pensée
« jusque dans le Conseil des Dieux; il assiste, il entend,
« il reproduit, dans un langage digne d'eux, le magnifi-
« que discours que Junon y prononce, et dans lequel,
« après avoir souscrit à l'apothéose de Romulus, elle me-
« nace de son indignation quiconque tenterait de relever
« les ruines de Troie. » — *OEuv. de Boileau*, Paris, Le
Fèvre, 1821, t. II, p. 37.

Puis Achaintre (Notes aux *OEuv. d'Horace*, Paris, Dalibon, 1823, t. I, p. 342). « Cette ode magnifique, dans
« laquelle Horace a déployé toutes les richesses de la
« poésie lyrique, aurait toujours passé pour un hors-
« d'œuvre, ou plutôt pour une pièce sans objet, sans
« suite, et sans liaison dans ses parties, si le célèbre Tan-
« neguy Le Fèvre, père de madame Dacier, et l'un des
« plus célèbres critiques modernes, n'eût découvert, par
« une conjecture fort ingénieuse, ce qui avait échappé au
« grand Scaliger lui-même. Cependant, avant lui, Geor-
« ges Fabricius avait soupçonné une partie de la vérité ;
« mais M. Le Fèvre, de l'aveu de tous les critiques, passe
« pour avoir trouvé *le secret d'Horace;* le voici. Jules-
« César, qui prétendait descendre en droite ligne de Iulus,
« fils d'Enée, prince du sang royal de Troie, et petit-fils
« de Vénus, et qui avait quelque sujet de ne pas aimer les
« Romains (l'Aristocratie Romaine), s'était proposé de
« transporter le siége de son empire à Ilion ou à Alexan-
« drie, après avoir épuisé Rome et l'Italie d'hommes et
« d'argent. Du moins le bruit de ce projet s'était répandu
« avec rapidité (*valida fama percrebuit,* dit Suétone),
« soit par hasard, soit à dessein[1], et N'AVAIT PAS PEU CON-
« TRIBUÉ AU MEURTRE DU DICTATEUR : car les *Romains*
« frémissaient à la seule idée de voir leur ville abandon-
« née, et perdre sa suprématie. Quand on vit Auguste, ne-
« veu, et successeur aux biens et aux dignités du grand
« César, il fut naturel d'avoir la même crainte à son égard ;
« probablement aussi Auguste, qui n'avait pas non plus

---

[1] *Voir* plus haut, page 104, le passage cité en entier.

« trop à se louer de l'affection des Romains, laissa échap-
« per quelques traits, qu'une crainte très soupçonneuse
« recueillit avec avidité, et cela donna occasion à Horace
« de publier cette ode, ou pour détourner adroitement
« Auguste d'un pareil projet, s'il l'avait conçu, en lui
« présentant un motif de religion, ou pour rassurer les
« *Romains* eux-mêmes, en leur montrant dans la pre-
« mière partie de l'ode leur souverain magistrat comme
« un homme juste, d'un caractère ferme, et incapable de
« rien faire par inconséquence ni par caprice ; et dans la
« seconde partie, Junon, assise au Conseil des Dieux, et
« accédant à la demande faite en faveur de Romulus, à la
« condition expresse que Troie ne serait jamais rétablie, ou
« plutôt qu'elle n'aurait jamais comme ville aucune pré-
« pondérance. Horace, satisfait d'avoir présenté aux Ro-
« mains ces deux motifs de sécurité, s'arrête par discré-
« tion après le discours de Junon, pour ne pas affaiblir le
« trait par une longue explication. Au moyen de cette
« conjecture, qui approche autant que possible de la vé-
« rité, le sens de l'ode est facile à saisir, et le sujet se dé-
« veloppe de lui-même.

« Il n'est pas difficile de déterminer à-peu-près le temps
« où la pièce fut composée. Ce fut vers 726 ou 727, lors-
« que le temple de Janus eut été fermé, pour la première
« fois, après la défaite d'Antoine. »

## NOTE 46. — p. 255.

« *Il tomberait sous les coups de mes braves Argiens.* » — *Meis Argivis*: Junon avait, en effet, dans
Argos, l'une des plus anciennes villes de la Grèce, un

culte particulier. Là, peut-être, lui fut élevé son premier temple. « *Juno Argia !* » c'est-à-dire que vers les temps héroïques l'aristocratie fleurit au beau pays de l'Argolide ; où vécurent tous ces fils et petit-fils du souverain des Dieux : Danaus, Persée, Amphitryon, le beau Pélops, Atrée, Agamemnon, le *roi des rois* ; puis les princes *Argonautes*, ces nobles chefs, ces héros de la Toison-d'Or ! — Selon l'histoire, les Argiens, renommés pour leur bravoure, moins curieux des sciences que des arts, furent d'abord attachés à l'aristocratie ; ils *appartinrent à Junon ;* mais bientôt, opprimés par leurs rois, ils inclinèrent à la démocratie (*Voyez* Barthélemy, *Voyage d'Anach.* chap. 53).

## NOTE 47. — p. 266.

« *Il effaçait le tort de son origine, et le révolutionnaire souvenir de Pharsale.* » — Octave n'avait, à bien dire, accepté l'héritage démocratique de Jules-César que sous bénéfice d'inventaire. D'abord il en profita ; mais bientôt après il le répudia ; ne voulant plus avoir rien de commun avec l'ennemi de l'aristocratie. A mesure que le fils adoptif de César sent croître sa fortune ; il se prévaut moins de la mémoire de son père. Et un beau jour près du soleil levant d'Auguste l'*astre de César* pâlit. Le peuple, à la vérité, se souvenait toujours du héros de Pharsale ; toujours ; mais en dehors du peuple il était bien de paraître l'oublier ; et de laisser dormir dans l'histoire le fait révolutionnaire de Pharsale. Virgile ne parle de Jules-César que le moins possible. Silence prudent. Trois vers, sans plus, dans les *Bucoliques*, sont consacrés à la mé-

moire de Jules-César [1]. Dans les *Géorgiques*, il y a bien, vers la fin du premier chant, quelques beaux vers pour exprimer qu'à la mort de Jules-César le ciel prit Rome en pitié; et que le monde faillit alors retomber dans le chaos; mais voilà tout. Et lorsque au deuxième chant le moment est venu de saluer l'Italie, mère féconde, qui dans son sein porta tant de grands hommes : les Décius, les Camille, les Marius, les Scipion, et enfin Octave-Auguste, le plus grand de tous, Virgile s'abstient de nommer Jules-César : en cet endroit solennel, de Jules-César pas un mot. — « Plus loin, le poète, enorgueilli d'avoir le pre-
« mier cueilli les palmes d'Idumée, promet un temple de
« marbre à Auguste qui en sera le dieu [2] : rien à Jules-
« César.

« Au début de l'*Énéide*, Virgile consent à célébrer la
« gloire et l'apothéose de Jules-César ; mais qu'est-ce
« qu'un héros, même déifié, auprès du nouveau Saturne si
« adroitement désigné par son adorateur qui peut-être a
« compté d'avance sur le plaisir que cet ingénieux pa-
« rallèle causerait à Auguste ?...... Au sixième livre, le
« dictateur presque relégué dans son Olympe, est à peine

---

[1]   Ecce Dionæi processit Cæsaris astrum,
    Astrum, quo segetes gauderent frugibus, et quo
    Ducerct apricis in collibus uva colorem. »
                                *Eclog.* ix.

Quelques-uns ont pensé que le passage de la cinquième églogue où *Ménalque* et *Mopsus* déplorent la perte du berger *Daphnis*, pourrait bien être une allusion flatteuse à la mort et à l'apothéose de Jules-César. Mais ce n'est là qu'une supposition.

[2] Liv. III.

« salué par Anchise, tandis que les magnificences de la
« poésie éclatent dans un hymne pour Auguste, auteur
« d'un nouvel âge d'or, et placé au-dessus d'Hercule, le
« libérateur de la terre, de Bacchus, le vainqueur du
« Gange. Dans le discours d'Anchise, c'est Auguste et non
« pas César que les destins promettent à Énée. C'est Au-
« guste que l'ancien roi de Dardanie propose pour exem-
« ple à son fils [1]. » — Assurément, il y a chez Virgile
parti pris de laisser le *héros de Pharsale* dans l'ombre.

### NOTE 48. — p. 266.

« *On le voit se rapprocher de l'aristocratie... et lui
consacrer tout le pouvoir qu'il tient de la démocratie.* »
— Dans son *Histoire de l'Emp. Rom.* M. Cayx dit fort
bien : « La puissance *tribunitienne* est la véritable base
« de la souveraineté d'Auguste et de ses successeurs im-
« médiats..... Auguste gouvernait à Rome et dans les
« provinces en qualité de consul ou de proconsul ; comme
« prince du sénat il dirigeait les assemblées de cette com-
« pagnie ; mais ce n'était qu'en vertu de la puissance in-
« définie du TRIBUNAT plébéien qu'il régnait à Rome, et
« partant dans tout l'empire. » — (t. I, p. 79). — Ceci
rappelle cette remarque de Montesquieu :

« Pendant que sous Sylla, la république prenait des
« forces, tout le monde criait à la tyrannie ; et tandis que
« sous Auguste la tyrannie se fortifiait, on ne parlait que
« de liberté. »

---

[1] M. Tissot, *Considérat. Prélimin. aux Études sur Virgile*,
p. LXVII et suiv.

## NOTE 49. — p. 267.

« *L'empereur imagine force charges, force maîtrises.* » — Dans sa maison, les charges sont multipliées à l'infini. Par exemple, « pour ne parler ici que des *porte-*
« *feuilles*, il y eut la charge de *magister scrinii epistola-*
« *rum*, maître du portefeuille des lettres; celle de *ma-*
« *gister scrinii libellorum*, maître du portefeuille des
« placets; celle de *magister scrinii memoriæ*, maître du
« portefeuille du journal; et enfin, celle de *magister*
« *scrinii dispositionum*, maître du portefeuille des com-
« mandemens. Ces quatre charges dépendaient d'un *surin-*
« *tendant*, qui était appelé *magister scriniorum*, maître
« des portefeuilles. » — Dacier, *Notes sur Horace*, —
sat. I, liv. I.

## NOTE 50. — p. 269.

« *Le vertueux Munatius-Plancus...* » — Dacier
dit, en ses notes sur Horace (od. VII, liv. I) : « c'est là en-
« core une vertu fort incertaine : Velléius Paterculus fait
« de ce *Plancus* un portrait qui ne ressemble guère à
« l'idée que nous donnent de lui les lettres qu'il écrivait
« à Cicéron, et celles que Cicéron lui écrivait, et où il lui
« dit qu'il était parvenu à tout ce qu'il y avait de plus
« grand, par sa vertu et par sa fortune : « *Omnia magna*
« *consecutus es virtute duce, comite fortuna.* » — Voici
« les couleurs dont il le peint : « *inter hunc apparatum*
« *belli Plancus non judicia recta legendi, neque amore*
« *reipublicæ aut Cæsaris, quippe hæc semper impu-*
« *gnabat, sed morbo proditor, quum fuisset humillimus*
« *assentator reginæ, et infra servos cliens, quum An-*

« *tonii librarius, quum obscenissimarum rerum et
« auctor et minister, quum in omnia et omnibus vena-
« lis; quum cæruleatus et nudus caputque redimitus
« arundine, et caudam trahens, genibus innixus Glau-
« cum saltasset, in convivio refrigeratus ab Antonio
« ob manifestarum rapinarum indicia*, TRANSFUGIT *ad
« Cæsarem*, etc. » — Après quoi Velléius ajoute qu'il
« n'eut pas plutôt quitté Antoine, qu'il dit en plein Sénat
« mille choses contre lui ; ce qui donna lieu à ce bon mot
« de Coponius, qui, indigné de cette trahison, lui dit : il
« faut en vérité qu'Antoine ait fait bien des infamies la
« veille du jour que tu l'as quitté : « *Multa me Hercule
« fecit Antonius pridie quam tu illum relinqueres.* »

### NOTE 51. — p. 276.

« *Des soldats se permettaient de siéger au banc des chevaliers !* » — Suétone rapporte qu'un jour Auguste assistant aux jeux publics fit expulser par l'appariteur un soldat qui s'était assis sur les bancs des chevaliers. Les médisans, les ennemis d'Auguste, les *envieux*, répandirent alors le bruit qu'il l'avait fait mourir dans les tourmens ; cela fut cause d'une émeute ; et peu s'en fallut que l'empereur ne pérît par suite de l'indignation des soldats qui accouraient en foule. — *Octav-Aug.*, XIV.

### NOTE 52. — p. 278.

« *La scène est rappelée à l'ordre : un nouveau genre s'y produit, religieux et monarchique.* » — Dans le traité *des Grammairiens Illustres* (attribué à Suétone), nous lisons touchant un certain poète *Mélissus* : « Il composa un *nouveau genre de comédie* qu'au lieu de *To-*

*gatæ* il intitula TRABEATÆ ; fecit et novum genus Togatarum, inscripsitque TRABEATAS. »

*Trabeatas, a trabea*. — Or la *Trabée*, était une espèce de robe ou de toge dont l'on revêtait les *Statues des Dieux;* et qui servait d'habillement *aux Augures, aux Rois* : « Trabeis usos accipio Reges, » dit Pline, parlant des *Rois d'Étrurie*, de qui vint l'usage de cette robe. — Voir *Diction. des Antiq. Rom., Trabea*.

Maintenant, quel était Mélissus ? — « Mélissus, de Spo-
« lette (ville de l'*Ombrie*) était de condition libre ; mais,
« par suite des dissensions de ses parens, il avait été ex-
« posé. Néanmoins les soins et le zèle de celui qui se
« chargea de son éducation l'élevèrent à de hautes études,
« et il fut *donné à Mécène* comme grammairien. Ayant
« gagné la faveur de cet illustre Romain, au point de vi-
« vre avec lui sur le pied de l'amitié, il voulut rester dans
« la servitude malgré la réclamation que faisait de lui sa
« mère, et préféra sa condition actuelle à son véritable
« état. Aussi fut-il bientôt affranchi ; après quoi Auguste,
« dont il s'attira les bonnes grâces, le chargea du soin
« d'arranger la bibliothèque du portique d'Octavie. » —
Suétone, *ut supra*.

Certainement, le *nouveau genre* de comédie introduit sur la scène romaine par le poète de l'*Ombrie*, ami de Mécène, favori d'Auguste, devait être religieux et monarchique.

### NOTE 53. — p. 280.

« *C'est bien assez que... vers la fin de chaque année il en soit fait mention dans les Annales.* » — Le dessein pris par Auguste d'*étouffer la publicité*, est chose connue. On lit dans le *Dictionnaire des Antiquités Romaines :*

« *Acta Diurna :* c'était un *Journal* où l'on écrivait ce qui se passait chaque jour : On y tenait un compte exact des sentences, des supplices, des assemblées, des morts, des mariages, des divorces ; etc. »

Voilà bien l'essence de nos Journaux.

« *Acta Senatus :* c'était aussi un *Journal,* dans lequel on insérait en peu de mots ce qui se disait, ce qui se faisait au Sénat. *Ce Journal fut introduit sous le consulat de Jules-César.......* On le continua : mais *Auguste en défendit la publication* pour ne pas divulguer les secrets du Sénat. On choisissait toujours pour rédiger les actes, un membre de cette compagnie, et on l'appelait « *ab actis Senatus.* »

« *Annales;* Annales, livre dans lequel sont décrits les événemens, année par année, avec brièveté et sans ornement. Les Annales diffèrent de l'Histoire, en ce que celle-ci raisonne sur les événemens et sur les causes qui les ont produits, au lieu que les Annales, dit Aulu-Gelle, rapportent simplement le fait et l'année dans laquelle il est arrivé. Les Romains, long-temps avant que d'écrire l'Histoire, composèrent des *Annales ;* et nous apprenons de Cicéron que c'était la fonction du souverain Pontife. C'est pour cela qu'on appelait ces livres *Annales maximi; non e magnitudine,* dit Festus, «*sed quia eos Pontifex maximus consecrasset.* » Tite-Live les appelle aussi : « *Commentarios Pontificum* »

## NOTE 54. — p. 281.

« *C'est, proprement, chaque jour, une nouvelle* CHA-RISTIE. » — Les Romains avaient la *Fête des Charisties :* doux nom que donnèrent à cette fête les parens bien unis qui se rassemblaient alors en famille autour d'une table commune :

« *Proxima cognati dixere* CARISTIA *cari,*
*Et venit ad socias turba propinqua dapes.* [1] »

Après l'apothéose d'Auguste, dans toutes les *bonnes familles* on disait la prière à ce nouveau Dieu ; comme chez nous se disent le *Bénédicité*, les *Grâces :* au repas du soir, avant que l'on se séparât pour aller goûter les douceurs du sommeil, le père, prenant la coupe sainte, et répandant quelques gouttes de vin pur, prononçait hautement ces paroles sacrées : « salut et prospérité à nous tous ; salut et prospérité à César, père de la patrie ! »

« *Jamque ubi suadebit placidos nox ultima somnos,*
*Parca precaturæ sumite vina manus,*
*Et* BENE *nos, patriæ* BENE *te, pater, optime Cæsar,*
DICITE, *suffuso per sacra verba mero*[2]. »

## NOTE 55. — p. 290.

« *Mais ce preux, ce guerrier, ne serait plus l'image d'Auguste.* — Dryden, qui a fait de Virgile une étude approfondie, et qui, mieux que personne, dut comprendre le génie de ce poète religieux et monarchique, car lui-

---

[1] Ovid., *Fast.*, lib. II, 617.
[2] *Ibid.*, 635.

même, à la restauration des Stuarts, il chanta le *Retour d'Astrée*[1], et eut assez de zèle pour se convertir à la foi; Dryden, dit franchement : « Virgile ayant la double inten-
« tion de tracer le modèle d'un prince parfait, et d'insi-
« nuer qu'Auguste, caché sous le nom d'Énée, était ce
« modèle, donne à son héros les vertus d'Auguste, en les
« couronnant par la piété, qui les suppose et les renferme
« toutes : ainsi, par exemple un homme pieux ne laissera
« pas mourir son roi sans le défendre. »

Et M. Tissot : « On ne peut nier que le poète romain
« n'ait voulu former Enée à l'image d'Auguste, en prêtant
« à ce dernier une perfection imaginaire. » — *Études sur Virgile*, Consid. Prélimin.

## NOTE 56. — p. 294.

« *Une flotte construite avec des pins du mont Ida.* »
— Ces pins du mont Ida, qui sauvent Enée et ses compagnons; qui les portent aux bords du Tibre, où la royauté de Pergame doit renaître plus jeune et plus belle; ces pins merveilleux, transformés par *Cybèle* en Nymphes de la mer, en Déesses, réduites à se tenir sous les ondes; ne sont-ce pas, dans la pensée de Virgile, les principes conservateurs de l'aristocratie, nés du culte de Cybèle primitivement établi sur les hauteurs de l'Ida, point culminant de l'île de Crète? — Pour nous, cela ne fait pas de doute :

---

[1] *Astrea Redux*, tel est le titre d'un poème de Dryden. Sa traduction de Virgile est mise au rang de ses ouvrages les plus estimés.

« Creta ¹ Jovis Magni medio jacet insula ponto,
Mons Idæus ubi, et gentis cunabula nostræ.
Centum urbes habitant magnas, uberrima regna,
Maximus unde pater, si rite audita recordor,
Teucrus Rhœtcas primum est advectus ad oras,
Optavitque locum regno. Nondum Ilium et arces
Pergameæ steterant : habitabant vallibus imis.
Hinc Mater cultrix Cybelæ, Corybantiaque æra,
Idæumque nemus ; hinc fida silentia sacris,
Et juncti currum dominæ subiere leones ².

Les principes conservateurs de l'aristocratie, sont impérissables : pendant les tourmentes révolutionnaires, ils peuvent bien disparaître, et, par force majeure, se tenir, en quelque sorte, *cachés sous les ondes;* mais ensuite, avec le calme, ils reparaissent; propices à celui qui se trouve porté vers l'empire :

Nos sumus Idææ sacro de vertice pinus,
Nunc pelagi Nymphæ, classis tua. Perfidus ut nos
Præcipites ferro Rutulus flammaque premebat,
Rupimus invitæ tua vincula, teque per æquor
Quærimus. Hanc genitrix ³ faciem miserata refecit,
Et dedit esse Deas, ævumque agitare sub undis ⁴.

Or, deux victoires *navales,* ont fait le succès d'Auguste : la première, sur Sexte-Pompée, dans les eaux de la Sicile, entre Myles et Nauloque; la seconde, sur Antoine, à Ac-

---

¹ *Voir* plus haut, p. 473.
² *Æneid.*, lib. III. 105..... *Voir* tome I, *Catulle,* p. 315.
³ *Cybèle.*
⁴ *Æneid.*, x, 231.....

tium; vers ce fameux promontoire où se tenait son protecteur, le divin Apollon : « *sacro de vertice.* » A chaque fois, les principes conservateurs de l'aristocratie sont sortis du sein des ondes :

« Navali *stant sacra palatia* phœbo [1] ! »

Ils en sont sortis ! et ont poussé le *vaisseau d'Auguste*; comme Cymodocée, l'une de ces Nymphes issues du mont Ida, pousse le vaisseau d'Enée. Vaisseau qui, pour le remarquer en passant, porte, figurés sur sa proue, ainsi que des armoiries, les *lions de Cybèle*, et, au-dessus, le *mont* Ida. Consolante effigie pour des *exilés d'Ilion*, pour des nobles déchus :

« *Æneia puppis*
*Prima tenet, rostro Phrygios subjuncta leones;*
*Imminet Ida super, profugis gratissima Teucris!*
*Hic Magnus sedet Æneas* [2]. »

Au moment décisif, lorsque Enée est sur le point d'en venir aux mains avec son rival, il invoque *Cybèle*, l'auguste mère des Dieux, révérée sur le mont *Ida;* Cybèle, qui protége Dindyme, et les villes couronnées de tours : qui attèle à son char des lions dociles au frein ; Cybèle, enfin, pour qui dans le principe, il a pris les armes :

« Stupet inscius ipse
Tros Anchisiades; animos tamen omine tollit.
Tum breviter supera adspectans convexa precatur :
« Alma parens Idæa Deum, cui Dindyma cordi,

---

[1] Propert. *Eleg.* i, lib. iv.
[2] *Æneid.*, lib. x, 157.

Turrigeræque urbes, bijugique ad fræna leones,
Tu mihi nunc *pugnæ princeps,* tu rite propinques
Augurium, Phrygibusque adsis pede, Diva, secundo! »
*Ibid.* 250...

### NOTE 57. — p. 296.

« *Enée est, proprement, l'auteur de l'Etrurisme,* etc. »
— Ovide l'a consigné dans ses *Fastes :*

« Est honor et tumulis animas placate paternas...
Hunc morem Æneas, *pietatis idoneus auctor,*
*Attulit* in terras, Juste Latine, tuas.
Ille patris genio solemnia dona ferebat :
Hinc populi ritus edidicere pios. »
Lib. II, 534...

Ce qui explique, en les justifiant, les sacrifices qui sont si multipliés dans l'*Enéide.* Ainsi le voulait l'Etrurisme : « *Etrusci autem, quod religione imbuti studiosius et* CREBRIUS *hostias immolabant, extorum cognitioni se maxime dediderunt.* » — Cicer. *De Divinat.* I, 42.

### NOTE 58. — p. 302.

« *Les idées de fraternité... ont pénétré dans plus d'un cœur.* » — Virgile tourne habilement au profit de la monarchie les démocratiques idées de fraternité qui, lors, germaient parmi les hommes. En effet, dans l'*Enéide* la fondation de l'empire Latin par une colonie de Troyens sous la conduite d'Enée, fait que l'Orient et l'Occident sont frères. L'union des races, la parenté, l'amitié de tous les peuples composant la famille humaine, implique unité de gouvernement ; obéissance à un seul et même chef. N'est-ce pas en vue de cette union, de cette obéissance, que Virgile s'applique à décrire, à faire connaître à tous les diverses parties du tout? — « La centralisation « voulue par César, commencée par Auguste, avancée « par Adrien, consommée par la tétrarchie Dioclétienne, « n'avait pas encore rendu familières aux administra- « teurs impériaux les diverses régions de ce vaste em- « pire dont, au bout de quatre cents ans, les parties « n'étaient pas toutes connues les unes aux autres [1]. » — J'en demande pardon à M. *Tissot*, mais « *le récit uni- forme des voyages inutiles d'Enée* [2], » pouvait bien, du temps de Virgile, n'être pas sans intérêt.

## NOTE 59. — p. 308.

« *Son animadversion contre les Grecs; contre ces perfides, ces abominables Grecs.* » — Virgile n'en a ja- mais assez dit contre la malice, l'astuce, la perfidie, la tromperie, la scélératesse des Grecs. Exemples :

« Aut ulla putatis
Dona carere dolis Danaum? Sic notus Ulysses?
. . . . . Timeo Danaos et dona ferentes.
. . . . . . . . . . . . . . . . . . . .
Accipe nunc Danaum insidias, et crimine ab uno
Disce omnes. . . . . . . .
Ignari scelerum tantorum artisque Pelasgæ...
Ille dolis instructus et arte Pelasga.......
Tum vero manifesta fides, Danaumque patescunt
Insidiæ.
     *Æneid*. lib. i, 44—310.

---

[1] M. Parisot, *Géographie de Virgile*.
[2] Voir *Études sur Virgile*, t. i, 288.

Quand le *sage* Hélénus indique à Enée la route qu'il doit suivre, il lui recommande d'éviter avec soin tout rivage habité par ces maudits Grecs :

*Has autem terras, Italique hanc litoris oram,*
*Proxima quæ nostri perfunditur æquoris æstu,*
*Effuge : cuncta malis habitantur mœnia Graiis.* »
Lib. III, 396.

Puis, lorsque Enée prend congé de ce même Hélénus et d'Andromaque, réfugiés dans Buthrote, nouvelle Pergame, nid de Troyens, posé sur le sommet d'une colline, il leur dit en pleurant : « Vivez heureux... le repos vous est assuré... vous voyez l'image du Xanthe, et une nouvelle Troie que vos mains ont bâtie, bâtie, je le souhaite ! sous de meilleurs auspices, et moins exposée aux Grecs :

« *Vivite felices* . . . . . . . .
*Vobis parta quies.* . . . . . . . . .
. . . *Effigiem Xanthi, Trojamque videtis,*
*Quam vestræ fecere manus : melioribus, opto,*
*Auspiciis, et quæ fuerint minus obvia Graiis.* »
Ibid. 494...

Enfin, au sixième livre, Virgile fait donner aux Grecs, par Déiphobe, une sainte malédiction :

« *Di talia Graiis*
*Instaurate ! pio si pœnas ore reposco.* »
530.

M. Michelet le dit bien (*Hist. Rom.*, t. I, p. 68) : « Entre les Étrusques et les Grecs, il y avait haine nationale. » — Pourquoi ? — Nous l'avons signalé plus haut (t. I, note au bas de la page 3) : parce que l'esprit Latin

Etrusque veut une dépendance absolue; et l'esprit Hellénique une excessive liberté.

### NOTE 60. — p. 312.

« *La fatale machine entre; aux applaudissemens de la Jeunesse.* — Suétone dit (en son traité *des Rhéteurs Illustres*) : « Ainsi que la Grammaire, la Rhétorique fut
« *introduite* tard chez nous; elle éprouva même plus de
« difficultés : on sait qu'on en défendit quelquefois l'ensei-
« gnement. Pour lever tous les doutes à cet égard, je re-
« produirai un ancien sénatus-consulte, et un édit des
« censeurs. — Caïus Fannius Strabon et M. Valerius Mes-
« sala étant consuls, le préteur Marcus Pomponius con-
« sulta le Sénat. Après qu'on eut parlé des *philosophes* et
« des rhéteurs, voici ce qu'on décida : M. Pomponius fut
« chargé de prendre des mesures contre eux, et de veiller
« selon sa conscience, et conformément à l'intérêt de la
« république, à ce qu'il n'y en eût point à Rome. Dans la
« suite, les censeurs Cnéus Domitius Enobarbus et Lucius
« Licinius Crassus (an de Rome 659), rendirent à leur su-
« jet la décision suivante : — « Il nous a été rapporté que
« certains hommes ont INTRODUIT UN NOUVEAU GENRE
« *d'enseignement, et que la* JEUNESSE *se réunit chez eux*
« *pour cet exercice.* Ils se nomment, dit-on, Rhéteurs
« latins; *de* JEUNES ADOLESCENS *y passent toutes leurs*
« *journés.* Nos ancêtres ont déterminé ce que leurs en-
« fans devaient apprendre, et quelles écoles ils devaient
« fréquenter. Ces NOUVEAUTÉS, *qui sont contre les habi-*
« *tudes reçues et les usages de nos aïeux,* ne nous plai-
« sent point et nous paraissent PERNICIEUSES » (Trad. de
M. Golbery). Voir aussi, t. I, p. 152, notre note 9.

25.

## NOTE 61. — p. 313.

« *On voit où l'Hellénisme conduit.* » — Virgile, au VIe livre, revient sur la dernière nuit de Troie, sur la fatale invasion des Grecs, et les paroles qu'il fait échanger entre Enée et Déiphobe au *champ des Pleurs* cadrent encore avec notre explication. *Déiphobe* (en latin et en grec Deiphobos, la crainte de Dieu) *Déiphobe,* fils de Priam, et descendant de *Dardanus,* figure assez bien le respect de l'autorité, le principe religieux, né de la monarchie, jadis florissant et beau, mais, alors, tellement *mutilé* qu'il n'est *plus reconnaissable.* La perfide Grecque, cause de sa perte, peut aussi très bien figurer la Philosophie, venue de Grèce, et qui perd le Principe Religieux après qu'elle a été *admise conjointement avec lui* : « *infelix thalamus!* » La traîtresse favorise l'*introduction des Grecs,* le développement de l'Hellénisme :

« *Quum fatalis equus saltu super ardua venit*
*Pergama, et armatum peditem gravis attulit alvo,*
*Illa chorum simulans, Evantes orgia circum*
*Ducebat Phrygias; flammam media ipsa tenebat*
*Ingentem, et summa Danaos ex arce vocabat.* »

Le moment venu, pendant que *Déiphobe* en toute confiance sommeille, elle lui enlève toutes ses armes, jusqu'à son épée de chevet, puis le livre sans défense à l'ennemi, maître de la cité :

*Egregia interea conjux arma omnia tectis*
*Amovet, et fidum capiti subduxerat ensem :*
*Intra tecta vocat Menelaum, et limina pandit.* »

*Ulysse* aide au crime; l'éloquent, fin, rusé, artificieux

Ulysse! proprement, l'art de la parole; la *Rhétorique*, aide de la Philosophie:

« *Irrumpunt thalamo; comes additur una*
*Hortator scelerum Æolides!* »

Des larmes, du sang, des ruines; voilà ce qu'après elle entraîne *la belle Grecque!* voilà les monumens qu'elle laisse:

« *Illa hæc monumenta reliquit!* »

Maudit soit l'*Hellénisme!* les Dieux le confondent:

« *Di talia Graiis*
*Instaurate! pio si pœnas ore reposco.* »

### NOTE 62. — p. 323.

« *Une œuvre dédiée, notoirement, au divin Auguste, était sa propriété.* — Oui, sa propriété: « *Stemma Iuleum.* » Aussi, quand ce pauvre Ovide en exil se morfond à flatter Auguste; il ne manque pas de dire, à propos de Virgile: « cet heureux auteur de TON *Énéide; Ille* TUÆ *felix Æneidos auctor* [1]*!* » Et Bartenstein de faire cette remarque judicieuse: « *ton Enéide!* c'est-à-dire qui tout entière t'appartient, qui tout entière est à ta louange; qui tout entière fut composée pour établir ta géniture céleste: TUÆ, *videlicet quæ tota ad te pertinet; tota ad te laudandum; ad gentis originem a Divis repetendam composita fuit.* »

---

[1] Ovid. *Trist.* II, 533.

**FIN DES NOTES SUR VIRGILE.**

# ÉTUDE
# SUR HORACE.

Virgile ne suffisait pas à la louange d'Auguste. Ce divin poète pouvait bien dans le silence et la retraite méditer, méditer encore, puis enfanter quelque chef-d'œuvre à la gloire de l'empereur, à l'établissement de sa dynastie; mais, naturellement mélancolique, et même un peu misanthrope, il ne s'associait point aux joies de l'empire naissant; il n'était pas là chaque jour pour applaudir au drame qui se jouait en haut lieu; on ne le voyait que rarement à la cour, ou dans le palais de Mécène; et il n'y faisait pas une brillante figure : avec ses cheveux mal peignés, sa robe mal tombante, et ses gros souliers mal attachés, l'homme des champs, le *campagnard*, avait trop l'air d'un paysan; les *beaux*, qu'il censurait (1), le trouvaient ridicule; ne pouvant, eux, comprendre ce grand génie; discer-

ner la belle âme cachée sous cet extérieur inculte *!
Virgile, donc, laissait à désirer. Que voulez-vous?
Se présenter dans une tenue négligée devant des
hommes à qui la vue d'un ongle mal coupé faisait
mal aux nerfs **; connaître à fond l'histoire; parler
savamment des Grecs et des Troyens, mais ignorer
ce que coûte un quartaut de vin de Scio; ne pouvoir dire quelles sont les meilleures étuves, comment, en hiver, on parvient à se garantir du
froid ***; bref, ne pas offrir à ses patrons un

---

* « In cute curanda plus æquo operata juventus;
Cui pulchrum fuit in medios dormire dies, et
Ad strepitum citharæ cessatum ducere curam.
*Epist.* II, lib. I, 30....
Iracundior est paulo, minus aptus acutis
Naribus *horum hominum*; rideri possit eo quod
Rusticius tonso toga defluit, et male laxus
In pede calceus hæret. At est bonus, ut melior vir
Non alius quisquam; at tibi amicus; at ingenium ingens
Inculto latet hoc sub corpore. »
*Sat.* III, lib. I, 30.

« Ces vers offrent le portrait de Virgile. En effet, le prince
« de la poésie latine n'était rien moins que beau et poli. Suivant l'auteur de sa vie, il avait un air rustique et sauvage;
« il était d'une timidité qui le rendait très gauche, et peu propre à se trouver en société; de plus, il était fort négligé dans
« son extérieur. » — Note d'*Achaintre*.

** « Horace dit à Mécène:
« Et prave sectum stomacheris ob unguem. »
*Epist.* I, lib. I, 105.

*** *Voyez* ode XIX, liv. III.

joyeux compagnon, un ami du plaisir; c'est là, pour eux, quelque chose d'assez triste; je dirai plus, c'est un tort, une mauvaise note à leurs yeux : si ceux qui ont de la tristesse fuient les gens gais; ceux qui sont gais se sentent aussi de l'éloignement pour les gens tristes *. Parmi de francs buveurs qui passent le jour et la nuit à boire, refuser rasade, et ne vouloir pas veiller, parce qu'on craint le mal de tête; c'est une pauvre excuse; en pareil cas, le moyen de plaire? il y a tout à parier que le sage sera mal vu : sa sobriété, sera prise pour mauvaise humeur, bouderie; son silence et sa retraite, pour improbation; et, peut-être bien aussi, son ardeur au travail pour avidité, soif du gain (2). Or, il ne faut pas s'y tromper, sous Auguste, bien qu'il s'agisse de conservation, de restauration, bien que l'on ait à la bouche les grands mots de religion, de piété, de sainteté du mariage, au fond des cœurs est le libertinage; et la débauche va son train, et les mœurs sont dis-

---

* « Oderunt hilarem tristes, tristemque jocosi,
Sedatum celeres, agilem gnavumque remissi,
Potores porrecta negantem pocula, quamvis
Nocturnos jures te formidare tepores.
Deme supercilio nubem; plerumque modestus
Occupat obscuri speciem, taciturnus acerbi. »
  *Epist.* XVIII, lib. I, 90...

solues, tout comme au temps de Catulle. C'est-à-dire, du temps de Catulle les choses se passent ouvertement : le vice, libre en ses allures, n'a pas de ménagement à garder; tandis que sous Auguste il doit, plus circonspect, s'observer, composer son maintien, et rendre hommage à la vertu. Cette *race pieuse*, promise à Junon par Jupiter, annoncée par les savans devins de la Toscane *, n'a guère produit encore que des hypocrites, de faux Catons et de faux Curius; qui, devant le peuple, graves et austères, font, en arrière du peuple, d'abominables orgies : *epulæ sine fine petitæ* **. » Vilaines âmes! revêtues d'une belle peau. Elle a produit, de ces hommes de bien *** qui jouissent au Forum de l'estime et de la considération générale, qui devant tout tribunal sont en odeur de sainteté, pour leur exactitude à immoler aux Dieux soit un porc, soit une génisse; mais qui, après avoir hautement invoqué

---

\* *Voir*, plus haut, *Virgile*, page 261.
\*\* *Horat.*, sat. VII, lib. II, 106.

« *Qui Curios simulant et Bacchanalia vivunt !* »

dira, plus tard, Juvénal, en son courroux contre la race multipliée des *Hypocrites*. — *Voyez* sa Satire II; et aussi Suétone, *Octav.-Aug.*, LXIX.

\*\*\* «Vir bonus, omne Forum quem spectat, et omne tribunal,
Quandocumque Deos vel porco vel bove placat,

Janus, hautement invoqué Apollon, tout bas ajoutent, — en ne remuant que les lèvres, de peur d'être entendus : « Belle Laverne (déesse des voleurs), faites que je ne sois point démasqué; qu'aux yeux de tous je passe pour un saint, pour un juste; protégez dans l'ombre mes péchés; prêtez un voile à mes friponneries. »

Mais les apparences sont sauvées; les bienséances, respectées; et le décorum subsiste. Aux débuts de l'Empire, le décorum est la grande affaire. Alors, il se joue une comédie de décence, de morale et de piété, où les principaux personnages se promettent avec les plaisirs du vice les honneurs de la vertu. Quantité d'affranchis, de *citoyens* créés d'hier par la baguette du préteur, les *Tillius*, les *Nonius*, les *Gallonius*, et les *Ruson*, ont chaussé le noble brodequin, ont tout au long décoré leur poitrine de la pourpre du laticlave * : maltôtiers enrichis; praticiens singes des patriciens; vils plébéiens ennoblis par la rapine ou par l'usure. Oubliant leur origine,

---

Jane Pater! clare, clare quum dixit, Apollo!
Labra movet, metuens audiri : « Pulchra Laverna,
Da mihi fallere, da justum sanctumque videri;
Noctem peccatis, et fraudibus objice nubem. »
*Epist.* XVI, lib. I, 57.

* *Voyez* sat. VI, liv. I, 28 et suiv.

les fils de *Denys*, de *Syrus*, et de *Dama*, vont tête haute, plus fiers que s'ils étaient des Paul-Émile, ou des Valère-Messala *.

Pour façonner tant d'*hommes nouveaux*, leur inculquer l'urbanité **, la politesse, les bonnes manières, et, enfin, obtenir de chacun dans les actes et le langage ce qui convient, « *quod decet;* » il faut un maître, un arbitre de ce qui convient, ou ne convient pas, de ce que doivent éviter, ou rechercher, les honnêtes gens ; il faut un directeur général des esprits : « *dux regit examen* ***. »

Qui remplira cette charge à la cour d'Auguste?

Celle-là, veut sur toute autre un suprême mérite ; non pas absolument du génie, mais beaucoup d'esprit et de goût, une gaie science, le talent de bien dire, et avec cela l'insigne adresse de s'attaquer moins aux mœurs qu'aux ridicules ; afin de n'avoir pas trop à gourmander, de ne pas devenir un fâcheux censeur, et de corriger, s'il se peut, en riant. En riant, la vérité est moins difficile à dire (3) ; on

---

\* *Voyez* Ibid.

\** Le poète Domitius Marsus, en crédit du temps d'Horace (Voyez *Ovid. Pontiq.* IV, 16), publie un traité *De l'Urbanité* : « *Qui de Urbanitate diligentissimè scripsit.* » — Quintil., *Instit. Orat.* VI.

\*** *Epist.* XIX, lib. I, 24.

l'écoute plus volontiers, et souvent une fine plaisanterie se fait mieux goûter, a plus de succès, plus d'effet, que les sévères remontrances :

« *Ridentem dicere verum*
*Quid vetat?* . . . . . . . . . . . . . . . .
. . . . . . . . . . . . . . . *Ridiculum acri*
*Fortius ac melius magnas plerumque secat res.....*
*Discit enim citius, meminitque libentius illud*
*Quod quis deridet, quam quod probat et veneratur*\*. »

Mais peu d'hommes, fort peu, sont propres à un tel emploi. La concurrence ici n'est pas à craindre; possible même qu'après avoir long-temps cherché on ne rencontre personne. Cependant, comme il ne manque rien à la bonne fortune d'Auguste, voici venir un candidat, un sujet rare, sans pareil, qui réunit toutes les qualités voulues. Celui-là, pour le coup, n'engendre pas la mélancolie : son commerce avec les Muses, exclut la tristesse et les alarmes, bannit la crainte importune; ses poésies, on les chante \*\*; et sa personne, avenante, réjouie, respire le désir de plaire : il se met bien, ne porte que

---

\* *Voyez* sat. I, lib. I, 25 ; sat. X, lib. I, 15 ; et epist. I, lib. II, 263.

\*\* « Musis amicus, tristitiam et metus
Tradam protervis in mare Creticum
Portare ventis. »
*Od.* XXVI, lib. I.

des robes fines, soigne sa chevelure ondoyante, lustrée, aime le vin et les femmes, et aussi les jolis garçons :

« *Mollibus in pueris, aut in puellis urit* *; »

Il est de toutes les heures **; à table, au lit, partout, il tient bravement sa place; enfin, c'est un homme charmant, un petit homme pétri de gentillesse et de grâce : « *homuncionem lepidissimum* ***; » du peuple, à la vérité : « *pauperum*

---

Puis, ode IX, liv. IV :

« Verba loquor socianda chordis. »

* *Voyez* Od. XIX, lib. I; et epod. XI.

** On disait de Pollion, qui menait de front les affaires et les plaisirs, qu'il était de toutes les heures : « *Esse eum omnium horarum* » (Quintil. Instit. Orat. *in fine*). Tibère appelait ses compagnons de débauche : « *Jucundissimos et omnium horarum amicos.* » — Sueton., *Tiber.*, XLII.

*** Ainsi l'appelait Auguste (*Voyez* Suétone, *Vie d'Horace*). Lui-même, Horace, nous apprend qu'il était « de corps exigu, *corporis exigui.* » — *Epist.* XX, lib. I, 25.

« Quem tenues decuere togæ, nitidique capilli.
Quem scis immunem Cynaræ placuisse rapaci,
Quem bibulum liquidi media de luce Falerni
Cœna juvat. »

*Epist.* XIV, lib. I, 33; vid. et. VII, I, 27;
*Od.* XIX, lib. I; *Od.* VIII, lib. III;
*Od.* XIX, lib. III, et *Od.* I, lib. IV.

*sanguis parentum* *; » mais, par ses habitudes, au-dessus du peuple; distingué, noble dans ses manières; bref, par le cœur, tout à l'aristocratie **. Mécène voudra d'autant mieux l'accueillir, qu'il vient recommandé par Virgile ***.

En effet, Virgile a parlé au ministre d'un de ses frères en Apollon; et lui a dit ce que c'est que l'auteur de nouvelles poésies citées depuis peu dans Rome : — il se nomme *Quintus Horatius Flaccus*, est de Venouse, n'a guère plus de vingt-cinq ans, et promet beaucoup. Quoique sans bien et sans naissance, il a reçu une éducation parfaite. Son père, qui le chérissait, y consacra tout l'émolument d'un office d'huissier aux ventes et de receveur des impôts ****. Avec de bons principes, des idées d'ordre

---

* Od. xx, lib. II.
** Voir Epist. xx, liv. I, et sat. I, liv. II, 76.
*** « . . . . . . . . . . . *Optimus* olim
   *Virgilius,* post hunc Varius, dixere quid essem.
                            *Sat.* VI, lib. I, 55.
**** . . . . . . . « Si et vivo carus amicis;
Causa fuit pater his, qui macro pauper agello
Noluit in Flavi ludum me mittere, magni
Quò pueri magnis e Centurionibus orti,
Læva suspensi loculos, tabulamque lacerto
Ibant octonis referentes idibus æra.
Sed puerum est ausus Romam portare, docendum
Artes, quas doceat quivis Eques, atque Senator

et de conservation (« *traditum ab antiquis morem* SERVARE \*), il lui a donné les meilleurs maîtres, à Rome, et dans Athènes. Un fils de sénateur n'est pas mieux élevé. Aux mauvais jours, quand chacun dut prendre les armes, Quintus suivit ses amis d'enfance dans le camp de Brutus et Cassius \*\*.

> Semet prognatos. Vestem, servosque sequentes
> In magno ut populo si quis vidisset, avita
> Ex re præberi sumptus mihi crederet illos.....
> *Sat.* VI, lib. I.

Puis, dans son Épître *à Julius Florus* :

> Romæ nutriri mihi contigit, atque doceri
> Iratus Graiis quantum nocuisset Achilles.
> Adjecere bonæ paulo plus artis Athonæ,
> Scilicet ut possem curvo dignoscere rectum,
> Atque inter silvas Academi quærere verum.
> Dura sed emovere loco me tempora grato,
> Civilisque rudem belli tulit æstus in arma,
> Cæsaris-Augusti non responsura lacertis.
> Unde simul primum me dimisere Philippi,
> Decisis humilem pennis, inopemque paterni
> Et laris et fundi, paupertas impulit audax
> Ut versus facerem. »

\* *Sat.* IV, lib. I, 117.
\*\* « Après le meurtre de César, Brutus va à Athènes, avec Cassius. Varus, le jeune Pompée, le fils de Cicéron, Horace, et plusieurs *jeunes seigneurs*, qui faisaient alors leurs études dans cette ville, s'engagent dans le parti de ces deux chefs. » — Le P. Sanadon, *Vie d'Horace*.

Là, fait tribun *, il combattit à Philippes; ou plutôt, il ne combattit pas : dès le premier choc, sentant que contre César-Auguste toute résistance est impossible, il s'en fut, et jeta là son bouclier. Après l'amnistie, le pacifique et débonnaire tribun, qui jamais n'entendit rien à la guerre civile *(imbellis, ac firmus parum \*\*)*, est rentré pauvre et soumis. C'est pour lutter contre la pauvreté qu'il écrit. Et il écrit à merveille :

> « *Solvitur acris hiems grata vice*
> « *Veris et Favoni.* . . . . . . . .
> « *Pallida Mors æquo pulsat pede*
> « *Pauperum tabernas,*
> « *Regumque turres* \*\*\*. »

Voilà des vers de main de maître. Son *Éloge de la Frugalité*, est remarquable. Il y a là de la sagesse, de bonnes pensées bien exprimées (3); certainement, Quintus Horatius est poète.

— Qu'il vienne me voir. — Et Virgile, content, de reporter à Quintus le bon vouloir du ministre.

« *Qu'un ami véritable est une douce chose* \*\*\*\*! »

---

\* *Voyez* Sat. VI, lib. I, 49.
\*\* Epod. I, 16.
\*\*\* Od. IV, lib. I.
\*\*\*\* La Fontaine, *les Deux Amis.*

Postera lux oritur multo gratissima ; namque
Plotius et Varius Sinuessæ, Virgiliusque

D'autres, à la place de Virgile, auraient craint un rival, et se seraient gardés de le servir; dissimulant tout au moins leur crédit, pour n'en user qu'à leur propre avantage *; âme candide, sans envie, le bon Virgile tend la main à Horace, l'appuie, et franchement lui donne accès auprès de Mécène.

Le jour d'audience venu, Quintus, léger d'argent, vif de courage, et tout chaud d'espérance, se rend à l'hôtel du ministre, comme au temple de la Fortune. En entrant, la majesté du lieu le saisit ** : paraître devant un aussi grand personnage, lui, chétif, si peu de chose; lui, pauvre fils d'un affranchi *** ! cette idée le refroidit; et voilà qu'au moment d'être introduit, le cœur lui bat, la timidité le gagne; puis, quand l'huissier *nomenclateur* l'a mis en présence du maître, la honte le suffoque,

---

    Occurrunt; animæ, quales neque candidiores
    Terra tulit, neque queis me sit devinctior alter.
    O qui complexus et gaudia quanta fuerunt !
    Nil ego contulerim jucundo sanus amico. »
                             *Sat.* v, li b. I.

\* « Dissimulator opis propriæ, mihi commodus uni. »
                        *Epist.* IX, lib. I, 9.

\*\* « Molem propinquam nubibus arduis ! »
                        *Od.* XXIX, lib. III.

\*\*\* *Vid.* Sat. VI, lib. I, 6-46; sat. III, lib. II, 312; et epist. XX, lib. I, 21.

l'empêche de parler; et c'est à peine s'il peut raconter son histoire, exprimer ses bons sentimens, protester de sa soumission et de son zèle. L'entrevue n'est pas longue. Mécène causait peu : — « *le sage est ménager du temps et des paroles* ; — mais, fin observateur, Mécène allait vite au fond des hommes, comme il allait au fond des choses : d'un coup-d'œil il comprend Horace, et voit qu'il y a du bon dans ce fils d'affranchi ; ce fils d'affranchi lui plaît.

Cependant le temps se passe, et du ministre point de nouvelle. En attendant, le poète fait des vers; il cueille de nouveaux lauriers, et, de fortune, reçoit, outre la gloire, quelques écus de son libraire \*. Sur ces entrefaites, vient le voir un de ses anciens camarades, Pompéius-Varus, un compagnon d'armes, amnistié, gracié comme lui : « *venia impetrata* \*\* ; toutefois après lui; car, poussant plus loin la résistance, il avait guerroyé davantage, davantage bravé les autans; mais enfin, soumis et rentré, Varus se trouvait trop heureux de respirer sous le beau ciel de l'Italie ; où, la paix faite, il aspirait, comme tant d'autres, à recevoir

---

\* Des frères *Sosie*. — Voyez *Art. Poét.*, 345; et épît. XX, liv. I.

\*\* Sueton., *Vit. Horat.*

26.

*un peu de cette poudre qui calme les esprits, tempère l'ardeur belliqueuse, et fait rentrer les abeilles dans la ruche* \*; c'est-à-dire qu'il venait, lui aussi, postuler son lot au partage des terres. — Ce cher Pompée! un si brave *Quirite!* quelle divinité propice l'a rendu à sa patrie?.. O surprise! ô bonheur! — Pompée devant Horace, c'était Pylade reparaissant aux yeux d'Oreste \*\*. Tous deux se prennent à causer; se confiant leurs soins, leurs espérances; ils se rappellent leurs services, les jours que l'on passait à boire couronné de fleurs et parfumé; puis, ce souvenir, ils l'arrosent d'un vieux Massique qui met au cœur l'oubli des maux : « *oblivioso Massico!* » Bref, pour noyer tout souci, pour

---

\* *Voir* plus haut, *Virgile*, page 162.

\*\*         AD POMPEIUM-VARUM.

   « O sæpe mecum tempus in ultimum
   Deducte, Bruto militiæ duce!
      Quis te redonavit Quiritem
        Dis patriis, Italoque cœlo,
Pompei, meorum prime sodalium,
Cum quo morantem sæpe diem mero
      Fregi, coronatus nitentes
        Malobathro Syrio capillos?

Tecum Philippos et celerem fugam
Sensi, relicta non bene parmula,
      Quum fracta virtus, et minaces
        Turpe solum tetigere mento.

dignement fêter le retour d'un ami sain et sauf après tant d'orages, Horace, amphitrion généreux, très généreux de sa nature, n'épargne ni le vin, ni les parfums, ni les couronnes; il veut boire, boire encore; il veut s'enivrer comme un Thrace. — L'ivresse a pour lui tant d'attraits! Nargue du qu'en-dira-t-on, il est, lui, chaud partisan, amant déclaré de l'ivresse. L'ivresse! mais c'est notre plus sûre amie. Que ne lui doit-on pas? Par elle on a la clef des cœurs (la traîtresse fait jaser!) avec elle rien d'occulte; point de mauvais desseins;

> Sed me per hostes Mercurius celer
> Denso paventem sustulit aere;
>    Te rursus in bellum resorbens
>    Unda fretis tulit æstuosis.
>
> Ergo obligatam redde Jovi dapem,
> Longaque fessum militia latus
>    Depone sub lauru mea, nec
>    Parce cadis tibi destinatis.
>
> Oblivioso levia Massico
> Ciboria exple, funde capacibus
>    Unguenta de conchis. Quis udo
>    Deproperare apio coronas
>
> Curatve myrto? quem Venus arbitrum
> Dicet bibendi? non ego sanius
>    Bacchabor Edonis; recepto
>    Dulce mihi furere est amico.
>                 *Od.* VII, lib. II.

point de complots à redouter \*; les espérances, elle les réalise; elle console, réjouit, inspire; elle donne du courage, du talent, et de l'esprit; dans tous les arts, combien sont les obligés de l'ivresse! jusqu'au pauvre qui la chérit : ne le sort-elle pas de sa misère? Le vin est la panacée universelle \*\*.

En l'état des choses, quoi de plus opportun pour consoler les affligés, rendre l'espoir aux cœurs abattus, radoucir et *soumettre les durs caractères*? Politiquement, quoi de mieux pour guérir les esprits? — Horace agit en habile médecin : son ordonnance est de beaucoup boire, de faire un grand usage de fleurs et de parfums. Après Pompéius-Varus, il traitera de même le beau Télèphe \*\*\*, Quinctius Hirpinus, Corvinus-Messala; ce dernier,

---

\* On sait le mot de J.-César : « Comme on lui eût rapporté qu'Antoine et Dolabella machinaient quelque *nouvelleté* contre lui, il répondit que les faces rubicondes, bien nourries, ne lui faisaient point de peur; mais oui bien les pâles et maigres. »
— Plutarque, *Brutus*, IX.

\*\*           « Potare et spargere flores
Incipiam, patiarque vel inconsultus haberi.
Quid non ebrietas designat? Operta recludit;
Spes jubet esse ratas; ad prælia trudit inertem;
Sollicitis animis onus eximit; addocet artes.
Fecundi calices quem non fecere disertum?
Contracta quem non in paupertate solutum? »
      *Epist.* V, lib. I; *vid.* et *Od.* XVIII, lib. I.

\*\*\* *Voir* Ode XIX, liv. III.

personnage austère; philosophe pénétré des maximes de Socrate : « *Socraticis madet sermonibus!* » mais qui, néanmoins, cédant aux conseils d'Horace, finit, comme tant d'autres, par se laisser aller à la bouteille, « *ad amphoram* *. » C'est assez là le parti pris communément après le triomphe d'Auguste. Avant, quand ce maudit Antoine avec sa Cléopâtre causait à Rome les plus cruelles inquiétudes, on ne vivait pas; impossible de se donner le moindre bon temps; au sein des familles il y avait comme défense de tirer le Cécube du cellier de ses pères! Mais lorsque les Dieux ont fait justice de l'*étrangère* et de son abominable mari; lorsque Rome est libre, complétement libre, et rassurée, chacun ressent son bonheur; et doit vouloir se réjouir, chanter, danser, rire, et boire d'autant :

> « Nunc *est bibendum*, nunc *pede libero*
> *Pulsanda tellus*. . . . . . . . . . . .
> Antehac *nefas depromere Cœcubum*
> *Cellis avitis* **! »

---

\* *Voir* l'Ode XXI, liv. III, composée, dit Achaintre, à l'occasion d'*une visite* que rendit Corvinus à Horace (ou que Horace rendit à Corvinus). De l'illustre famille Valéria, Corvinus, de la branche des Messala, avait été mis par les Triumvirs sur la liste des proscrits; mais il en fut rayé bientôt après. Il avait fait la guerre sous Brutus et Cassius; après leur mort, il s'attacha à Octave, dont il devint l'ami et le collègue en 723.

\*\* Od. XXVII, lib. I.

Enfin, au bout de neuf mois, les recommandations portent fruit, et la décision du ministre est à terme : il fait appeler Horace, pour lui remettre l'ordonnance qui le range *au nombre des amis* \*; conformément à ce principe :

> « *Si j'étais roi, je voudrais être juste,*
> « *Dans le repos maintenir mes sujets,*
> « *Et tous les jours de mon empire auguste*
> « *Seraient marqués par de nouveaux bienfaits.*
> « *Que si j'étais contrôleur des finances,*
> « *Je donnerais à quelques beaux esprits*
> « *Par-ci, par-là, de bonnes ordonnances;*
> « *Car, après tout, leur travail vaut son prix* \*\* »

L'empereur, donc, voulant et entendant que désormais un si digne fils d'Apollon soit à l'abri du besoin, et en position de travailler à loisir; qu'il puisse glorifier son règne, et, d'abord, contribuer à l'établissement de sa dynastie; l'empereur, bien

---

\* « Ut veni coram, singultim pauca locutus,
Infans namque pudor prohibebat plura profari,
Non ego me claro natum patre, non ego circum
Me Satureiano vectari rura caballo,
Sed, quod eram, narro. Respondes, ut tuus est mos,
Pauca. Abeo; et revocas, nono post mense, *jubesque
Esse in amicorum numero.* Magnum hoc ego duco,
Quod placui tibi, qui turpi secernis honestum,
Non patre præclaro, sed vita et pectore puro. »
Sat. VI, lib. I, 57.

\*\* Voltaire.

conseillé par son ministre, généreusement, gratuitement, de sa pleine puissance, fait don et abandon au poète Horace de la *terre d'Ustique :*

« *Et egere vetat, et scribere cogit* \*. »

Sur des rives fleuries, sous des ombrages frais, aux champs, mieux qu'à la ville, se trouve l'inspiration ; le docte chœur aime, recherche, l'ombre et le silence des bois \*\*.

Si les poètes en général aiment la campagne; Horace, en particulier, la chérit. La campagne ! comment ne pas l'aimer ? Comment ne pas soupirer après elle ? Elle permet de lire, d'étudier les bons vieux auteurs, de dormir, de ne rien faire, d'oublier agréablement les chagrins de la vie :

« *O Rus,*
« *Quando ego te aspiciam ? Quandoque licebit*
« *Nunc veterum libris, nunc somno et inertibus horis*
« *Ducere sollicitæ jucunda oblivia vitæ* \*\*\* *?* »

La terre d'Ustique ! dans la Sabine, contrée fer-

---

\* Epist. I, lib. II, 229.

\*\* Scriptorum chorus omnis amat nemus et fugit urbes,
Rite cliens Bacchi somno gaudentis et umbra. »
*Epist.* II, lib. II, 78.

\*\*\* Sat. VI, lib. II, 61.

tile, une des plus belles et des meilleures de l'Italie, près de Rome, à quinze lieues tout au plus : *bone deus*, quelle aubaine! Les vœux d'Horace, n'allaient pas aussi haut * : quelques arpens de terre, une habitation modeste avec un petit jardin, à proximité d'une source; puis, pour surcroît de richesse, attenant, un bouquet de bois; voilà, dans ses rêves d'ambition, tout ce qu'Horace désirait. Mais les Dieux, qui le protégent, qui aiment ses hommages et ses vers, les Dieux, font pour lui beaucoup plus : ils lui octroient une belle et bonne terre, un véritable domaine; avec prés, bois, et

---

\* « Hoc erat in votio; modus agri non ita magnus,
Hortus ubi, et tecto vicinus jugis aquæ fons,
Et paulum silvæ super his foret. Auctius atque
Di melius fecere; bene est. Nihil amplius oro,
Maia nate, nisi ut propria hæc mihi munera faxis.
Sat. VI, lib. II.

« On ne saurait contester la date de cette pièce. Elle fut faite en 723, au commencement de l'automne, comme il paraît par le quarantième et le quarante-cinquième vers. » — Le P. *Sanadon*. — Or la victoire d'Actium est remportée le 2 septembre de cette même année 723.

### AD QUINCTIUM.

« Ne percontêris, fundus meus, optime Quincti,
Arvo pascat herum, an baccis opulentet olivæ,
Pomisne et pratis, an amicta vitibus ulmo;
Scribetur tibi forma loquaciter, et situs agri.

vergers; dans une situation charmante; et traversé par une eau vive qui, prenant là sa source, est bonne, excellente à boire, on ne peut plus salutaire, et à tel point abondante, qu'elle donne son nom à la Digence, ce ruisseau si frais et si pur!

Quoi! ce domaine pour le jeune Horace? pour un fils d'affranchi qui fait des vers par nécessité? —Oui, pour le jeune Horace ce domaine, ces prés, ces bois, ces vergers, cette eau vive; pour lui-même tout cela. J'espère que sa piété lui profite!

---

Continui montes, ni dissocientur opaca
Valle; sed ut veniens dextrum latus adspiciat sol,
Lævum discedens curru fugiente vaporet.
Temperiem laudes. Quid? si rubicunda benigni
Corna vepres et pruna ferant? si quercus et ilex
Multa fruge pecus, multa dominum juvat umbra?
Dicas adductum propius frondere Tarentum.
Fons etiam rivo dare nomen idoneus, ut nec
Frigidior Thracam, nec purior ambiat Hebrus,
Infirmo capiti fluit utilis, utilis alvo. »
*Epist.* XVI, lib. I.

« Cette terre devait être assez considérable, puisque Horace y occupait toute l'année huit esclaves (*Voyez* Sat. VII, liv. II, 120), outre un concierge, et qu'elle avait suffi autrefois à l'entretien de cinq familles. » — Le P. *Sanadon* (VIE D'HORACE). —Elle était *abandonnée* : « *Jam pridem non tacta ligonibus arva.* » — Epist. XIV, lib. I, 27. — L'émigration, l'exil, les proscriptions, l'invasion des *Barbares*, lui avaient ravi ses anciens colons.

Car, j'oubliais, Horace est devenu religieux; maintenant il a de la piété. Auparavant, dupe de la philosophie, c'est à peine s'il rendait à la divinité le moindre culte :

« *Parcus Deorum cultor et infrequens* \*! »

A ses désirs il se livrait en proie; il se moquait des serviteurs des Dieux. Mais, grâce au ciel, de ses jeunes erreurs le voilà revenu; un miracle l'a converti :

—*De pareils changemens ne vont point sans miracle* \*\*!—

« Jupiter, écartant les nues, a de son bras flamboyant fait voler au milieu de l'empyrée son char, dont les coursiers respirent la foudre; et, chose inouïe, du moins, chose niée par les mécréans, notamment par Lucrèce, *il a tonné par un ciel serein!*

---

\* AD SE IPSUM.

« Parcus Deorum cultor et infrequens,
Insanientis dum sapientiæ
Consultus erro, nunc retrorsum
Vela dare, atque iterare cursus

Cogor relictos. Namque Diespiter,
Igni corusco nubila dividens
Plerumque, per purum tonantes
Egit equos, volucremque currum.

\*\* Corneille, *Polyeucte*, v, 6.

La terre, les fleuves, le Styx, les gouffres du Ténare, et les sommets de l'Atlas, tout dans la nature a éprouvé un ébranlement, une secousse profonde. Le moyen, après cela, de demeurer incrédule, de nier l'existence d'un être suprême, auteur des changemens et révolutions qui s'accomplissent ici-bas? — Décidément, il est un Dieu! de ce Dieu, la fortune est le ministre; et celle-ci, prompte à exécuter ses décrets souverains, abaisse l'un, élève l'autre; ce n'est pour elle qu'un jeu. »

Cette subite conversion d'Horace, à bien des gens paraît peu sincère; et les commentateurs ont peine à l'expliquer. Tel dit : « Horace, à l'occasion « d'un coup de tonnerre qui s'est fait entendre par « un temps serein, feint de sortir de son incrédu- « lité et d'admirer la providence. Ce n'est ici qu'une pure fiction *. »

---

> Quo bruta tellus, et vaga flumina,
> Quo Styx, et invisi horrida Tænari
>   Sedes, Atlanteusque finis
>     Concutitur. Valet ima summis
>
> Mutare, et insignem attenuat Deus,
> Obscura promens. Hinc apicem rapax
>   Fortuna cum stridore acuto
>     Sustulit, hic posuisse gaudet. »
>           *Od.* XXXIV, lib. I.

* *Binet.*

Tel autre : « ici, Horace renonce à la secte d'É-
« picure; mais le motif de sa conversion est ridi-
« cule et puéril *. »

Un troisième : « Horace, certainement se raille;
« prise au sérieux, l'ode est bien faible; et d'ail-
« leurs dans le reste de ses écrits aucun passage
« ne confirme ce prétendu changement **. »

Un autre enfin, et celui-là traite la chose plus au
long : « de quelque façon que l'on s'y prenne, l'ode
« est faible, et peu digne du génie d'Horace. Mais
« il n'est pas étonnant que, dans le nombre, il y
« ait quelques morceaux qui sentent le jeune
« homme. La faiblesse du motif que donne Horace
« de son changement ne me surprend pas plus. Nous
« avons vu, de nos jours, des athées décidés avoir
« peur du tonnerre; le chef de la philosophie mo-
« derne a eu dans de certains momens, de sembla-
« bles retours, fondés non sur la certitude de la
« religion, mais sur des motifs moins respectables
« que la crainte de la divinité, tenant en main la
« foudre........ Le monde est rempli de ces sujets
« changeans et variables; et il paraît qu'Horace
« était lui-même fort indécis en matière de reli-

---

\* Le célèbre *Le Fèvre*.
\*\* *Dacier*.

« gion. Je prends donc l'ode telle qu'elle est, dans
« son sens naturel ; et bien que la crainte du ton-
« nerre soit puérile, les beaux vers que cette idée
« a fournis suffisent pour sauver l'inconvenance du
« sujet : avec les poètes lyriques, il ne faut pas y
« regarder de si près *. »

Erreur. Avec des hommes de l'importance d'Horace, avec un poète qui sur les esprits de son siècle a une aussi grande influence, *il faut y regarder de près.*

Or, à notre sens, dans les luttes de la religion et de la philosophie, de la conservation et de la réforme, c'est, historiquement, quelque chose de considérable que ce soudain retour du *philosophe* Horace aux idées religieuses ; lorsque, à l'avénement du *pieux* Auguste, ces idées reprennent faveur. Rien, nous dit-on, dans les œuvres d'Horace, ne vient à l'appui de sa conversion : autre erreur ; non moins manifeste que la première. Les œuvres d'Horace, principalement les odes, prouvent que le rôle d'homme religieux, pris par le poète au début de sa carrière, est par lui conservé jusqu'à la fin.

En effet, Horace converti ne proclame-t-il pas

---

* *Achaintre.*

que « les cieux instruisent la terre à révérer leur auteur? » — Oyez cette ode : « Le tonnerre apprend au monde que Jupiter règne là-haut; comme la prompte soumission des Parthes et des peuples britanniques apprend qu'Auguste est ici-bas le représentant de la Divinité :

> « *Cœlo tonantem* credidimus *Jovem*
> *Regnare; præsens Divus habebitur*
> *Augustus, adjectis Britannis*
> *Imperio, gravibusque Persis*\*. »

Horace converti, ne gémit-il pas sur la perversité de son siècle, sur l'impiété de la jeunesse? — « Pas un autel que la jeunesse ait respecté; pas une chose sainte qu'elle n'ait profanée! oh! génération maudite! abomination! désolation!

> « *Quid nos dura refugimus*
> *Ætas? Quid intactum nefasti*
> *Liquimus? Unde manum juventus*
> *Metu Deorum continuit? quibus*
> *Pepercit aris*\*\*? 

Horace converti, ne prêche-t-il pas à ce siècle pervers le retour aux idées religieuses, et la restauration du culte? Ne dit-il pas en propres termes aux Romains? « Tant que vous n'aurez point re-

---

\* Od. v, lib. III.
\*\* Ibid., xxxv, lib. I.

ÉTUDE SUR HORACE. 417

levé les temples et les autels des Dieux, tant que vous n'aurez point réparé leurs statues défigurées, souillées d'une noire poussière, vous porterez la peine due aux crimes de vos pères. Peuple romain, tu as l'empire de la terre; mais cet empire, tu ne l'as obtenu que par ton respect des Dieux. Oui, c'est ton respect des Dieux qui a fait ta grandeur et ta gloire; c'est là de ta fortune le principe et la fin. Vois, au contraire, l'Hespérie désolée : c'est à son mépris des Dieux qu'elle doit tous ses maux *. »

Le pieux Horace, n'est-il pas choisi par le pieux Auguste pour composer le *Chant Séculaire ?* Ce poème religieux, cette grande et belle prière, cet Hymne de la Conservation; où par l'entremise des Vierges choisies et d'enfans chastes, instruits dans les livres de la Sibylle, le poète demande aux Dieux

---

* AD ROMANOS.

Delicta majorum immeritus lues,
Romane, donec templa refeceris,
 Ædesque labentes Deorum, et
  Fœda nigro simulacra fumo.

Dis te minorem quod geris, imperas.
Hinc omne principium, huc refer exitum.
 Di multa neglecti dederunt
  Hesperiæ mala luctuosæ. »
    *Od.* VI, lib. III.

tutélaires *des sept collines* leur assistance, leurs bienfaits : pour la jeunesse, docilité, sage conduite; pour la vieillesse, repos, tranquillité; pour toute la race de Romulus, richesse, honneur, éternelle durée *.

Ajoutez à cela qu'Horace converti croit aux prodiges. Il se rappelle qu'un jour, dans son enfance, las de jouer il s'endormit sur le mont Vultur, aux confins de la Pouille, sa patrie; quand des pigeons ramiers vinrent le couvrir de feuillage**. Tous ceux

---

\* « Phœbe, silvarumque potens Diana
Lucidum cœli decus, o colendi
Semper et culti, date quæ precamur
    Tempore sacro,

Quo Sibyllini monuere versus
Virgines lectas puerosque castos
Dis, quibus septem placuere colles,
    Dicere carmen.

. . . . . . . . . .

Di, probos mores docili Juventæ
Di, Senectuti placidæ quietem,
Romulæ Genti date remque prolemque
    Et decus omne. »
                      *Carm. Sæcul.*

\*\* « Me fabulosæ Vulture in Appulo,
Altricis extra limen Apuliæ,
   Ludo fatigatumque somno
      Fronde nova puerum palumbes

qui passèrent par là, des habitans d'Acérenza, de Bantium, et de Férente, demeurèrent dans l'étonnement, et se dirent : ce n'est que sous la protection des Dieux, par l'inspiration des Dieux, qu'un enfant, sans autre abri que des feuilles de laurier et de myrte, peut ainsi dormir en sûreté parmi les vipères et les ours.

Une autre fois, — signe non équivoque de l'assistance divine, toujours acquise à l'honnête homme, qui, menant une vie irréprochable, n'a besoin, lui, pour sa conservation, ni de javelots, ni d'arc, ni de carquois rempli de flèches empoisonnées, soit qu'il traverse les sables mouvans de la Libye, les roches inaccessibles du Caucase, ou les

---

>Texere; mirum quod foret omnibus,
>Quicumque celsae nidum Acherontiae,
>   Saltusque Bantinos, et arvum
>   Pingue tenent humilis Ferenti,
>
>Ut tuto ab atris corpore viperis
>Dormirem, et ursis; ut premerer sacra
>   Lauroque, collataque myrto,
>   Non sine Dis animosus infans. »
>
>*Od.* IV, lib. III.

Le P. *Sanadon* pense que cette pièce, *toute consacrée à la piété*, fut, probablement, composée vers l'an 744, où Auguste termina toutes les guerres de l'empire, et ferma le temple de Janus pour la troisième et dernière fois. — Horace était alors âgé de cinquante-cinq ans.

27.

climats arrosés par le fabuleux Hydaspe\*; — une autre fois, libre d'inquiétudes, Horace dans la forêt de Sabine tranquillement se promenait, occupé à faire des vers pour la charmante Lalagé : tout-à-coup, devant lui s'arrête un loup, qui fixement le regarde, et qui, bien qu'il eût affaire à un homme sans armes, prend la fuite; un loup énorme; un monstre; qui n'eut jamais son pareil, ni dans les forêts de la Pouille, ni sur la terre d'Afrique, cette mère-patrie des lions. Aussi, en telle contrée qu'habite Horace, en tel lieu qu'il respire, fût-ce

---

\* AD ARISTIUM FUSCUM.

« Integer vitæ scelerisque purus
Non eget Mauris jaculis, neque arcu,
Nec venenatis gravida sagittis,
  Fusce, pharetra;

Sive per Syrtes iter æstuosas,
Sive facturus per inhospitalem
Caucasum, vel quæ loca fabulosus
  Lambit Hydaspes.

Namque me silva lupus in Sabina,
Dum meam canto Lalagen, et ultra
Terminum curis vagor expeditis,
  Fugit inermem;

Quale portentum neque militaris
Daunias latis alit esculetis,
Nec Jubæ tellus generat, leonum
  Arida nutrix.

au milieu des déserts, dans les pays les plus sauvages, partout et toujours il aimera Lalagé; partout et toujours il aura présent à la pensée son doux sourire, et sa douce voix.

Et ce jour qu'un gros arbre vint à tomber tout près d'Horace dans son jardin! un homme moins aimé du ciel, en pareil cas, eût infailliblement péri. Un peu plus, c'était fait de lui. — J'allais, dit-il, aux sombres bords voir le royaume de Proserpine \*, Eaque à son tribunal, les demeures assi-

---

Pone me pigris ubi nulla campis
Arbor æstiva recreatur aura,
Quod latus mundi nebulæ malusque
Jupiter urget;

Pone sub curru nimium propinqui
Solis, in terra domibus negata,
Dulce ridentem Lalagen amabo,
Dulce loquentem. »

*Od.* XXII, lib. I.

IN ARBOREM.

« Ille et nefasto te posuit die,
Quicumque primum, et sacrilega manu
Produxit, arbos, in nepotum
Perniciem, opprobriumque pagi.

Illum et parentis crediderim sui
Fregisse cervicem, et penetralia
Sparsisse nocturno cruore
Hospitis; ille venena Colcha,

gnées aux gens de bien, puis Sapho, qui sur sa lyre se plaint encore des filles de Lesbos, puis Alcée, dont le plectre d'or produit des sons plus mâles, plus vigoureux, surtout quand il dit les maux de la guerre civile, et le bonheur de Mitylène passant de l'anarchie à l'état monarchique (4); j'eusse vu se presser autour de lui tout le peuple des ombres qui, sans en rien perdre, l'écoute. Tant il est vrai que même aux enfers, se fait sentir le pouvoir de l'harmonie : tout est ému : le monstre aux cent

---

> Et quidquid usquam concipitur nefas,
> Tractavit, agro qui statuit meo
>   Te, triste lignum, te caducum
>     In domini caput immerentis.....
>
> Quam pæne furvæ regna Proserpinæ,
> Et judicantem vidimus Æacum,
>   Sedesque discretas piorum, et
>     Æoliis fidibus querentem
>
> Sappho puellis de popularibus ;
> Et te sonantem plenius aureo,
>   Alcæe, plectro dura navis,
>     Dura fugæ mala, dura belli.
>
> Utrumque sacro digna silentio
> Mirantur umbræ dicere ; sed magis
>   Pugnas et exactos tyrannos
>     Densum humeris bibit aure vulgus.
>
> Quid mirum, ubi illis carminibus stupens
> Demittit atras bellua centiceps

ÉTUDE SUR HORACE.   423

têtes, les serpens des Euménides; Prométhée espère; Tantale croit au terme de son supplice; et l'intrépide Orion oublie les hôtes des forêts.

Dernière observation : Horace, préservé par un aussi grand miracle, offre chaque année à Bacchus, en commémoration, un sacrifice *. Un modeste sacrifice! car avec les Dieux, par principe, il en use peu largement (5) : « les grandes victimes, ne doivent teindre de leur sang que la hache des pontifes. L'essentiel, est de toucher l'autel avec des mains pures. Et, pour fléchir les Dieux, se les rendre propices, une hécatombe n'a finalement pas plus de vertu qu'un peu d'orge et quelques grains de sel. » — C'est le cœur qui fait tout.

Au résumé, plus de doute : après avis d'en haut,

---

   Aures, et intorti capillis
    Eumenidum recreantur ungues?

  Quin et Prometheus et Pelopis parens
  Dulci laborem decipitur sono,
   Nec curat Orion leones
    Aut timidos agitare lyncas. »
       *Od.* XIII, lib. II.

Selon la *Fable*, Orion, intrépide chasseur, avait conservé dans l'Élysée sa passion pour la chasse.

* *Voyez* Od. VIII, liv. III.

Horace, subitement, se convertit, et revient à des sentimens meilleurs; ce dont les *Dieux* lui tiennent compte; sa piété le sauve; sa piété l'enrichit. Pourquoi discuter, nier l'évidence, et ne pas croire ce qu'Horace lui-même dit en confidence à Tyndaris, afin de mieux la séduire, et de l'attirer à Ustique, où l'attend le sort le plus doux? « Oui, je suis protégé des Dieux; oui, ma piété plaît aux Dieux; et ma Muse leur est chère. Cela, Tyndaris, te portera bonheur; cela, pour toi, sera une source de prospérité :

> « *Di me tuentur, Dis pietas mea*
> *Et Musa cordi est. Hinc tibi copia*
> *Manabit ad plenum benigno*
> *Ruris honorum opulenta cornu* *. »

Sainte richesse! bonheur exemplaire! prospérité légitime, et tout-à-fait dans l'ordre des choses!

> « *La bonne cause est toujours la plus forte* ** : »

Or, le vaincu de Philippes s'est retourné vers le vainqueur Octave, dont, évidemment, la cause est la meilleure; dont la cause est celle des Dieux; le *philosophe*, à son devoir à su se rendre; le poète, a manifesté ses bons sentimens; Horace,

---

\* Od. XVII, lib, I.
\*\* Malherbe, *Prière pour le roi Henri-le-Grand.*

en un mot, au dieu Auguste s'est donné; le Dieu,

« *Prodigue ses biens*
*A ceux qui font vœu d'être siens* [*]; »

et la vertu porte avec elle sa récompense. Horace, est un des mieux récompensés.

Traité, de prime abord, en enfant gâté de la Fortune, « *Fortunæ filius* [**] *!* » par une insigne exception il est content de son sort, et ne demande rien de plus. Pourtant, il ne tiendrait qu'à lui d'obtenir davantage; deux mots à Mécène, et ce serait chose octroyée :

« *Nec, si plura velim, tu dare deneges* [***]. »

Mais non; ainsi que Mécène, dénué d'ambition, « *negligens* [****], » le donataire d'Ustique se trouve satisfait, assez riche comme cela [*****];

---

[*] La Fontaine, *Fab.* III, liv. VII. — Dans la *Vie d'Horace*, par Suétone, il est dit qu'Auguste l'enrichit de fréquentes libéralités : « *Unaque et altera liberalitate* LOCUPLETAVIT. »

[**] Sat. VI, lib. II, 50.

[***] Od. XVI, lib. III.

[****] Od. VIII, lib. III.

[*****] « Nihil supra
Deos lacesso, nec potentem amicum
Largiora flagito,
Satis beatus unicis Sabinis. »
*Od.* XVIII, lib. II.

il a son compte; et, pour cause, ne veut pas plus:

— « *La modération est le trésor du sage* \*. » —

Borner ses désirs, c'est croître son revenu; mieux que si l'on joignait aux campagnes de Méonie l'empire des rois Lidyens. En général : vastes désirs, grandes privations. Bienheureux le mortel à qui un Dieu propice a discrètement donné de quoi vivre \*\*. Car croyez-vous que le bonheur soit fait uniquement pour les riches? Croyez-vous que celui qui avec un train modeste sera parvenu à tromper constamment l'envie, n'aura pas aussi bien, et peut-être mieux que tout autre, connu les jouissances, fait un bon emploi de la vie? — Horace ne le pense pas, lui; au contraire :

« *Nam neque divitibus contingunt gaudia solis,*
*Nec vixit male, qui natus moriensque fefellit* \*\*\*. »

---

Horace dit ailleurs à Mécène (*Epod.* I):

   Satis   perque me benignitas tua
        Ditavit. »

\* Voltaire, *Discours* IV.

\*\*   « Contracto melius parva cupidine
         Vectigalia porrigam,

   Quam si Mygdoniis regnum Alyattei
   Campis continuem. Multa petentibus
   Desunt multa. Bene est, cui Deus obtulit
     Parca, quod satis est, manu. »
                    *Od.* XVI, lib. III.

\*\*\* Epist. XVII, lib. I.

Ennemi du faste, résolu à ne point se mettre en évidence, à n'avoir rien de ce qui fait remarquer, il ne veut pas d'un brillant équipage \*; et pour arriver sans encombre à son but, au doux loisir, à la béatitude, il se propose de suivre tranquillement, à l'écart, une voie secrète, un petit sentier ignoré de la foule :

« *Secretum iter, et fallentis semita vitæ* \*\*. »

Désormais, son souhait unique sera de se bien porter; afin de savourer l'aisance qui lui est acquise, d'en jouir longuement, le plus long-temps possible, sain de corps et d'esprit, sans se voir atteint d'aucune infirmité, ni privé, sur ses vieux jours, des douceurs de son commerce avec les Muses. Il prie donc les Dieux de lui conserver la santé, de lui conserver sa fortune \*\*\* (6). Ce n'est pas qu'il

---

\* JURE PERHORRUI
« Late conspicuum tollere verticem. »
*Od.* XVI, lib. III.

\*\* Epist. XVIII, lib. L.

\*\*\* « Frui paratis et valido mihi,
Latoe, dones; at, precor, integra
Cum mente, nec turpem senectam
Degere, nec cithara carentem. »
*Od.* XXXI, lib. I.

Puis, épît. II, liv. I, 50 :

« Valeat possessor oportet
Si comportatis rebus bene cogitat uti. »

y tienne absolument; fi! cela sentirait l'avarice;
or un poète n'est pas avare; il aime les vers, et voilà
tout; son bien se perd, ses esclaves s'enfuient, sa
maison brûle... il en rit :

« *Vatis avarus*
*Non temere est animus; versus amat, hoc studet unum;*
*Detrimenta, fugas servorum, incendia ridet* \*. »

Horace, donc, de moins, de beaucoup moins saurait se contenter. En principe, suffit d'avoir le nécessaire, pour ne rien souhaiter au-delà :

« *Quod satis est cui contigit, hic nihil amplius optet* \*\*. »

On vit bien de peu : « *vivitur parvo bene* \*\*\*; » et
puis, en bonne règle, à petites gens petit pécule :
« *parvum parva decent* \*\*\*\*; » rien de plus juste;
mais les temps sont si difficiles; mais l'avenir est
si compromis! que, vraiment, au milieu de sa
prospérité le sage Horace, tout sage, tout poète
qu'il est, ne peut se défendre d'une certaine inquiétude; il a peur de quelque jour se trouver dépourvu, de manquer du nécessaire; il craint qu'un
nouveau bouleversement ne fasse passer en d'autres
mains le domaine qu'un bouleversement a fait

---

\* Epist. I, lib. II, 119....
\*\* Epist. II, lib. I, 47.
\*\*\* Od. XVI, lib. I.
\*\*\*\* Epist. VII, lib. I, 45.

tomber dans les siennes *. Cruel retour! mais, avec la Fortune, ces retours-là sont à craindre; il les faut prévoir, se tenir en garde, et ne pas trop se réjouir :

« *Quem res plus nimio delectavere secundœ,*
Mutatæ *quatient* \*\* ! »

Au jeu des révolutions, voilà les coups que la perfide se plaît trop souvent à jouer \*\*\*. Aussi, pour couper court à toute incertitude, et vivre en sécurité, Horace s'abonnerait-il volontiers à n'avoir que des livres, une bibliothèque bien garnie, et devant lui toujours des provisions pour une année. Des provisions fort simples; il vit de régime; par goût, il se nourrit d'olives, de mauve légère, et de petite chicorée;

— « *Me pascunt olivæ*
*Me cichoreæ, levesque malvæ* \*\*\*\*; » —

---

\* « Tanquam
Sit proprium quidquam, puncto quod mobilis horæ,
Nunc prece, nunc pretio, nunc vi, nunc morte suprema,
Permutat dominos, et cedat in altera jura. »
*Epist.* II, lib. II, 171...

\*\* Epist. x, lib. I, 30.

\*\*\* « Fortuna, sævo læta negotio, et
Ludum insolentem ludere pertinax
Transmutat incertos honores,
Nunc mihi, nunc alii benigna. »
*Od.* XXIX, lib. III.

\*\*\*\* Od. XXXI, lib. I.

en général, de légumes; on ne s'en porte que mieux : « *malvæ salubres corpori* \*! » et cela est plus régulier : ainsi l'on vivait au bon vieux temps; ainsi vécurent le grand Scipion et le sage Lélius \*\*; d'ordinaire, ainsi vit le poète : « *siliquis et pane secundo* \*\*\*; » veuille *Jupiter* lui laisser deux choses, deux choses qu'il donne ou qu'il ôte à son gré : la santé du corps et de quoi vivre \*\*\*\*; pour ce qui est du reste, la santé de l'âme et les jouissances de l'esprit, lui, proprement, se charge de se les procurer \*\*\*\*\*. A d'autres la manie de posséder et

---

\* Epod. II, 58. *Vid.* et epist. v, lib. I, 2.
\*\* *Voir* Sat. I, lib. II, 73.
\*\*\* Epist. I, lib. II, 123.
\*\*\*\* *Voir* Sat. III, liv. II, 289.
\*\*\*\*\* « Me quoties reficit gelidus Digentia rivus,
Quem Mandela bibit, rugosus frigore pagus,
Quid sentire putas? Quid credis, amice, PRECARI?
Sit mihi, quod nunc est, etiam minus; et mihi vivam
Quod super est ævi, si quid super esse volunt Di.
Sit bona librorum, et provisæ frugis in annum
Copia; neu fluitem dubiæ spe pendulus horæ.
Sed satis est ORARE Jovem, quæ donat et aufert;
Det vitam, det opes : æquum mi animum ipse parabo. »
*Epist.* XVIII, lib. I, *in fine.*

Telle est la prière d'Horace à Jupiter. Nous avons vu plus haut sa prière à Mercure :

« Nil amplius ORO,
Maia nate, nisi ut PROPRIA *hæc mihi munera faxis;*

d'amasser, l'embarras des richesses, les soucis de la propriété : « *divitias operosiores* \* ; à lui, sa vie durant, un revenu modeste, un simple usufruit ; c'est assez contre l'indigence ; n'est pas pauvre celui qui trouve sous sa main ce qu'il lui faut, et qui le fait sien :

« *Pauper enim non est cui rerum suppetit usus* \*\*. »

Que dis-je ? il est riche ; ou du moins, tout aussi bien que le riche, il se trouve posséder ; vu que l'usage seul fait la possession. Par ainsi, le champ

---

Elle se termine ainsi ;

« Si quod adest, gratum juvat ; hac PRECE te ORO,
Pingue pecus domino facias, et cætera præter
Ingenium, utque soles custos maximus adsis. »

\* Od. I, lib. III.

« Desiderantem quod satis est, neque
Tumultuosum sollicitat mare,
Nec sævus Arcturi cadentis
Impetus, aut orientis Hædi ;
Non verberatæ grandine vineæ,
Fundusque mendax, arbore nunc aquas
Culpante, nunc torrentia agros
Sidera, nunc hiemes iniquas.
                                Ibid.

« Nec me dimittes incastigatum, ubi plura
Cogere quam satis est, ac non cessare videbor. »
                                Epist. X, lib. I, 46.

\*\* Epist. XII, lib. I, 4.

qui contribue à vous nourrir, devient réellement votre champ *. Et pour peu qu'avec cela vous ayez l'estomac bon, la poitrine libre, et pas de goutte, vous pouvez être heureux, très heureux, vous faire une somme de bonheur où tout l'or de Crésus ne saurait rien ajouter **, puisqu'il est vrai que sous un toit pauvre on peut vivre content, joyeux, plus content, plus joyeux que les *rois*, et les favoris des rois :

« *Licet, sub paupere tecto,*
*Reges et regum vita præcurrere amicos* \*\*\* ! »

Si, cependant, la Fortune vous sourit, et vient quelque beau jour vous prendre par la main pour vous conduire dans les palais des *rois*, et vous asseoir à leur table; laissez-la faire; point de mauvaise humeur, allez; peut-être, alors, trouverez-vous qu'ici-bas pour échapper aux ennuis, aux privations, à la misère, enfin, pour vivre bien, un bon revenu bien assuré, solidement assis sur de bons

---

\* « Si proprium est, quod quis libra mercatur et ære,
Quædam, si credis consultis, mancipat usus;
Qui te pascit ager, tuus est. »
*Epist.* II, lib. II, 159.

\*\* « Si ventri bene, si lateri est, pedibusque tuis, nil
Divitiæ poterunt regales addere majus. »
*Epist.* XII, lib. I, 5.

\*\*\* *Epist.* x, lib. I, 32.

fonds de terre, est encore, après tout, ce qu'il y a de mieux imaginé *.

Horace, faiblesse humaine! se laisse aller à ce dernier avis. Car il n'a pas de principes fermes, arrêtés. Les circonstances et l'état de sa bourse influent beaucoup sur sa philosophie, et lui font éprouver des variations : aujourd'hui tempérant, frugal, demain sensuel et gourmand, tantôt il loue la médiocrité, qu'avec amour il apprécie : « *auream mediocritatem!* » à l'entendre, on croirait qu'il veut

---

« Auream quisquis Mediocritatem
Diligit, tutus caret obsoleti
Sordibus tecti, caret invidenda
Sobrius aula. »
*Od.* x, lib. II.

« Nil cupientium
Nudus castra peto, et transfuga divitum
Partes linquere gestio,
Contemptæ dominus splendidior rei,
Quam si, quidquid arat impiger Appulus,
Occultare meis dicerer horreis,
Magnas inter opes inops. »
*Od.* XVI, lib. III.

« Nimirum hic ego sum. Nam tuta et parvula laudo,
Quum res deficiunt, satis inter vilia fortis ;
Verum, ubi quid melius contingit et unctius, idem
Vos sapere et *solos* aio *bene vivere*, quorum
Conspicitur nitidis fundata pecunia villis. »
*Epist.* XV, lib. I, *in fine.*

avec elle passer sa vie ; tantôt, par goût du luxe et
de la bonne chère, il laisse là cette pauvre médiocrité, si aimable, si douce, pour aller avec la richesse; qui, dit-il, offre seule à ses amans le vrai
bien. — Ce n'était pas ainsi que pensait *Ofellus* *.

Au demeurant, le nouvel enrichi ** accepté
avec amour, reconnaissance, et modestie, « *pu-
denter* ***, » son heureuse position. Le voilà tiré
de la foule, sauvé des humiliations de la pauvreté ! il paie le cens voulu pour être inscrit au *rôle
équestre,* a droit de suffrage et de judicature, droit
de porter l'*anneau d'or* et l'*angusticlave*, droit de
siéger au spectacle sur les quatorze premiers
bancs......, ce n'est plus un *plébéien* (7). Ustique
a fait la métamorphose. Ce petit coin de la terre,
plus que tout autre endroit lui sourit. C'est
bien, aussi, une des plus agréables retraites du
monde. La maison, proprement dite, le bâtiment,
n'a rien de somptueux, de magnifique; ce n'est
pas une moderne *villa*, un de ces palais d'élégante
architecture, où brillent l'ivoire et l'or; où de riches plafonds avec poutres du mont Hymette repo-

---

\* *Voir* notre note 3 à la page 401.
\*\*  « Tu me fecisti locupletem. »
 *Epist.* VII, lib. I, 15.
\*\*\* *Vid.* Epist. XVII, lib. I, 44-46.

sent sur des colonnes de marbre taillées au fond de l'Afrique; non; et même, au prix de ces splendides habitations, celle d'Horace, toute simple *, n'est, si vous voulez qu'une chaumière; mais cette chaumière, — que, plus tard, quand les temps seront meilleurs, il pourra bien, l'humble poète, le modeste fils d'affranchi, reconstruire élégamment, dans un meilleur style, à l'imitation des grands **, — cette précieuse chaumière, a, quant à présent, le singulier avantage de ne point attirer les regards de l'*envie* ***; mais dans l'heureuse vallée de la Sabine on récolte abondamment un miel exquis, pareil à celui du mont Hymette; et des olives! des olives qui, pour le moins, valent celles de Vénafre;

---

\* « Non ebur neque aureum
Mea renidet in domo lacunar;
Non trabes Hymettiæ
Premunt columnas ultima recisas
Africa. »
*Od.* XVIII, lib. II.

\*\* Ædificas, hoc est, longos imitaris, ab imo
Ad summum totus moduli bipedalis...
*Sat.* III, lib. II, 308.

\*\*\* Cur *invidendis postibus*, et novo
Sublime ritu moliar atrium?
Cur valle permutem Sabina
Divitias operosiores? »
*Od.* I, lib. III.

le printemps y est long; Jupiter y prête à l'hiver de tièdes haleines; et le mont Aulon, aimé de Bacchus, est là, sublime et doré, qui n'envie rien aux trésors de Falerne. Les troupeaux y sont gras : au sein des vertes collines ils croissent et multiplient. Pour l'ombre, l'abondance du gland, et la fraîcheur de l'herbe, à Ustique, on se croit au voisinage d'une des forêts de la Tarentèse :

« *Et quercus, et ilex*
*Multa fruge pecus, multa dominum juvat umbra :*
*Dicas adductum propius frondere Tarentum* [*]! »

O fortuné séjour! ô champs aimés des cieux! c'est là qu'il fait bon se reposer des agitations de la vie! c'est là que, retiré loin du tracas, comme le *rat des champs* en son paisible trou, « *tutus ab insidiis* [**]! » le prudent Horace se promet de vivre et jouir sans bruit : « *tacitus pasci* [***]; » d'attendre une douce vieillesse; puis enfin de s'éteindre aux bras de l'amitié [****].

---

[*] Epist. XVI, lib. I, 9. Vid. et. Od. XIII, lib. III, 10.

[**] *Voyez à la fin de la sixième satire du liv.* II, *sa délicieuse fable, le Rat de Ville, et le Rat des Champs.*

[***] Vid. Epist. XVII, lib. I, 51.

[****] AD TITIUM SEPTIMIUM.

« Septimi, Gades aditure mecum, et
Cantabrum indoctum juga ferre nostra, et

Que d'autres, pour trouver le repos et le bonheur, songent à s'établir ailleurs qu'en Italie ; que dégoûtés de Rome, ils louent Rhodes, *l'épouse du soleil,* ou Mitylène, ou Ephèse (8) ; qu'ils louent Corinthe, cette reine de deux mers, Thèbes la favorite de Bacchus, Delphes, l'insigne protégée d'Apollon, ou bien encore la Thessalienne Tempé :

> Barbaras Syrtes, ubi Maura semper
> Æstuat unda,
> Tibur, Argeo positum colono,
> Sit meæ sedes utinam senectæ !
> Sit modus lasso maris, et viarum,
> Militiæque !
> Unde si Parcæ prohibent iniquæ,
> Dulce pellitis ovibus Galæsi
> Flumen, et regnata petam Laconi
> Rura Phalanto.
> Ille terrarum mihi præter omnes
> Angulus ridet, ubi non Hymetto
> Mella decedunt, viridique certat
> Bacca Venafro ;
> Ver ubi longum, tepidasque præbet
> Jupiter brumas, et amicus Aulon
> Fertili Baccho minimum Falernis
> Invidet uvis.
> Ille te mecum locus et beatæ
> Postulant arces ; ibi tu calentem
> Debita sparges lacrima favillam
> Vatis amici.
>
> *Od.* vi, lib. ii.

Horace, n'en fera rien; car, bon citoyen, homme dévoué à sa patrie, conservateur intelligent, il n'a, lui, ni ce dégoût de Rome, ni cet engouement de la Grèce et de l'Asie; au contraire, il s'étonne que l'on soit toujours à vanter tout autre pays que l'Italie. Quantité de gens ne s'occupent que d'Athènes, ne vous parlent que d'Athènes, n'ont d'admiration que pour Athènes, cette terre classique des arts et de la philosophie, cette mère-patrie de la civilisation et de la liberté : « *præclaro nomine Athenæ* \*! » comme ils l'appellent, « *la ville de la chaste Pallas!* » Avec eux, c'est toujours la même chanson, « *carmen perpetuum!* » et ils ne feraient point un pas sans avoir au front une branche d'olivier \*\* (9). Beaucoup aussi, par révérence de *Junon* (patronne de l'Aristocratie), vous disent que pour des *chevaliers* il n'est au monde qu'Argos, qu'Argos, et la riche Mycènes (10); Horace, je le répète, ne donne

---

\* *Lucrèce;* voir, plus haut, t. I, p. 121. — A la suite de Lucrèce, les *philosophes*, les *Athéniens*, étaient toujours à célébrer la *ville de la chaste Pallas;* ce qui fâchait les *Romains.*

\*\* L'*olivier*, était consacré à *Minerve*. Et les Athéniens ayant eu l'habitude de couronner d'une branche de cet arbre ceux qui se distinguaient dans les arts et dans les exercices publics ; l'olivier, naturellement, se trouvait être pour le *parti Hellénique* comme son signe de ralliement : *signum* FRONTI PRÆ *positum;* comme qui dirait sa cocarde.

point dans ce travers; et ni Lacédémone, pays de règle et de soumission, ni Larisse, aux grasses campagnes, n'ont à ses yeux autant d'attraits que sa bien-aimée terre d'Ustique; que cette résidence enchanteresse, où l'Albunée murmure, où l'Anio se précipite; où, près de vergers délicieux *, sans cesse alimentés d'eaux courantes, fécondes, s'étendent les bois de Tivoli **.

Ces beaux lieux, ont le don de charmer Horace; ils le captivent, et l'inspirent. Là sa muse produit

---

* Les plus beaux fruits mangés à Rome venaient des vergers de Tivoli. — *Voyez* Sat. IV, liv. II, 70.

**     AD MUNATIUM PLANCUM.

  Laudabunt alii claram Rhodon, aut Mitylenen,
      Aut Epheson, bimarisve Corinthi
  Mœnia, vel Baccho Thebas, vel Apolline Delphos
      Insignes, aut Thessala Tempe.
  Sunt quibus unum opus est intactæ Palladis urbem
      Carmine perpetuo celebrare, et
  Undique decerptam fronti præponere olivam.
      Plurimus in JUNONIS honorem
  Aptum dicit equis Argos, ditesque Mycenas.
      Me nec tam patiens Lacedæmon,
  Nec tam Larissæ percussit campus opimæ,
      Quam domus Albuneæ resonantis,
  Et præceps Anio, ac Tiburni lucus, et uda
      Mobilibus pomaria rivis. »
                  *Od.* VII, lib. I.

tout ce que ses patrons en attendent : d'énergiques écrits pour refréner la licence des temps, — « *indomitam refrænare licentiam* \*, » — pour morigéner son siècle, et l'édifier; des *chants latins* en honneur du *père de la patrie*, des prières pour le commun salut; religieux accens! que la jeunesse romaine n'a point encore entendus \*\*; puis de simples discours, des *sermons* (11), contre la sottise et le mauvais goût des gens, contre leurs ridicules et leurs travers; enfin, puisqu'il faut tout dire, de petits vers *à Chloé*, *à Phyllis*, *à Barine*, *à Lalagé*; voire *à Lyciscas*, et *à Ligurinus*; ces jolis garçons, ces femmelettes amoureuses, qui, pour la grâce des formes, l'éclat du teint, la finesse de la peau, et le soin qu'ils prennent de leur chevelure, se font gloire de le disputer aux courtisa-

---

\* *Voyez* Od. XXIV, lib. III.

\*\*     Odi profanum vulgus et arceo [1].
    Favete linguis! Carmina non prius
      Audita, MUSARUM SACERDOS,
        Virginibus puerisque canto. »
                *Od.* I, lib. III. *Vid.* et lib. III,
                    *Od.* II, IV, V, VI.

[1] Allusion à la formule par laquelle, avant de commencer la célébration des *Mystères*, le héraut sacré ordonnait à haute voix aux profanes de sortir : « *Procul este profani!* »

nes *. Poésies *joyeuses!* au goût du *joyeux* Mécène**; faites pour l'égayer dans ces instans dérobés au salut de l'empire qu'il va passer à Ustique sans faste et sans éclat.

Vous avez pu voir avec quelle familiarité le poète engage ce *descendant des rois de Tyrrhénie* à venir sans façon, au milieu des fleurs et des parfums, entamer un quartaut de bon vin qui, de longue date, l'attend ***. Un vin du crû;—au petit manoir

---

* . . . . . . . . . . . . . « Juvat
Scribere versiculos amore perculsum gravi ;
Amore, qui me præter omnes expetit
Mollibus in pueris, aut in puellis urere....
Nunc, gloriantis quamlibet mulierculam
Vincere mollitia, amor Lycisci me tenet;
Unde expedire non amicorum queant
Libera consilia, nec contumeliæ graves,
Sed alius ardor aut puellæ candidæ,
Aut teretis pueri, longam renodantis comam. »
*Epod.* XI.

** « *Jocose Mæcenas!* » — Epod. III, 20. — « A en juger par les fragmens qui nous restent, Mécène était fort libertin. » —*Achaintre.*

*** « AD MÆCENATEM.

« Tyrrhena regum progenies, tibi
Non ante verso lene merum cado
Cum flore, Mæcenas, rosarum, et
Pressa tuis balanus capillis

d'Ustique il ne s'en boit pas d'autre; — je gagerais, celui-là même qu'Horace a, de sa propre main, mis en bouteille, par un des plus beaux jours de sa vie, le jour où, après une cruelle maladie qui faillit l'emporter, Mécène, reparaissant pour la première fois au théâtre, y fut salué du peuple *;

> Jam dudum apud me est. Eripe te moræ;
> Ne semper udum Tibur, et Æsulæ
>     Declive contempleris arvum, et
>         Telegoni juga parricidæ.
>
> Fastidiosam desere copiam, et
> Molem propinquam nubibus arduis;
>     Omitte mirari beatæ
>         Fumum, et opes, strepitumque Romæ.
>
> Plerumque gratæ divitibus vices,
> Mundæque parvo sub lare pauperum
>     Cœnæ, sine aulæis et ostro,
>         Sollicitam explicuere frontem. »
>
>                                 *Od.* xxix, liv. iii.

Puis, lib. i, xx :

> Vile potabis modicis Sabinum
> Cantharis, Græca quod ego ipse testa
> Conditum levi, datus in theatro
>     Quum tibi plausus,

---

\* « Les anciens avaient accoutumé de marquer leur vin
« du nom des consuls, ou de ce qui arrivait de plus remar-
« quable l'année qu'ils le cueillaient. Horace ne pouvait donc
« mieux faire sa cour à Mécène qu'en lui disant qu'il avait
« marqué son vin, du jour qu'il avait reçu toutes ces acclama-
« tions du peuple. » — *Dacier.*

salué avec transport, enthousiasme ; par un applau-
dissement général, par des acclamations bruyantes,
réitérées, dont retentirent au loin les bords du
Tibre *, et qui furent répétées par les joyeux échos
du Vatican! Bien que chez l'opulent Mécène il ne
se bût à l'ordinaire, et dans de grandes coupes
(*per capaciores scyphos*), que des vins d'élite,
Falerne, Calès, ou Cécube, que des vins d'*outre-
mer*, de Chios, ou de Lesbos; l'invitation d'Horace
n'en était pas moins acceptée : comme tous les
riches blasés, Mécène avait besoin de se sortir de
son opulence fastidieuse ; et quand son modeste
amphitrion lui dit : « vous boirez dans de petits

> Care Mæcenas eques, ut paterni
> Fluminis ripæ, simul et jocosa
> Redderet laudes tibi Vaticani
>     Montis imago.
>
> Cæcubum et prælo domitam Caleno
> Tu bibes uvam ; mea nec Falernæ
> Temperant vites, neque Formiani
>     Pocula colles. »

Voir aussi (ode VIII, liv. III) invitation du même genre ;
puis, en l'épode IX, l'invitation qu'Horace se promet d'aller
boire, avec Mécène, en son palais, cet excellent Cécube réservé
pour les jours de grandes fêtes.

\* Horace dit mieux ; il dit « les rives du *fleuve paternel.* »
Car, selon que l'a noté Binet, « Le Tibre arrose la *Toscane,*
d'où Mécène tirait son origine. »

verres le médiocre vin de Sabine; » quand il lui dit que « de temps à autre la diversité plaît aux riches, et qu'un petit repas proprement servi sous un toit pauvre, sans tapis d'Orient ni pourpre, a souvent mis les plus soucieux en gaîté; croyez-moi, tout le fin de cette séduisante poésie revient à dire bonnement ceci :

> « *Le changement de mets réjouit l'homme.*
> *Mon doux ami, je vous apprends*
> *Que ce n'est pas une sottise,*
> *En fait de certains appétits,*
> *De changer son pain blanc en bis :*
> *Diversité c'est ma devise*[*]. »

Et le riche voluptueux sait fort bien à quoi s'en tenir. Je laisse à penser la vie que faisaient les deux amis, heureux de se trouver ensemble, et qui, malgré la distance des rangs, étaient rapprochés, unis par une incroyable sympathie. Horace le dit :

---

[*] *La Fontaine.* On sait le goût d'Horace; il a dit quelque part :

> « Namque parabilem amo venerem facilemque....
> Candida rectaque sit; munda hactenus, ut neque longa
> Nec magis alba velit, quam det natura, videri.
> Hæc, ubi supposuit dextro corpus mihi lævum
> Ilia et Egeria est ; do nomen quodlibet illi. »
> *Sat.* II, lib. 1, 120

« *Utrumque nostrum incredibili modo*
*Consentit astrum* \*! »

L'un et l'autre, *par son astre*, se sentait enclin à la volupté. Le poète, pour sa part, cultivait fort les choses de Vénus. Et si la chronique dit vrai, en ce genre il faisait merveille \*\*. Oh! pour mettre en joie son patron il avait plus d'une recette; à commencer par ses érotiques poésies. Ailleurs, il pouvait bien s'élever jusqu'au ciel, entretenir commerce avec les Dieux; mais aux petits soupers avec Mécène, sa lyre n'a plus que des airs tendres : « *mollibus apta modis!* » En venant là, le ministre n'entend pas qu'on lui chante les longues guerres de l'opiniâtre Numance, le farouche Hannibal, ni la mer de Sicile rouge du sang carthaginois; pas plus que les cruels Lapithes, l'ivresse furieuse d'Hylée, ou la défaite des géans par Hercule alors que tout l'empire du vieux Saturne tremblait \*\*\*.

---

\* Od. XVII, lib. II, 21. *Vid.* et. epod. I.

\*\* « Ad res Venereas intemperantior traditur. Nam speculato cubiculo scorta dicitur habuisse disposita, ut quocumque respexisset, ibi ei imago coitus referretur. »—Sueton., *Horat. Vita.*

\*\*\*
AD MÆCENATEM.
Nolis longa feræ bella Numantiæ,
Nec durum Hannibalem, nec Siculum mare
Pœno purpureum sanguine, mollibus
 Aptari citharæ modis;

Non. Assez de politique; assez de haute poésie. Mécène, d'ailleurs, écrit les victoires et conquêtes d'Auguste; et, dans cette prose énergique que réclame l'histoire, il parlera de tout cela, lui, mieux que personne. Aux *petits soupers rustiques*, c'est le tour des jeux et des ris. La muse d'Horace s'occupe, alors, de Licymnie, de cette belle enchanteresse aimée, chérie de Mécène, et qui lui rend si bien amour pour amour (12)! Elle dit sa douce voix, son regard limpide et brillant, sa grâce à figurer dans les chœurs, son esprit, ses

---

> Nec sævos Lapithas, et nimium mero
> Hylæum, domitosque Herculea manu
> Tollurio juvenes [1], unde periculum
>     Fulgens contremuit domus
>
> Saturni veteris. Tuque pedestribus
> Dices historiis prælia Cæsaris,
> Mæcenas, melius, ductaque per vias
>     Regum colla minacium.
>
> Me dulces dominæ Musa Licymniæ
> Cantus, me voluit dicere lucidum
> Fulgentes oculos, et bene mutuis
>     Fidum pectus amoribus;
>
> Quam nec ferre pedem dedecuit choris,
> Nec certare joco, nec dare brachia

[1] *Dacier* a vu, nous voyons comme lui, dans les Lapithes, et les géants terrassés par la main d'Hercule, *Brutus et Cassius*; puis *Antoine*, dans le centaure Hylée.

saillies, ses vives réparties, son brillant succès parmi les nobles jeunes filles aux derniers jeux célébrés en l'honneur de Diane. — « Heureux mortel qui possédez Licymnie, donneriez-vous un seul de ses cheveux pour tout ce que possédait le riche Achémène, pour tous les biens de la fertile Phrygie, pour tous les trésors de l'Arabie? — Non; vous ne le donneriez pas. Surtout lorsque,

> Ludentem nitidis virginibus, sacro
> Dianæ celebris die.
>
> Num tu, quæ tenuit dives Achæmenes,
> Aut pinguis Phrygiæ Mygdonias opes
> Permutare velis crine Licymniæ,
> Plenas aut Arabum domos,
>
> Dum flagrantia detorquet ad oscula
> Cervicem, aut facili sævitia negat
> Quæ poscente magis gaudeat eripi,
> Interdum rapere occupat? »
> *Od.* XII, lib. II.

Dans l'ode VI du liv. I, reportant à Varius, l'*aigle de la poésie épique*, le soin d'écrire l'histoire, Horace dit aussi à Agrippa :

> « Scriberis Vario fortis, et hostium
> Victor, Mæonii carminis aliti,
> Quam rem cumque ferox navibus aut equis
> Miles, te duce, gesserit.....
>
> Nos convivia, nos prælia virginum,
> Sectis in juvenes unguibus acrium,

plein d'ardeur, vous venez cueillir un baiser sur ses lèvres de rose, et qu'elle feint de vous éviter, mollement résiste, puis, ce doux baiser, le refuse, afin qu'on le ravisse, et qu'elle ait à le reprendre aussitôt après. »

Dans les momens de brouille avec Licymnie, — prise, quittée, reprise tant de fois *! — Horace, j'imagine, régalait Mécène de son ode à *Lydie*: « *Donec gratus eram*; » délicieux petit chef-d'œuvre **! puis, le chagrin noyé, les têtes s'échauffant, et le goût venant à s'émousser, il allait jusqu'à ces boutades *contre de vieilles libertines* ***.... Pas de bon vin qui n'ait sa lie.

C'est donc sous le beau ciel d'Ustique, dans la vallée de Sabine, parmi les prés et les bois, le long des clairs ruisseaux, *à la fontaine de Blandusie* que,

Cantamus vacui, sive quid urimur,
Non præter solitum leves. »

\* Mécène et Licymnie étaient toujours à se brouiller, à se raccommoder, à se quitter, à se reprendre. D'où ce bon mot de Sénèque: « Mæcenatem esse qui uxorem millies duxit, quum unam habuerit (*Epist.* CXIV). » Mécène s'est marié mille fois, bien qu'il n'ait eu qu'une épouse.

\*\* Dont Scaliger faisait tant de cas, qu'il n'a pas craint de dire, au liv. VI de sa Poétique, qu'il aimerait mieux en être l'auteur que roi d'Espagne.

\*\*\* *Voyez* Epod. VIII et XII.

diligente abeille, Horace compose son miel\*, tantôt une ode, tantôt une épître, et tantôt une satire; le tout, pour la plus grande prospérité de la ruche; espérant, tâchant, après la discorde des chefs, de ramener *au meilleur les essaims qui flottent, qui hésitent, qui sont prêts à déserter*\*\*; en d'autres termes, consacrant son labeur à la *monarchie*, « *operosa carmina!* » voulant la royauté d'Auguste; tâchant de rallier à ce chef, vainqueur, et, partant, le meilleur, le plus digne, tous les *Douteux*, les *Incertains*, qui hésitent à se réunir à lui, les *Mécontens*, les *Boudeurs*, les *Inquiets*, enfin, tous ceux qui, par antipathie, mauvaise humeur, ambition déçue, regret du passé, ou manque de confiance en l'avenir, se tiennent à l'écart, dans l'éloignement; et pensent à émigrer, à *chercher une meilleure patrie*.

Ainsi l'ode à *Munatius-Plancus*, un des lieutenans d'Antoine, tend bonnement à lui insinuer qu'en quittant, avec son armée, le parti d'Antoine

---

\* « Ego apis Matinæ
More modoque
Grata carpentis thyma per laborem
Plurimum, circa nemus uvidique
Tiburis ripas, operosa parvus
Carmina fingo. »
*Od.* II, lib. IV.

\*\* *Voyez* plus haut *Virgile*, page 160.

pour embrasser le parti d'Octave, il ne doit désespérer de rien, et que par ce moyen il pourra réparer tous ses malheurs, toutes ses pertes de fortune :

« *Nil desperandum Teucro duce et auspice Teucro* (13). »

Oui, c'est bien là ce que le bon Horace veut dire. Oyez plutôt : « Enfin l'horizon s'éclaircit\* : du midi souffle en douceur un vent qui chasse les nues; car le ciel ne peut pas être toujours à l'orage. Vous de même, Plancus, sage, expérimenté comme vous l'êtes, vous voudrez en finir avec une vie de luttes et d'angoisse; vous échangerez votre épée contre une coupe pleine de bon vin ; d'abord sous la tente du général; ensuite, à Tivoli, sous les ombrages du paisible propriétaire. Croyez-moi : il ne faut déses-

---

\*     Albus ut obscuro deterget nubila cœlo
         Sæpe Notus, neque parturit imbres
    Perpetuo, sic tu sapiens finire memento
         Tristitiam, vitæque labores
    Molli, Plance, mero ; seu te fulgentia signis
         Castra tenent, seu densa tenebit
    Tiburis umbra TUI. Teucer Salamina patremque
         Quum fugeret, tamen uda Lyæo
    Tempora populea fertur vinxisse corona;
         Sic tristes affatus amicos :
    « Quo noscumque feret melior fortuna parente,
    « Ibimus. O socii, comitesque;

pérer de rien lorsque l'on a *Teucer* pour guide.
Teucer a pour lui les vents et les étoiles; Teucer,
doit, infailliblement, mener les siens à bon port :
Apollon lui a promis que sur une *terre neuve* il rétablira la *patrie*; et le moment n'est pas loin où tant
de braves, ses compagnons d'infortune, pourront
avec lui reprendre la mer, et voguer à pleines
voiles. Or sus, que le vin coule; et plus de tristesse. »

Munatius, profite de ces bons avis : « *transfugit
ad Cæsarem* \*, » il passe à Octave. Et non-seulement, le transfuge, à Octave il se rallie; mais il fait
preuve du plus entier dévoûment. Nous l'avons vu
dans une des plus mémorables séances du sénat;
nous l'avons entendu opiner : il est bien ce même
Munatius-Plancus, si sage et si religieux, qui, pour
inaugurer le règne du vainqueur d'Antoine, veut

    « Nil desperandum Teucro duce et auspice Teucro.
      « Certus enim promisit Apollo
   « Ambiguam tellure nova Salamina futuram.
      « O fortes, pejoraque passi
  « Mecum sæpe viri, nunc vino pellite curas;
     « Cras ingens iterabimus æquor. »

                                  *Od.* VII, lib. I.

Achaintre dit : « Cette ode renferme sur TEUCER une anecdocte qui est, peut-être, de l'invention d'Horace. » — Aisément on devine où tend l'invention.

\* Vell. Patercul. *Voir* plus haut, *Virgile*, note 50, page 269.

qu'à l'avenir ce *nouveau Romulus, ce second fondateur de Rome, soit appelé du saint nom* d'Auguste *.

L'amitié de Mécène engendra chez Horace une profonde gratitude. Il eut à cœur de louer largement et l'empereur et son ministre.

> « *En cette hautaine entreprise,*
> « *Commune à tous les beaux esprits,*
> « *Plus ardent qu'un athlète à Pise*
> « *Il se fit quitter le prix.* »

Pour le coup, c'est bien Horace qui pouvait dire à ses patrons ce que, chez nous, un *héritier de sa lyre* ** avec moins de raison disait à la mère d'un de nos rois :

> « *Apollon à portes ouvertes*
> « *Laisse indifféremment cueillir*
> « *Les belles feuilles toujours vertes*
> « *Qui gardent les noms de vieillir.*
> « *Mais l'art d'en faire des couronnes*
> « *N'est pas su de toutes personnes;*
> « *Et trois ou quatre seulement*
> « *Au nombre desquels on me range* ***,
> « *Peuvent donner une louange*
> « *Qui demeure éternellement* ****. »

---

\* *Voir* plus haut, Virgile, page 130.

\*\* *La Fontaine* donne ce titre à *Malherbe*, en sa fable I, du liv. III.

\*\*\* A Rome, ces *trois ou quatre* étaient *Virgile, Properce* et *Varius*. Mais les œuvres de ce dernier ne sont point venues jusqu'à nous.

\*\*\*\* *Ode à Marie de Médicis*.

Encore aujourd'hui, comme au siècle d'Auguste, la jeunesse apprend * que Mécène avait des rois pour aïeux; que noble, le plus noble de tous les Lidyens qui vinrent s'établir en Etrurie, il ne tirait cependant de sa naissance aucune vanité; admettant au nombre de ses amis, dans sa familiarité la plus intime, un homme de rien, un simple fils d'affranchi; pensant qu'il importe peu de qui on soit né, pourvu qu'on ait les sentimens d'une personne bien née **; au demeurant, du plus grand mérite, et, chose remarquable! sans la moindre ambition; seulement, désireux de la faveur du prince pour en procurer aux autres tous les fruits; et lorsqu'il pouvait si bien se voir le premier du

---

* Les *Poésies d'Horace* furent introduites dans l'enseignement du vivant même d'Auguste.

** « Non, quia, Mæcenas, Lydorum quidquid Etruscos
Incoluit fines, nemo generosior est te;
Nec, quod avus tibi maternus fuit atque paternus,
Olim qui magnis legionibus imperitarent,
Ut plerique solent, naso suspendis adunco
Ignotos, ut me libertino patre natum;
Quum referre negas, qualis sit quisque parente
Natus, dum ingenuus. »

*Sat.* VI, lib. I. Vid. et *sat.* VI, lib. II, 41;<br>
*sat.* VI, lib. I, 48; *sat.* VII, lib. II, 34;<br>
*epist.* VII, lib. I, 38; *od.* XVII et XX,<br>
lib. II; et *epod.* I et IX.

sénat, obtenir les plus hautes dignités de l'empire, content de passer sa vie dans l'ordre des Chevaliers, dont il faisait la gloire et l'ornement : « *Mœcenas, activis edite regibus! Mœcenas, equitum decus* * (14). »

Encore aujourd'hui, comme au siècle d'Auguste, la jeunesse apprend qu'Octave fut le plus grand et meilleur des princes, le plus précieux don que le ciel dans sa bonté ait accordé à la terre **; que pour la paix, comme pour la guerre, on ne vit, on ne verra jamais son pareil; qu'il sauva Rome, le

---

* Od. I, lib. I; et od. XVI, lib. III, 20.
**  « O! qua Sol habitabiles
Illustrat oras, maxime principum,
Quem legis expertes Latinæ
Vindelici didicere nuper,
Quid marte posses. »
       *Od.* XIV, lib. IV.

Quo nihil majus meliusve terris
Fata donavere, bonique Divi,
Nec dabunt, quamvis redeant in aurum
Tempora priscum. »
       *Od.* II, lib. IV.

« Præsenti tibi maturos largimur honores,
Jurandasque tuum per nomen ponimus aras,
Nil oriturum alias, nil ortum tale fatentes. »
       *Epist.* I, lib. II, 15...

« Divis orte bonis, optime Romulæ
Custos gentis, abes jam nimium diu;

monde, à la veille d'une catastrophe; que sous lui les peuples, en repos, jouirent d'une prospérité toujours croissante : « *alma Faustitas!* » tant il sut, ce monarque vertueux, juste, ami des lois, affermir l'ordre et ramener les bonnes mœurs, préserver la propriété, protéger, faire fleurir la religion, l'agriculture, les arts, et le commerce! enfin, que son règne fut de tous les règnes le plus beau. A la mort

---

> Maturum reditum pollicitus patrum
>     Sancto-concilio, redi !
>
> Lucem redde tuæ, dux bone, patriæ;
> Instar veris enim vultus ubi tuus
> Affulsit populo, gratior it dies,
>     Et soles melius nitent.
>
> . . . . . . . . . .
>
> Tutus bos etenim rura perambulat;
> Nutrit rura Ceres, almaque Faustitas;
> Pacatum volitant per mare navitæ;
>     Culpari metuit Fides.
>
> Nullis polluitur casta domus stupris;
> Mos et lex maculosum edomuit nefas;
> Laudantur simili prole puerperæ;
>     Culpam pœna premit comes.
>
> . . . . . . . . . .
>
> Condit quisque diem collibus in suis,
> Et vitem viduas ducit ad arbores;
> Hinc ad vina redit lætus, et alteris
>     Te mensis adhibet Deum;

de Jules-César, Auguste, dieu vengeur, descend de l'Olympe sous une forme humaine, sous la figure d'Octave, pour rétablir ici-bas l'autorité : représentant de Jupiter, son mandataire, son second, il vient au nom de ce maître suprême régir les hommes, sagement gouverner, et, ainsi, mériter des autels. C'est Horace qui dit cela ; et qui le dit à sa

> Te multa prece, te prosequitur mero
> Defuso pateris, et Laribus tuum
> Miscet nomen, uti Græcia Castoris
>     Et magni memor Herculis.
>
> *Od.* v, lib. iv.
>
> Jam Fides et Pax, et Honor, Pudorque
> Priscus, et neglecta redire Virtus
> Audet, apparotque beata pleno
>     Copia cornu. »
>
> *Carm. Sæcul.*
>
> « Mutata juvenem figura,
> Ales in terris imitatur almæ
> Filius Maiæ, patiens vocari
>     Cæsaris ultor.
>
> *Od.* ii, lib. i.

Enfin, dans une de ses prières à Jupiter, Horace s'exprime ainsi :

> « Gentis humanæ pater atque custos,
> Orte Saturno, tibi cura magni
> Cæsaris fatis data ; tu secundo
>     Cæsare regnes. »
>
> *Od.* xii, lib. i.

manière! sous le bon plaisir d'Auguste; car il faut avouer

« *Qu'en l'aise de la victoire*
« *Rien n'est si doux que la gloire*
« *De se voir si bien louer*[*]. »

Rien n'était, en effet, plus agréable à Auguste que l'encens d'Horace. Avidement il l'aspirait, et toute cette fumée « chatouillant de son cœur l'orgueilleuse faiblesse, » à la longue l'enivrait, et finissait par le faire croire lui-même à sa divinité.

Je ne comprends pas Horace quand il paraît craindre de mal prendre son temps pour offrir à Auguste les présens de sa muse. — « Prenez garde, dit-il en certaine épître à *Vinius Asella* [**] partant d'Ustique pour Rome avec un volume cacheté, scellé, que, messager fidèle, il doit rendre à Auguste; prenez bien garde de ne remettre ce volume à l'Empereur que si vous le voyez en bonne santé, de belle humeur; que si lui-même il vous le de-

---

[*] Malherbe, *Ode au roi Henri-le-Grand*.

[**] AD VINIUM ASELLAM.

« Ut proficiscentem docui te sæpe diuque,
Augusto reddes signata volumina, Vini,
Si validus, si lætus erit, si denique poscet;
Ne studio nostri pecces, odiumque libellis
Sedulus importes, opera vehemente minister.

mande; pas trop d'empressement; et n'allez pas, par amour de l'auteur, nuire à l'ouvrage. Si, en route, le paquet vous gêne, jetez-le; oui, jetez-le, plutôt que de l'apporter à destination pour, ensuite, commettre une maladresse, faire, vous m'entendez, cher *Asella*, quelque *ânerie* \*, et prêter à rire aux gens. Vous avez des montagnes, des rivières, des fondrières, mais aussi vous avez bon pied, bon œil. Une fois arrivé, ne portez pas la chose gauchement sous votre bras, comme un paysan porte un agneau, comme Pyrrhie, avinée, porte les pelotons de laine qu'à son maître elle dérobe \*\*.

> Si te forte meæ gravis uret sarcina chartæ,
> Abjicito potius, quam quo perferre juberis
> Clitellas ferus impingas, Asinæque paternum
> Cognomen vertas in risum, et fabula fias.
> Viribus uteris per clivos, flumina, lamas.
> Victor propositi simul ac perveneris illuc,
> Sic positum servabis onus, ne forte sub ala
> Fasciculum portes librorum, ut rusticus agnum;
> Ut vinosa glomus furtivæ Pyrrhia lanæ;

\* Les surnoms *Asina, Asella, Asinus, Asellus*, étaient fort communs à Rome, même dans les grandes familles, entre autres, dans celle des Semproniens, des Claudiens, des Aniens, dont plusieurs branches les portaient; ce qui donnait lieu à plusieurs plaisanteries dans le genre de celle-ci. » — Achaintre.

\*\* « *Pyrrhia* était le nom d'une servante, qui, dans une comédie de Titinius, intitulée *Fullones*, dérobait des pelotons de laine. » — *Idem*.

comme on porte son bonnet et ses pantoufles quand on va en frairie chez quelqu'un de la tribu. Ne dites pas à tout venant que vous eûtes bien du mal pour apporter sans encombre à César des vers dignes de sa *majesté* (15). Voilà des recommandations, je l'espère ! vous agirez en conséquence. Allons, partez, adieu, de la prudence, point de faux pas; et montrez que vous êtes un parfait mandataire. »

Se peut-il bien qu'Horace ait sur ce point la moindre inquiétude ? César, dit-il, regimbe à la flatterie si le flatteur est maladroit *; oui, s'il est maladroit; mais quand on sait flatter comme Horace, loin de déplaire « *la louange chatouille et gagne les esprits* ** : »

« *Quæ carmine gratior aurem*
*Occupat humanam* *** ; »

---

Ut cum pileolo soleas conviva tribulis.
Ne vulgo narres te sudavisse ferendo
Carmina, quæ possint oculos auresque morari
Cæsaris. Oratus multa prece, nitere porro.
Vade, vale, cave ne titubes, mandataque frangas. »
       *Epist.* XIII, lib. I.

\* . . . . . Nisi dextro tempore, Flacci
Verba per attentam non ibunt Cæsaris aurem,
Cui male si palpere, recalcitrat undique tutus. »
       *Sat.* I, lib. II, 19.

\** La Fontaine, *Fab.* 14, liv. I.
\*** *Sat.* II, lib. II, 94.

Des vers comme ceux d'Horace, arrivent toujours à propos, « *dextro tempore;* » ils sont toujours désirés, attendus; l'empereur ne s'en cache pas : il les attend, les désire avec une vive impatience; rien ne le distrait mieux de ses travaux; car il aime les Muses; elles le délassent, le récréent, charment ses momens de loisir; elles lui donnent ces conseils de modération et de douceur dont l'empire se trouve si bien *! Esprit lettré, capable d'apprécier une œuvre littéraire, Auguste, qui, plus que nul autre, goûte les œuvres de Virgile, plus que nul autre aussi goûte les œuvres d'Horace, et il les considère tous deux, Horace et Virgile, comme les plus grands ouvriers de sa gloire (16); il sait tout ce qu'il doit déjà, tout ce qu'un jour il peut devoir à ces génies écoutés, dont les paroles ne passent point : « les *Bucoliques*, les *Géorgiques*, l'*Énéide*, seront lues et relues tant que Rome sera la reine des nations :

---

\* « Vos (Camenæ) Cæsarem altum, militia simul
Fessas cohortes addidit oppidis,
  Finire quærentem labores,
    Pierio recreatis antro ;

Vos lene consilium et datis, et dato
Gaudetis, almæ. »
                                   *Od.* IV, lib. III.

« *Tityrus, et fruges, Æneiaque arma legentur,*
*Roma triumphati dum caput orbis erit* [*] ! »

Les *odes d'Horace*, seront apprises, récitées, aussi long-temps que le Pontife accompagné de la modeste Vestale montera dans un saint recueillement les degrés du Capitole [**]! Ses *épîtres*, et ses *satires*, instruiront, amuseront, tant que les hommes auront du bon sens, de l'esprit, du goût, de la malice. Pour célébrer les héros, donner à leurs exploits du lustre; pour témoigner aux races futures des beaux faits d'un prince, exalter son règne, en éterniser la mémoire, rien de tel que la poésie : avant Agamemnon [***], il y eut, à coup sûr, de vaillans chefs; il y en eut, et beaucoup; cependant, pas un d'eux n'a place en notre souvenir; sur tous pèse la

---

[*] Ovid., *Amor.*, lib. I, eleg. xv, 25.

[**] « Ne forte credas interitura, quæ
Longe sonantem natus ad Aufidum,
Non ante vulgatas per artes
Verba loquor socianda chordis. »
*Od.* IX, lib. IV.

« Usque ego postera
Crescam laude recens, dum Capitolium
Scandet cum tacita virgine pontifex.
*Od.* XXX, lib. III.

[***] « Vixere fortes ante Agamemnona
Multi ; sed omnes illacrimabiles

nuit des temps; pourquoi? — Faute d'un poëte qui ait consacré leur mémoire. Au tombeau, la vertu sans renom diffère peu de l'inertie :

« *Paulum sepultæ distat inertiæ*
*Celata virtus\*.* »

Mais vienne un poète, quelle différence! la vie, alors, une vie éternelle! revient aux morts généreux. Ah! salut, trois et quatre fois salut à la poésie! elle peut, elle fait merveille. Ses œuvres valent tous les monumens possibles avec leurs inscriptions gravées sur le marbre et sur l'airain \*\* : de bons vers, confiés à des feuilles légères, sont, pour la plupart, épargnés du temps. On dirait que sur ses ailes ils traversent les âges. Combien de

---

Urgentur ignotique longa
Nocte, carent quia vate sacro. »
*Od.* IX, lib. IV.

\* *Ibid.*
\*\* Non incisa notis marmora publicis,
Per quæ spiritus et vita redit bonis
Post mortem ducibus. . . . . . .
. . . . . . . . . clarius indicant
Laudes, quam Calabræ Pierides; neque
Si chartæ sileant quod bene feceris,
Mercedem tuleris. »
*Od.* VIII, lib. IV.

« Nec magis expressi vultus per aenea signa,
Quam per vatis opus mores animique virorum
Clarorum apparent. »
*Epist.* I, lib. II, 249.

temples et de statues, combien de colonnes, d'arcs triomphaux en l'honneur d'Auguste, ont été ruinés, mutilés, détruits! les vers d'Horace, et les vers de Virgile, conservés, à-peu-près, dans leur native beauté, sont là comme un monument gigantesque, impérissable :

« *Monumentum ære perennius,*
*Regalique situ pyramidum altius;*
*Quod non imber edax, non Aquilo impotens*
*Possit diruere, aut innumerabilis*
*Annorum series, et fuga temporum* *. »

Ils sont là! qui perpétuent la louange d'Auguste, qui offrent à l'admiration de tous les siècles le glorieux siècle d'Auguste; après tantôt deux mille ans, les regards s'arrêtent encore à ces chefs-d'œuvre, et toujours avec une nouvelle curiosité. Pour notre part, nous sommes émerveillés quand nous observons l'art de ces hommes si savans à bien faire : ô grande puissance du génie!

Une chose qui dans Horace frappe moins à la première vue que son adoration d'Auguste, c'est la volonté qu'il a, comme Virgile, de retenir en Italie les *fuyards*, et d'y rappeler les *émigrés*; afin de repeupler la ruche; afin de *rendre à la mère-patrie ses enfans*. Comme Virgile, Horace dit et répète, que

---
* Od. xxx, lib. III.

le meilleur des séjours est à Rome; sous la protection d'Auguste. Comme Virgile, Horace combat le préjugé — si funeste à l'établissement d'Auguste! — que, désormais, il ne saurait plus y avoir de repos, de bien-être possible en Italie; et, partant, qu'il faut aller loin, bien loin de l'Italie, chercher la paix et le repos. Voici, par exemple, *Pompéius-Grosphus*, un des affranchis de Pompée; affranchi des plus heureux! car il est devenu riche, puissamment riche, un personnage d'importance sans doute après quelque émeute; au souvenir flagrant de *Spartacus*, à l'idée d'une nouvelle révolte, pour échapper au meurtre, au pillage *, Pompéius-Grosphus aura parlé d'abandonner Rome, d'aller en de lointains climats s'établir, vivre tranquille, jouir en paix de sa fortune; il est prêt à *fuir*, quand, de la part d'Horace, lui vient un billet ainsi conçu ** :

« Le repos, objet des vœux de tous les mortels,

---

\* « I, pete unguentum, puer, et coronas,
Et cadum Marsi memorem duelli,
SPARTACUM SI QUA POTUIT VAGANTEM
FALLERE TESTA. »
*Od.* XIV, lib. III.

\*\* AD POMPEIUM GROSPHUM.
Otium Divos rogat in patenti
Prensus Ægeo, simul atra nubes

en tous lieux est désiré. L'avide marchand, surpris par la tempête au milieu de ses courses maritimes, implore des Dieux le repos, dès que l'horizon s'obscurcit, et que pour se guider il n'a plus d'étoiles : le Thrace, belliqueux, ivre de guerre, le Thrace, aspire au repos ; le Mède, avec son arc et son brillant carquois, lui aussi cherche le repos ; le repos ! bien suprême, qui nulle part ne se vend, qu'on ne peut avoir pour de l'or, des pierreries, ou de la pourpre. Car la richesse n'y fait rien ; non, Grosphus ; et il n'est pas de licteur pour apaiser les troubles de l'âme, écarter des lambris dorés les soucis qui les assiégent. Vivre de peu, se contenter d'une table frugale où ne brille d'autre argenterie que celle, toute modeste, de ses pères ;

>  Condidit lunam, neque certa fulgent
>      Sidera nautis ;
>
>  Otium bello furiosa Thrace,
>  Otium Medi pharetra decori,
>  Grosphe, non gemmis, neque purpura ve-
>      nale, neque auro.
>
>  Non enim gazæ, neque consularis
>  Summovet lictor miseros tumultus
>  Mentis, et curas laqueata circum
>      Tecta volantes.
>
>  Vivitur parvo bene, cui paternum
>  Splendet in mensa tenui salinum,

voilà le plus sûr moyen d'échapper aux insomnies de la crainte, aux tourmens de la cupidité. Quand la vie est si courte, pourquoi former de si vastes projets? A quoi bon changer de patrie, aller d'Occident en Orient? Pour être bien, suffit-il donc d'émigrer? Ah! quand le chagrin nous tient, on a beau fuir : avec nous il navigue, avec nous il galope, en tous lieux il nous suit. Un bon esprit, satisfait du présent, ne s'inquiète pas de l'avenir; et pour corriger l'amertume des choses, il a sa propre gaîté. Rien n'est parfait de tout point. Achille se couvre de gloire, mais il est moissonné dans sa

> Nec leves somnos timor aut cupido
> Sordidus aufert.
>
> Quid brevi fortes jaculamur ævo
> Multa? Quid terras alio calentes
> Sole mutamus? Patriæ quis exsul
> Se quoque fugit?
>
> Scandit æratas vitiosa naves
> Cura, nec turmas equitum relinquit,
> Ocior cervis, et agente nimbos
> Ocior Euro.
>
> Lætus in præsens animus, quod ultra est
> Oderit curare, et amara lento
> Temperet risu. Nihil est ab omni
> Parte beatum.
>
> Abstulit clarum cita mors Achillem;
> Longa Tithonum minuit senectus;

fleur; Tithon parvient à la plus longue vieillesse, mais il a « séche la chair, et le corps amenuisé \*. » Qui sait? la Parque m'accordera, peut-être, ce qu'elle vous aura refusé. Vous avez d'innombrables troupeaux, qui de leurs mugissemens font retentir les plaines de Sicile; vous avez là, parmi, qui hennissent, de superbes cavales, propres à remporter tous les prix du cirque; vous allez vêtu de la plus riche pourpre d'Afrique! moi, je n'ai qu'un petit domaine, et qu'un léger souffle poétique, oui, mais j'ai, grâce au ciel, j'ai le bon esprit de m'inquiéter peu de ce que fait et dit le malin populaire. »

Dire précisément si ce furent ces représentations qui retinrent Pompéius-Grosphus en Italie, nous ne saurions; toujours est-il que ce riche *Inquiet*

> Et mihi forsan, tibi quod negarit,
>    Porriget hora.
>
> Te greges centum, Siculæque circum
> Mugiunt vaccæ; tibi tollit hinnitum
> Apta quadrigis equa; te bis Afro
>    Murice tinctæ
>
> Vestiunt lanæ; mihi parva rura, et
> Spiritum Graiæ tenuem Camenæ
> Parca non mendax dedit, et malignum
>    Spernere vulgus. »
>
>                     *Od.* XVI, lib. II.

\* Regnier, *Sat.* II.

30.

renonce à s'expatrier; plus tard, il apparaît; et recommandé par Horace à l'intendant des biens d'Agrippa en Sicile; — personnage bon à connaître pour un si grand propriétaire! — Certainement Grosphus aura plus d'une fois quelque chose à réclamer de l'Intendant du Prince *. Au demeurant, la recommandation mérite d'être observée; elle prouve le crédit du poète (17); et confirme ce que lui-même dit quelque part, que, sans avoir dans sa clientelle des dames de haut parage, qui filent la pourpre de ses toges, il n'en voit pas moins, grâce à sa lyre et à son génie poétique, il n'en voit pas moins les riches venir obséquieux à lui, — pauvre fils d'affranchi **! Elle dénote aussi le zèle d'Horace à gagner à Auguste des *amis*. — « Usez, y est-il dit, usez-en bien avec Pompéius-Grosphus; et si jamais il vient à vous faire quelque demande, empressez-vous d'y déférer. Grosphus est un homme d'honneur, incapable de vouloir rien qui ne soit juste et convenable. Là où

---

\* Agrippa était gendre d'Auguste.

\*\*   « NecLaconicas mihi
　　Trahunt honestæ purpuras clientæ.
　　　At fides, et ingeni
　　Benigna vena est, pauperemque dives
　　　Me petit. »
　　　　　　　*Od.* XVIII, lib. II.

les gens de bien désirent quelque chose, on peut avoir à peu de frais des amis :

« *Utere Pompeio Grospho, et, si quid petet, ultro
Defer; nil Grosphus, nisi verum orabit et æquum.
Vilis amicorum est annona, bonis ubi quid deest* \*. »

Ce qui laisse à penser qu'en général les *amis* coûtaient cher. Quelquefois ils étaient hors de prix. J'en sais un, jeune, bien fait, et beau, d'agréable manière, ayant de la naissance et de l'esprit, qui, même après la perte de son patrimoine, malgré l'exemple, malgré les invitations, les sollicitations d'Horace, ne veut pas absolument venir à Mécène, donner à Octave un grain d'encens, montrer la moindre allégresse, ni, enfin, reconnaître en aucune façon que tout est bien, est pour le mieux sous le règne du divin Auguste. Et celui-là, c'est *Tibulle*. Attaché à Messala, quand Messala l'était à Antoine, *Albius Tibullus*, après Actium, se retire au territoire de Pédum, entre Préneste et Tibur, dans un domaine des plus modestes, « *terre exiguë,* » débris de la fortune de ses pères (18). Là, réduit à un état voisin de la pauvreté, il a le courage de vivre; je dis le courage, tant d'autres, alors, effrayés d'une *vie peineuse* \*\*, recouraient au suicide (19)!

---

\* Epist. XII, lib. I.
\*\* Expressions de Montaigne. *Essais*, liv. II, chap. III.

il vit du peu qui lui reste : « *parva seges satis est* \*; » sans vouloir de richesses, sans demander rien à aucun patron ; il fait de l'amour sa principale, son unique affaire, et consacre sa veine à soupirer des vers empreints de mélancolie. Un de ses grands chagrins est de voir l'avidité, l'âpreté, le matérialisme de son siècle : nul ne rend plus hommage à Vénus ; on ne songe qu'à gagner ; n'importe comment.... la richesse seule est estimée :

« *Ferrea non Venerem, sed prædam sæcula laudant* \*\*! »

Jusqu'aux jeunes filles, qui ne regardent plus que les riches, qui ne veulent plus entendre parler que des riches, qui ne se plaisent qu'avec les riches :

« *Heu, heu divitibus video gaudere puellas* \*\*\*. »

Que voulez-vous ?

« *Riche vilain vaut mieux que pauvre gentilhomme* \*\*\*\*. »

Et puis :

« *La clef du coffre-fort et des cœurs, c'est la même.*
*Que si ce n'est celle des cœurs,*
*C'est du moins celle des faveurs* \*\*\*\*\*......

---

\* Tibul., *Eleg.* I.
\*\* *Ibid.*, III, lib. II.
\*\*\* *Ibid.*
\*\*\*\* Regnier, *Sat.* XIII.
\*\*\*\*\* La Fontaine.

Et cela désole Tibulle, qui, lui, noblement, voudrait devoirs ses succès à l'amour, aux présens de sa muse. Mais, las! « *la muse est inutile* \*; » auprès de femmes avares, rien ne sert que l'argent :

« *Prœtio capiuntur avarœ* \*\*! »

Aussi, pour réussir et ne plus désormais perdre son temps à soupirer, le pauvre poète se propose-t-il de faire comme les autres, d'offrir les jouissances du luxe : parée des dons de son amant, l'ingrate qui le dédaigne et lui tient rigueur, la caimandeuse, avec qui sans cesse il faut avoir l'or à la main, sa Némésis! sa Némésis ira superbe par la ville, et partout sur son passage elle attirera tous les regards. A cet effet, il tuera, volera, pillera quelque temple..... Honnête Tibulle! il le dit, mais il n'en fait rien, il ne se décide seulement pas à flatter qui pourrait soudain l'enrichir \*\*\*. Non. Dans

---

\* Regnier, *Sat.* IV.

\*\* Tibul., *Eleg.* I, lib. III.

\*\*\* « Jam veniant prædæ, si Venus optat opes,
Ut mea luxuria Nemesis fluat, utque per urbem
Incedat donis conspicienda meis....
Nec prosunt elegi, nec carminis auctor Apollo:
Illa cava pretium flagitat usque manu.
Ite procul, Musæ, si nil prodestis amanti....
Ad dominam faciles aditus per carmina quæro.
Ite procul, Musæ, si nil ista valent.

les vers de Tibulle, pas une fois n'est prononcé le nom de Mécène; pas une fois le nom d'Auguste. Directement ou indirectement, rien ne s'y trouve à la louange de l'empereur, ni de son ministre (20). Cependant Horace paraît avoir choyé Tibulle. Dans le commencement, quand on pouvait encore penser le rallier. Horace, alors, est aux petits soins avec Tibulle; il cherche à le consoler de l'infidélité de Glycère, qui lui préfère un nouvel et plus jeune amant; il l'exhorte à ne pas davantage occuper sa muse d'une aventure ordinaire et commune *; (de plus nobles sujets la réclament!) puis un beau jour, étonné, inquiet de ne point voir Albius reparaître dans Rome, familièrement il lui écrit :

« Candide juge de mes écrits **, que pouvez-

---

   At mihi per cædem et facinus sunt dona paranda,
   Ne jaceam clausam flebilis ante domum :
   Aut rapiam suspensa sacris insignia fanis. »
        *Eleg.* III et IV, lib. II.

\*  « Albi, ne doleas, plus nimio memor
   Immitis Glyceræ, neu miserabiles
   Decantes elegos, cur tibi junior
    Læsa præniteat fide. »
      *Od.* XXXIII, lib. I.

\*\* Des *satires*, « *sermonum;* » ne pas confondre ! car, dans les satires, il n'était point parlé d'Auguste. — *Voir* plus haut note 16 : « *Auguste considère*, etc. »

vous faire aux environs de Pédum *? Quelque chef-
d'œuvre, pour vaincre Cassius de Parme (21)? ou,
simplement, des promenades dans les bois pour
respirer un air pur, et méditer en silence sur tout
ce qui appelle les méditations du sage et de l'homme
de bien? Car vous pensez, vous, Albius, qui n'êtes
pas un corps sans âme. Heureux mortel! Venu au
monde b au et riche! et que les Dieux ont fait maître en l'art de plaire et de jouir! Ce que la plus
tendre nourrice peut souhaiter à son plus cher
nourrisson : esprit, affabilité, crédit, honneur,
santé, désir et moyen de bien vivre, tout cela vous
l'avez! Ayez aussi la raison de vous dire qu'en notre temps de discordes et de haines, lorsque entre
l'espérance et la crainte, au milieu des troubles et
des alarmes, l'existence est incertaine, précaire ; il

---

AD ALBIUM TIBULLUM.

« Albi, nostrorum sermonum candide judex,
Quid nunc te dicam facere in regione Pedana?
Scribere quod Cassi Parmensis opuscula vincat?
An tacitum silvas inter reptare salubres,
Curantem quidquid dignum sapiente bonoque est?
Non tu corpus eras sine pectore. Di tibi formam,
Di tibi divitias dederunt, artemque fruendi.
Quid voveat dulci nutricula majus alumno,
Qui sapere et fari possit quæ sentiat, et cui
Gratia, fama, valetudo contingat abunde,
Et domus, et victus, non deficiente crumena?

faut considérer chaque jour qui luit, comme le dernier de ses jours : alors, tout lendemain, inespéré, devient une agréable surprise. Ainsi fais-je; et bien m'en a pris : quand vous voudrez, cher Albius, vous mettre en belle humeur, et rire, vous n'avez qu'à venir me voir; vous me trouverez gros et gras, le teint fleuri, dans le meilleur point, enfin, comme un vrai pourceau d'Épicure. » — Lydie, Phryné, le maigriront *.

On ne voit pas qu'Horace ait été visité souvent par Albius. Du moins il n'en dit rien; et dans nul autre endroit de ses écrits il ne reparle de Tibulle; pas même en cette satire où il se complaît à citer les personnes dont le suffrage lui est cher : il nomme en toutes lettres Plotius, Varius, Mécène, et Virgile, Valgius, un certain Octavius, *très bon*; je veux le croire le meilleur homme du monde; puis un Fuscus, et deux Viscus; il nomme Pollion, Messala, et son frère, et Bibulus, et Servius;

---

Inter spem curamque, timores inter et iras,
Omnem crede diem tibi diluxisse supremum;
Grata superveniet, quæ non sperabitur, hora.
Me pinguem et nitidum bene curata cute vises,
Quum ridere voles, Epicuri de grege porcum.
*Epist.* IV, lib. I.

* *Voir* Ode XIII, lib. I, et epod. XIV.

il nomme, enfin, le candide Furnius\*; mais de Tibulle pas un mot; il oublie complétement *Albius, ce candide juge de ses écrits!* Albius, pourtant, vivait encore \*\*, et, en bonne justice, méritait de figurer là près de Virgile, tout aussi bien qu'aucun de ces hommes de goût. Un critique dit : « J'ai remarqué que la plupart étaient des gens « en place, issus d'illustres familles, *amis d'Au-* « *guste* et dans le cas d'avoir des protégés \*\*\*. » La chose, ainsi, s'explique : dès qu'il s'agit de distribuer son encens, Horace ne pense qu'aux amis d'Auguste, ne connaît que les amis d'Auguste, ou ceux qui, dans son idée, peuvent vouloir le devenir.

C'est pour cela qu'il entretient au loin correspondance avec un certain *Bullatius*, homme parfaitement inconnu du reste, et dont le nom n'est venu jusqu'à nous que grâce aux vers du poète, mais qui, j'imagine, devait être un personnage de

---

\* Plotius et Varius, Mæcenas, Virgiliusque,
Valgius, et probet hæc Octavius optimus, atque
Fuscus, et hæc utinam Viscorum laudet uterque !
Ambitione relegata, te dicere possum,
Pollio, te, Messala, tuo cum fratre; simulque
Vos Bibule et Servi; simul his te, candide Furni. »
*Sat.* x, lib. I, *in fine.*

\*\* Tibulle meurt l'an de Rome 735 ; or, cette dixième satire est composée vers l'an 728 ; selon *Dacier* et le P. *Sanadon.*

\*\*\* Achaintre.

même étoffe que *Pompéius-Grosphus*. Riche, inquiet, boudeur, ce Bullatius, comme tant d'autres, avait mis à exécution son parti pris d'émigrer : passé en Asie-Mineure, il était allé quelque part se confiner, dans un désert, à Lébède, petite ville, bourgade située, je crois, entre Smyrne et Colophone, mais, pour sûr au bord de la mer, et d'autant plus commode à la fuite. Horace lui adresse cette *Épître,* je dirais presque, ce philosophique traité sur la monomanie des exils volontaires, épidémie du moment, espèce de suicide politique * :

« Eh bien ! cher Bullatius, comment avez-vous trouvé Chios, et la fameuse Lesbos? Comment avez-vous trouvé l'élégante Samos, la royale Sardes, antique séjour de Crésus, et Smyrne, et Colophone? Maintenant vous savez à quoi vous en tenir sur toutes ces villes tant vantées; vous savez si elles sont au-dessus ou au-dessous de ce que l'on en dit, et si, vraiment, tout cela n'est pas bien misérable au prix du *Champ-de-Mars* et des bords du *Tibre.* Est-ce que, par hasard, il vous faudrait

---

* AD BULLATIUM.

Quid tibi visa Chios, Bullati, notaque Lesbos?
Quid concinna Samos? Quid Cræsi regia Sardis?
Smyrna quid et Colophon? Majora minorave fama?
Cunctane præ Campo et Tiberino flumine sordent?

pour résidence une des villes d'Attale? Et ne louez-vous pas Lébède, moins par amour de Lébède que par dégoût d'autres pays, que par ennui de vos longues courses sur terre et sur mer? Je le crois. Vous me dites : tel quel, Lébède me plaît ; bien que ce bourg soit plus désert que Gabie et que Fidène, je voudrais y vivre, et, oublieux des miens, oublié d'eux, demeurer là tranquille, à contempler de loin les orages. — Folie, mon cher, pure folie. Est-ce que toute personne raisonnable qui, en allant de Capoue à Rome, se trouve surprise par le mauvais temps, et contrainte de se réfugier dans une auberge, veut, pour cela, passer sa vie dans une auberge? Est-ce que celui qui, saisi par le froid, fait des étuves grand éloge, estime, au fond, que les étuves peuvent seules procurer le bien-être suprême? Nullement. Vous, cependant, parce que,

> An venit in votum Attalicis ex urbibus una?
> An Lebedum laudas, odio maris atque viarum? —
> Scis, Lebedus quid sit? Gabiis desertior atque
> Fidenis vicus; tamen illic vivere vellem,
> Oblitusque meorum, obliviscendus et illis,
> Neptunum procul e terra spectare furentem. —
> Sed neque, qui Capua Romam petit, imbre lutoque
> Adspersus, volet in caupona vivere; nec, qui
> Frigus collegit, furnos et balnea laudat,
> Ut fortunatam plene præstantia vitam.
> Nec, si te validus jactaverit Auster in alto,

au milieu de votre course, vous avez été battu par l'orage, vous voulez sans esprit de retour, vendre là-bas votre vaisseau ? Je le répète, folie. De grâce, n'en faites rien. A qui n'a pas plus de mal que vous, Rhodes et Mitylène, avec toutes leurs beautés, font à-peu-près autant de bien qu'un manteau en été, qu'une simple tunique en hiver, qu'un bain du Tibre par la gelée, ou que le coin du feu au mois d'août. Eh quoi ! vous n'êtes pas à Rome, quand vous le pourriez si bien ! quand la Fortune y a encore des faveurs à distribuer ! Mais c'est dans Rome qu'il faut parler de Samos, de Chios, et de Rhodes (22), pour s'applaudir de n'y pas être. Bullatius, il se peut que d'un moment à l'autre un Dieu veuille embellir votre existence : ne vous dérobez pas à ses bienfaits; soyez là pour les recevoir de bonne grâce, et, sans plus différer de jouir, sans plus long-temps chercher où vivre, vi-

---

Idcirco navem trans Ægæum mare vendas.
Incolumi Rhodos et Mitylene pulchra facit, quod
Pænula solstitio, campestre nivalibus auris,
Per brumam Tiberis, Sextili mense caminus.
Dum licet, et vultum servat fortuna benignum,
Romæ laudetur Samos, et Chios, et Rhodos absens.
Tu quamcumque Deus tibi fortunaverit horam,
Grata sume manu, neu dulcia differ in annum;
Ut, quocumque loco fueris, vixisse libenter

vez; vivez, et reconnaissez que, maître de vous, avec une pleine et entière liberté de bien vivre, vous avez, de fait, bien vécu. Si donc, contre les maladies de l'esprit, l'esprit seul peut tout, et l'habitation rien; passer la mer, c'est changer de pays, ce n'est point changer d'humeur. Que de soins superflus! que d'inutiles peines! des vaisseaux, des chevaux, l'attirail d'un grand équipage, pour aller loin, bien loin, à la recherche du bonheur; quand ce bonheur tant cherché est là qui vous attend! Vous le trouverez à Rome; vous le trouverez même à Ulubre *; si vous ne vous abandonnez au découragement. » —

En général, Horace conseille fort à tous ses amis de ne pas se décourager, de ne pas voir les choses trop en noir, et, sans s'inquiéter du reste, d'attendre l'occasion, gaîment, le verre en main. A leur âge, sied-il de se laisser aller à la tristesse? Peuvent-ils bien, dans la saison des plaisirs, avoir

---

Te dicas. Nam si ratio et prudentia curas,
Non locus effusi late maris arbiter, aufert;
Cœlum, non animum, mutant, qui trans mare currunt.
Strenua nos exercet inertia; navibus atque
Quadrigis petimus bene vivere. Quod petis, hic est,
Est Ulubris, animus si te non deficit æquus. ».
*Epist.* XI, lib. I.

* Bourg, situé près de Vélitre, dans le Latium.

une mine refrognée? Que sait-on? Peut-être, au premier jour, par une heureuse réaction, un *Dieu* remettra-t-il les choses à leur place. Jusque-là, patience; du vin, force bon vin, et des parfums; et des couronnes, de la musique, du chant, de la danse, des réunions de personnes aimables; voilà de quoi adoucir les aigreurs, calmer les inquiétudes, de quoi dissiper tous les ennuis, tous les chagrins *.

A ceux qui, comme le jeune et beau Licinius, firent en Orient la *vie joyeuse* avec Antoine, et qui, depuis, rentrés dans Rome, virent leurs biens confisqués; à ces riches tombés, autres discours; de

---

* AD AMICOS.

« Horrida tempestas cœlum contraxit, et imbres
Nivesque deducunt Jovem. Nunc mare, nunc siluæ
  Threicio Aquilone sonant. Rapiamus, amici,
Occasionem de die, dumque virent genua,
  Et decet, obducta solvatur fronte senectus.
Tu vina Torquato move consule pressa meo.
  Cætera mitte loqui; Deus hæc fortasse benigna
Reducet in sedem vice. Nunc et Achæmenio
  Perfundi nardo juvat, et fide Cyllenea
Levare diris pectora sollicitudinibus.....
  Illic omne malum vino cantuque levato
Deformis ægrimoniæ, et dulcibus alloquiis. »
                                *Epod.* XIII.

la philosophie, un éloge obligé de la médiocrité* :

« Pour voguer sans encombre dans cette vie, il ne faut ni toujours aller au large à pleines voiles, ni toujours, de peur d'orage, se tenir trop près de la rive. Qui a le bon esprit de se plaire au sein de la médiocrité, se trouve, par le fait, dans une position excellente, dans la meilleure des positions : à l'abri de la misère, à l'abri de l'envie. Les grands arbres, sont les plus exposés à la fureur des vents. Plus une tour est haute, et plus lourde est sa chute. Où voit-on que la foudre va le plus souvent frapper? — Sur les sommets. — Un homme de cœur, préparé aux événemens, sait les supporter, sans faiblesse. Dans le malheur, il espère;

---

« AD LICINIUM.

>Rectius vives, Licini, neque altum
>Semper urgendo, neque, dum procellas
>Cautus horrescis, nimium premendo
>    Litus iniquum.
>
>Auream quisquis mediocritatem
>Diligit, tutus caret obsoleti
>Sordibus tecti, caret invidenda
>    Sobrius aula.
>
>Sæpius ventis agitatur ingens
>Pinus, et celsæ graviore casu
>Decidunt turres, feriuntque summos
>    Fulgura montes.

dans le succès, il se méfie. C'est le même Jupiter qui ramène et qui chasse les tristes hivers. Si, présentement, sont venus les mauvais jours, patience; ces mauvais jours passeront. De temps à autre *Apollon* * reprend sa lyre, et fait entendre de doux accords; car il ne tend pas toujours son arc, et n'est pas toujours à punir. Dans les momens de crise, il faut déployer du courage et de la force; puis, quand on a le vent en poupe, prudemment serrer ses voiles; qu'elles ne soient pas trop enflées. »

D'aussi sages conseils n'étaient, sans doute, pas

> Sperat infestis, metuit secundis
> Alteram sortem bene præparatum
> Pectus. Informes hiemes reducit
> Jupiter, idem
>
> Summovet. Non, si male nunc, et olim
> Sic erit. Quondam citharæ tacentem
> Suscitat Musam, neque semper arcum
> Tendit Apollo.
>
> Rebus angustis animosus atque
> Fortis appare; sapienter idem
> Contrahes vento nimium secundo
> Turgida vela. »
>                     *Od.* x, lib. II.

* Par *Jupiter* et *Apollon*, Horace paraît désigner Auguste, et faire espérer à Licinius que ce prince s'apaisera un jour et lui rendra ses biens. — *Achaintre.*

perdus pour tous; mais celui-là même à qui Horace les avait adressés ne sait pas en profiter. Bien que revêtu de la dignité d'augure, bien que beau-frère de Mécène, *Licinius Muréna* ne veut pas se rallier franchement; il prend part au complot de Cépion contre Auguste \*, et, avec Cépion, est condamné au dernier supplice. Horace le lui avait pourtant bien dit : « *feriunt summos fulgura montes.* »

Cette fin de l'augure Licinius, nous remet en mémoire celle de *Jules-Antoine*, autre ami d'Horace, pareillement honoré d'une ode, et de quelle ode! une imitation de Pindare! tout ce qu'il y a de plus brûlant, pour échauffer sa tiédeur; un torrent de poésie, pour l'inonder de l'amour du prince, et le pousser à faire acte de dévoûment, en célébrant lui-même les victoires d'Auguste, les vertus de cet excellent monarque, idole du peuple, le plus grand et le plus précieux don que les destins et les Dieux, dans leur bonté, aient accordé à la terre, et que jamais ils puissent lui accorder, quand bien même ils ramèneraient l'âge d'or \*\*! Jules-

---

\* *Voyez* plus haut, *Virgile*, note 42, p. 235.
\*\* *Voyez* liv. IV, ode II, « *Ad Antonium Iulum.* » Comme les *Jules* prétendaient venir d'*Iule*, fils d'Énée, le poète a mis *Iulus* pour *Julius.* » — Le P. *Sanadon.*

Antoine, était fils d'Antoine et de Fulvie : Auguste lui avait conféré le sacerdoce, la préture, le consulat, le gouvernement de plusieurs provinces; il lui avait fait épouser Marcella, sa propre nièce; et cependant, après l'avoir ainsi comblé d'honneurs et de biens, Auguste trouve Jules-Antoine engagé dans les débauches de sa fille Julie, engagé dans une conspiration contre sa personne! — « L'ingrat prévient la juste punition de ses crimes par une mort *volontaire* \*. »

Cruel destin des amis d'Horace! Presque tous ceux à qui nous le voyons donner ou des leçons ou des louanges, ont une fin misérable. *Lollius* \*\*, — dont les travaux méritaient si bien

---

\* Le P. Sanadon.

\*\*     AD LOLLIUM.

 « Paulum sepultæ distat inertiæ
  Celata virtus. Non ego te meis
   Chartis inornatum silebo,
    Totve tuos patiar labores

Impune, Lolli, carpere lividas
 Obliviones. Est animus tibi
  Rerumque prudens, et secundis
   Temporibus dubiisque rectus;

Vindex avaræ fraudis, et abstinens
 Ducentis ad se cuncta pecuniæ;

d'être sauvés de l'oubli! car, investi de la confiance d'Auguste, il avait charge d'élever son royal petit-fils; Lollius, ce sage de si bon conseil en toute conjoncture, cet honnête homme, ce digne consul, modèle de prudence, de désintéressement, et de droiture, dans un temps de corruption et de vénalité, dans un siècle de fer où, comme par magnétisme, l'argent attire tout à lui! — *l'incorruptible Lollius*, lui aussi, finit par se laisser corrompre; il trempe dans je ne sais quel mauvais dessein contre Auguste, et n'échappe au supplice, que par une mort prompte, naturelle, ou *volontaire* (23). — Tant il était difficile d'opérer un

> Consulque non unius anni,
> Sed quoties bonus atque fidus
> Judex honestum prætulit utili,
> Rejecit alto dona nocentium
> Vultu, per obstantes catervas
> Explicuit sua victor arma.
> Non possidentem multa vocaveris
> Recte beatum; rectius occupat
> Nomen beati, qui Deorum
> Muneribus sapienter uti,
> Duramque callet pauperiem pati,
> Pejusque letho flagitium timet,
> Non ille pro caris amicis
> Aut patria timidus perire. »
> *Od.* ix, lib. iv

franc et parfait ralliement, de fonder l'Empire, d'asseoir Auguste, et sa dynastie :

« *Tantæ molis erat Romanam condere gentem!* »

A cette œuvre laborieuse Horace entièrement se dévoue. Par ses rapports intimes, sa *camaraderie* avec les *vainqueurs* et les *vaincus*, il se trouvait, mieux que personne, à même de réussir. En effet, ami de l'infortune, et de la fortune, courtisan de la faveur, et de la disgrâce, Horace voit les uns et les autres, tend la main aux uns et aux autres. Oh! qu'il voudrait voir ceux-ci, dans la défaite, conserver une âme égale ; puis ceux-là, dans le triomphe, ne pas afficher une joie immodérée, qui insulte au malheur! qu'il voudrait, quand l'ordre est rétabli, que tels et tels, qui ont, notoirement, tout ce qu'il faut pour bien vivre, ne fussent pas assez fous, assez ennemis d'eux-mêmes pour s'y refuser, en se livrant sans cesse à leurs préoccupations politiques, en attendant, de jour en jour, que les choses aient pris une autre face, comme s'ils avaient à vivre un autre temps, comme si de toutes choses la vie n'était pas la moins certaine, la plus fugitive!

« *Vitæ summa brevis spem nos vetat inchoare longam.*
— *Dum licet, in rebus jucundis vive beatus;*
*Vive memor quam sis ævi brevis*[*]! »

---

[*] *Voyez* Od. IV, lib. I, et sat. VI, lib. II.

De là ces leçons que vous savez; tirées pour la plupart d'Anacréon ou d'Aristippe *, et tour-à-tour adressées, à *Délius*, à *Postume*, à *Quintius-Hirpinus*, à *Manlius-Torquatus*, toutes personnes distinguées, — Horace n'en connaît point d'autres! — tous hommes en position d'avoir la plus belle existence, s'ils le voulaient, s'ils savaient jouir de leur fortune.

Manlius, est, je gagerais, le fils du Manlius-Torquatus le patron de Catulle; de cet opulent patricien dont Catulle a chanté les *Noces* avec une *Julie* de la branche *Aurunculéia* : événement des plus heureux pour la *patrie!*

« *Io Hymen Hymenæe io,*
« *Io Hymen Hymenæe!* »

Fruit de ce noble hymen, il serait, dès-lors, « ce petit Torquatus que Catulle désirait si bien voir jouer sur le sein de sa mère, tendant à son père ses petits bras, lui souriant, et, pour l'honneur de sa mère, vraie Pénélope, modèle des épouses, tout le portrait de son père. » Vous vous rappelez :

« *Torquatus, volo, parvulus*
« *Matris e gremio suæ*
« *Porrigens teneras manus,*

---

* Aristippe faisait consister le bonheur à vivre pour soi-même, à ne se soucier de rien, à user de tout, et à chercher le plaisir et le repos partout où on pouvait le trouver.

« *Dulce rideat ad patrem*
« *Semihiante labello.*
« *Sit suo similis patri*
« *Manlio.* »

A son père il ressemble! il en a les sentimens et les goûts; partant il est ami d'Horace; qui, lui, de son côté, a les goûts et les sentimens de Catulle.

Hirpinus, la chose est connue, appartenait à la famille patricienne Quinctia.

Postume, rien de précis sur son compte; mais, à bon droit, on peut le supposer de la *gens Postumia;* laquelle, dit l'histoire, fleurit à Rome après l'expulsion des Tarquins; noble famille! qui eut l'insigne avantage de demeurer dans l'ordre des Patriciens, sans bâtardise, sans aucun mélange de *plébéianisme* \*.

Quant à Délius, les renseignemens abondent sur lui, et par lui tous autres inconnus se devinent. Délius, « est l'historien dont parlent Dion, Plutar-
« que, et Sénèque. Horace l'avait sans doute connu
« dans l'armée de Brutus et de Cassius; car Délius
« était dans les troupes de ce dernier, qu'il quitta
« bientôt après pour suivre Antoine, dont il fut le
« favori et le confident; il y a même de l'apparence
« qu'il eut quelque part aux faveurs qu'il faisait

---

\* Voyez *Diction. des Antiq. Rom.* Gens Postumia.

« semblant de ménager pour son maître, et qu'il
« reçut de Cléopâtre le même plaisir qu'il faisait
« à Antoine; car Sénèque parle de quelques lettres
« fort libres qu'il avait écrites à cette princesse.
« Comme c'était un homme à se déclarer toujours
« pour son intérêt et pour sa fortune, un peu avant
« la bataille d'Actium il abandonna le parti d'An-
« toine, et se rendit à Auguste *. »

Horace entreprend ainsi Délius ** :

« Souvenez-vous qu'il faut, dans l'adversité, conserver une âme égale; comme aussi, dans la prospérité, s'abstenir d'une joie insolente; songez qu'au
premier jour vous pouvez mourir; soit que vous

---

\* Note de *Dacier*.

\*\* AD Q. DELLIUM.

> Æquam memento rebus in arduis
> Servare mentem, non secus in bonis
>   Ab insolenti temperatam
>     Lætitia, moriture Delli,
>
> Seu mœstus omni tempore vixeris,
> Seu te in remoto gramine per dies
>   Festos reclinatum bearis
>     Interiore nota Falerni.
>
> Quo pinus ingens albaque populus
> Umbram hospitalem consociare amant
>   Ramis, et obliquo laborat
>     Lympha fugax trepidare rivo,

ayez passé tout le temps de votre vie dans la tristesse, soit que vous l'ayez dépensé tout en fêtes, en plaisirs. Vous quitterez votre palais si beau, entouré de bois achetés si cher, et votre villa baignée par les eaux du Tibre; vous les quitterez! puis de tous ces biens que vous entassez viendra se saisir un héritier. Avant, je voudrais vous voir jouir. Dans cet endroit délicieux où des pins magnifiques et de blancs peupliers aiment à marier leur ombre hospitalière, où l'onde d'un clair ruisseau serpente à travers la prairie, faites porter, tandis que la fortune, l'âge, et les parques vous le permettent, faites porter de bons vins, des parfums, des couronnes de roses. Ces fleurs brillantes, qui se fanent si vite, sont un avertissement : nous aussi nous mourons vite! riche ou pauvre, patricien ou plébéien, nul n'échappe au cruel Orcus;

---

Huc vina et unguenta et nimium breves
Flores amœnæ ferre jube rosæ,
 Dum res et ætas et sororum
  Fila trium patiuntur atra.

Cedes coemptis saltibus, et domo,
Villaque, flavus quam Tiberis lavit;
 Cedes, et exstructis in altum
  Divitiis potietur heres.

Divesne, prisco natus ab Inacho,
Nil interest, an pauper et infima

tous sont de son domaine; et il faut s'y rendre; car le sort de tous est dans l'urne; car chacun, appelé tôt ou tard à la fatale barque, passe l'onde noire; sans retour. »

Même morale à Manlius *.

Même morale à Postume **.

A Quinctius, « *homme de moyen âge et tirant sur le grison,* » celle-ci :

« Cessez de vous inquiéter sur ce qui se passe au-delà de l'Adriatique, sur ce que peuvent méditer contre l'Empire le belliqueux Cantabre, et le Scythe. Ne vous demandez plus avec effroi que faire de la vie? De la vie, qui, du reste, est si courte ! En attendant, la Jeunesse s'envole, et, avec elle, les Grâces; viennent les cheveux blancs, les rides, ces épouvantails de l'amour; plus de joie, plus, même, de sommeil facile. Que voulez-vous?

---

De gente, sub divo moreris,
Victima nil miserantis Orci.

Omnes eodem cogimur; omnium
Versatur urna serius ocius
Sors exitura, et nos in æternum
Exsilium impositura cymbæ. »
*Od.* III, lib. II.

* *Voyez Od.* VII, lib. IV, « *Ad Torquatum.* »
** *Voyez Od.* XIV, lib. II, « *Ad Postumium.* »

Le printemps ne conserve point sa parure; la lune, si brillante! n'a pas toujours son même éclat. Pourquoi sans cesse, et à propos de choses au-dessus de votre portée, vous mettre l'esprit à la torture? Pourquoi ne pas plutôt égayer ses cheveux blancs? Quand on en a pleine licence! Nous serions si bien sous ce pin, ou ce beau platane, à boire couronnés de roses, et parfumés de nard d'Assyrie! Le vin dissipe la tristesse. Quel bon garçon, pour tempérer les ardeurs du Falerne, va me le rafraîchir à la source voisine? Quel bon garçon, par quelque voie détournée, m'amènera cette friponne de Lydé? Ah! qu'elle vienne avec sa lyre d'ivoire; qu'elle vienne au plus vite! ses longs cheveux, si bien retroussés à la mode de Sparte, je les lui veux dénouer \*. »

---

\* AD QUINCTIUM HIRPINUM.

« Quid bellicosus Cantaber, et Scythes,
Hirpine Quincti, cogitet, Hadria
 Divisus objecto, remittas
  Quærere, nec trepides in usum

Poscentis ævi pauca. Fugit retro
Levis juventas et decor, arida
 Pellente lascivos amores
  Canitie facilemque somnum.

Non semper idem floribus est honor

Et la friponne de venir, avec sa lyre d'ivoire, *comme une fille de Sparte*, à demi nue (24). Elle dit des chants d'amour, danse, en prenant des poses voluptueuses.... Le moyen de n'être pas séduit? A son aspect, les plus soucieux entrent en joie. Arrière le Cantabre, et le Scythe. Plus d'inquiétude sur leurs belliqueux projets (25); plus de sombres pensers; plus de ces mauvais rêves qui fatiguent l'esprit.

Les préoccupations politiques, ne conviennent qu'aux hommes d'État, placés dans une autre

---

> Vernis, neque uno luna rubens nitet
> Vultu. Quid æternis minorem
> Consiliis animum fatigas?
>
> Cur non sub alta vel platano, vel hac
> Pinu jacentes sic temere, et rosa
> Canos odorati capillos,
> Dum licet, Assyriaque nardo
>
> Potamus uncti? Dissipat Evius
> Curas edaces. Quis puer ocius
> Restinguet ardentis Falerni
> Pocula, prætereunte lympha?
>
> Quis devium scortum eliciet domo
> Lyden? Eburna, dic age, cum lyra
> Maturet, in comptum Lacenæ
> More comam religata nodum. »
> *Od.* xi, lib. ii.

sphère que le reste des mortels. Ainsi « Mécène, au courant des besoins de la cité *, incessamment s'en préoccupe; incessamment songe à la bien gouverner; et, dans sa sollicitude, il veille sur ce qui se passe en Orient et en Occident; il sait ce que les ennemis de Rome préparent, tant sur les bords du Gange et de l'Indus, que sur les bords du Tanaïs. Mais il ne cherche point à voir ce que, Dieu merci! la nuit des temps enferme dans ses voiles; et il se rit des trembleurs qui, les yeux tournés vers l'avenir, sont dans des transes continues. Le présent, le présent! voilà ce dont il faut s'occuper.

---

* AD MÆCENATEM.

Tu, civitatem quis deceat status,
Curas, et Urbi sollicitus times,
   Quid Seres, et regnata Cyro
     Bactra parent, Tanaisque discors.
Prudens futuri temporis exitum
Caliginosa nocte premit Deus,
   Ridetque, si mortalis ultra
     Fas trepidat. Quod adest, memento
Componere æquus; cætera fluminis
Ritu feruntur, nunc medio alveo
   Cum pace delabentis Etruscum
     In mare; nunc lapides adesos,
Stirpesque raptas, et pecus, et domos
Volventis una, non sine montium
   Clamore vicinæque silvæ,
     Quum fera diluvies quietos

Du reste les événemens ont leur cours, à-peu-près comme les fleuves; qui tantôt, resserrés, contenus, paisiblement coulent à la mer; tantôt, furieux, débordés, emportent leurs digues; énormes pierres, peu-à-peu minées, troncs d'arbres, qu'ils déracinent, puis les troupeaux, les maisons des pâtres; et ce, non sans un long gémissement des *monts* et des *forêts* voisines. N'est véritablement maître de soi, que celui qui jouit, et qui, chaque jour, peut dire : j'ai vécu. Que l'avenir soit sombre ou serein; le passé, est ce qu'on l'a fait. Nul ne le saurait changer; pas même Jupiter, qui ne peut rien aux faits accomplis. »

---

Irritat amnes. Ille potens sui
Lætusque deget, cui licet in diem
Dixisse : Vixi. Cras vel atra
Nube polum Pater occupato,

Vel sole puro ; non tamen irritum
Quodcumque retro est efficiet, neque
Diffinget infectumque reddet,
Quod fugiens semel hora vexit. »

*Od.* XXIX, lib. III.

« Cette ode fut composée vers l'an 733, lorsque Mécène était
« seul gouverneur de Rome pendant l'absence d'Auguste, qui
« avait passé en Asie, tandis qu'Agrippa fut obligé de quitter
« Rome pour prendre le gouvernement des Gaules. » — *Achaintre.* — L'Orient et l'Occident remuaient de manière à causer à tous les gens de bien les plus vives inquiétudes.

Pour ce qui est du soin de régir le monde, Horace est d'avis de ne se pas tourmenter; mais bien de se fier aux Dieux. Témoin cette ode à *Thaliarque* :

« Vous voyez, Thaliarque, comme le *mont* Soracte est couvert de neige : les *forêts*, ont peine à soutenir le poids qui les accable; les *fleuves*, gelés, s'arrêtent. Eh bien! c'est une raison pour faire bon feu : auprès d'un large foyer tenez-vous tranquille à vider quelque bonne vieille bouteille, et laissez aux Dieux le soin du reste *. Eux, calmeront les *vents*, déchaînés sur la mer en furie; après quoi, ni *cyprès* ni *vieux ormes* ne seront plus agités. Quelle folie de s'inquiéter aujourd'hui de ce qui arrivera demain! comme si chaque jour qui luit n'était pas

---

* AD THALIARCHUM.

Vides ut alta stet nive candidum
Soracte, nec jam sustineaut onus
Silvæ laborantes, geluque
Flumina constiterint acuto.

Dissolve frigus, ligna super foco
Large reponens, atque benignius
Deprome quadrimum Sabina,
O Thaliarche, merum diota.

Permitte Divis cætera ; qui simul
Stravere ventos æquore fervido
Depræliantes, nec cupressi,
Nec veteres agitantur orni.

une bonne fortune, dont il faut savoir profiter. Jeunes gens, jeunes gens, ne faites fi ni des amours, ni de la danse, pendant que la froide vieillesse n'est pas là pour vous attrister. Avant qu'elle vienne, jouissez. Jouissez du spectacle, des jeux, des nobles exercices du champ de Mars, et de la promenade, et de ces charmans rendez-vous, de ces intimes causeries du soir, où les cœurs se rapprochent, s'abandonnent, s'épanchent. Ah! qu'il est doux, lorsqu'on cherche une jeune fille qui dans quelque coin se tient cachée, qu'il est doux d'entendre la rieuse elle-même se trahir! puis, quand on veut lui ravir un gage de tendresse, de la voir n'opposer au larcin qu'une faible résistance! »

Jouir, ne prendre aucun souci des choses, en

---

> Quid sit futurum cras, fuge quærere; et,
> Quem fors dierum cumque dabit, lucro
>     Appone; nec dulces amores
>       Sperne puer, neque tu choreas,
>
> Donec virenti canities abest
> Morosa. Nunc et campus et areæ,
>     Lenesque sub noctem susurri
>       Composita repetantur hora;
>
> Nunc et latentis proditor intimo
> Gratus puellæ risus ab angulo,
>     Pignusque dereptum lacertis,
>       Aut digito male pertinaci. »
>
>           *Od.* IX, lib. 1.

laisser aux Dieux le gouvernement, — mollesse oisive et quiétisme, — au résumé voilà, oui, dans son essence, voilà le *système* d'Horace.

Rien de mieux pour préparer les voies au *nouvel ordre de choses*, aider le *système d'Auguste*\*, gêné par les esprits chagrins, et les idéologues, par les sophistes, qui sont là dans Rome à tenir école, à disputer, et qui pervertissent la jeunesse (26), avec les théories, les utopies, de leur sagesse insensée, « *insanientis sapientiæ* \*\*. »

Il y a surtout, parmi, les sectateurs du Zénonisme, communément appelés *Stoïciens* \*\*\*. Ceux-là poussent au dernier point l'*extravagance* ; ils enchérissent sur Épicure. Non qu'ils veuillent, comme Épicure, faire la guerre au ciel et détrôner les Dieux ; mais, plus rigoureux que lui, pour couper court au sensualisme qui perd l'homme, ils ne veulent en aucune façon entendre parler de *volupté* : rien pour le corps, tout pour l'âme. Le corps peut végéter, languir, souffrir, éprouver tout ce qu'ici-bas, vulgairement, on nomme peine ; n'importe ; pourvu

---

\* *Voyez* plus haut, *Virgile*, page 267.
\*\* *Voyez* Ode XXXIV, lib. I.
\*\*\* Comme Zénon enseignait ordinairement sous un portique, en grec, *stoà*, ses sectateurs furent appelés *stoïciens*, et son école, l'*École du Portique*.

que l'âme soit grande et forte, au-dessus de tout accident. La force de l'âme est le tout de l'homme.

Voilà le principe et la fin du *Zénonisme*.

D'après ce système, toute âme forte guérit des passions, comme le corps des maladies, et elle acquiert ce parfait état de santé que peut seule donner la sagesse.

Qui dit sagesse, dit « *heureuse course de la vie.* »

Quiconque est sage, est tout ; il est libre, riche, noble, citoyen, pontife et roi.

Il est *tout;* car la sagesse tient lieu de tout aux hommes ; et il n'y a qu'elle qui puisse les faire réussir dans ce qu'ils entreprennent.

*Libre;* car il se commande à lui-même ; car la pauvreté, la mort, les fers, ne l'effraient point ; car il a la force de résister à ses passions, de mépriser les honneurs, et tout en lui, comme un globe parfait qu'aucune inégalité n'empêche de rouler sur une face plane, il ne laisse à la fortune aucune prise *.

---

* « Quisnam igitur liber ? Sapiens, sibi qui imperiosus ;
Quem neque pauperies, neque mors, neque vincula terrent ;
Responsare cupidinibus, contemnere honores
Fortis ; et in se ipso totus, teres atque rotundus,
Externi ne quid valeat per leve morari ;
In quem manca ruit semper fortuna. »

*Sat.* VII, lib. II.

*Riche ;* car il ne désire rien.

*Noble ;* car il n'a que des sentimens élevés.

*Citoyen ;* car il s'intéresse au bien de la chose publique.

*Pontife ;* car il possède Dieu, et peut, mieux que personne, donner des enseignemens divins.

Enfin, *roi ;* car, de fait, sur les autres comme sur lui-même, il exerce un souverain empire.

Sans la sagesse, point de *béatitude* \*. Et, par la raison des contraires, quiconque n'est pas sage, fût-il Ingénu, Riche, Noble, le plus considéré de la cité ; quiconque n'est pas sage, à bien dire, n'est rien ; qu'un *exilé*, sans lois, sans patrie : il n'y a que l'homme de bien, le sage, qui jouisse véritablement des lois, et qui ait une patrie.

Il n'y a de bien que la Vertu ; il n'y a de mal que le Vice.

La Vertu est une volonté ferme, constante, de conformer sa conduite aux lois de la nature ; et la nature n'est autre chose que la raison universelle qui ordonne tout. « Conformer sa conduite à celle « de la nature, c'est se voir comme une partie du « grand tout, et conspirer à son harmonie. Dieu

---

\* *Béatitude, heureuse course de la vie,* c'est ainsi que Zénon définit le terme de la sagesse ; définition adoptée par Cléanthes, Chrysippe, et autres chefs du Portique.

« est la portion principale de la nature ; l'âme de
« l'homme est une particule de la Divinité : or, la
« loi de la nature ou de Dieu, c'est la règle géné-
« rale par qui tout est coordonné, mû, vivifié. Vi-
« vre conformément à la nature, imiter la Divinité,
« suivre l'ordre général, c'est la même chose sous
« des expressions différentes. C'est en résultat le
« moyen de parvenir au beau, et d'atteindre le sou-
« verain bien *. »

Le Vice, le Mal, est tout écart de cette règle.

Point de milieu entre le Vice et la Vertu ; point
de petites fautes : toutes fautes sont égales ; le DE-
VOIR ** est un et strict. — Les Stoïciens n'aiment
pas les moyens termes. —

Avec des hommes de cette trempe, rigides, non
pas seulement en paroles, mais aussi dans leurs actions, sobres, tempérans, chastes, qui, pour la plupart, ne se nourrissent que de pain et d'eau, de
mauvais poisson et d'herbes, qui enseignent la
philosophie du jeûne et de l'abstinence (27) ; qui, loin

---

* Extrait du *Précis de la Doctrine des Stoïciens*, par Achaintre, à la suite de son édition des *Satires de Perse*. — Paris,
Dalibon, 1822.

** En grec, « Τὸ καθῆκον. » On croit que Zénon se servit le
premier de cette expression. Un de ses écrits traite spécialement
*Du Devoir*.

de vouloir des bons vins, des parfums, des couronnes, veulent au contraire « quester de la douleur, de la nécessité et du mespris, pour les combattre, et pour tenir leur âme en haleine [*]; » enfin, qui tuent les passions, et, comme dit le poète :

« *Qui font cesser de* vivre *avant que l'on soit mort*[**] ; »

Avec de tels hommes, le système d'Horace ne pouvait guère réussir. Horace le sent bien ; aussi voit-il dans les *Stoïciens* de rudes adversaires, et tâche-t-il à en avoir raison par le sarcasme.

Les Stoïciens lui faisaient beau jeu. Dans toute secte, il y a toujours deux sortes de disciples : ceux qui comprennent le maître, et suivent sa doctrine sincèrement, exactement ; puis ceux qui, comprenant moins bien, pratiquent cette même doctrine à leur fantaisie, et la défigurent en l'exagérant. Dans la secte stoïque, ce principe : rien pour le corps ; et celui-ci : le sage est tout ; avaient, pour peu qu'on les détournât, une pente aisée du sublime au ridicule ; et beaucoup les détournaient ; par engouement, passion, bouderie, par esprit d'opposition : à l'encontre de ce beau

---

[*] Montaigne, *Essais*, liv. III, ch. XI.
[**] La Fontaine, *Le Philosophe Scythe.*

monde qui porte fine robe et chevelure ondoyante, lustrée,

« *Quem tenues decuere togæ, nitidique capilli* \*, »

dans Rome circulent, outre les sages que nous avons dits, nombre de gens à cheveux ras et dents noires, « *tonsa cute, dentibus atris* \*\*, » qui ne se font la barbe ni les ongles; qui fuient les bains, le cirque, et, en général, tout lieu de réunion aimable \*\*\*; esprits entiers, absolus, d'une sauvage indépendance; à les entendre, des *Rois*, les véritables, les seuls Rois. Ces gens-là donnent un étrange spectacle! Drapés d'une toge râpée, un bâton-sceptre à la main, on les voit plus fiers que Tarquin-le-Superbe marcher pieds nus dans leur sagesse et dans leur royauté. Tous, à coup sûr, n'ont pas

« *Autant de jugement que de barbe au menton* \*\*\*\*; »

Et, de leur personne, ils prêtent à la plaisanterie.

---

\* *Vid.* Epist. xiv, lib. i, 33; et epist. ii, lib. i, 29.
\*\* Epist. xviii, lib. i, 7.
\*\*\* « Bona pars non ungues ponere curat,
Non barbam, secreta petit loca, balnea vitat. »
*Ars Poet.*, 298.
\*\*\*\* La Fontaine, *Le Renard et le Bouc.*

Les enfans, dans les rues, leur courent sus, s'attroupent autour d'eux, leur ferment le passage, et vont, les petits drôles, jusqu'à leur tirer la barbe, leur longue barbe, insigne de sagesse : « *sapientem vellunt barbam!* Horace, pour ainsi parler, court sus aux *Stoïciens* dans ses *Satires*, et leur veut fermer le passage. Il est sans cesse après eux. Tour-à-tour il attaque et *Fabius-le-Bavard*, et *Crispin-le-Chassieux*, et *Gorgonius-le-Bouc*, et *Stertinius le huitième sage de la Grèce*, « *sapientum octavus!* » et Chrysippe, et Damasippe. Ce dernier, par hasard, veut-il donner au poëte quelque conseil ; en ricanant le poëte lui répond : « Bien obligé, mon cher, qu'en récompense les Dieux vous donnent, à vous, un barbier :

« *Di te, Damasippe, Deœque*
*Verum ob consilium donent tonsore* [*]. »

Ailleurs, aigri par la dispute avec je ne sais quel vieil amateur ruiné, et devenu philosophe, Horace, après en avoir dit long à ce pauvre Stoïcien, en ces termes le congédie : « Allez, *grand roi*, car je ne veux vous retenir davantage ; allez-vous-en au bain pour un sou avec l'impertinent Crispin, qui vous servira de cortége. Tandis que vous y serez, je me ferai, moi, un plaisir de passer à mes amis leurs

---

[*] Sat. III, lib. II, 16.

défauts; comme eux, de leur côté, me passeront volontiers les miens. Homme, simple homme, peu jaloux de m'élever au-dessus de l'humaine condition, je vivrai bonnement, simplement, « *de la vie selon la nature* \*, » bien plus heureux que vous, beau sire, dans votre *royauté* \*\*. »

Amer sarcasme! Mais, aussi, pourquoi tenir à cette vilaine secte stoïque, afficher le rigorisme, vouloir qu'il n'y ait pas de petites fautes, que toutes les fautes soient égales, et ne compatir en aucun cas aux faiblesses « *de la nature humaine* \*\*\*? » C'est par trop de sévérité; surtout à une époque où tout le monde a, réciproquement, besoin de tant d'in-

---

\* Zénon avait fait un écrit « *De la Vie selon la Nature.* » — Voyez *Biogr. Univ.*, ZÉNON.

\*\* . . . . . . . . . . Vellunt tibi barbam
Lascivi pueri, quos tu nisi fuste coerces,
Urgeris turba circum te stante, miserque
Rumperis, et latras, magnorum maxime regum.
Ne longum faciam, dum tu quadrante lavatum
Rex ibis, neque te quisquam stipator, ineptum
Præter Crispinum, sectabitur; et mihi dulces
Ignoscent, si quid peccaro stultus, amici,
Inque vicem illorum patiar delicta libenter,
Privatusque magis vivam te rege beatus. »
*Sat.* III, lib. I, *in fine.*

\*\*\* Titre d'un ouvrage de Zénon.

dulgence! L'indulgence, est le meilleur moyen de se faire des amis, et de les conserver :

« *Opinor,*
*Hæc res et jungit, junctos et servat amicos* \*. »

Mais non ; pour éviter un excès, on donne tête baissée dans l'excès contraire :

« *Dum vitant stulti vitia, in contraria currunt* \*\* ! »

Voilà bien les hommes ! étrangement faits, pour la plupart, et ne sachant jamais se tenir dans la droite raison, garder un juste milieu : « *Nil medium est*\*\*\* ; » cependant hors du juste milieu point d'équilibre ; au-delà, comme en-deçà, rien de fixe, rien d'assuré, mais le vague, l'erreur :

« *Est modus in rebus; sunt certi denique fines,*
« *Quos ultra citraque nequit consistere rectum.*
« *Virtus est medium vitiorum, et utrimque reductum* \*\*\*\*. »

Une chose à considérer, et dont il faut bien se pénétrer, c'est que en ce monde chacun a ses défauts; personne ne naît sans en avoir ; et le meilleur, est celui qui en a le moins :

---

\* Sat. III, lib. I, 54.
\*\* Tel est, au livre 1er, le sujet du deuxième *Sermon* d'Horace.
\*\*\* Sat. II, lib. I, 28.
\*\*\*\* Sat. I, lib. I, 106 ; et epist. XVIII, lib. I, 9.

« *Nam vitiis nemo sine nascitur : optimus ille est*
*Qui minimis urgetur\**. »

Donc les hommes entre eux doivent user d'indulgence; donc un système qui proscrit l'indulgence, et prescrit de rompre avec un ami pour une peccadille, puis de le fuir au plus vite, comme un débiteur fuit l'usurier Ruson quand, vers la fin du mois, ne pouvant payer ni intérêt ni capital, il se voit au moment d'essuyer, le cou tendu, comme un esclave à la chaîne, les assommantes histoires de son bourreau de créancier; un pareil système, est inhumain, barbare.

« Quoi! parce que un mien ami, en état d'ivresse, aura taché un coussin, fait tomber un plat précieux, ciselé par Evandre; pour cela, ou parce que dans un accès d'appétit il aura pris sur la table un poulet qui était devant moi, je devrai l'en aimer moins \*\*? Que ferais-je s'il m'avait volé, s'il avait trahi mon secret, s'il me niait un dépôt?

---

\* Sat. III, lib. I, 68.

\*\* Les amis d'Horace ne s'en tenaient pas toujours à ces bagatelles : quelquefois, ivres comme des Thraces, ils se jetaient les bouteilles à la tête, et le sang coulait. Témoin cette ode, « *Ad Sodales* (XXVII, lib. I ) :

Natis in usum lætitiæ scyphis
Pugnare Thracum est. Tollite barbarum
Morem, verecundumque Bacchum
Sanguineis prohibite rixis. »

« Prétendre que toutes les fautes sont égales! mais c'est un odieux paradoxe; un paradoxe insoutenable, dès que l'on se reporte à la nature des choses; le bon sens et les mœurs y répugnent, voire l'utilité, *cette mère présumée du droit et de la justice* \*.

« Or, que voit-on dans le principe des choses? les hommes répandus à la surface de la terre, bruts

---

\* Dans la *Nature des Choses,* Lucrèce établit que le *droit* et la *justice,* inventions purement humaines, naquirent de la nécessité, pour satisfaire *l'utilité commune.* — *Voir* tome I, *Lucrèce*, pages 109-115.

« Paulum deliquit amicus,
Quod nisi concedas, habeare insuavis; acerbus
Odisti et fugis, ut Rusonem debitor æris?
Qui, nisi, quum tristes misero venere Calendæ,
Mercedem aut nummos unde unde extricat, amaras
Porrecto jugulo historias, captivus ut, audit.
Comminxit lectum potus, mensave catillum
Evandri manibus tritum dejecit; ob hanc rem,
Aut positum ante mea quia pullum in parte catini
Sustulit esuriens, minus hoc jucundus amicus
Sit mihi? Quid faciam, si furtum fecerit? aut si
Prodiderit commissa fide, sponsumve negarit?
Quis paria esse fere placuit peccata, laborant,
Quum ventum ad verum est; sensus moresque repugnant,
Atque ipsa utilitas, justi prope mater et æqui.
Quum prorepserunt primis animalia terris,
Mutum et turpe pecus, glandem atque cubilia propter,

et muets comme les animaux, se battant pour le gland, pour une tanière, avec les ongles et les poings, puis avec des bâtons, puis enfin avec les armes à la longue fabriquées. Cet état dure jusqu'à l'invention *des Signes, des Mots, du Discours* \*; après quoi l'on cesse de guerroyer; on songe à se bâtir des villes fortifiées, à faire des lois contre le vol, le brigandage, l'adultère : car, long-temps avant Hélène, la femme fut cause de combats sanglants. Seulement, les sauvages ravisseurs périrent de morts ignorées, sous les coups du plus fort qui, comme un taureau en rut, sur eux se jetait, et les égorgeait. Donc à consulter les annales du monde,

---

Unguibus et pugnis, dein fustibus, atque ita porro
Pugnabant armis, quæ post fabricaverat usus;
Donec verba, quibus voces sensusque notarent,
Nominaque invenere. Dehinc absistere bello,
Oppida cœperunt munire, et ponere leges,
Ne quis fur esset, neu latro, neu quis adulter.
Nam fuit ante Helenam cunnus teterrima belli
Causa; sed ignotis perierunt mortibus illi,
Quos venerem incertam rapientes, more ferarum,
Viribus editior cædebat, ut in grege taurus.
Jura inventa metu injusti fateare necesse est,
Tempora si fastosque velis evolvere mundi.

\* Allusion à un écrit de Zénon, intitulé : « *Des Signes, des Mots, du Discours.* — Voyez *Biogr. Univ.*, ZÉNON.

même en se reportant à l'état de nature, on voit, impossible de le nier, que les lois faites, l'ont été pour parer à l'injustice ; la nature ne pouvant discerner le juste d'avec l'injuste, comme elle distingue ce qui est utile d'avec ce qui est nuisible, ce qu'il faut rechercher d'avec ce qu'il faut éviter. Ceci posé, Stoïciens, avec tous vos beaux raisonnemens vous ne me ferez jamais accroire qu'arracher un chou dans le jardin d'autrui soit un crime aussi grand que de s'introduire furtivement la nuit dans un temple, et d'y porter sur les objets du culte une main sacrilége : donc il faut s'en tenir aux lois faites, à la règle établie, d'après laquelle les peines sont proportionnées aux délits; afin que celui qui mérite seulement une punition légère, n'ait pas à subir le dernier supplice. Quant à vous voir, messieurs les réformateurs, ne punir que légèrement les grands coupables, pas de danger

> Nec natura potest justo secernere iniquum,
> Dividit ut bona diversis, fugienda petendis.
> Nec vincet ratio hoc, tantumdem ut peccet idemque
> Qui teneros caules alieni fregerit horti,
> Et qui nocturnus sacra Divum legerit. Adsit
> Regula, peccatis quæ pœnas irroget æquas ;
> Ne scutica dignum horribili sectere flagello.
> Nam, ut ferula cædas meritum majora subire
> Verbera, non vereor, quum dicas esse pares res

sur ce point; puisque, selon vous, larcin et brigandage c'est tout un, et que vous sévir*i*ez pareillement, impitoyablement, contre toutes fautes, grandes et petites, si l'on vous laissait gouverner. »

— Si l'on vous laissait gouverner! mais, grâce au ciel, il n'est pas à craindre que Rome veuille jamais faire l'essai d'un pareil gouvernement, accepter les folies, les utopies des *Stoïciens*, que jamais elle veuille se soumettre à leur verge de fer! —

Telle est, en somme, la conclusion à tirer de ce *Discours* d'Horace, l'instruction à recueillir de son *sermon sur l'indulgence que se doivent entre eux les amis* *.

Il va sans dire qu'en tous bons lieux, qu'autour de Mécène et d'Auguste les rieurs étaient pour Horace. Et quand on songe que parmi les écrits de Zénon se trouvait certain *Traité de la République*, où, comme Platon, le novateur Zénon se pronon-

---

Furta latrociniis, et magnis parva mineris
Falce recisurum simili te, si tibi regnum
Permittant homines. »
       *Sat*. III, lib. I.

* Cette satire d'Horace devait être une ironique réfutation d'un écrit de Zénon *Sur les Amis et l'Amour Fraternel*; lequel écrit, probablement, exigeait des amis, entre eux, une très grande sévérité.

çait pour une réforme radicale, et, notamment, pour la COMMUNAUTÉ DE TOUS LES BIENS *; on conçoit l'empressement de tous les gens de bien à faire chorus avec le poète, leur pétulante ironie, leur zèle à proclamer absurde le *stoïcisme*, insensés les *Stoïciens*. Ce qui, plus tard, n'empêchera ni le stoïcisme de prévaloir, ni les Stoïciens d'arriver au gouvernement : ils y arriveront ! déjà, sous Néron, « *le beau sang d'Anchise et de Vénus* » tarit; l'*immortelle race* touche à sa fin : « *Progenies Cæsarum in Nerone defecit* **!* » et il est sérieusement question de tuer le tyran pour donner à l'empire une autre et meilleure tête, pour confier le pouvoir à.... un philosophe ! à Sénèque ***; comme étant un homme sans reproche, appelé au rang suprême, non par droit divin, non par l'illustration de sa naissance,

---

\* « Le traité *de la République*, ouvrage de sa jeunesse, était
« fort célèbre chez les anciens. Il paraît qu'il y combattait
« Platon avec une liberté voisine de la licence, quoiqu'il adop-
« tât comme lui la COMMUNAUTÉ DE TOUS LES BIENS; il ne
« voulait ni temples, ni tribunaux, ni écoles, ni monnaies. » —
M. Leclerc, *Biogr. Univ.* ZÉNON.

\*\* Sueton. *Galba*, I-XI.

\*\*\* « Post occisum Neronem... traderetur imperium Senecæ, quasi insonti, claritudine virtutum ad summum fastigium delecto. » — Tacit.; *Annal.*, XV, 65. — *Voir*, plus haut, *Virgile*, note 15, p. 85.

mais bien par son propre mérite, par l'éclat de ses vertus. Cette première fois, le complot échoue; mais quelque temps encore, et la force des choses transmettra le pouvoir aux Antonins, à ces princes modèles, véritable *présent fait à la terre par le ciel*, philosophes devenus rois, rois demeurés philosophes!

Si le malin Horace ne ménageait pas les Stoïciens, ceux-ci, de leur côté, ne l'épargnaient guère ; ils examinaient sa vie, et hautement la blâmaient; de sorte que l'*envie*, toujours aux écoutes, quand on applaudissait le poète, faisait siffler ses serpens. Tous les *envieux* de siffler, non les écrits, mais la personne d'Horace. Dieu sait comme les langues allaient! demandez plutôt à *Dave*, un des huit esclaves d'Horace, son valet de chambre, je crois. Le drôle circule par la ville, et, en circulant, écoute ce qu'on dit : dans la maison du *chassieux*, de l'*impertinent Crispin*, que de propos sur le compte d'Horace! Ah! si Horace le savait!.... Il va le savoir ; car c'est jour de *Saturnales*, jour de licence, d'égalité, de franchise entre les maîtres et les esclaves; et Dave grille de parler. Il prend ainsi la parole :

« Depuis long-temps, cher maître, je vous entends faire aux autres la leçon; si j'osais, je voudrais bien vous dire un peu quelque chose*.

HORACE.

Ah! c'est toi Dave?

DAVE.

Oui, c'est moi Dave; esclave ami de son maître, et honnête homme, à votre avis, tout juste ce qu'il faut pour ne pas être pendu.

HORACE.

Parle, mon garçon, parle; nous sommes en décembre; liberté pleine et entière; ainsi l'ont voulu nos bons aïeux.

DAVE.

Eh bien! grand précepteur de morale, voici comme on vous traite : vous êtes un hypocrite qui

---

* DAVUS.

Jam dudum ausculto; et cupiens tibi dicere servus
Pauca reformido.
　　　　　HORATIUS.
Davusne?
　　　　　DAVUS.
　　　　　　　Ita, Davus, amicum
Mancipium domino, et frugi, quod sit satis, hoc est,
Ut vitale putes.
　　　　　HORATIUS.
　　　　Age, libertate Decembri,
Quando ita majores voluerunt, utere, narra.

ne pense pas un mot de ce qu'il dit. Vous louez les vertus et le bonheur du vieux temps :

« *Agricolæ prisci, fortes, parvoque beati!* »

Et si un Dieu voulait vous y ramener, au bon vieux temps, vous ne le voudriez pas. Sans aucun principe arrêté, sans parti pris de rompre avec le vice, dans le vice vous demeurez ; et ne savez pas ce que vous voulez. A Rome, vous paraissez aimer la campagne ; à la campagne, vous soupirez après Rome. Si, de fortune, nulle part vous n'êtes engagé, vous vantez le bonheur du chez soi, de pouvoir, libre et tranquille, manger son ordinaire de légumes, préférable à tous ces grands repas où l'on est contraint de boire outre me-

---

DAVUS.

. . . . . . . . . . . . . .
. . . . . . . . . . . Laudas
Fortunam et mores antiquæ plebis, et idem,
Si quis ad illa Deus subito te agat, usque recuses ;
Aut quia non sentis, quod clamas, rectius esse,
Aut quia non firmus rectum defendis, et hæres,
Nequidquam cœno cupiens evellere plantam.
Romæ rus optas, absentem rusticus urbem
Tollis ad astra levis. Si nusquam es forte vocatus
Ad cœnam, laudas securum olus, ac, velut usquam
Vinctus eas, ita te felicem dicis, amasque,
Quod nusquam tibi sit potandum. Jusserit ad se

33.

sure..... Vienne de Mécène une invitation, un ordre de vous trouver vers la chute du jour à sa table : on ne vous sert pas assez vite : « mes parfums! mes essences! viendra-t-on quand j'appelle? » — Bref, vous criez, déblaterez, tempêtez, et prenez vos jambes à votre cou; tant il vous tarde d'arriver! Milvius et autres beaux esprits, vos conviés, l'oreille basse, se retirent; non sans donner à vous, à Mécène, et autres, de ces bénédictions qu'on se garde bien de vous rendre. Mais aucune considération, aucun obstacle ne vous arrête quand vous avez en tête d'aller chez Mécène :

« *Tu pulses omne quod obstat,*
*Ad Mæcenatem memori si mente recurras\*.* »

Quant à moi, je suis un gourmand; j'en conviens je l'avoue; je suis un paresseux, un fainéant, un ivrogne, et, par-dessus, tout ce qu'il vous plaira. Mais vous, maître, si vous êtes tout cela, et peut-

---

Mæcenas serum sub lumina prima venire
Convivam : « Nemon' oleum feret ocius ? Ecquis
« Audit ? » cum magno blateras clamore, fugisque.
Milvius et scurræ, tibi non referenda precati,
Discedunt. Etenim fateor me, dixerit ille,
Duci ventre levem; nasum nidore supinor;
Imbecillus, iners, si quid vis, adde, popino.
Tu, quum sis quod ego, et fortassis nequior, ultro

\* Sat. vi, lib. ii, 30.

être pis encore, pourquoi sans cesse me gronder, en homme qui vraiment serait meilleur? Croyez-vous donc, avec vos beaux discours, donner un voile à vos vices? Au fait, si vous valez moins que moi, pauvre diable acheté quelque part cinq cents drachmes?....... Vous vous fâchez! ah! je vous prie, point de colère, et surtout point de mains; patience; laissez-moi tout au long vous répéter ce que j'ai ouï dire au portier de Crispin, à lui, à tous ceux qui viennent dans sa loge. Ils disent encore : « Nous autres, hommes du peuple et d'esclavage, quand nature commande, nous nous adressons aux courtisanes : une fille complaisante, chez elle nous introduit, et se prête à notre caprice; après quoi, sans plus de précaution, elle nous congédie; car, en fait d'honneur et de réputation, nous n'avons rien à perdre; nous ne savons pas ce

---

Insectere, velut melior? verbisque decoris
Obvolvas vitium? Quid, si me stultior ipso
Quingentis empto drachmis deprenderis?... Aufer
Me vultu terrere, manum stomachumque teneto,
Dum, *quæ Crispini docuit me janitor, edo.*
Te conjux aliena capit, meretricula Davum;
Peccat uter nostrum cruce dignius? Acris ubi me
Natura intendit, sub clara nuda lucerna
Quæcumque excepit turgentis verbera caudæ,
Clunibus aut agitavit equum lasciva supinum,
Dimittit neque famosum, neque sollicitum, ne

que c'est que d'être jaloux, de craindre un rival, ou plus beau ou plus riche; mais lui, un chevalier! c'est autre chose : séducteur de la femme d'autrui, quand vient le soir, il quitte ses insignes, dépouille le Citoyen Romain, laisse là sa grave tenue de juge*, pour se travestir en esclave; puis sur sa tête parfumée rabattant un sombre manteau, en tapinois il se faufile, tremblant, et de la peur d'être surpris et du frisson de ses désirs. Le digne maître! alors n'est-il pas, de fait, un vil esclave? Et ne mérite-t-il pas, lui, justement la fourche et les étrivières?
— Avec son anneau d'or et son angusticlave, il a beau se pavaner au spectacle, à la cour, dans les salons et les carrosses de Mécène; après tout, il n'est jamais, ce chevalier, que le fils d'un affranchi **. » — Voilà.

Oui, voilà, communément, ce que sur le compte

---

Ditior, aut formæ melioris mejat eodem.
Tu, quum projectis insignibus, annulo equestri,
Romanoque habitu, prodis ex judice Dama
Turpis, odoratum caput obscurante lacerna,
Non es quod simulas? Metuens induceris, atque
Altercante libidinibus tremis ossa pavore. »
*Sat.* VII, lib. II.

\* *Voir*, plus haut, notre note 7, à la page 434.

\*\* « Nunc ad me redeo, libertino patre natum,
QUEM RODUNT OMNES LIBERTINO PATRE NATUM. »
*Sat.* VI, lib. I, 45.

d'Horace débitaient les *envieux*, irrités de voir ce fils du peuple être le familier des grands * (28), et partager leur faste, leurs plaisirs.

Ces propos, partis de bas lieux, ne laissaient pas d'atteindre Horace, homme assez prompt à se mettre en colère, « *irasci celerem* ** , » et le piquaient au vif. Il est piqué, lorsqu'il écrit, *à Lollius* *** et *à Scéva*, ces jumelles épîtres qui, à

---

* Septimus octavo propior jam fugerit annus,
Ex quo Mæcenas me cœpit habere suorum
In numero, duntaxat ad hoc, quem *tollere rheda*
Vellet, iter faciens, et cui concredere nugas,
Hoc genus : « Hora quota est ? Thrax est Gallina Syro par ? »
« Matutina parum cautos jam frigora mordent, »
Et quæ rimosa bene deponuntur in aure.
Per totum hoc tempus *subjectior in diem et horam*
INVIDIÆ. — Noster ludos spectaverat una ;
Luserat in campo ; *Fortunæ filius !* omnes.
*Sat.* VI, lib. II, 40.

« Quidquid sum ego, quamvis
Infra Lucili censum ingeniumque, tamen me
CUM MAGNIS VIXISSE invita fatebitur usque
Invidia, et fragili quærens illidere dentem
Offendet solido. »
*Sat.* I, lib. II, 74.

** Epist. XX, lib. I. *Vid.* et. epod. VI.

*** Très probablement le fils du *vertueux Lollius*, dont nous avons parlé plus haut. Ainsi le pense le P. *Sanadon*.

elles deux, composent proprement le *Manuel du Courtisan, ou l'art de cultiver les grands et de réussir à la cour.*

Dans l'une, après quelques mots de compliment sur le caractère franc et décidé de Lollius, ami déclaré d'Auguste, mais peu jaloux d'être pris pour un flatteur, — méprise impossible, vu qu'entre l'ami et le flatteur il existe autant de différence qu'entre la matrone et la courtisane, — dans l'une de ces deux épîtres, Horace recommande à ce jeune ami de se tenir en garde contre un vice opposé à la flatterie, et dangereux, peut-être, beaucoup plus; contre la *sauvagerie;* manie de certains hommes impolis, grossiers, à cheveux ras et dents noires, d'une gravité sans parellle, et qui, pour cela, se prétendent les seuls vertueux, les seuls libres *. Prétention absurde! mais néan-

---

\*               AD LOLLIUM.

« Si bene te novi, metues, liberrime Lolli,
Scurrantis speciem præbere, professus amicum.
Ut matrona meretrici dispar erit atque
Discolor, infido scurræ distabit amicus.
Est huic diversum vitio vitium prope majus,
Asperitas agrestis, et inconcinna, gravisque,
Quæ se commendat tonsa cute, dentibus atris,
Dum vult libertas dici mera, veraque virtus. »

*Epist.* XVIII, lib. I.

moins acceptée par bon nombre de gens, à voir les progrès du Stoïcisme; dont la folie gagne et la ville et la cour; dont les écrits pénètrent même au boudoir des femmes :

« *Libelli Stoici inter Sericos*
*Jacere pulvillos amant* \* ! »

Dans l'autre épître, répondant à ses ennemis sur le reproche de *courtisanerie*, Horace dit au jeune Scéva\*\* :

« Voulez-vous être utile aux vôtres, et, personnellement, avoir une existence plus douce? pauvre, approchez-vous des riches. Vous connaissez le mot de Diogène : « *Si Aristippe savait manger des herbes, il ne ferait pas la cour aux rois.* » Puis la réponse d'Aristippe : « *Si Diogène savait faire la cour aux rois, il ne laverait pas des herbes* \*\*\*. — Tel qui

---

\* Epod. VIII. 15.
\*\*          AD SCEVAM.

  Si prodesse tuis, pauloque benignius ipsum
  Te tractare voles, accedes siccus ad unctum. —
  Si pranderet olus patienter, regibus uti
  Nollet Aristippus. — Si sciret regibus uti,
  Fastidiret olus, qui me notat. — Utrius horum

\*\*\* « Diogène blâmait la vie des courtisans. Un jour qu'il lavait des herbes, il attaqua Aristippe, qui, comme l'on sait, était un philosophe courtisan, et lui dit : « Si tu savais manger des herbes, tu ne ferais pas la cour aux rois. » Aristippe répondit : « Et toi, si tu savais faire la cour aux rois, tu ne laverais pas des herbes. »

me censure ne se contenterait pas d'herbes, s'il savait faire sa cour aux grands. Lequel des deux avait raison? dites, jeune homme; ou plutôt, apprenez pourquoi c'est Aristippe qui avait raison. Il poussait au mordant Cynique ce victorieux argument : « c'est pour moi, non pour eux, que je flatte les grands; c'est pour lui, non pour toi, que tu flattes le peuple; combien mon système est meilleur! et en principe et dans ses conséquences : un prince me nourrit, me voiture; tandis que toi, qui prétends n'avoir besoin de rien, ni de personne, bassement tu mendies ton pain. »

« Aristippe s'accommode de tout habit, de tout état, de toute fortune; lui aussi cherche le mieux, sans pour cela décrier ce qui est. Diogène au contraire, en apparence, résigné à tout sous son double manteau, ne veut en rien se prêter au moindre

> Verba probes et facta, doce; vel junior audi,
> Cur sit Aristippi potior sententia. Namque
> Mordacem Cynicum sic eludebat, ut aiunt :
> « Scurror ego ipse mihi, populo tu; rectius hoc et
> « Splendidius multo est. Equus ut me portet, alat rex,
> « Officium facio; tu poscis vilia, verum es
> « Dante minor, quamvis fers te nullius egentem. »
> Omnis Aristippum decuit color, et status, et res
> Tentantem majora, fere præsentibus æquum.
> Contra, quem duplici panno patientia velat,
> Mirabor vitæ via si conversa decebit.

changement de ses habitudes. Pour aller dans le monde, Aristippe n'attend pas absolument après une robe de pourpre : il va, comme il se trouve, dans les plus hauts lieux ; car, quelle que soit sa tenue, jamais il ne manque de savoir vivre, ni de politesse. Mais le Cynique, c'est autre chose : qu'on lui présente quelque fine étoffe, une robe de Milet, vite il la repousse, vite il prend la fuite, comme à l'aspect d'un chien enragé ou d'un serpent ; et il se laissera mourir de froid, si on ne lui rend son vieux manteau. Qu'on le lui rende; libre à lui de vivre comme il l'entend, le pauvre fou!

« Gouverner, vaincre les ennemis de l'État, et les montrer au peuple captifs à la suite d'un char de triomphe, c'est le propre des héros, c'est tendre vers l'Olympe, s'élever jusqu'au trône du souverain des Dieux. Mais savoir plaire à ces grands hommes, à ces princes, n'est pas, non plus, chose à

---

Alter purpureum non exspectabit amictum,
Quidlibet indutus celeberrima per loca vadet,
Personamque feret non inconcinnus utramque.
Alter Mileti textam cane pejus et angui
Vitabit chlamydem ; morietur frigore, si non
Rettuleris pannum. Refer, et sine vivat ineptus.
　　Res gerere et captos ostendere civibus hostes,
Attingit solium Jovis, et cœlestia tentat ;
Principibus placuisse viris non ultima laus est.

dédaigner, chose facile au premier venu. Et comme dit le proverbe : « Tout le monde n'a pas le moyen d'aller à Corinthe *. » — Tel, de peur d'encombre, n'a pas voulu se risquer, et s'est tenu tranquille ; bien ; mais tel autre a fini par arriver ; est-il un lâche ? Là gît toute la question. Il me semble voir en présence d'un lourd fardeau deux hommes, dont l'un, consultant son courage et ses forces, a peur de se charger, et s'abstient ; tandis que l'autre, bravement, en Hercule, prend son parti, marche, et va droit au but sans le moins du monde plier sous le faix : ou la vertu n'est qu'un vain nom, ou ce dernier mérite honneur et récompense. » — Le lourd fardeau, c'était la monarchie, la dynastie d'Auguste, que, dans le principe, les timides avaient refusé de soutenir, de peur d'encombre ; tandis que ceux qui, tout d'abord, ou même un peu plus tard,

> Non cuivis homini contingit adire Corinthum.
> Sedit, qui timuit, ne non succederet ; esto.
> Quid, qui pervenit, fecitne viriliter ? Atqui
> Hic est, aut nusquam, quod quærimus. Hic onus horret,
> Ut parvis animis et parvo corpore majus ;
> Hic subit et perfert. Aut virtus nomen inane est,
> Aut decus et pretium recte petit experiens vir. »
>                               *Epist.* XVII, lib. I.

* « Ce proverbe grec eut lieu à l'occasion de Laïs, fameuse courtisane, qui vendait si cher ses faveurs, qu'il n'y avait que les gens fort riches qui pussent l'approcher. » — *Achaintre.*

avaient, sans crainte de succomber, résolument
prêté l'épaule, et qu'après un rude labeur on voyait
parvenus, victorieux, debout; ceux-là, ces soutiens
du trône, ces hommes de cœur et de courage, méritaient honneur et récompense, « *decus et pretium!* »
— quoi qu'en pût dire l'*envie*. Mais non : le succès
est un crime; le succès est la chose qui se pardonne
le moins.

Ainsi se trouvait reprise entre Horace et les *Cyniques* la vieille querelle de Diogène et d'Aristippe, qui,
à l'heure qu'il est, ne paraît pas encore terminée :
« les envieux mourant, mais non jamais l'envie. »
Ce que c'est que la destinée! et combien l'homme
le plus favorisé du sort a de peine à vivre heureux,
comme il l'entend, sans querelle ni débat avec
personne! Horace, désirait vivre en paix, ami de
tout le monde, ne point tirer son épée du fourreau,
l'y laisser se couvrir de rouille; il le voulait du
meilleur de son âme! et cependant, avec l'un, avec
l'autre, il a noise, et se voit forcé de combattre.
Pour quelques mots plaisants, inoffensifs, échappés
à sa franchise, pour avoir dit, par exemple, que
« *Rufillus sent le musc et Gorgonius le bouc,* » le pauvre
Horace, en butte aux traits de l'envie, est molesté,
calomnié; il s'entend, quelle injustice! appeler
méchant, hargneux; quand c'est lui qu'on atta-

que, lui que journellement on harcèle! et son repos, son cher repos est troublé *.

Je ne répondrais pas que cet état d'hostilité ne fût pour quelque chose dans son dédain des pauvres auteurs, de *cette plèbe orgueilleuse et vénale dont le suffrage s'achète un dîner ou un vieux manteau;* qu'il ne fût pour quelque chose, dans sa répugnance à se produire en public aux *séances littéraires*, de son temps fort à la mode, mais par lui réprouvées, comme de mauvais lieux, comme un foyer de haine et de discorde, où *la gent irritable des poètes se ren-*

---

\* « Sed hic stylus haud petet ultro
Quemquam animantem, et me veluti custodiet ensis
Vagina tectus, quem cur destringere coner,
Tutus ab infestis latronibus? O pater et rex
Jupiter, ut pereat positum rubigine telum,
Nec quisquam noceat cupido mihi pacis! At ille,
Qui me commorit, melius non tangere! clamo,
Flebit, et insignis tota cantabitur Urbe. »

*Sat.* I, lib. II, 40.

« Ego, si risi, quod ineptus
Pastillos Rufilus olet, Gorgonius hircum [1],
Lividus et mordax videor tibi?

*Sat.* IV, lib. I, 91.

[1] « Ce vers, le vingt-septième de la satire II, paraît avoir offensé beaucoup de personnes, avoir *attiré à Horace beaucoup d'ennemis*. Rufillus et Gorgonius jouissaient donc de quelque considération à Rome? M. Dacier pense que *ce Gorgonius était un Stoïcien*; et ce n'était pas peu de chose que d'avoir affaire à la secte. » — *Achaintre.*

contre, se met aux prises, et, par suite, entretient une déplorable guerre *.

Je ne voudrais pas, non plus, gager que cela n'influa point sur sa *haine du profane vulgaire*, sur son mépris de la multitude **, que, bonnement, il appelait « une bête farouche à plusieurs têtes,

---

* Non ego ventosæ plebis suffragia venor
 Impensis cœnarum et tritæ munere vestis;
 Non ego, nobilium scriptorum auditor et ultor,
 Grammaticas ambire tribus et pulpita dignor;
 Hinc illæ lacrimæ. « Spissis indigna theatris
 « Scripta pudet recitare, et nugis addere pondus, »
 Si dixi; « Rides, ait, et Jovis auribus ista
 « Servas; fidis enim manare poetica mella.
 « Te solum, tibi pulcher. » Ad hæc ego naribus uti
 Formido, et, luctantis acuto ne secer ungui,
 « Displicet iste locus, » clamo, et diludia posco.
 Ludus enim genuit trepidum certamen et iram,
 Ira truces inimicitias et funebre bellum. »
      *Epist.* xix, lib. 1.

** « Sæpe stylum vertas, iterum quæ digna legi sint,
 Scripturus; neque te ut miretur turba, labores,
 Contentus paucis lectoribus. An tua demens
 Vilibus in ludis dictari carmina malis?
 Non ego; nam satis est Equitem mihi plaudere, ut audax,
 Contemptis aliis, explosa Arbuscula dixit. »
      *Sat.* x, lib. I, 72.

« Que le *chevalier* m'applaudisse, cela me suffit; les autres, je les méprise. — Ainsi répondit l'actrice Arbuscula *au parterre qui la sifflait.*

« *bellua multorum capitum* \* ; » bête à qui, le plus possible, il dérobait sa personne et ses écrits.

Sa personne, il la tenait à l'écart; à Rome, en haut lieu; puis, souvent, à la campagne; où nul n'était à l'épier d'un mauvais œil, à empoisonner ses démarches, à déchirer sourdement sa conduite; où, au contraire, de bons voisins familiers avec lui, riaient en le voyant armé de la bêche ou du râteau retourner un plant, un gazon, de son jardin ôter les pierres \*\*. Et pour mieux éviter toute influence *d'un mauvais œil* \*\*\*, il refusait de laisser faire sa statuette ou son portrait; bon moyen de n'être pas, comme tant d'autres, mis en montre, exposé aux regards d'un malin public \*\*\*\*.

---

\* Epist. I, lib. I, 76.

\*\* Non *Istic* obliquo oculo mea commoda quisquam
Limat; non odio obscuro, mor suque venenat.
Rident vicini glebas et saxa moventem. »
*Epist.* XIV, lib. I, 37.

\*\*\* Les anciens croyaient aux charmes, à l'ensorcellement, à la fascination par le regard. — Voir *Dictionn. des Antiq. Rom.*, FASCINUS, et Virgile, *Églog.* III, 103 :

Nescio quis teneros oculus mihi fascinat agnos.

\*\*\*\* « Nil moror officium, quod me gravat, ac neque ficto
In pejus vultu proponi cereus usquam,
Nec prave factis decorari versibus opto. »
*Epist.* lib. II, *in fine.*

Ses écrits, il les gardait aussi de la publicité. Dans le principe, quand *la pauvreté le poussait à faire des vers*, volontiers il livrait au public les productions de sa muse; mais, depuis, à dater de son dévoûment à Auguste, content d'être lu dans un certain monde, durant une dizaine d'années il s'était abstenu de rien publier. L'épître à *son livre* en fait foi \*. Que de réserve! quelle prudence! Fabius-Cunctator, avant de livrer bataille, ne temporisait pas plus qu'Horace avant de risquer *chez les frères Sosie* une édition de ses œuvres. Il dit *à son livre*, impatient de paraître dans tout l'éclat d'une reliure soignée : « Tu n'es pas de ceux qui se plaisent à demeurer au logis modestement, sous clef; tu gémis de n'être montré qu'à un petit nombre d'élus, et crois la publicité quelque

---

\* AD LIBRUM SUUM.

Vertumnum Janumque, liber, spectare videris ¹,
Scilicet ut prostes Sosiorum pumice mundus.
Odisti claves, et grata sigilla pudico ;
Paucis ostendi gemis, et communia laudas,
Non ita nutritus. Fuge quo descendere gestis ;
Non erit emisso reditus tibi. « Quid miser egi ?
« Quid volui? » dices, ubi quid te læserit; et scis

¹ « Au bout de la rue de Toscane, étaient une statue du dieu Vertumne et une de Janus. Cette rue était celle du commerce, et il y avait assurément des libraires. » — *Achaintre.*

chose de superbe... Qui t'a pu suggérer de pareilles idées? Ce n'est, certes, pas moi. Mais enfin, puisque une boutique te séduit, et que tu aspires à y descendre, pars; averti qu'une fois là-bas c'est sans retour. « Hélas! qu'ai-je fait? de quoi me suis-je avisé? » diras-tu bientôt, dès que tu seras maltraité; car tu sais comme un lecteur ennuyé vous plante là!

Quand le soleil brûlant aura grossi ton auditoire, (29) en ma faveur tu parleras, et diras que né d'un père affranchi, avec de minces ressources, comme l'oiseau qui vole hors de son nid bien qu'on lui ait coupé les ailes, je suis parvenu à m'élever au-dessus de ma condition * : ainsi, ce que tu m'aurais fait perdre en naissance, tu me le feras regagner en mérite. Tu diras, que j'ai eu le bon-

---

In breve te cogi, quum plenus languet amator....
Quum tibi sol tepidus plures admoverit aures,
Me libertino natum patre, et in tenui re
Majores pennas nido extendisse loqueris,
Ut, quantum generi demas, virtutibus addas;

* Horace se compare volontiers à un oiseau; il dit, épît. II, liv. II :

« Me dimisere Philippi
Decisis humilem pennis.....

« En effet, on lui rogna les ailes à la bataille de Philippes,
« car il perdit la charge de tribun; et c'était voler bien haut pour
« Horace que d'être tribun des soldats. » — *Dacier.*

heur de plaire aux premiers de Rome, guerriers et magistrats; et, pour ce qui est de ma personne, que je suis petit, chauve avant le temps, frileux, prompt à me mettre en colère, et cependant facile à apaiser, sans la moindre rancune. Si, par hasard, on te demande mon âge, réponds que j'accomplissais ma quarante-quatrième année quand Lépide fut pris pour collègue par Lollius. »

— Or cette année du consulat de Lollius et de Lépide *, suit de près celle où Auguste, revêtu à perpétuité de la puissance tribunitienne **, se trouve saisi du pouvoir absolu : moment décisif pour la monarchie ! jusque-là les œuvres d'Horace, demeurées, pour ainsi dire, *encycliques*, n'avaient pas affronté le grand jour de la publicité. On ne les voyait étalées dans aucune boutique, affichées sur aucun pilier. Ce *miel poétique, réservé pour Jupiter*, était à la merci des regards et des *mains*

---

Me primis Urbis belli placuisse domique,
Corporis exigui, præcanum, solibus aptum,
Irasci celerem, tamen ut placabilis essem.
Forte meum si quis te percontabitur ævum,
Me quater undenos sciat implevisse Decembres,
Collegam Lepidum quo duxit Lollius anno. »

*Epist.* **xx**, lib. L.

\* 733.
\*\* 731.

34.

*suantes* du peuple. — Horace n'écrit pas pour le peuple ; mais pour mériter le suffrage des grands : « *principibus placuisse viris non ultima laus est!* » Il écrit, pour servir la cause d'Auguste, lui gagner, le plus possible, des amis, et assurer l'établissement de sa dynastie. Faites à propos, dans telle ou telle circonstance, à l'adresse de telle ou telle personne, les compositions d'Horace, n'ont rien de commun avec le profane vulgaire. Il ne les récite pas au premier venu ; mais seulement aux gens qui l'aiment ; quand on l'en prie bien fort, et qu'on le contraint ; encore ne le fait-il pas en tout lieu, ni devant toute sorte de monde *.

Heureusement, le temps fatigue l'envie : à la longue *l'ami des grands* fut moins mordu ** : Placé

---

\* « Nulla taberna meos habeat neque pila libellos,
Queis manus insudet vulgi, Hermogenisque Tigelli.
Nec recito cuiquam, nisi amicis, idque coactus.
*Sat.* IV, lib. I, 71...

Juvat immemorata ferentem
Ingenuis oculisque legi, manibusque teneri. »
*Epist.* XIX, lib. I, 33.

\*\* « Romæ principis urbium
Dignatur soboles inter amabiles
Vatum ponere me choros,
Et jam dente minus mordeor invido. »
*Od.* III, lib. IV.

haut dans l'estime des honnêtes gens, reconnu pour un digne fils d'Apollon, il put, sans encombre, poursuivre sa carrière, et circuler dans Rome librement, tranquillement, enveloppé de sa gloire, bien résolu à mépriser le malin populaire : « *malignum spernere vulgus.* »

Mieux valait l'instruire, le moraliser. Quelle plus belle tâche pour un poète, pour un homme divin, précepteur et consolateur de l'humanité *?
— Instruire, moraliser le peuple, consoler les pauvres et les affligés... là, dirons-nous aussi, « *là était toute la question.* »

Dans l'œuvre sociale qui de longue main s'élaborait, au milieu des systèmes, des sectes que de jour en jour Rome voyait se multiplier, — tant l'on était alors avide d'opinions nouvelles! — le STOÏCISME, imbu de l'esprit démocratique, ne pouvait manquer d'influer beaucoup. Entre lui et le peuple, il y avait sympathie ; car ses disciples ne s'en tenaient pas aux paroles : ils agissaient,

---

\* « Os tenerum pueri balbumque *poeta* figurat ;
Torquet ab obscenis jam nunc sermonibus aurem,
Mox etiam pectus præceptis format amicis,
Asperitatis et invidiæ corrector et iræ ;
Recte facta refert ; orientia tempora notis
Instruit exemplis ;   SOLATUR ET ÆGRUM. »
  *Epist.* I, lib. II, 126...

vivaient conformément à leur sévère doctrine, et donnaient des exemples encore plus que des leçons. Ainsi, pour en venir à réformer le luxe des riches, et démontrer que la richesse ne fait pas le bonheur, les Stoïciens commençaient par se montrer eux-mêmes vêtus, nourris, couchés comme le peuple; mal; et, néanmoins, contens, heureux, en jouissance d'une félicité parfaite. Je doute qu'aucun mortel en passant sur cette terre ait goûté plaisir plus pur, ait *mieux vécu*, que le Stoïcien *Perse*, l'émule d'Horace, et presque son contemporain, car entre eux il ne s'écoule guère plus de quarante ans *; qui, par une réaction salutaire, sous les règnes de Tibère, de Caligula, de Claude, et de Néron, sont autant d'années de progrès pour le stoïcisme. De famille équestre, allié à des personnes du haut rang, comblé de tous les dons de la nature et de la fortune, *Aulus Persius Flaccus* pouvait avoir des amitiés puissantes, un pompeux équipage, et dans le monde voluptueux une des premières places... Il préfère suivre *Cornutus*, sage voué à l'amélioration de la jeunesse, excellent guide et pour les jeunes et pour les vieux, homme pauvre, à toge grossière, habitué aux repas plébéiens :

* Horace meurt l'an de Rome 746; Perse naît l'an 788; c'est-à-dire l'an 34 de Jésus-Christ.

« *plebeiaque prandia noscit* \*! » un zélé propagateur du Stoïcisme. Voilà le patron qu'il se choisit. Avec celui-là point de bons vins, de parfums, ni de couronnes; point de Phryné, de Tyndaris, de Lysiscas ou de Ligurinus; mais de la tempérance et de la chasteté; mais la recherche du vrai bien; partant une étude profonde, du calme et du recueillement, de la méditation et des veilles, de sages veilles, qui ont bien leur plaisir. Maître et disciple, vrais amis, vivent heureux l'un par l'autre : mêmes goûts, mêmes pensers, même manière de voir et de sentir, une merveilleuse sympathie, bref, une âme en deux corps! rien de plus touchant que le tableau de leur bonheur, tel que Perse l'a retracé \*\* :

« Dès que j'eus quitté la pourpre, protectrice de ma timide enfance, et qu'à l'autel de nos Dieux

---

\* Pers., sat. IV, 18. Puis, s'adressant à ce vertueux maître :

« At te nocturnis juvat impallescere chartis :
Cultor enim juvenum, purgatas inseris aures
Fruge Cleanthea. Petite hinc juvenesque senesque
Finem animo certum, miserisque viatica canis. »

\*\* « Non equidem hoc studeo, bullatis ut mihi nugis
Pagina turgescat, dare pondus idonea fumo.
Secreti loquimur. Tibi nunc, hortante Camena,
Excutienda damus præcordia; quantaque nostræ
Pars tua sit, Cornute, animæ, tibi, dulcis amice,

domestiques ma bulle d'or fut suspendue (30), lorsque, suivi de complaisans, et grâce à ma robe virile, je pouvais impunément promener mes regards dans le quartier de Suburre \*; à cet âge d'inexpérience et d'incertitude où l'homme hésite entre deux chemins, au risque de se perdre, je vins par bonheur, Cornutus, au sein de votre école; vous de m'accueillir, de me donner le lait de Socrate, d'élever avec amour un enfant de plus. Alors, non moins habile que sage, vous me trompez sur ma faiblesse; je parviens à corriger mes penchans vicieux, à régler ma conduite, à connaî-

---

    Ostendisse juvat. Pulsa, diguoscere cautus
    Quid solidum crepet, et pictæ tectoria linguæ.
    His ego centenas ausim deposcere voces,
    Ut quantum mihi te sinuoso in pectore fixi,
    Voce traham pura, totumque hoc verba resignent
    Quod latet arcana non enarrabile fibra.
       Quum primum pavido custos mihi purpura cessit,
    Bullaque succinctis laribus donata pependit :
    Quum blandi comites, totaque impune Suburra
    Permisit sparsisse oculos jam candidus umbo ;
    Quumque iter ambiguum est, et vitæ nescius error
    Diducit trepidas ramosa in compita mentes :
    Me tibi supposui : teneros tu suscipis annos
    Socratico, Cornute, sinu. Tunc fallere solers
    Apposita intortos extendit regula mores;

\* *Suburra,* quartier des courtisanes à Rome.

tre l'empire de la raison, et mon âme, par vous retouchée, semble sortie des mains d'un second Créateur. C'est qu'aussi, doux souvenir! je passais des journées entières avec vous, avec vous je vivais, je prenais mes repas du soir, dont l'heure était souvent dérobée à la nuit. Ensemble au travail, nous le quittions, le reprenions ensemble; une table modeste nous récréait. »

Suave union, labeur délicieux, sincère et pieuse gratitude! On dirait d'un catéchumène qui remercie un père de l'Eglise.

Si maintenant à cette bonne règle, à cette félicité stoïque, nous opposons le système, les mœurs, et la vie d'Horace; quel contraste, grand Dieu! et quel désenchantement! Son chemin de fleurs, conduit à la tristesse; en avançant, les plaisirs y font place au dégoût et à l'ennui. Il voudrait s'arrêter, reprendre haleine, puis revenir sur ses pas, et se diriger vers la sagesse, vers ce but céleste où tous tant que nous sommes, petits et grands, nous de-

---

Et premitur ratione animus, vincique laborat,
Artificemque tuo ducit sub pollice vultum.
Tecum enim longos memini consumere soles,
Et tecum primas epulis decerpere noctes.
Unum opus, et requiem pariter disponibus ambo,
Atque verecunda laxamus seria mensa. »
*Ibid.*

vons aspirer ; si nous voulons avoir l'estime de nos concitoyens, et la nôtre\*. Mais, hélas ! le pauvre Horace est entraîné ; il a beau demander grâce. — « Vous m'avez fait riche, dit-il à Mécène \*\*, ce n'est pas pour m'excéder ; je n'en peux plus :

« *Si vous voulez que j'aime encore,*
« *Rendez-moi l'âge des amours* \*\*\* ; »

Rendez-moi ma vigueur première, les épais cheveux noirs qui m'ombrageaient le front, l'enjouement, la gaîté, l'esprit que j'avais à table, quand je m'y consolais des rigueurs de la belle Cynare. Comme le mulot de la fable, pour ravoir ma li-

---

\* Horace dit *à Julius Florus*, esprit du premier ordre :

« Quod si
Frigida curarum fomenta relinquere posses,
Quo te cœlestis sapientia duceret, ires.
Hoc opus, hoc studium parvi properemus, et ampli,
Si patriæ volumus, si nobis vivere cari. »

*Epist.* III, lib. I.

Ce conseil, si sage et si vrai, tout naturellement revient à son auteur.

\*\* AD MÆCENATEM.

« Quinque dies tibi pollicitus me rure futurum,
Sextilem totum mendax desideror. Atqui
Si me vivere vis, recteque videre valentem,
Quam mihi das ægro, dabis ægrotare timenti.
Mæcenas, veniam. . . . . . . . .

\*\*\* Voltaire, *Stances* XV.

berté, me faut-il, repu, engraissé, revenir à mon premier point? Dites; j'y consens; prêt à remettre tout ce que j'ai reçu; sérieusement; je ne fais pas comme ces gourmands qu'on voit la panse pleine vanter les avantages de la frugalité; non; et je vous assure que je préfère le repos et l'indépendance à tous les trésors du monde. Plus d'une fois vous m'avez loué de mon peu d'ambition, vous mon roi, vous mon père, à qui, vous le savez, je me plais à donner hautement ce nom, à qui je le donne aussi souvent que je parle de vous en votre absence; eh bien! mon père, mon roi, voyez si je

---

Non quo more pyris vesci Calaber jubet hospes,
Tu me fecisti locupletem. — Vescere sodes. —
Jam satis est. — . . . . . . . . .
Quod si me noles usquam discedere, reddes
Forte latus, nigros angusta fronte capillos ;
Reddes dulce loqui ; reddes ridere decorum, et
Inter vina fugam Cinarae moerere protervae.
Forte per angustam tenuis nitedula rimam
Repserat in cumeram frumenti, pastaque rursus
Ire foras pleno tendebat corpore frustra.
Cui mustela procul : « Si vis, ait, effugere istinc,
« Macra cavum repetes arctum, quem macra subisti. »
Hac ego si compellor imagine, cuncta resigno ;
Nec somnum plebis laudo, satur altilium, nec
Otia divitiis Arabum liberrima muto.
Saepe verecundum laudasti ; rexque paterque
Audisti coram, nec verbo parcius absens ;

ne pourrai de bon cœur vous restituer vos dons. Les magnificences de Rome ne sont plus de mon goût; j'aime mieux la solitude de Tivoli, la tranquillité de Tarente. »

Communément, on s'imagine que l'amitié des grands est chose fort douce. Mais sur ce point, comme sur tant d'autres, l'expérience désabuse :

« *Dulcis inexpertis cultura potentis amici,*
« *Expertus metuit*[*]. »

L'expérience, apprend qu'il y a là des chaînes dorées; que cette amitié séduisante, fastueuse, est bonnement une servitude; et, comme un sage l'a dit,

« *Que la Fortune vend ce qu'on croit qu'elle donne*[*]. »

Horace, paie cher Ustique ! Combien il lui en coûte d'être poète de cour ! Perdre son temps en frivolités, dans l'âge mûr se livrer à des jeux d'enfant, être à la tâche pour agencer des mots et composer des chants à la *Lyre Latine*, n'avoir en somme pas un moment à soi, pour s'occuper de soi, pour songer

---

Inspice, si possum donata reponere lætus,....
. . . . . . Mihi jam non regia Roma,
Sed vacuum Tibur placet, aut imbelle Tarentum. »
Epist. VII, lib. I.

[*] Epist. XVIII, lib. I, 86.
[*] La Fontaine, *Philémon et Baucis*

à ces choses importantes, nécessaires, qu'il est mal de négliger, puisque, après tout, ce sont elles qui font vivre, d'une véritable et bonne vie \*; quelle misère! quelle pitié!

Aussi, voyez les regrets d'Horace, sa répugnance à écrire, du moment qu'il est nanti : « Faire des vers quand on a de quoi vivre! c'est bien la plus grande des folies; mieux vaut dormir, ne rien faire \*\*. » — Voyez son inexactitude à livrer ce qu'il a promis. Toujours des excuses : l'agitation, le bruit, le tracas de la ville; impossible d'y travailler \*\*\*; puis l'amour \*\*\*\*, puis sa santé, sa pauvre santé! il est souvent malade; son médecin lui ordonne les eaux, le repos, l'air de la campagne; il ne

---

\* « Nimirum sapere est abjectis utile nugis,
Et tempestivum pueris concedere ludum,
Ac non verba sequi fidibus modulanda Latinis;
Sed veræ numerosque modosque ediscere vitæ. »
*Epist.* 11, lib. 11, 140.

\*\* « Paupertas impulit audax
Ut versus facerem : sed, quod non desit, habentem
Quæ poterunt unquam satis expurgare cicutæ,
Ni melius dormire putem, quam scribere versus. »
*Ibid.*, 52.

\*\*\* « Me Romæne poemata censes
Scribere posse, inter tot curas totque labores?
*Ibid.*, 66.

\*\*\*\* *Voir* Epod. XIV.

se trouve bien qu'aux bords de la Digence * (34). Un sien ami, un confrère, autre habitué de la cour (*vieil hôte du même nid*, des DEUX PIGEONS, le *sédentaire*), Fuscus-Aristius**, le plaisante-t-il sur son humeur voyageuse, sur son excessif amour des champs; lui, déserteur, répond : « Que voulez-vous? chacun son goût. Vous aimez la ville, et moi la campagne. Oui, j'aime les prés et les bois, les clairs ruisseaux et les roches moussues. Je vis, je règne, dès que j'ai quitté ce qui vous plaît tant à la ville, ce dont, vous autres citadins, vous faites un éloge pompeux. *Je suis comme un esclave de prêtre\*\*\**, qui s'enfuit dégoûté du miel de ses gâteaux; c'est du pain, du simple pain qu'il me faut. » — Un peu plus loin, citant l'apologue du Cheval qui, pour vaincre le Cerf, recourt à l'Homme, et se laisse mettre un frein dans la bouche, il termine par cette amère com-

---

\* *Voir* Epît. XIV, liv. I, 16; XVIII, 104; puis, liv. I, VII, l'épître *à Mécène*; puis, liv. II, celle *à Julius Florus*.

\*\* Aristius-Fuscus, rhéteur, grammairien et poète, à qui est adressée l'ode XXII du liv. I, et qui, à la fin de la satire IX du liv. I, joue certain tour à son ami Horace.

\*\*\* Un proverbe disait : « *Heureux comme un esclave de prêtre.* » En effet, ces esclaves n'étaient nourris que des gâteaux, et autres choses que l'on offrait aux Dieux. Quelquefois ils étaient si dégoûtés de cette nourriture, qu'ils s'échappaient de la maison du maître pour aller manger du pain ailleurs. » — *Achaintre*.

paraison : « Ainsi celui qui, craignant l'indigence, aliène sa liberté, bien préférable à tous les trésors du monde, celui-là sentira toujours sur lui un maître, et portera toujours la chaîne, faute d'avoir su modestement s'en tenir à sa première condition*. »

Bien, très bien dit, parfaite moralité ! Horace, j'en suis sûr, se l'appliquait à lui-même; car c'est là sa propre histoire. En maint endroit de ses écrits on voit ainsi percer l'esprit d'indépendance et le

---

*AD FUSCUM ARISTIUM.

« Urbis amatorem Fuscum salvere jubemus
Ruris amatores, hac in re scilicet una
Multum dissimiles, ad cætera pene gemelli,
Fraternis animis, quidquid negat alter, et alter;
Annuimus pariter vetuli notique columbi.
Tu nidum servas, ego laudo ruris amœni
Rivos, et musco circumlita saxa, nemusque.
Quid quæris? Vivo et regno, simul ista reliqui,
Quæ vos ad cœlum effertis rumore secundo.
Utque sacerdotis fugitivus, liba recuso,
Pane egeo jam mellitis potiore placentis.....
Cervus equum pugna melior communibus herbis
Pellebat, donec minor in certamine longo
Imploravit opes hominis, frænumque recepit.
Sed postquam victor violens discessit ab hoste,
Non equitem dorso, non frænum depulit ore.
Sic, qui pauperiem veritus, potiore metallis
Libertate caret, dominum vehet improbus, atque
Serviet æternum, quia parvo nesciet uti. »
*Epist.* x, lib. I.

dépit de ne s'appartenir plus. Il se fait dire par un de ses esclaves avec une poignante ironie : « Vous qui me commandez si bien ici, ailleurs vous servez, pauvre maître ! Et l'on vous mène, et de vous on se joue, comme d'une marionnette :

« *Tu mihi qui imperitas, aliis servis miser, atque*
« *Duceris, ut nervis alienis mobile lignum*\*. »

Instruit par l'expérience, pour n'avoir pas à servir davantage, à être davantage mené, berné, joué, l'*ami des grands, le parasite de Mécène*, ne veut pas devenir le commensal d'Auguste; il décline l'honneur de l'intimité royale; et, malgré de hautes instances, de séduisantes cajoleries, pour raison de santé, « *per valetudinem*, » il refuse la place de secrétaire d'Auguste \*\*. — L'ambition n'est pas le fait d'Horace. —

Oh ! qu'il aime bien mieux vivre tranquille, à sa guise, sans travail obligé, sans occupations forcées \*\*\* ! Il est si bon de n'avoir rien à faire, de

---

\* Sat. vii, lib. ii, 80.
\*\* *Voir* Suétone, *Vie d'Horace*.
\*\*\* « Hoc ego commodius, quam tu, præclare senator,
Millibus atque aliis, vivo. Quacumque libido est,
Incedo solus; percontor, quanti olus ac far;
Fallacem circum, vespertinumque pererro
Sæpe forum ; assisto divinis ; inde domum me
Ad porri et ciceris refero laganique catinum.

ÉTUDE SUR HORACE. 545

pouvoir aller où l'on veut, quand on veut, et de ne rendre qu'à soi compte de son loisir! Se promener sous les portiques seul, avec ses rêveries, ou dans les rues et les marchés, en curieux qui voit et entend tout : bateleurs, devins et devineresses, prix des légumes, cours du blé; ensuite, rentré chez soi, de bon appétit et à l'aise, servi par deux ou trois esclaves, sans plus, manger dans une vaisselle modeste quelque chose de sain et à son goût, sobre-

> Cœna ministratur pueris tribus; et lapis albus
> Pocula cum cyatho duo sustinet; adstat echino
> Vilis cum patera guttus, Campana supellex.
> Deinde eo dormitum, non sollicitus, mihi quod cras
> Surgendum sit mane; obeundus Marsya [1], qui se
> Vultum ferre negat Noviorum posse minoris.
> Ad quartam jaceo; post hanc vagor aut ego lecto,
> Aut scripto, quod me tacitum juvet; ungor olivo,
> Non quo fraudatis immundus Natta lucernis.
> Ast ubi me fessum sol acrior ire lavatum
> Admonuit, fugio Campum lusumque trigonem.
> Pransus non avide, quantum interpellet inani
> Ventre diem durare, domesticus otior. Hæc est
> Vita solutorum misera ambitione gravique.
> His me consolor, victurum suavius ac si
> Quæstor avus, pater atque meus, patruusque fuisset. »
>
> *Sat.* VI, lib. I.

[1] On sait la fable du satyre *Marsyas*, écorché vif par Apollon. La statue de ce satyre, placée dans le Forum, vis-à-vis des rostres, était le rendez-vous des plaideurs, des avocats, et des juges. C'était aussi le séjour des banquiers. Horace dit plaisamment que Marsyas, par ses grimaces, témoigne qu'il ne peut souffrir la vue de l'usurier, de l'*écorcheur* Novius.

II. 35

ment, ce qu'il en faut pour attendre le repas du soir, faire la sieste, ou bien lire, ou bien écrire, à sa fantaisie, aller au bain, s'oindre le corps d'une huile fraîche et parfumée, puis enfin le soir, bien repu, se coucher de bonne humeur et la tête libre, sans songer que le lendemain il faudra se lever matin pour se trouver au Forum avec tous les suppôts de la chicane et de l'usure, rester tard au lit, dormir tant qu'il plaît au sommeil..... Voilà la vie des gens sans ambition. Est-il au monde existence plus douce? Cela ne vaut-il pas mieux, cent fois mieux, que de hanter les grands, que d'être fils, petit-fils ou neveu de questeur, propriétaire d'une grande fortune, et de mener un train superbe? — Si, vraiment, Horace l'a toujours pensé; toujours, nourrissant, avec l'espoir d'une pareille vie, le projet de s'affranchir. Combien de fois il a voulu prendre le large, et mettre un long espace entre la cour et lui!

« *Mens animusque*
*Fert, et amat spatiis obstantia rumpere claustra* \*. »

Mais le difficile est de s'échapper, de briser avec honneur un illustre esclavage, qui empoisonne sa prospérité, qui fait le tourment de sa vie; puisqu'il est vrai que, finalement, cet *enfant gâté de la*

---

\* Epist. xiv, lib. i, 8.

*Fortune* ne se trouve bien nulle part; qu'à Rome il désire la campagne, qu'à la campagne il soupire après Rome*. Mécontent de lui, *ne pouvant durer une heure avec lui,* importuné d'un loisir que sciemment il emploie mal, n'en ayant pas le libre usage; pour s'éviter, se tromper, n'avoir pas à compter avec soi-même, il n'imagine rien de mieux que de boire et de dormir. Vain espoir! il a toujours sa conscience, et le remords partout le suit ** : le remords remplit d'amertume ses dernières années. Si bien qu'en somme le *joyeux* Horace, comme le *misanthrope* Virgile, finit par devenir, lui aussi, un homme triste, ami de la retraite, par être, lui aussi, en proie à la mélancolie.

Horace, triste? Horace, mélancolique? — Sans doute. — Le moyen d'en douter, à la lecture de cette épître :

« Allez, Muse, puisque on vous en prie, allez souhaiter *à Celsus Albinovanus*, secrétaire et ami

---

\* « Romæ rus optas; absentem rusticus urbem
Tollis ad astra levis. »
*Sat.* VII, lib. II, 28.

\*\* « Adde, quod idem
Non horam tecum esse potes, non otia recte
Ponere, teque ipsum vitas, fugitivus ut erro,
Jam vino quærens, jam somno fallere curam;
Frustra, nam comes atra premit sequiturque fugacem.
*Ibid.*, 110...

de Tibère-Néron, joie, santé, et prospérité. S'il vous demande ce que je fais, dites-lui que je forme les plus beaux projets du monde, mais que je n'en suis ni meilleur, ni plus heureux. Non que la grêle ait battu mes vignes, ou que le soleil ait brûlé mes olives; ni qu'une épizootie ait, loin de l'étable, frappé mes troupeaux : mais parce que j'ai l'esprit plus malade que le corps, que je ne veux rien entendre, rien acquérir de ce qui pourrait me soulager; que je m'insurge et m'irrite contre de bons et sûrs médecins \*, contre de vrais amis, qui tâchent à me sortir de ma funeste apathie; que je m'attache à ce qui me fait mal, et fuis ce qui, je le sens, me ferait du bien. Enfin, dites-lui qu'humoriste, fantasque, je ne sais où me tenir : que quand je suis à Tivoli je voudrais être à Rome, et que quand je suis à Rome je regrette Tivoli \*\*. »

---

\* « Par ces médecins il entend les anciens philosophes qui ont donné des préceptes qu'on peut regarder avec raison comme des remèdes pour guérir les maladies de l'âme. » — *Achaintre.*

\*\*  AD CELSUM ALBINOVANUM.

« Celso gaudere et bene rem gerere Albinovano,
Musa rogata, refer, comiti scribæque Neronis.
Si quæret quid agam, dic, multa et pulchra minantem,
Vivere nec recte, nec suaviter, haud quia grando
Contuderit vites, oleamque momorderit æstus,

# ÉTUDE SUR HORACE.

Quel est donc en dernier lieu ce mal dont se plaint Horace, et qui afflige son esprit plus que son corps? D'où vient que cet heureux mortel se déplaît, s'attriste et languit, quand, au contraire, il devrait si bien être dans l'allégresse, porter la tête haute, aller superbe, radieux? Car enfin, tout lui a réussi : plébéien, pauvre, fils d'affranchi, en moins de rien il est devenu chevalier, riche, seigneur et maître; Rome le reconnaît pour son premier poète lyrique *; la cause qu'il sert a triomphé : Antoine

---

Nec quia longinquis armentum ægrotet in agris :
Sed quia mente minus validus quam corpore toto,
Nil audire velim, nil discere, quod levet ægrum :
Fidis offendar medicis, irascar amicis,
Cur me funesto properent arcere veterno;
Quæ nocuere sequar; fugiam quæ profore credam;
Romæ Tibur amem ventosus, Tibure Romam. »
*Epist.* VIII, lib. I.

N. B. D'après les supputations du P. Sanadon, cette épître est écrite par Horace à l'âge de quarante-six ou quarante-sept ans, vers l'année 734-735 ; année de la mort de Virgile.

* En commençant, Horace avait dit à Mécène :

« Quod si me lyricis vatibus inseres,
« Sublimi feriam sidera vertice. »
*Od.* I, lib. I.

En terminant, il dit à sa muse :

« Sume superbiam
Quæsitam meritis, et mihi Delphica
Lauro cinge volens, Melpomene, comam. »
*Od.* XXX, lib. III.

n'est plus; Octave règne; la *patrie* est sauvée; les *monstres du Nil* n'inquiètent plus le *Tibre*; les Dieux Indigètes sont debout; Romulus et Vesta l'emportent; enfin, les autels de *Junon* fument, « ils n'ont jamais fumé de plus d'encens ! » Si, d'aventure, quelques peuples osent encore lever l'étendard de la révolte (32); les Nérons sont là pour les châtier et les remettre dans le devoir; ces dignes fils de l'empereur * ont fait assez connaître ce que peuvent des âmes bien nées, des princes élevés sous les yeux et par les soins paternels d'Auguste, dans le sanctuaire de la monarchie, au sein d'une maison chérie des Dieux. Avec les Nérons, pas l'ombre d'une inquiétude : il n'est rien que ces héros ne puissent mener à bonne fin. Jupiter leur accorde une protection spéciale, et dans les combats leur prudence les tire de tous dangers **.

---

\* Tibère et Drusus. Ils étaient fils de Claude Tibère Néron et de Livie Drusille, qui épousa Auguste en secondes noces, étant encore enceinte de Drusus. Auguste se trouvait ainsi être leur beau-père et tuteur.

\*\*    « Videre Rhætis bella sub Alpibus
    « Drusum gerentem Vindelici.....
    Sensere quid mens rite, quid indoles
    Nutrita faustis sub penetralibus
        Posset, quid Augusti paternus
        In pueros animus Nerones......

D'où peut venir la mélancolie d'Horace? Comment celui qui, durant la lutte, servit résolument, activement, gaîment, tombe t-il, après la victoire, dans le marasme et l'apathie?

Je ne sais, mais plus je cherche, et plus je crois trouver d'analogie entre ce qu'éprouve Horace et ce qu'éprouvait Virgile : c'est, chez tous deux, un dégoût des hommes et des choses, mêlé d'angoisse et de repentir. Seulement, le pieux Virgile peut descendre au fond de son cœur et s'y reposer ; il peut sans crainte *compter avec lui-même*, ayant le bénéfice d'une vie chaste et pure, d'un sentiment religieux sincère et profond. Tandis qu'Horace au regret de tant d'*inutiles jours,*

« *Plongés dans les plaisirs, perdus dans les amours*[*], »

le *joyeux* Horace, en est réduit à se tromper, à s'étourdir, à s'éviter, comme un esclave qui fuit son maître : « *Fugitivus ut erro!* »

Horace n'a pas sa propre estime. Une voix intérieure lui dit : « Tu n'as pas bien vécu. » — Entre son âme et son corps il y a toujours eu guerre. Et

---

Nil Claudiæ non perficient manus,
Quas et benigno numine Jupiter
Defendit, et curæ sagaces
Expediunt per acuta belli. »
*Od.* IV, lib. IV.

[*] Voltaire, *Henriade*, ch. I.

son âme n'étant pas la plus forte, il a failli, a fait ce qu'il n'aurait pas voulu faire; et n'a pas fait ce qu'il aurait voulu. Il voit le zèle généreux des sages, il le voit, il l'approuve, et ne s'adonne point à la sagesse. Que si, poussé par leur exemple, il résout enfin de s'y adonner, et d'acquérir « ce qui est utile à tous également, aux riches non moins qu'aux pauvres, ce qu'un jour jeunes et vieux se repentent de n'avoir pas acquis.

« *Id, quod*
« *Æque pauperibus prodest, locupletibus æque,*
« *Æque neglectum pueris senibusque nocebit;* »

Si, dis-je, Horace prend cette résolution pleine d'espérance, force lui est de différer, de proroger indéfiniment l'heure désirée de bien vivre; semblable à ce rustre qui, pour passer d'une rive à l'autre, attend que le fleuve ait cessé de couler; mais l'onde coule, coule, coule; mais le fleuve ne tarit pas \*. Et en attendant, le pauvre Horace est au supplice; et le temps lui paraît long, comme la nuit à l'amant qui attend en vain sa maîtresse; la

---

\* « Sapere aude;
« Incipe. Vivendi recte qui prorogat horam,
« Rusticus exspectat dum defluat amnis; at ille
« Labitur, et labetur in omne volubilis ævum. »
*Epist.* II, lib. I.

journée au mercenaire qui doit son travail ; la dernière année de tutelle au pupille que sa mère tient encore sévèrement. Reste toujours à *passer d'une rive à l'autre*, à quitter le vice pour aller avec la *Sagesse*, et lui demander des consolations.

Enfin, dans son arrière-saison, l'infortuné poète parvient à recouvrer un peu de liberté. Tel qu'un gladiateur qui, après de longs combats, a posé les armes, et qui, une fois son congé obtenu, prudemment se tient loin de l'arène, de peur d'être rappelé, puis d'avoir encore à demander grâce ; tel, retiré du service, quand il est de nouveau requis par Mécène, Horace ne veut plus se rengager. A cet effet il invoque l'excuse de l'âge : « il n'est plus jeune ; son Pégase vieillit ; tous deux n'ont plus rien de fringant, et si dans cet état ils s'aventuraient encore en public, ils pourraient bien être accueillis par des huées. » Dès-lors, c'en est fait, plus de vers ; plus de combats amoureux ; plus de joute avec les buveurs ; en un mot, plus d'amusemens frivoles ; assez joué, assez bu, assez mangé comme cela ; pour lui, est bien et dûment venu le temps de la retraite ; maintenant il lui faut du calme et de la méditation ; car il est tout à la philosophie *.

---

\* « Vixi puellis nuper idoneus,
    Et militavi, non siue gloria ;

Tout à la philosophie? Et de quelle secte, je vous prie? A quelle école donnera-t-il sa confiance? lui, qui ne veut pas de doctrine absolue, et qui craint de jurer sur la parole d'aucun maître :

« *Nullius addictus jurare in verba magistri.* »

N'allez pas le lui demander, car il n'en sait rien. Sans autre guide que le temps, les circonstances, tour-à-tour il se sent porté, aujourd'hui, vers Epicure, demain, vers Zénon, et après, secrètement, comme honteux d'une rechute, vers Aristippe : retraite et contemplation, vie active, lutte au milieu des tempêtes, austérité, rigidité, art de jouir,

Nunc arma defunctumque bello
Barbiton hic paries habebit,
Lævum marinæ qui Veneris latus
Custodit. »
*Od.* XXVI, lib. III.

A la fin de l'épître II, liv. II, Horace se dit à lui-même :

« Vivere si recte nescis, decede peritis.
Lusisti satis, edisti satis, atque bibisti;
Tempus abire tibi est, ne potum largius æquo
Rideat, et pulset lasciva decentius ætas. »

Et lorsque est venu pour lui le temps de la retraite, il adresse à *Mécène* cette épître :

« Prima dicte mihi, summa dicende Camena,
Spectatum satis, et donatum jam rude, quæris,
Mæcenas, iterum antiquo me includere ludo.
Non eadem est ætas, non mens. Vejanius, armis

en possédant les biens sans se laisser posséder par
eux... Horace, indifféremment, admet chacun de
ces systèmes, selon le temps, les circonstances;
il glane sur chacun d'eux, prend à chacun d'eux
quelque chose, pour en composer, d'abord à son
usage, ensuite à l'usage des autres, une sagesse mitigée, douce, commode, un éclectisme bénin, dont
il espère, non pas une réforme complète, une guérison radicale, mais du soulagement, un mieux
sensible :

« *Ces ombres de santé cachent mille poisons,*
« *Et la mort suit de près ces fausses guérisons* [\*]. »

Le *sage* d'Horace, ne procède pas du même principe que le *sage* des Stoïciens. Ils ne sont pas frè-

---

Herculis ad postem fixis, latet abditus agro,
Ne populum extrema toties exoret arena.
Est mihi purgatam crebro qui personet aurem :
« Solve senescentem mature sanus equum, ne
« Peccet ad extremum ridendus, et ilia ducat. »
Nunc itaque et versus et cætera ludicra pono ;
Quid verum atque decens curo et rogo, et omnis in hoc sum;
Condo et compono, quæ mox depromere possim.
Ac ne forte roges, quo me duce, quo Lare tuter ;
Nullius addictus jurare in verba magistri,
Quo me cumque rapit tempestas, deferor hospes.
Nunc agilis fio, et mersor civilibus undis,
Virtutis veræ custos rigidusque satelles ;

[\*] Corneille, *Rodogune*, act. III, sc. III.

res! entre eux n'existe aucune parenté; mais seulement un faux air de famille, une trompeuse ressemblance. Le *sage* d'Horace, avec Mécène, raisonne ainsi : « Atteindre à la perfection est, naturellement, chose impossible. Toutefois que ce ne soit pas un motif de demeurer dans le mal, sans faire un pas pour en sortir. Si l'on se sent le cœur brûlé par l'avarice ou tout autre mauvais désir, pourquoi ne pas employer des calmans? Il est de certains discours, de certaines pensées, capables d'ôter le mal en grande partie. Est-on bouffi d'orgueil? — En pareil cas un remède efficace est de lire par trois fois et avec attention quelque bon chapitre : l'enflure se passera. Chose positive : l'envie, la colère, la paresse, l'Ivrognerie, l'amour, généralement toutes les passions, quelque vives

---

Nunc in Aristippi furtim præcepta relabor,
Et mihi res, non me rebus, subjungere conor.
Ut nox longa, quibus mentitur amica, diesque
Longa videtur opus debentibus; ut piger annus
Pupillis, quos dura premit custodia matrum :
Sic mihi tarda fluunt, ingrataque tempora, quæ spem
Consiliumque morantur agendi naviter id, quod
Æque pauperibus prodest, locupletibus æque,
Æque neglectum pueris senibusque nocebit.
Restat, ut his ego me ipse regam solerque elementis :
Non possis oculo quantum contendere Lynceus,
Non tamen idcirco contemnas lippus inungi;

qu'elles soient, peuvent se traiter, s'adoucir, pourvu qu'on se prête au traitement. C'est déjà une vertu que de fuir le vice; et la première sagesse est de n'avoir aucune folie. Or, c'en est une, évidemment, de regarder la pauvreté comme un opprobre, et de se croire malheureux parce que, ne payant qu'un faible cens, « *exiguum censum!* » on est exclus des emplois, des honneurs, du gouvernement; puis, pour éviter ce grand malheur, cet opprobre, de se tuer le corps et l'âme. Avide marchand, nonobstant le danger tu cours aux extrémités du monde (33), fuyant à toutes voiles la pauvreté; que n'écoutes-tu plutôt la voix de la raison? Elle dit que l'objet de ton admiration et de tes vœux ne

> Nec, quia desperes invicti membra Glyconis,
> Nodosa corpus nolis prohibere cheragra.
> Est quodam prodire tenus, si non datur ultra.
> Fervet avaritia miseroque cupidine pectus?
> Sunt verba et voces, quibus hunc lenire dolorem
> Possis, et magnam morbi deponere partem.
> Laudis amore tumes? Sunt certa piacula, quæ te
> Ter pure lecto poterunt recreare libello.
> Invidus, iracundus, iners, vinosus, amator?
> Nemo adeo ferus est, ut non mitescere possit,
> Si modo culturæ patientem commodet aurem.
> Virtus est, vitium fugere; et sapientia prima
> Stultitia caruisse. Vides, quæ maxima credis
> Esse mala, exiguum censum, turpemque repulsam,
> Quanto devites animi capitisque labore.

mérite pas tant de peines. Quel athlète, au lieu d'aller de bourgade en bourgade disputer quelque prix obscur, n'aimerait mieux s'arrêter à la noble lice d'Olympie, s'il avait espoir, s'il avait l'assurance de remporter, avec moins de fatigue, une palme plus glorieuse ? Admettons que l'argent vaille moins que l'or : l'or, à coup sûr, vaut moins que la vertu. Cependant que font jeunes et vieux ? une bourse à la main, sous le bras un registre, jeunes et vieux s'en vont répétant d'un bout à l'autre de la place de Janus : de l'or! de l'or! avant tout s'enrichir! la vertu ne vient qu'après les écus :

« *O cives, cives, quærenda pecunia primum est,*
« *Virtus post nummos.* »

Impiger extremos curris mercator ad Indos,
Per mare pauperiem fugiens, per saxa, per ignes ;
Ne cures ea, quæ stulte miraris et optas,
Discere, et audire, et meliori credere non vis?
Quis circum pagos et circum compita pugnax
Magna coronari contemnat Olympia, cui spes,
Cui sit conditio dulcis sine pulvere palmæ ?
Vilius argentum est auro, virtutibus aurum.
« O cives, cives, quærenda pecunia primum est,
« Virtus post nummos. » Hæc Janus summus ab imo
Prodocet ; hæc recinunt juvenes dictata senesque,
Lævo suspensi loculos tabulamque lacerto.
Sed quadringentis sex septem millia desunt ;
Est animus tibi, sunt mores, et lingua, fidesque,
Plebs eris. At pueri ludentes, « Rex eris, aiunt,

Et citoyens de se dire, de répéter entre eux : du courage, des mœurs, du talent, de la probité, tout cela, mon cher, c'est très bien ; mais si, pour compléter le cens voulu, au rôle il te manque quelque chose ; tu seras *peuple* :

« *Est animus tibi, sunt mores, lingua, fidesque;*
« *Sed quadringentis sex septem millia desunt;*
« Plebs *eris.* »

— Pourtant, les enfans disent dans leurs jeux : « *Tu seras roi si tu fais bien.* » Que cela rassure l'honnête homme : avec une conscience irréprochable, le droit d'aller tête levée sans rougir de rien, on a toujours une belle, une bonne position. Franchement, des deux royautés laquelle est la meilleure? Celle que la loi *Roscia* donne à la naissance et à la fortune, ou celle que, dans leur ingénuité, les enfans proposent au mérite : « *Tu seras roi si tu fois bien?* » Mâle refrain! avec lui, jadis, furent bercés les Curius et les Camille.

Ainsi : d'une part, excitation à s'enrichir, honnêtement, s'il est possible, sinon, par n'importe quelle voie; pourquoi, je vous le demande? pour,

« Si recte facies. » Hic murus aheneus esto,
Nil conscire sibi, nulla pallescere culpa.
Roscia, dic sodes, melior lex, an puerorum est
Nenia, quæ regnum recte facientibus offert,
Et maribus Curiis et decantata Camillis?

au théâtre, siéger sur les quatorze premiers bancs et voir de plus près les drames larmoyans de Pupius! d'autre part, exhortation à mépriser les injures de la fortune, et moyen sûr de vivre libre, indépendant : où est le mieux?

« On me dira peut-être : pourquoi se singulariser, ne pas voir les choses comme les voit tout le monde, n'avoir pas les sentimens, les goûts de tout le monde? A cela je réponds, comme le Renard au Lion malade : « la marche suivie m'épouvante; « *me vestigia terrent.* » — Peuple romain, toi aussi tu es une bête farouche, une bête à plusieurs têtes! or, dans ton antre,

« *Je vois fort bien comme l'on entre,*
« *Et ne vois pas comme on en sort*[*]. »

Où se diriger? qui suivre? les publicains, si âpres

---

Isne tibi melius suadet, qui, rem facias : rem,
Si possis, recte; si non, quocumque modo rem,
Ut propius spectes lacrimosa poemata Pupi :
An qui fortunæ te responsare superbæ
Liberum et erectum præsens hortatur et aptat?
Quod si me populus Romanus forte roget, cur
Non, ut porticibus, sic judiciis fruar isdem,
Nec sequar, aut fugiam, quæ diligit ipse, vel odit;
Olim quod vulpes ægroto cauta leoni
Respondit, referam : Quia me vestigia terrent
Omnia te adversum spectantia, nulla retrorsum.

[*] La Fontaine, *le Lion malade et le Renard.*

à la curée *? ceux qui, les mains pleines de gâteaux et de fruits, chassent aux veuves avares? ou ceux qui, patiemment, tendent aux vieillards leurs filets pour les prendre, et, une fois pris, les garder, comme poissons en leur vivier? ou bien cette foule de gens qui s'enrichissent par l'usure?

« On me parle des goûts, des sentimens de tout le monde : tout le monde n'en change-t-il pas à chaque instant, de sentimens et de goûts? Témoin ce riche : à l'entendre, pas de plus délicieux séjour que le rivage de Baies; et il s'y veut au plus tôt une habitation. De ce désir, le lac et la mer se ressentent (34) : mille ouvriers sont en besogne; mais qu'il lui prenne un autre caprice, demain, dira-t-il,

---

Bellua multorum es capitum. Nam quid sequar? aut quem?
Pars hominum gestit conducere publica; sunt qui
Frustis et pomis viduas venentur avaras,
Excipiantque senes, quos in vivaria mittant;
Multis occulto crescit res fenore. Verum
Esto, aliis alios rebus studiisque teneri,
Iidem eadem possunt horam durare probantes?
Nullus in orbe sinus Baiis praelucet amoenis,
Si dixit dives, lacus et mare sentit amorem
Festinantis heri, cui si vitiosa libido

\* Les Publicains n'étaient autres que les Chevaliers; chargés non-seulement de recouvrer les impôts, mais encore de fournir à l'État toutes les subsistances nécessaires pour l'armée, et même pour le peuple.

qu'on porte demain à Téano tous ces équipages *.
Marié, père de famille, il chante les louanges du
célibat; célibataire, celles du mariage. Par quel
lien fixer ce Protée? Et le pauvre! même incon-
stance. Vous riez : le pauvre, lui aussi, aime le
changement. Il change d'auberge, de table, de bain,
de barbier; il se dégoûte de sa barque de louage,
tout comme le riche de sa trirème. Que devant
vous, cher Mécène, Horace vienne à paraître les
cheveux écourtés; une tunique de dessus neuve,
et une de dessous râpée (35); ou seulement sa toge
mal retroussée; vous riez. Et quand vous le voyez
sans la moindre tenue dans les idées, sans esprit
de conduite, « *aller du blanc au noir, condamner au*

---

Fecerit auspicium, cras ferramenta Teanum
Tolletis, fabri. Lectus genialis in aula est?
Nil ait esse prius, melius nil cælibe vita;
Si non est, jurat bene solis esse maritis.
Quo teneam vultus mutantem Protea nodo?
Quid pauper? — ride. Mutat cœnacula, lectos,
Balnea, tonsores; conducto navigio æque
Nauseat ac locuples, quem ducit priva triremis.
Si curatus inæquali tonsore capillos
Occurri, rides; si forte subucula pexæ
Trita subest tunicæ, vel si toga dissidet impar,
Rides : quid, mea quum pugnat sententia secum?

* *Teanum*, la plus grande et la plus belle ville de la Campanie, après Capoue.

*matin ses sentimens du soir;* quand vous le voyez, dans une vie pleine de vague, toute de variations, faire et défaire mille projets, changer incessamment quelque chose à son plan, voulant rond ce qui était carré, carré ce qui était rond; alors, dis-je, comme cet état de folie lui est habituel, vous ne riez point, et vous ne croyez pas qu'il ait besoin de médecin, de curateur, ou de conseil judiciaire; malgré tout l'intérêt que vous lui portez; quoique sur sa personne et sur ses biens vous exerciez une tutelle officieuse, et que vous ne puissiez seulement pas voir un ongle mal coupé à ce cher ami, qui ne vit que par vous, n'a des yeux que pour vous. »

Donc, la *sagesse*, mieux que tout, peut rendre heureux. Car, — notez bien cette conclusion, d'un sérieux, d'une gravité remarquables : — « le *sage* ne voit au-dessus de lui que Jupiter. Il est riche, libre,

---

Quod petiit, spernit ! repetit, quod nuper omisit ?
Æstuat, et vitæ disconvenit ordine toto ?
Diruit, ædificat, mutat quadrata rotundis ?
Insanire putas sollemnia me, neque rides,
Nec medici credis, nec curatoris egere
A Prætore dati, rerùm tutela mearum
Quum sis, et prave sectum stomacheris ob unguem
De te pendentis, te respicientis amici.
36.

honorable, honoré *, en fort belle posture, enfin, il est roi des rois; puis, ce qui dans le nombre de ses avantages mérite aussi de figurer en première ligne, il se porte bien, et jouit de sa bonne santé, complétement il en jouit.... hormis dans les momens où la pituite le tourmente. »

Ce sage-là n'est pas stoïque. Je suis bien sûr qu'il n'a ni les *cheveux ras ni les dents noires;* mais, au contraire, qu'il soigne sa tenue. Paisiblement, modestement retiré loin de l'arène où se livrent les combats des richesses, il pense plus qu'il n'agit, et s'occupe moins des autres que de lui-même; il fait de bonnes lectures **; j'imagine, en été, sous quelque frais ombrage, en hiver, auprès d'un bon feu; et lorsque se présente l'occasion d'un plaisir, il la saisit; se laissant volontiers aller à la morale

---

Ad summam, *sapiens* uno minor est Jove, dives,
Liber, honoratus, pulcher, rex denique regum;
Præcipue sanus, nisi quum pituita molesta est. »
*Epist.* I, lib. I.

\* *Honoratus*, dit Horace; *Honorable.* « C'était un titre déféré aux premiers magistrats. » — « Le préteur Urbain s'appelait *Honoratus*, à raison de l'éminence de sa dignité. » — Voir *Diction. des Antiq. Rom.* PRÆTOR URBANUS.

\*\* « Inter cuncta LEGES et percontabere doctos,
Qua ratione queas TRADUCERE LENITER ÆVUM. »
*Epist.* XVIII, lib. I, 96.

d'Aristippe, vers laquelle l'entraîne un secret penchant :

« *Nunc in Aristippi furtim præcepta relabor.* »

Partant, il n'a rien de Cynique ; il ne hait pas les grands, n'aboie pas contre eux, comme font les Cyniques ; et même, si devant lui le Prince vient à passer, au lieu de détourner la tête, ou d'afficher le mépris, l'impiété, honnêtement il se lève et salue (36). A la bonne heure ; avec un tel sage, on peut vivre ; on peut admettre une telle philosophie : loin d'irriter, elle calme les esprits ; loin de nuire à l'ordre public, elle y contribue. Mécène, donc, put souscrire au projet d'Horace sans la moindre inquiétude, mais non sans regretter que son poète voulût ne plus être que philosophe. Car enfin Horace a beau dire, sa muse ne vieillit pas ; les derniers fruits qu'elle donne, ont autant de goût que les premiers ; et peut-être même davantage, ayant plus de maturité. Pourquoi, précisément alors, renoncer à la poésie ? pourquoi ? — Je vous l'ai dit : parce qu'il est dégoûté ; parce qu'il ne se fait plus illusion, et que sous ses yeux se déroule une affreuse réalité : l'âge d'or inauguré par le Divin César-Auguste, est loin d'avoir tout le bonheur promis. La Vertu et l'Honneur, depuis long-temps exilés, n'ont point reparu. Le Divin Auguste a bien restauré les temples, les statues des Dieux, les anciens rites, les cérémonies; mais il n'a pas restauré le sentiment religieux, ni la croyance. A ces Dieux de marbre et d'or, qui véritablement croit encore? — Personne. On se souvient (les *envieux*, les malintentionnés, dont chaque jour s'accroît le nombre), on se souvient de certaine orgie, de certain *souper des douze,* où les convives, habillés comme les Dieux et Déesses, se réunirent pour goûter en commun toutes les joies de l'Olympe; alors précisément que Rome souffrait de la disette! Auguste, en Apollon, a figuré dans cette réunion impie; qui, le lendemain, fait dire au peuple irrité : « Les Dieux ont mangé tous les grains. Ah! plus de doute, César est bien et dûment Apollon; mais c'est Apollon-le-Bourreau. » — Surnom sous lequel ce dieu était révéré dans une partie de la ville *.—

Le Divin Auguste, a donné de sages lois : mais

---

* « Cœna quoque ejus (Augusti) secretior in fabulis fuit, quæ vulgo δωδεκάθεος vocabatur : in qua Deorum Dearumque habitu discubuisse convivas, et ipsum (Augustum) pro Apolline ornatum.... Auxit cœnæ rumorem summa tunc in civitate penuria ac fames, acclamatumque est postridie, « omne frumentum Deos comedisse ; » et « Cæsarem esse plane Apollinem, sed TORTOREM » : quo cognomine is deus quadam in parte urbis colebatur. » — Sueton., *Octav.-Aug.*, LXX.

les lois les plus sages, que peuvent-elles sans les mœurs?

« *Quid leges sine moribus*
« *Vanæ proficiunt* [*]? »

Partout est la corruption, un goût contagieux du luxe, un amour désordonné de l'argent, avec la lèpre de l'usure (37) : « *Scabies, contagia lucri, ærugo et cura peculi* [**]. » Car il faut jouir à tout prix; car la naissance et le mérite, sans la fortune, ne sont rien :

« *Atqui*
*Et genus, et virtus, nisi cum re, vilior alga est* [***];»

Car on n'est plus estimé qu'en raison de ce qu'on a :

« *Quia tanti quantum habeas sis* [****]; »

car l'argent, l'argent seul, fait ici-bas la destinée : femme riche, cliens, amis, esprit, beauté, noblesse, moyen de persuader et de plaire, tout cela, qui le donne? — L'argent. L'argent peut tout, fait tout, il est le roi, le dieu du monde :

« *Scilicet uxorem cum dote, fidemque, et amicos,*
« *Et genus, et formam regina pecunia donat,*
« *Ac bene nummatum decorat Suadela, Venusque* [*****].»

---

[*] Od. XXIV, lib. III.
[**] Voyez epist. XIII, lib. I, 14 ; Ars Poet., et, plus haut, notre note 33, à la page 557.
[***] Sat. V, lib. II, 8.
[****] Sat. I, lib. I, 62.
[*****] Epist. VI, lib. I, 36.

Partout se sont établies la volupté et la débauche. Les jeunes filles, n'ont plus ni pudeur ni vertu. Elles affectent des manières viriles, assiégent les portes des jeunes gens, font assaut avec les buveurs \*. Communément, leur unique étude est la danse; la danse Ionienne! voluptueuse, lascive \*\*. Long-temps avant le mariage, elles méditent de coupables amours. Aussi, le lendemain, dégoûtées de leurs époux, les voit-on à table, devant eux, se chercher des amans plus jeunes. Souvent même, sans prendre le soin de faire un choix, à l'un, à l'autre elles se donnent; furtivement; dans l'obscurité; ou bien encore elles se vendent : si parmi les convives il se trouve acheteur, — un de ces

---

\* *Voir* Od. xv, lib. III.

\*\* « Motus doceri gaudet Ionicos
Matura virgo, et fingitur artubus,
Jam nunc et incestos amores
De tenero meditatur ungui.

Mox juniores quærit adulteros
Inter mariti vina ; neque eligit
Cui donet intermissa raptim
Gaudia luminibus remotis ;

Sed jussa coram, non sine conscio
Surgit marito, seu vocat institor,
Seu navis Hispanæ magister,
Dedecorum pretiosus emptor. »

*Od.* vi, lib. III.

hommes du négoce ou des fermes, capable de mettre le prix aux choses, ou quelque heureux armateur, dont les vaisseaux, chargés de l'or de l'Espagne, viennent tout récemment d'arriver, au moindre signe, madame se lève; et, patemment, d'intelligence avec le mari, madame, complaisante, passe de la salle à manger dans la chambre à coucher : « *e triclinio in cubiculum.* » Ainsi, dit-on, César-Auguste connut Livie, que, plus tard, il ravit enceinte à son époux *. Pas une maison qui ne soit souillée; pas une où ne respire l'adultère, l'inceste, la fièvre du divorce; bien des femmes ne comptent plus leurs années par consuls, mais par le nombre de leurs maris; et la *chaste Livie* est, peut-être, la seule qui se contente de son époux : « *unico gaudens marito* **. » Lui, cet époux bien-aimé, voudrait aussi se contenter d'elle; mais impossible : toujours menacé, toujours en butte aux machinations de l'*Envie*, il lui faut bien user de séduction! afin de connaître par les femmes les noirs projets des maris ***.

---

\* *Voir* Sueton.; *Octav.-Aug.*, LXIX.

\*\* *Voir* Od. lib. III, VI et XIV.

\*\*\* « Adulteria quidem exercuisse (Augustum), ne amici quidem negant; excusantes sane, non libidine, sed *ratione commissa*, quo facilius concilia adversariorum per cujusque mulieres exquireret. » — Sueton., *Octav.-Aug.* LXIX.

Le Divin Auguste a pacifié le monde : mais cette paix, base de son empire, est-elle solidement établie? N'est-ce pas plutôt, de guerre lasse, un armistice, une simple trêve, qui déjà sur plus d'un point est rompue? Hors de Rome, combien de soulèvemens! dans Rome, combien d'émeutes! Nul n'est content de son sort; partout et toujours du malaise, partout et toujours de l'envie, une sourde agitation, comme une secousse souterraine, qui menace de tout renverser. Depuis que le mouvement démocratique à ciel ouvert ne peut plus se produire, sourdement il agit : de jour en jour se forment des sociétés secrètes, factieuses, où, sous l'apparence d'initiations nouvelles, sous le prétexte de s'assembler pour cause de religion, sont tramés de noirs complots. Le souvenir de Spartacus vit au cœur des esclaves; et, dans les ateliers, on conspire, on rêve le meurtre et le pillage *.

---

\* Sous l'apparence d'ASSOCIATIONS NOUVELLES, il n'était aucune sorte de crimes que l'on n'entreprît en commun ; Auguste fit passer en revue les *ateliers des esclaves,* et prononça la dissolution des associations, excepté de celles qui étaient anciennes et légitimes : « *Et plurimæ factiones, titulo collegii novi, ad nullius non facinoris* SOCIETATEM COIBANT..... ERGASTULA RECOGNOVIT : *collegia, præter antiqua et legitima,* DISSOLVIT. » — Sueton., *Octav.-Aug.*, XXXII ; vid. et. *Tiber.* VIII.

Joint que dans Rome affluent les *étrangers;* principalement les *Juifs;* « nation aussi ennemie de tout culte religieux qu'adonnée aux superstitions\*; » inquiète, remuante, et tourmentée de l'esprit de prosélytisme; — ce dont Horace se moque fort; d'après sa méthode connue de « *trancher les grandes choses avec l'arme du ridicule.* » Ainsi, touchant le prosélytisme Juif, chose des plus graves en ce temps-là! Horace plaisante, et, vers la fin d'une satire, tel qu'un Parthe, il lance ce trait : « Allons, j'ai dit mes défauts; censeurs, de l'indulgence; sans quoi j'appelle à l'aide les poëtes, mes frères; or, prenez-y garde; nous sommes en nombre; et, *comme les Juifs, nous saurons bien vous forcer à être des nôtres* \*\* (38). » Ailleurs, à propos de la Pâque, cette solennelle fête des Juifs! il se fait dire par son malin ami Fuscus-Aristius, qui re-

---

\* « *Gens superstitioni obnoxia, religionibus adversa.* » Tacit., *Histor.*, lib. v, xiii. — « Les Juifs avaient au contraire des sacrifices d'expiation et de propitiation, mais différens de ceux des Gentils; c'est assez pour qu'un païen dise qu'ils n'en avaient pas. » — Note de *Burnouf.*

\*\* « . . . . . . . Cui si concedere nolis,
Multa poetarum veniat manus, auxilio quæ
Sit mihi, nam multo plures sumus, ac veluti te
Judæi cogemus in hanc concedere turbam. »
*Sat.* iv, lib. i, *in fine.*

fuse de parler affaire dans un jour comme celui-là :
« C'est aujourd'hui le sabbat trentième : voudriez-vous donc faire insulte aux circoncis? » Et lui de répondre : « Vraiment oui, sans aucun scrupule :

— « *Hodie tricesima sabbata. Vin' tu
Curtis Judæis oppedere? — Nulla mihi, inquam,
Relligio est* \*. »

Enfin, dans le récit de son voyage à Brindes, même pyrrhonisme, même sarcasme, à l'adresse des *superstitieux*; il se rappelle, sans pouvoir s'empêcher d'en rire, la folie des habitans d'Egnatia : ne voulaient-ils pas lui persuader que sur un certain autel de leur temple l'encens brûlait sans feu ! — « A d'autres de tels contes. Pour y croire, il n'est que le Juif Apella :

« *Credat Judæus Apella,
Non ego* \*\* (39)! »

---

\* Sat. IX, lib. I. « Scaliger prétend qu'ici par *tricesima*
« *sabbata* il faut entendre le trentième jour du mois, auquel
« Horace donne le nom de *sabbat*, parce que le dernier jour
« du mois était une fête solennelle parmi les Juifs, à cause de
« la nouvelle lune.
« M. Dacier pense au contraire qu'il s'agit de la fête de
« Pâque, qui tombait juste dans la trentième semaine, à par-
« tir du mois *Tisri*, premier de leur année, et qui correspond à
« notre mois de septembre. » — *Achaintre*.

\*\* Sat. V, lib. I.

Allusion manifeste au miracle d'Élie. Ce *conte*, et autres de même source, occupent, préoccupent un grand nombre d'esprits ; et tandis que Horace plaisante, sérieusement on lit les *Livres Sacrés*, traduits en langue vulgaire ; et l'on commence à connaître, à respecter, à pratiquer la loi Mosaïque * ; anti-Romaine ; délétère ! —

Le Juifs, donc, abondent à Rome ; partout ils s'y insinuent ; partout ils répandent leurs croyances, les enseignemens de leurs prêtres ; bref, c'est une véritable invasion : le Judaïsme vient dans la capitale du monde engager un dernier duel avec le Polythéisme ; et déjà sur les bords du TIBRE existe, grandit, se développe, cette opinion de l'Orient, formellement contraire aux livres des Sibylles, « que l'ORIENT DOIT PRÉVALOIR ; et que DE LA JUDÉE SORTIRONT LES MAÎTRES DU MONDE ** : » la *Ville Éter-*

---

* « La traduction des livres sacrés dans une langue devenue
« celle de l'univers, la dispersion des Juifs dans les différentes
« parties du monde, et la curiosité naturelle à l'homme pour
« tout ce qu'il y a de nouveau et d'extraordinaire, avait fait
« connaître de tout côté la loi mosaïque, qui devenait ainsi
« une introduction au Christianisme. » — M. de Maistre, *Soirées de Saint-Pétersbourg* ( NEUVIÈME ENTRETIEN ).

** Tacite dit : « Il était survenu des prodiges... peu de Juifs s'en effrayaient ; la plupart avaient foi à une prédiction contenue, selon eux, dans les anciens livres de leurs prêtres, — que l'Orient

nelle, l'empire sans fin de *l'Italie*, l'œuvre d'Auguste, sa dynastie, si laborieusement fondée! tout est remis en question.

La voilà cette sécurité profonde, cette douce tranquillité dont les Romains jouissent sous le règne d'Auguste! La voilà cette restauration du culte et des mœurs, cette bonne et sainte conservation de la Chose Latine, qui devait assurer le bonheur de tous, et qui, dans les vers d'Horace, mérite à son auteur de si magnifiques louanges!...—Les Scythes et les Gètes sont plus heureux :

> « *Campestres melius Scythæ,*
> *Quorum plaustra vagas rite trahunt domos,*
> *Vivunt, et rigidi Getæ*\*. »

En effet, à bien y regarder, au-dedans, au-dehors,

---

prévaudrait, et que de la Judée sortiraient les maîtres du monde: *Evenerant prodigia... quæ pauci (Judæi) in metum trahebant : pluribus persuasio inerat antiquis sacerdotum literis contineri, eo ipso tempore fore ut valesceret Oriens, profectique Judæa rerum potirentur.* » — *Histor.*, lib. v, XIII.

Et Suétone : *Percrebuerat Oriente toto vetus et constans opinio, esse in fatis, ut eo tempore Judæa profecti rerum potirentur.* » — *Vespasian*, IV.

\* Od. XXIV, lib. III. — « Auguste parvint à l'empire par des crimes, et régna sous la forme des vertus... Il donna beaucoup de repos à ses sujets : un immense foyer de corruption s'assoupit; ce calme fut appelé prospérité. » — Châteaubriand, *Génie du Christianisme*, t. IV, ch. XIII.

tout est menacé, compromis. Et le mal va toujours en empirant. A la mort d'Auguste, l'esprit démocratique, le feu révolutionnaire, qui depuis longtemps se couvait et fumait, jette des étincelles, et se manifeste au sein de l'armée. Pratiquée par les *pervers*, l'armée commence à prêter l'oreille à leurs discours : « *pessimi cujusque sermonibus aures præbere* \*. » Un certain Percennius, mauvaise langue, « *lingua procax,* » ex-directeur de spectacles enrôlé simple soldat, et, vu son premier état, habile à nouer des intrigues, parvient, après plus d'un *entretien nocturne,* à soulever trois légions de Pannonie. Ce plébéien, cet ami du peuple, veut des réformes. Il veut améliorer le sort de l'armée, empêcher que désormais le soldat ne soit tenu en servitude et exploité à l'égal d'une machine :
« Pourquoi obéir en esclaves à un petit nombre
« de centurions, à un plus petit nombre de tri-
« buns? C'est une assez longue et assez honteuse
« lâcheté, de courber, trente ou quarante ans, sous
« le poids du service, des corps usés par l'âge ou
« mutilés par les blessures. Encore si le congé fi-
« nissait les misères! mais après le congé il faut
« rester au drapeau, et, sous un autre nom, subir

---

\* Tacit., *Annal.*, lib. I, XVI.

« les mêmes fatigues. Quelqu'un échappe-t-il vi-
« vant à de si rudes épreuves? On l'entraîne en
« des régions lointaines, où il reçoit, comme fonds
« de terre, la fange des marais ou des roches in-
« cultes. Le service en lui-même est pénible, in-
« fructueux : dix as par jour, voilà le prix qu'on
« estime l'âme et le corps d'un soldat *! »

Le successeur d'Auguste ne peut qu'à grand'-
peine maintenir l'ordre, et préserver la propriété.
Son principal soin est de garantir le repos public
contre les brigandages, les vols et la licence des
séditions. Il lui faut augmenter les garnisons, dis-
poser par toute l'Italie de nombreuses stations de
soldats, établir à Rome un camp pour les Cohortes
Prétoriennes, qui, jusqu'alors étaient dispersées
chez les citoyens **. Il lui faut aussi réprimer les

---

\* Tacit., *Annal.*, liv. I, XVI et XVII; traduct. de *Burnouf*.
— « Le même esprit de révolte se répandit dans l'armée de
« Germanie, mais avec un caractère encore plus grave et plus
« dangereux. » — De Ségur, *Hist. Rom.*, TIBÈRE, ch. III. —
\*\* « In primis tuendæ pacis a grassaturis ac latrociniis sedi-
tionumque licentia curam habuit. Stationes militum per Italiam
solito frequentiores disposuit. Romæ castra constituit, quibus
Prætorianæ Cohortes, vagæ ante id tempus, et per hospitia dis-
persæ, continerentur. » — Sueton., *Tiber.*, XXXVII. — Les
Cohortes Prétoriennes, formées par Auguste, se composaient de
dix mille soldats choisis pour sa garde. — « Ce corps d'élite,
« destiné à la défense du trône contre la liberté, devint par la

*superstitions égyptiennes et judaïques;* puis sévir contre le libertinage; et, cette fois, frapper, non plus seulement au bas de la société, mais en haut: les Citoyens Romains à plaisir se dégradent, les Dames Romaines publiquement se prostituent! Pour se soustraire à la pénalité des lois sur les Devoirs et la Dignité des *Matrones,* nombre de femmes bien nées ont imaginé de se présenter devant les Édiles, et, là, de se déclarer *courtisanes* (40)! Pour n'être pas légalement empêchés de se livrer aux exercices de la scène et de l'arène, nombre de jeunes gens, des premières familles de l'Ordre Équestre et du Sénat, se sont volontairement soumis à un jugement infamant! Tous ces coupables sont condamnés à l'exil. Sans quoi, l'exemple gagnant, Rome bientôt verrait une infamie générale\*. Vaine répres-

---

« suite un écueil contre lequel se brisa souvent la tyrannie. « Tout pouvoir qui prend, au lieu de loi, la force pour appui, « est à la fin renversée par elle. » — De Ségur, *ut supra,* chap. II.

\* « Feminæ famosæ, ut ad evitandas legum pœnas jure ac dignitate Matronali exsolverentur, lenocinium profiteri cœperant: et ex juventute utriusque ordinis profligatissimus quisque, quominus in opera scenæ arenæque edenda senatusconsulto tenerentur famosi judicii notam sponte subibant. Eos easque omnes, ne quod refugium in tali fraude cuiquam esset, exsilio affecit (Tiberius). » — Sueton., *Tiber.,* XXXV. *Vid.* et. Tacit., *Annal.,* lib. II, 85.

sion! Sous Claude et sous Néron, patriciens et patriciennes ouvertement descendent dans l'arène, ouvertement se livrent aux plus révoltantes orgies : on sait le *repas de Tigellin* (41). Mais aussi, pour réformer les mœurs, apaiser les troubles, ou les prévenir, pour régir les peuples, et les ramener au devoir, le digne chef, après tout, que le successeur d'Auguste : Tibère ! « *une boue teinte de sang !* » Naturellement, son règne est menacé : de toutes parts des dangers à craindre. A chaque instant l'empire est près de lui échapper ; il le sent bien, et sur ce point ne se fait pas illusion : « Je tiens, dit-il, un loup par les oreilles *. »

Donc, l'âge d'or inauguré par le Divin César-Auguste n'est, lui aussi, qu'un siècle de fer. Les Parques et la Sibylle ont failli dans leurs présages : les hommes ne sont pas meilleurs ; la terre ne donne rien sans travail ; le miel ne découle point des chênes ; les agneaux craignent toujours les loups ; il croît toujours des herbes vénéneuses ; et, enfin, l'*hydre* n'est pas étouffée.**. Sans doute César-Auguste ne se lasse pas de la combattre ; mais,

---

* Erat metus undique imminentium discriminum : ut sæpe, « lupum se auribus tenere, » diceret.—Sueton., *Tiber.*, xxv. *Vid.* et. LVII.

** *Voyez* Virgile, *Bucol.*, églog, IV, et *Énéide*, VI.

hélas! toujours elle oppose une nouvelle tête aux efforts de son bras; et il est à craindre que cette fois Hercule ne vienne pas à bout de ses travaux. Au vrai, outre une corruption profonde, l'esprit de révolte subsiste: le feu qui semblait éteint dort sous la cendre; de temps à autre il se rallume; on craint un nouvel incendie; bref, après que le monde est pacifié, Rome entend toujours parler d'insurrection et de guerre. En effet, depuis qu'Auguste a, pour la seconde fois, ouvert le temple de Janus (an de Rome 732), il a constamment sur les bras des guerres qui ne lui permettent pas de le fermer. A peine l'expédition contre les Parthes est-elle terminée (an de Rome 734), que, tour-à-tour, durant au moins une dizaine d'années, l'Afrique, les Cantabres, les Pannoniens, la Gaule, la Germanie, les Besses, et autres peuples occupent, inquiètent, les Romains. Si bien qu'en définitive Horace, pas plus que Virgile, ne voit

« *Donner le dernier coup à la dernière tête
De la rébellion* [*]; »

et que, pendant toute l'arrière-saison de sa vie, la *paix du monde* est menacée. Et si la Parque lui filait de plus longs jours, ce serait bien pis encore! Il

---

[*] Malherbe, *Ode au roi Louis XIII*.

verrait éclater l'insurrection de l'Illyrie (an de Rome 758) : plus de huit cent mille insurgés! terrible guerre, la plus terrible de toutes celles que Rome ait soutenues à l'extérieur après les Puniques *.

C'est en présence d'un tel ordre de choses, en regard de tant de misères, sous l'impression d'un avenir lourd, chargé d'orages, qu'Horace vieillissant éprouve ses accès de mélancolie; qu'*il a l'esprit malade, plus malade que le corps*; et qu'enfin, *effrayé de la marche suivie*, pressentant le danger, il demande du secours à la philosophie; pour lui d'abord, puis pour ses concitoyens, perdus d'impiété, d'avarice, et de débauche :

« *Evadenda cupidinis*
*Pravi sunt elementa, et teneræ nimis*
*Mentes asperioribus*
*Formandæ studiis* \*\*. »

Son éclectisme est impuissant. A un aussi grand mal, il faut un autre remède, un remède plus qu'humain, un divin baume, une céleste rosée. Où en serait l'humanité, si Dieu, qu'elle oubliait, l'eût abandonnée? Mais ce Dieu bon, ce « Très-

---

\* « Gravissimum omnium externorum bellorum post Punica. » — Sueton., *Tiber.*, XVI.
\*\* Od. XXIV, lib. III.

Haut qui a fait le ciel et la terre, » ce Dieu dont Moïse a écrit les merveilles, le Dieu d'Israël, en un mot, le vrai Dieu, est touché de compassion; et pour sauver des malheureux qu'il aime, sur terre il envoie son Fils.

Vingt ans après la mort de Virgile, huit seulement après celle d'Horace, tandis qu'au sein de Rome César-Auguste sur le trône jouit en paix du fruit de sa politique, pensant avoir sauvé la Chose Romaine, et conserver à jamais l'ordre social, qui périt; dans une ville obscure de la Judée, à Béthléem, au fond d'une étable, naît Jésus, *le Sauveur du monde* (an de Rome 754).

L'heure venue, Jésus se met à enseigner. Sa doctrine, nouvelle, toute de charité, de fraternité, d'égalité, séduit le peuple et le ravit d'enthousiasme (42). Ses disciples, fermes à croire, prêts à *jurer sur la parole de leur maître*, brûlent d'aller partout le monde répandre ce divin enseignement, et *rendre la santé aux malades*.

« Étant donc partis de Jérusalem (an de Rome 786), ils vont de village en village, annonçant l'Évangile, et guérissant partout les malades *. »

Ainsi, le salut vient des Juifs. De la Judée, où

---

* *Évangile*, Saint-Luc, 9, v, I.

il prend sa source, le Christianisme coule en Occident, « *tel qu'un fleuve rapide poussé par un vent impétueux.* » Rome en est bientôt inondée. Sous Tibère, combien déjà sont infectés des SUPERSTITIONS NOUVELLES ! Que de pécheurs lavés par l'eau du baptême ! Tous ces *néophytes*, initiés, affiliés entre eux, composent une société secrète, religieuse; d'où « l'Église se forme; et la persécution commence. » Tibère, dit Suétone, ré« prime les cérémonies des cultes étrangers, *les
« rites égyptiens et judaïques* (43). Il contraint tous
« ceux qui sont adonnés à ces superstitions de
« jeter au feu les vêtemens et tout l'appareil de
« leur religion. Sous prétexte du service militaire,
« il répartit la *jeunesse juive* dans les provinces de
« la plus rude température. Les autres hommes
« de la même religion et ceux qui pratiquaient des
« usages semblables sont éloignés de la ville sous
« peine d'une éternelle servitude en cas de déso« béissance *. » — Sous Tibère, dit Tacite : « On

---

\* « Externas cerimonias, ægyptios judaicosque ritus compescuit (Tiberius) ; coactis, qui superstitione ea tenebantur, religiosas vestes cum instrumento omni comburere. Judæorum juventutem, per speciem sacramenti, in provincias gravioris cœli distribuit : reliquos gentis ejusdem, vel similia sectantes, Urbe summovit, sub pœna perpetuæ servitutis, nisi obtemperassent. » — *Tiber.*, XXXVI.

« s'occupe de bannir les *superstitions égyptiennes*
« *et judaïques*. Un sénatusconsulte ordonne le
« transport en Sardaigne de quatre mille hommes
« *de la classe des affranchis*, infectés de ces erreurs
« et en âge de porter les armes. Ils doivent y ré-
« primer le brigandage; et, s'ils succombent à l'in-
« salubrité du climat, la perte sera peu regretta-
« ble : *vile damnum!* Il est enjoint aux autres de
« quitter l'Italie, si, dans un temps fixé, ils n'ont
« pas abjuré leur culte profane\*. »

Cependant le *fléau* ne cède point, et le débile
Claude a, lui aussi, à contenir les *Juifs;* qui, ani-
més du feu sacré, *mus par le Christ*, s'agitent, échauf-
fent les esprits, et sont enfin pour le peuple une
cause incessante de tumulte. Claude chasse de Rome
les Juifs \*\* : peine perdue! bannissement inutile!

---

\* « Actum est de sacris ægyptiis judaicisque pellendis : factumque patrum consultum, ut quatuor millia libertini generis, ea superstitione infecta, quis idonea ætas, in insulam Sardiniam veherentur, coercendis illic latrociniis. et, si ob gravitatem cœli interissent, vile damnum; ceteri cederent Italia, nisi certam ante diem profanos ritus exuissent. »—*Annal.*, lib. II, 85.

\*\* « Judæos, impulsore *Chresto* assidue tumultuantes, Roma expulit. » — Sueton., *Claud.*, XXV. — M. de Golbery dit en note : « Dans l'antiquité on ne faisait aucune difficulté d'appliquer au *Christ* les mots, » *impulsore Chresto*. Cela résulte du texte d'Orose. Mais les modernes sont plus savans : il s'agit

Bientôt après ils reparaissent; et, — dit encore Tacite, — c'est un nouveau débordement : « SUPERSTITIO RURSUS ERUMPIT ! » Pour le pouvoir nouvelles alarmes. Cette fois il veut en finir avec ces hommes qui « séduisent et soulèvent le peuple par la doctrine qu'ils répandent; qui méconnaissent, nient les Dieux, et veulent renverser le culte établi; avec ces réformateurs insensés, ces dangereux novateurs qui pensent changer l'ordre social, et détruire ce qui existe : « EXITIABILIS SUPERSTITIO ! » Haine, malédiction à ces pervers ! Quiconque *judaïse*,

> « *Est l'ennemi commun de l'État et des Dieux,*
> « *Un méchant, un infâme, un rebelle, un perfide,*
> « *Un traître, un scélérat, un lâche, un parricide,*
> « *Une peste exécrable à tous les gens de bien,*
> « *Un sacrilège impie, en un mot, un* CHRÉTIEN [*]. »

*Judaïser*, c'est mériter les dernières rigueurs. Aussi, les Juifs, les Chrétiens, sans autre forme de

---

d'un Grec d'origine qui s'est fait juif, et qui causait du trouble à Rome. On torture la grammaire et le bon sens pour arriver à ce point, et on ne réfléchit pas que, si le personnage dont il est question n'eût pas été connu Suétone l'eût désigné, au moins en ajoutant *quodam*. Les chrétiens étaient déjà répandus dans Rome. »

[*] Corneille, *Polyeucte*, acte III.

procès, ouvertement, on les tue; et l'on se fait de leurs supplices un divertissement. « Les uns, couverts de peaux de bêtes, périssent dévorés par des chiens; d'autres meurent sur des croix, ou bien ils sont enduits de matières inflammables, et, quand le jour cesse de luire, on les brûle en place de flambeaux. Néron prête ses jardins pour ce spectacle, et donne en même temps des jeux au Cirque, où tantôt il conduit un char, et tantôt se mêle au peuple en habit de cocher (44). »

Les cœurs s'ouvrent à la compassion. Le peuple juge les bourreaux et leurs victimes :

> « *Chez les chrétiens, les mœurs sont innocentes;*
> « *Les vices détestés; les vertus florissantes;*
> « *Jamais un adultère, un traître, un assassin;*
> « *Jamais d'ivrognerie, et jamais de larcin;*
> « *Ce n'est qu'amour entre eux, que charité sincère;*
> « *Chacun y chérit l'autre, et le secourt en frère* [*] ! »

Naturellement, ils font des prosélytes. Tout ce profane vulgaire, exclu de la *cité*, du *foyer*, de la *famille*, les soldats, les ouvriers, et les esclaves, « *operariorum servorumque turba* [**], » hommes amoindris, dénués, incapables, déshérités des jouis-

---

[*] Corneille, *Polyeucte*, acte IV.
[**] Voyez Suétone, *Claude*, XXII.

sances de la vie! les femmes, si maltraitées par la loi, si mécontentes de leur sort! viennent de jour en jour au sein de l'Église se reposer, respirer, lever les yeux vers le ciel, dans l'attente d'un monde meilleur. L'arbre de la croix, arrosé de sang, pousse des racines profondes. En le voyant étendre ses rameaux par toute la terre, les plus forts esprits s'inclinent, et demeurent convaincus. Philon s'entretient avec saint Pierre; Sénèque entend saint Paul (45); les sectes philosophiques arrivent et se confondent dans la divine secte de Jésus. Le Platonisme, y porte ses plus belles spéculations, ses sublimes revêries; le Stoïcisme, sa fermeté, son austère vertu. Ainsi le Christianisme marche et acquiert des forces en marchant. Lui résister est impossible. A la longue, tous seront entraînés; même les *chefs*: Constantin, sans plus de résistance, se laisse conduire au Christianisme, et il lui doit l'empire. Finalement, une réforme radicale s'accomplit. PATRICIENS et PLÉBÉIENS, ne forment plus qu'une seule et même famille, la *famille de Jésus-Christ*; le monde romain, n'adore plus qu'un seul Dieu; un Dieu qui ne fait pas acception des personnes, maître souverainement bon, riche en miséricorde, sauveur de quiconque l'invoque; un Dieu devant qui tous sont égaux, tous frères, appelés tous au royaume des cieux : « Unus Deus, idem Dominus omnium \* ! » Jupiter et Junon, Mars et Vénus, Apollon, et tous les autres faux dieux croulent, sans que les augures en puissent mais..... la divination n'a plus que dire. Le rigoureux droit quiritaire fléchit. Encore un peu de temps, et sous l'influence chrétienne la loi, devenant plus sage, plus humaine, plus juste, abolira l'esclavage, les barbares combats de *Gladiateurs*, relèvera dans sa personne et dans ses biens la compagne de l'homme appelée désormais à marcher son égale ; encore un peu de temps, et la face du monde sera renouvelée.

---

\* Saint Paul dit, en son *Épître aux Romains :* « Quoniam quidem unus est Deus.... Non enim est acceptio personarum apud Deum... Non enim est distinctio Judæi et Græci, nam idem Dominus omnium, dives in omnes qui invocant illum. Omnis enim quicumque invocaverit nomen Domini, salvus erit. »—
« L'unité d'un Dieu, dit Châteaubriand (*Étud. Histor.*,
« 2ᵉ discours), l'unité d'un Dieu est devenue une croyance po-
« pulaire : de cette seule vérité reconnue date une *révolution*
« *radicale* dans la législation européenne, long-temps faussée
« par le polythéisme qui posait un mensonge pour fondement
« de l'édifice social. »—*Voir* tome I, *Étude sur Catulle*, notre note 24.

FIN DE L'ÉTUDE SUR HORACE.

# NOTES SUR HORACE.

### NOTE 1. — p. 391.

« *Les beaux, qu'il censurait*, etc. » — Après avoir cité les reproches de Scipion l'Africain à certain *beau* de son temps qui tous les jours passait des heures entières devant un miroir, à arranger ses cheveux avec art, et à les parfumer des essences les plus précieuses, etc. Aulu-Gelle ajoute : « Virgile aussi, en parlant de ces tuniques,
« dit qu'il est honteux à des hommes de les porter, et
« qu'elles ne conviennent qu'à des femmes. Il fait dire à
« Numanus, dans l'*Énéide :*
« Ces Troyens ont des tuniques à manches, et leur tête
« est ornée de mîtres qui s'attachent sous le menton. —
« *Virgilius quoque tunicas hujusce modi, quasi femi-*
« *neas ac probrosas* CRIMINATUR :
« *Et tunicæ* (inquit), *manicas et habent redimicula mitræ!* »
—Voir *Nuits Attiq.* VII, 12.

### NOTE 2. — p. 393.

« *Son ardeur au travail... prise pour avidité, soif du gain.* » — Il y a dans Horace (od. XII, liv. IV) certain billet d'invitation *à Virgile*, où l'on entrevoit que ce *client des jeunes princes* se faisait tirer l'oreille pour venir aux réunions des buveurs ; qu'ami du silence et de la retraite, il se tenait, le plus possible dans son coin ; et que tout à ses méditations, les regards tournés vers l'avenir, il ne prenait qu'une médiocre part aux joies du présent. On lui trouvait peu d'entrain, trop de sagesse, une ardeur au travail qui sentait la cupidité, « *studium lucri,* » enfin, de la répugnance à s'enivrer, à faire, *entre amis*, une orgie.

### NOTE 3. — p. 401.

« *Son Eloge de la Frugalité, est remarquable. Il y a là de bonnes pensées bien exprimées.* » — Cette pièce, une des premières sorties de la plume d'Horace, lorsqu'il n'avait guère plus de vingt-cinq ans, est déjà remarquable par la forme : on y rencontre çà et là des vers d'une très bonne facture ; mais elle se recommande surtout par le fond, où se manifeste l'*excellent esprit* de son auteur. En effet, Horace y rompt avec les *philosophes*, les *utopistes*. Son *Ofellus*, qui dit de si bonnes choses, n'est qu'un simple homme de labour, étranger aux subtilités de l'école, mais doué du gros bon sens :

« *Rusticus, abnormis sapiens, crassaque Minerva.* »
Sat. II, lib. II.

### NOTE 4. — p. 429.

« *Le bonheur de Mitylène passant de l'anarchie à l'état monarchique.* » — Cette transition eut lieu grâces au sage Pittacus. — « Par sa valeur et par sa prudence,

« il délivra Mitylène, sa patrie, des tyrans qui l'oppri-
« maient, de la guerre qu'elle soutenait contre les Athé-
« niens, et des divisions intestines dont elle était déchirée.
« Quand le pouvoir qu'elle exerçait sur elle-même et sur
« toute l'île fut déposé entre ses mains, il ne l'accepta que
« pour rétablir la paix dans son sein, et lui donner des lois
« dont elle avait besoin... Son œuvre achevée, il résolut
« de consacrer le reste de ses jours à l'étude de la sa-
« gesse, et ABDIQUA sans faste le pouvoir souverain. » —
Barthélemy, *Voyage d'Anach.*, chap. III. — Telle était
justement, à Rome, l'histoire du *sage* et *libérateur* Auguste, alors que dans le drame de L'EMPIRE se jouait la scène
de son ABDICATION. — *Voir*, plus haut, *Virgile*, p. 240.

## NOTE 5. — p. 423.

« *Avec les Dieux, par principe, Horace en use peu
largement.* » — Du moins, à en juger par son ode *à Phi-
dyle*, la fermière d'Ustique (lib. III, XXIII). *Achaintre* dit
en note : « Les commentateurs anciens n'avaient point
« soupçonné le dessein d'Horace en composant cette ode :
« M. Dacier le premier l'a fait pressentir, et le P. Sanadon
« a développé son idée. Horace, qui n'était pas fort dé-
« vôt, voyait avec peine que sa fermière se ruinait en
« offrandes et sacrifices qu'elle faisait à chaque fête ; et
« il y en avait trois ou quatre par mois. Pour mettre
« des bornes à une libéralité, peut-être assez coûteuse
« pour lui-même, il lui adresse cette ode, qui sous l'appa-
« rence d'une piété éclairée, annonce une parcimonie
« digne d'un épicurien. »

### NOTE 6. — p. 427.

« *Il prie les Dieux de lui conserver sa fortune.* » — Horace invoque tantôt Apollon et tantôt Mercure. Il invoque Mercure, « non-seulement parce que Mercure est le « patron des poètes, mais aussi parce que c'est un des « dieux qui président à la fortune, et qui donnent les ri- « chesses. Dans Lucien, c'est Mercure qui mène à Timon « le dieu Plutus. Aussi *ceux qui s'enrichissaient tout* « *d'un coup* ne manquaient jamais de l'en remercier par « des sacrifices. D'ailleurs Mercure était aussi un dieu « champêtre, et le même que Sylvain. C'est pourquoi Ho- « race lui recommande ses troupeaux dans le quatorzième « vers : « *pingue pecus domino facias.* » — *Dacier.*

### NOTE 7. — p. 434.

« *Il paie le cens voulu pour être inscrit au rôle équestre; il a droit de suffrage et de judicature*, etc. » — Le peuple romain était, comme on sait, partagé en trois classes. Le bien qu'il fallait pour être Sénateur était de 195,897 fr.; celui des Chevaliers de 78,385 fr. Ceux qui n'avaient pas la fortune requise pour être chevaliers restaient dans la classe des *plébéiens.*

— « Que l'on soit Patricien, Chevalier, ou seulement « Plébéien, on appartient d'abord à la *Tribu* et à la « *Curie* de la région ou du quartier où l'on demeure; et « ensuite, dans quelque endroit que l'on ait son domicile, « à une *Centurie* plus ou moins élevée, car les Centuries « les plus riches sont les premières.

« Les *Comices* par *Centuries* passent pour les plus vé- « nérables de tous; aussi la constitution leur a-t-elle con-

« fié les opérations les plus importantes, car le peuple,
« distribué selon le cens, l'ordre, l'âge, apporte dans la
« délibération plus de conseil que lorsqu'il est confusé-
« ment convoqué par tribus.

« C'est dans ces assemblées par Centuries que les *Lois*
« sont proposées, discutées et adoptées; que l'on décide
« les déclarations de guerre; que l'on juge les crimes de
« *Perduellion* ou haute trahison; que l'on prononce sur
« la vie des citoyens; que l'on élit les grands magistrats
« de la république, tels que les Consuls, les Préteurs, les
« Censeurs.

« Autrefois, quand le peuple ne voulait pas juger lui-
« même, au moins nommait-il les juges qui le rempla-
« çaient. Maintenant (sous Auguste) c'est le préteur Ur-
« bain qui, au commencement de chaque année, ARRÊTE
« LA LISTE GÉNÉRALE DES JUGES, après avoir juré de N'Y
« PORTER QUE DES HOMMES D'UNE PROBITÉ RECONNUE; cette
« liste est divisée en décuries, les unes pour les jugemens
« publics, et les autres pour les jugemens privés, et le
« sort désigne la curie dans laquelle on doit prendre,
« pendant toute l'année, les juges de tel ou tel tribunal.

« Le droit de judicature, qui fut le sujet de grands trou-
« bles dans l'ancienne république, et passa des Sénateurs
« aux Chevaliers, puis revint aux Sénateurs, puis fut partagé
« entre les deux ordres, est exercé aujourd'hui par l'ordre
« sénatorial et l'ordre équestre.

« Les *Patriciens* et les *Chevaliers* portent, comme
« marque distinctive de leur rang, un anneau d'or au petit
« doigt de la main gauche. » — *Rome au Siècle d'Auguste,* Lett. V, VII, et XLI.

L'*Angusticlave*, était aussi une marque distinctive. Nous lisons dans le *Diction. des Antiq. Rom.* (CLAVUS) : « On a reconnu que le *clavus* ne signifiait qu'une bande de « pourpre attachée à la tunique, plus étroite pour les Che- « valiers, ce qui la faisait appeler *angusti clavi*, et « beaucoup plus large pour les Sénateurs, d'où lui vint « le nom de *Laticlavi*. Cette étole, attachée au haut de « la tunique, et qui tombait sur l'estomac, était la marque « distinctive des Sénateurs et des Chevaliers, et c'était un « déshonneur pour eux de paraître en public sans cet or- « nement. »

— De là ce passage d'Horace où son valet *Dave* lui dit, en toute liberté, par un jour de *Saturnales* : « Lorsque quittant vos ornemens, l'anneau de chevalier, et l'habille- ment romain, lorsque la tête parfumée et couverte d'un voile grossier, vous cessez d'être juge pour vous déguiser en esclave ; franchement, n'êtes-vous pas ce qu'indique votre déguisement?

« *Tu, quum projectis insignibus, annulo equestri,*
*Romanoque habitu, prodis ex judice Dama*
*Turpis, odoratum caput obscurante lacerna,*
*Non es quod simulas?*                Sat. VII, lib. II.

Donc, Horace, inscrit au rôle équestre, « faisait partie du corps des Chevaliers, et en cette qualité il était jugé dans certains procès civils et criminels, sous le nom de *Commissaire*. » — Achaintre, *ut supra.* — Commissaire *probe et libre!*

Nous avons signalé, plus haut (*Virgile*, page 276) que, d'après la loi Roscia, les Chevaliers avaient au théâtre et dans tous les spectacles publics une place distinguée. Ils se mettaient sur les quatorze premiers bancs après l'orchestre ; de là vient que l'on disait *sedere in quatuordecim*, pour dire être Chevalier.—Voyez *Diction. des Antiq. Rom.* EQUESTRIA.

### NOTE 8. — p. 437.

« *Que d'autres... louent Rhodes, l'épouse du soleil, ou Mitylène*, etc. » — Sur ce passage de Suétone, touchant certain départ de Tibère pour Rhodes : « *Rhodum enavigavit, amœnitate et salubritate insulæ jam inde captus*, etc. ; » le traducteur M. de Golbery fait cette note : « C'est à la beauté et à la salubrité de cette île qu'il faut « attribuer les fréquens voyages qu'y faisaient les Romains « quand ils étaient MECONTENS de la marche des affaires « publiques. *Il faut quitter l'Italie, il faut aller à Rho-* « *des*, disait D. Brutus dans une lettre à M. Brutus et à « Cassius. *Si mes vœux sont accomplis*, dit C. Matius, « *je finirai tranquillement mes jours à Rhodes.* » — Mitylène, comme les autres villes citées par Horace, était aussi un refuge pour les *Mécontens* et les *Boudeurs*. Agrippa, sur le plus léger soupçon de froideur d'Auguste et sous prétexte que Marcellus lui est préféré, ABANDONNE tout et *s'en va* à Mitylène : « *Ille ex levi rigoris suspicione, et quod Marcellus sibi anteferretur, Mitylenas se, relictis omnibus, contulit.* » Vid. Suét. *Octav.- Aug.* LXVI, et *Tiber.* X, XI.

### NOTE 9. — p. 438.

« *Ils ne feraient point un pas sans avoir au front une branche d'olivier.* » — Cette ode, en général, est demeurée obscure ; et, notamment, le passage :

« *Sunt quibus unum opus est intactæ Palladis urbem*
  *Carmine perpetuo celebrare, et*
  *Undique decerptam fronti præponere olivam.* »

Pas un traducteur ne l'a éclairci ; au contraire. Le P. *Sanadon* dit : « Il y en a dont la muse n'est occupée qu'à
« chanter la citadelle d'Athènes consacrée à la chaste
« Pallas. Ce champ déjà moissonné par tant d'autres leur
« produit encore de nouvelles fleurs, pour en former leur
« couronne. »

*Binet :* « Il en est dont l'objet unique est de chanter
« dans de longs poèmes la ville de la chaste Pallas, et de
« cueillir de toutes parts l'olivier pour s'en couronner le
« front. »

*Batteux,* revu par *Achaintre :* « Il y en a qui ne chan-
« tent d'autre sujet que la ville de la chaste Pallas, préfé-
« rant à toute autre couronne celle de l'olivier, cueillie
« par tant de poètes. »

Plus récemment M. Léon *Halevy* (*Paris*, Panckoucke,
1837) : « Il est des poètes dont l'unique soin est de célé-
« brer d'un hymne perpétuel la ville de la chaste Pallas, et
« de placer sur leur front les rameaux tant de fois cueillis
« de l'olivier. »

Enfin, plus récemment encore (en 1839), M. *Nisard*,
où le traducteur qui écrit *sous sa direction :* « Il en est
« dont l'unique affaire est de chanter dans un hymne éter-
« nel la ville de la chaste Pallas et de se parer le front
« d'un olivier banal. »

— A notre sens, la pensée d'Horace n'est pas de montrer beaux d'une couronne les *éternels louangeurs d'A-*

*thènes,* ces gens qu'on voit à tout venant, en honneur de *Minerve,* se mettre au front un rameau d'olivier ; la pensée d'Horace, est, au contraire, de tourner ces gens en ridicule.

Or, chez les Romains, il était d'usage de mettre au front d'un animal dangereux quelque signe d'avertissement :

« *Occursare capro, cornu* FERIT *ille,* CAVETO[1]. »

Un bouchon de paille ou de foin, une branche d'arbre cueillie dans le premier endroit venu, *undique,* faisait communément l'affaire : « *Fœnum habet in cornu longe fuge,* dit ailleurs Horace, par allusion.

Dès-lors, on conçoit la malice : ce rameau d'olivier qu'avec amour les *Athéniens de Rome* se mettent au front comme un signe de ralliement, le *Latin* Horace, lui, le considère comme un signe d'avertissement pour que devant eux l'on soit sur ses gardes : — peuple romain, crains les *Grecs ;* défie-toi de l'*Hellénisme : caveto !* tu vois la branche d'olivier.

## NOTE 10. — p. 438.

« *Beaucoup, par révérence de* JUNON, *vous disent que, pour des chevaliers, il n'est au monde qu'Argos, qu'Argos et la riche Mycènes.* » — Nous avons vu plus haut (*Virgile,* note 46, à la page 255), que Junon, patronne de l'Aristocratie, avait Argos en affection. Ce pays, *propre aux chevaux,* « *aptus equis,* » convenait donc aux *Chevaliers.* Quant à la riche Mycènes, elle aussi plaisait

---

[1] Virgile, *Bucol.* IX, 26.

fort aux amis du luxe et de l'opulence : c'était l'antique séjour du *roi des rois* Agamemnon.

### NOTE 11. — p. 440.

« *De simples discours, des sermons....* » — En sa première note, à la première des *Satires*, Achaintre dit fort bien : « Passons au mot *Satire*, donné aux pièces con-
« tenues dans les deux livres d'Horace qui portent ce nom.
« Les plus anciens manuscrits ont *Sermonum liber*.....
« Le mot *Sermones*, appliqué à chaque livre, paraît le plus
« universellement reçu par les anciens. On pourrait donc
« croire qu'il est le premier adopté par Horace ou par ses
« libraires. En effet, il convient assez à ce genre d'ouvrage,
« soit que l'on considère les *Satires* comme autant de *dis-*
« *cours roulant sur des points de morale*, soit qu'on les
« prenne pour autant de conversations ou d'entretiens fa-
« miliers sur différens sujets. » Selon nous, *ce genre d'ouvrage* pourrait, à juste titre, s'appeler : *Conférences mo-
rales, religieuses et monarchiques*.

### NOTE 12. — p. 446.

« *Licymnie, cette belle enchanteresse, aimée, chérie de Mécène, et qui lui rend si bien amour pour amour?* »
— Il s'agit ici de Térentia-Licymnia, sœur de Licinius Varron Muréna (dont nous avons parlé plus haut, et dont il va être parlé plus loin). Cette enchanteresse, aimante, aimée, avant le mariage, fut après, selon la chronique, une fort méchante femme, qui fit le tourment de Mécène. Sénèque dit (*De Provid.*, III) : « *Mæcenati anxio et mo-
roso uxoris quotidiana repudia deflenti, somnus per*

*symphoniarum cantum ex longinquo lene resonantium quæritur.* » — Térentia était effectivement très belle comme « Horace nous la représente ; Auguste en devint passion- « nément amoureux à l'âge de quarante-huit ans. Le com- « merce galant de cette dame avec le prince refroidit un « peu l'amitié que Mécène avait pour lui, et répandit l'a- « mertume sur ses derniers jours. » — Note d'*Achaintre*.

Dion rapporte que cette liaison fit grand bruit dans Rome ; on alla jusqu'à dire que le voyage d'Auguste dans les Gaules n'avait d'autre motif que de continuer ses relations avec Térentia, dans un lieu où l'on en parlerait moins.

Comme ce divin empereur, cet excellent *Père de la Patrie,* séjournait un peu trop dans les Gaules, Horace lui adresse cette ode, pleine d'une exquise flatterie :

> « Divis orte bonis, optime Romulæ
> Custos gentis, abes jam nimium diu.
> Maturum reditum pollicitus patrum
> Sancto concilio, redi !
>
> Lucem redde tuæ, dux bone, patriæ :
> Instar veris enim vultus ubi tuus
> Affulsit populo, gratior it dies,
> Et soles melius nitent. »
>
> Lib. IV, v.

### NOTE 13. — p. 450.

« *Qu'en quittant le parti d'Antoine, pour embrasser le parti d'Octave, il réparera tous ses malheurs, toutes ses pertes de fortune.* » — Ainsi l'entend Dacier : « D'après « la tournure de cette ode, il paraît que Plancus avait « essuyé, depuis la mort de César, quelque grande

« disgrâce qui nous est inconnue, comme on le voit par le
« conseil qui lui est donné. — TEUCRO *duce*. — Mais re-
« venons au passage d'Horace. Quand il dit : *Nil despe-*
« *randum Teucro duce*, il en fait l'application à Plancus
« pour lui faire entendre qu'en quittant le parti d'Antoine
« pour embrasser celui d'Auguste avec l'armée qu'il com-
« mandait, il ne devait désespérer de rien, et qu'il répare-
« rait tous ses malheurs et toutes ses pertes. »

### NOTE 14. — p. 454.

« *Mécène, sans la moindre ambition, passe sa vie dans l'Ordre des Chevaliers.* » — Personne ne s'est conduit plus adroitement dans la fortune : « *Nemo dexterius fortuna est usus* » (*Sat.* IX, lib. I, 45). A ce propos, le P. Sanadon dit en note : « Jamais peut-être courtisan ne
« sut se maintenir si long-temps sur pied ; ministre et fa-
« vori d'Auguste, il jouit pendant plus de trente-six an-
« nées de sa plus intime confidence ; il en fut visité à sa
« dernière maladie, et il en fut regretté après sa mort.
« Sénèque, qui ne le ménage pas en bien des occasions
« est forcé de lui rendre cette justice, qu'il ne put jamais
« être remplacé, non plus qu'Agrippa : « *Tota vita, Agrip-*
« *pæ et Mæcenatis vacavit locus.* »

### NOTE 15. — p. 459.

« *Apporter à César des vers dignes de Sa Majesté.* »
— Horace dit ailleurs, — dans son *Épître à Auguste :*

« *Sed neque parvum*
*Carmen* MAJESTAS *recipit* TUA, *nec meus audet*
*Rem tentare pudor, quam vires ferre recusent.* »

NOTES. 601

Sur quoi *Dacier :* « Ce titre de *Majesté* est un des plus
« augustes qu'on puisse donner aux hommes. Il n'est dû
« qu'à une puissance au-dessus des autres : *Cui nec viget*
« *quidquam simile, nec secundum.* Il marque une chose
« qui est digne de notre culte et de notre vénération ; et
« il est emprunté de la Divinité même, à qui il appartient
« souverainement. Sous la république, il était donné à tout
« le corps du peuple et aux principaux magistrats ; d'où
« vient que l'on disait dès-lors *Majestatem minuere,* di-
« minuer, blesser la majesté, lorsqu'on manquait de res-
« pect pour l'État ou pour ses ministres. Cette puissance
« étant passée dans la main d'un seul, alors ce titre de *Ma-*
« *jesté* ne fut plus donné qu'à ce seul maître et à sa maison :
« *Majestas Augusti, Majestas divinæ domus.* Au fond,
« Majesté ne signifie que Βασιλειαν ἀρχὴν, le *Souverain*
« *pouvoir,* la ROYAUTÉ. C'est pourquoi, au lieu de *votre*
« *majesté,* on dit quelquefois votre empire, *vestrum im-*
« *perium.* Auguste ne s'est pourtant jamais attribué ce
« titre ; *il a souffert seulement qu'on le lui donnât.* Pline
« loue Trajan de s'être contenté de celui de *grandeur,* et
« traite fort mal les princes qui ont affecté celui de *ma-*
« *jesté.* Mais pour moi, je trouve que ce n'est pas une
« grande louange à Trajan d'avoir refusé un honneur que
« l'on déférait à un préteur, à un consul et à un édile ; et
« Pline me paraît avoir été ce jour-là de trop mauvaise hu-
« meur. Le titre de *Majesté* est le moins flatteur que l'on
« pouvait donner aux rois : c'était rendre à César ce qui était
« dû à César. Aussi ne s'en contenta-t-on pas, et la flat-
« terie, jointe à une grossièreté vraiment gothique, in-
« venta bientôt les vains et faux titres de *Votre Sérénité,*

« *Votre Tranquillité, Votre Douceur, Votre Éternité,*
« *Votre Clémence,* que l'on donnait aux princes qui n'é-
« taient presque jamais rien moins que ce qu'on les ap-
« pelait. Nous avons enchéri sur la grossièreté de ces
« siècles barbares, en prodiguant le plus souvent à des
« gens sans naissance et sans mérite les magnifiques ti-
« tres de : *Excellence, Éminence, Grandeur,* etc., qui,
« dans les premiers temps, auraient suffi à payer la vertu
« la plus éclatante et la plus solide. »

### NOTE 16. — p. 460.

« *Auguste considère Horace et Virgile comme les deux plus grands ouvriers de sa gloire.* » — Dans la *Vie d'Horace,* attribuée à Suétone, nous lisons (trad. de M. de Golbery) : « Auguste aimait fort les écrits d'Ho-
« race, et pensait qu'ils seraient impérissables ; aussi le
« chargea-t-il de composer le *Chant Séculaire,* et de cé-
« lébrer la victoire de Tibère et de Drusus, ses beaux-fils,
« sur les Vindéliciens. Ce fut encore la raison pour la-
« quelle il le contraignit en quelque sorte à ajouter un
« quatrième livre aux trois qu'il avait publiés depuis long-
« temps. Après avoir lu les *Satires,* il se plaignit de ce
« qu'il n'y était point parlé de lui. Voici dans quels ter-
« mes : — Sachez que je suis irrité contre vous de ce que,
« dans la plupart des écrits de ce genre, vous ne m'adres-
« siez point la parole : ou bien craignez-vous peut-être
« que la postérité ne vous déclare infâme, si vous parais-
« sez avoir été mon ami ? »—C'est alors qu'Horace adressa
à *Auguste* la fameuse *épître :*

« *Quum tot sustineas, et tanta negotia solus,*
*Res Italas armis tuteris, moribus ornes,*
*Legibus emendes, in publica commoda peccem,*
*Si longo sermone morer tua tempora, Cæsar.*

« Quand vous portez seul tout le poids des affaires, quand il vous faut à-la-fois et protéger de vos armes l'Italie, et moraliser ses peuples, et rétablir l'autorité des lois, Divin César ! ce serait de ma part un vol fait au bonheur public, que de divertir votre attention sur mes écrits. »

### NOTE 17. — p. 468.

« *Elle prouve le crédit du poète.* » — Ce crédit est encore prouvé par la lettre de recommandation qu'il adresse à *Tibère* en faveur de Septimius, autre homme de cœur et de probité (*Voir* ode VII, liv. II), lorsque le Prince Royal, sur le point de partir pour l'Orient, compose sa maison, sa *cohorte*, essentiellement composée de jeunes lettrés, capables d'écrire les exploits d'Auguste et ceux de ses fils : « *studiosa cohors!* » (*Voir* épît. III, liv. I, 6), Horace dit :

« *Scribe tui gregis hunc, et fortem crede bonumque.* »
Epist. IX, lib. I.

Et le bon, le brave Septimius, *admis dans le troupeau*, a part aux faveurs d'Auguste.

### NOTE 18. — p. 469.

« *Terre exiguë ; débris de la fortune de ses pères.* » — On tient pour certain que Tibulle était d'une famille opulente. Comment perdit-il sa fortune ? — « Sur la foi de

« deux vers, dans lesquels il annonce l'intention de faire
« le sacrifice de tous ses biens à l'amour de Némésis, se-
« rait-il permis de supposer qu'il la consuma dans de folles
« dépenses? Mais alors, comment concilier avec une pa-
« reille conduite l'éloge que lui donne Horace :

« *Non tu corpus eras sine pectore. Di tibi formam,*
« *Di tibi divitias dederunt, artemque fruendi.*

« Il est beaucoup plus présumable qu'il fut victime des
« temps désastreux où il vécut, qu'il éprouva le sort d'une
« foule d'autres Romains riches comme lui, que ses biens
« furent enveloppés dans les proscriptions des triumvirs
« et devinrent la proie du vainqueur et la récompense du
« soldat : c'est du moins ce que donne clairement à enten-
« dre l'expression dont se sert l'auteur du panégyrique de
« Messala :

« *Sed licet asperiora cadant,* SPOLIERQue *relictis.*
Lib. IV, I, 191.

« Tibulle, privé de la plus grande partie de sa fortune,
« conserva cependant un domaine dans le territoire de Pé-
« dum, entre Préneste et Tibur, et comme il avait su faire
« un noble usage de ses richesses, il eut le bon esprit de
« se consoler de leur perte, et de vivre heureux dans une
« honnête médiocrité. » — M. Pottier, *Vie de Tibulle;*
en tête de son édition : *Paris*, Malepeyre, 1825.

## NOTE 19. — p. 469.

« *Tant d'autres, alors, effrayés d'une vie peineuse,*
*recouraient au suicide!* » — Longue serait la liste des

morts volontaires, à cette époque de scepticisme, de guerre civile, et de bouleversement social :

Le jeune Marius, suicidé ;

Brutus et Cassius, suicidés ;

Caton d'Utique, suicidé ;

Dolabella, le gendre de Cicéron, suicidé ;

Salvidiénus Rufus, et Cornélius Gallus, élevés tous deux de la plus basse condition, le premier jusqu'au consulat, le second à la préfecture d'Égypte [1], tous deux, traîtres à Auguste, suicidés ;

Antoine, suicidé ;

Puis combien d'autres encore, à qui l'histoire n'a point fait l'honneur de les nommer !

Le suicide, cette dernière raison de l'homme aux prises avec l'infortune, décimait, alors, la société. Aussi le religieux auteur de l'*Énéide* songe-t-il à retenir le bras de ceux qui pourraient vouloir se frapper : dans sa *Descente aux Enfers*, Énée voit accablés de tristesse les malheureux qui ont tranché, par une mort volontaire, des jours jusqu'alors innocens, et qui, détestant la lumière, ont rejeté le fardeau de la vie. Ah ! qu'ils voudraient, dans leur repentir, respirer de nouveau sous la voûte éthérée ! dussent-ils y subir la pauvreté, y supporter de rudes peines. Mais le Destin s'y oppose. Un odieux marais les emprisonne ; et, neuf fois autour d'eux repliant son onde infranchissable, le Styx à jamais les retient :

« Proxima deinde tenent mœsti loca, qui sibi lethum
Insontes peperere manu, lucemque perosi

---

[1] *Voyez* Suétone, *Octav.-Auguste*, LXVI.

Projecere animas. Quam vellent æthere in alto
Nunc et pauperiem et duros perferre labores !
Fata obstant, tristique palus inamabilis unda
Alligat, et novies Styx interfusa coercet. »

Lib. vi, 435...

## NOTE 20. — p. 472.

« *Dans les vers de Tibulle, pas une fois n'est prononcé le nom de Mécène ; pas une fois le nom d'Auguste.* » — Ce qui fait dire à M. Naudet (*Biogr. Univ.*, Tibulle) : « Ce silence de Tibulle, au milieu du fracas de louanges « qui retentissaient de toutes parts, est un trait bien re- « marquable de sa vie. On n'a pas tous ses ouvrages, il « est vrai ; mais on n'en regrette pas un grand nombre, et « ce serait un hasard bien singulier que le temps n'eût « détruit que ceux qui auraient contenu l'hommage de la « flatterie. On lui pardonne plus aisément de s'être pro- « sterné aux genoux de Délie et de Némésis, quand on « pense qu'il ne rampa jamais aux pieds d'Octave. »

## NOTE 21. — p. 473.

« *Quelque chef-d'œuvre pour vaincre Cassius de Parme.* » — Ceci est une cruelle ironie. A la satire x du liv. i, on voit Horace se moquer de ce même Cassius, « *dont la verve, plus rapide qu'un torrent, lui fournit, dit-on, assez de vers et de tablettes pour en faire son bûcher après sa mort.* » — Nous n'avons rien de ce poète ; partant, point d'opinion arrêtée sur le mérite de ses œu- vres ; mais pour ce qui est de sa personne, il paraît que Cassius, politiquement parlant, n'était pas sans importance : l'un des meurtriers de César, après la journée de Philip-

pes, il s'attacha à Pompée, puis à Antoine. Après Actium,
il se retira à Athènes, où Varus, par ordre d'Auguste, le
fit tuer. Et il fut brûlé avec ses livres et ses écrits. Ainsi, la
plaisanterie d'Horace n'est ni charitable, ni de bon goût.
*Achaintre* dit fort bien (note 23, à la satire précitée) :
« En vain M. Dacier veut justifier Horace, la phrase n'est
« pas obscure, et démontre que le poète, s'appuyant d'un
« bruit populaire, avance que Cassius de Parme, immé-
« diatement après sa mort, fut mis, par un raffinement de
« cruauté, avec ses papiers et ses livres sur le même bû-
« cher. »

### NOTE 22. — p. 478.

« *C'est dans Rome qu'il faut parler de Samos, de
Chios et de Rhodes.* » — Nous avons vu plus haut que
Rhodes, Ephèse, Mitylène séduisaient fort les Riches-Bou-
deurs, désireux de *bien vivre*. Samos, était aussi pour
eux pleine d'attraits. Antoine et les siens y avaient vécu
de la *vie sans pareille*; témoin ce passage de Plutarque
(*Antoine* LXXIV) : « Ils firent voile vers l'île de Samos, là
« où ils se mirent à faire grande chère et prendre leur
« plaisir : car tout ainsi comme il était mandé à tous rois,
« princes, potentats, communautés, peuples et cités, qui
« sont depuis la Syrie jusqu'aux marais Méotides, et de-
« puis les Arméniens jusqu'aux Illyriens, qui sont les Es-
« clavons, d'envoyer et apporter tous apprêts et munitions
« nécessaires pour la guerre, aussi était-il enjoint à tous
« farceurs, joueurs d'instrumens, plaisans, bateleurs et
« musiciens, de se trouver *en l'île de Samos :* tellement
« que là où presque toute la rondeur de la terre habitable
« était en lamentations, en soupirs et en pleurs, en cette

« île seule par plusieurs jours on n'ouït autre chose que
« chantres et sonneurs d'instrumens, et étaient les théâ-
« tres pleins de joueurs, de comédiens et de musiciens,
« chantant et sonnant des instrumens à l'envi les uns des
« autres. »

NOTE 23. — p. 485.

« *L'incorruptible Lollius*, etc. » — Ce Lollius, méritait peu les louanges que lui donne Horace. C'était un fourbe, un avare, un traître. Témoin ce passage de Velléius Paterculus où il est dit : « dans ce même temps (an de Rome 753)
« le roi des Parthes découvrit à César les desseins trom-
« peurs et perfides de Lollius, qu'Auguste avait donné
« comme gouverneur à son petit-fils. » — Velléius ajoute que Lollius mourut peu de jours après, et que l'on ne sut point si sa mort fut naturelle ou volontaire. — *Extrait d'une note d'Achaintre.*

NOTE 24. — p. 493.

« *Comme une fille de Sparte, à demi nue.* » — Nous lisons dans le *Voyage d'Anacharsis* (chap. 48) : « Leur
« habillement (des femmes de Sparte) consiste dans une
« tunique ou espèce de chemise courte, et dans une robe
« qui descend jusqu'au talon. Les filles, obligées de con-
« sacrer tous les momens de la journée à la lutte, à la
« course, au saut, à d'autres exercices pénibles, n'ont pour
« l'ordinaire qu'un vêtement léger et sans manches, qui
« s'attache aux épaules avec des agrafes, et que leur cein-
« ture tient relevé au-dessus des genoux ; sa partie infé-
« rieure est ouverte de chaque côté, de sorte que *la moitié*
« *du corps reste à découvert.* »

## NOTE 25. — p. 493.

« *Plus d'inquiétude sur leurs belliqueux projets.* » — Si l'on considère que la grande émeute de *Spartacus* avait éclaté pendant que Rome était occupée, en Asie, contre les Pirates et contre Mithridate; en Espagne, contre Sertorius; dans les Gaules, contre mainte population soulevée; on comprendra l'inquiétude que causaient aux gens de bien les belliqueux projets du Cantabre et du Scythe; de nouveaux soulèvemens à l'extérieur, faisaient craindre, à l'intérieur une nouvelle conflagration. — Le Cantabre, vieil ennemi de Rome, habitait sur la rive espagnole :

« *Hispanæ vetus hostis oræ
Cantaber.*

Il ne fut guère soumis qu'après deux cents ans de luttes :

« *Sera domitus catena.* »
Od. VIII, lib. III.

Durant ces luttes, il fit beaucoup de mal aux Romains. Strabon observe à cette occasion que les Espagnols avaient résisté plus long-temps, parce qu'ils n'attaquaient pas, comme les Gaulois, avec de grosses armées, mais les uns après les autres, par petites bandes, cachées en embuscade dans les bois et dans les montagnes; tombant ainsi à l'improviste sur l'ennemi. — Pour éteindre chez les Cantabres le feu de la liberté, Tibère, vainqueur, conseilla à Auguste de les traiter avec la dernière rigueur : « quarante mille de ces infortunés furent enlevés à leur patrie et dispersés dans des contrées lointaines. » — Voyez de Ségur *Hist. Rom.* AUGUSTE, t. III, p. 47.

## NOTE 26. — p. 498.

« *Qui pervertissent la jeunesse.* » — Les philosophes, et notamment les *Stoïciens*, faisaient, parmi la Jeunesse, de nombreux prosélytes. L'*Épître à Lollius* (l'aîné des fils de Lollius le précepteur du beau-fils d'Auguste), tend à *préserver* ce jeune homme, à le dégoûter de l'enseignement philosophique : « la simple lecture d'Homère, est cent fois préférable à toutes ces leçons des philosophes. Oui, l'historien de la guerre de Troie dit mieux, beaucoup mieux que *Chrysippe* et *Crantor* [1], ce qui est honnête et ce qui ne l'est pas, ce qu'il faut faire et ce qu'il faut éviter :

« *Trojani belli scriptorem, maxime Lolli,*
*Dum tu declamas Romæ, Præneste relegi;*
*Qui, quid sit pulchrum, quid turpe, quid utile, quid non,*
*Plenius ac melius Chrysippo et Crantore dicit.* »

*Epist.* II, lib. I.

Donc les *Stoïciens* pervertissaient la jeunesse. En effet, leur noviciat était rude : avoir la tête rasée, coucher à terre sur une peau, se nourrir de légumes, et souvent passer les nuits à méditer. Tel fut le genre de vie que Marc-Aurèle embrassa dès l'âge de douze ans. Le stoïcien *Perse*, en sa IIIe satire, fait dire par un maître à l'un de ses disciples : « Vous êtes exercé à distinguer dans les mœurs ce qui s'écarte de la règle; vous connaissez les sages préceptes de ce portique où les défaites des Mèdes aux longues robes sont peintes sur les murs, où une foule de

---

[1] Philosophes stoïciens; disciples, le premier, de Zénon; le second, de Xénocrate.

jeunes gens qu'on nourrit de légumes et d'une grossière bouillie, et qui se sont fait raser la tête, passent des nuits entières à l'étude :

« *Haud tibi inexpertum curvos deprendere mores,*
*Quæque docet sapiens, braccatis illita Medis* [1]
*Porticus, insomnis quibus et detonsa juventus*
*Invigilat, siliquis et grandi pasta polenta.* »

### NOTE 27. — p. 501.

« *Qui enseignent la philosophie du jeûne et de l'abstinence.* » — Les anciens ont aussi pratiqué *le jeûne* comme moyen de fléchir la Divinité. Témoin ce vœu d'une mère, dont le fils est au lit depuis cinq mois : « Jupiter, qui, à votre gré, donnez et ôtez les maladies, si la fièvre quarte quitte mon fils, j'irai, le matin du jour qu'*on jeûne en votre honneur,* le plonger dans le Tibre :

« Jupiter, ingentes qui das adimisque dolores, »
— Mater ait pueri menses jam quinque cubantis, —
« Frigida si puerum quartana reliquerit, illo
« Mane die, quo tu *indicis jejunia,* nudus
« In Tiberi stabit. »
*Sat.* III, lib. II, 289.

### NOTE 28. — p. 519.

« *Irrités de voir ce fils du peuple être le familier des grands.* » — Outre Mécène, Horace avait encore pour *intimes amis* le riche et puissant Valérius *Corvinus Mes-*

---

[1] On avait peint à Athènes, dans le Portique, les victoires de Thémistocles sur les Mèdes ; autant dire le triomphe de la Liberté sur le Despotisme, de la Démocratie sur la Royauté.

*sala*, puis le voluptueux *Crispus Sallustius*, autre riche, autre Mécène, d'après le portrait que fait de lui Tacite. — Voir *Annal.* liv. III, XXX.

## NOTE 29. — p. 530.

« *Quand le soleil brûlant aura grossi ton auditoire...* » — Le *livre* d'Horace, va en confection *chez les frères Soise*, postérieurement au mois de décembre, pour paraître vers le printemps : d'après les habitudes de la *vie romaine*, à cette époque, c'est proprement le soleil qui rapproche des livres. En effet, le *matin*, salutation des cliens chez les patrons ; de la troisième à la sixième heure (de 9 heures à midi), séance des tribunaux, mouvement des affaires, occupation générale ; le *soir*, exercices du Champ-de-Mars, promenade sous les portiques, ouverture des bains publics, souper, prolongé plus ou moins avant dans la nuit, et, finalement, sommeil ; mais à la sixième heure (*midi*), au moment où la chaleur devient très forte, « *sol tepidus*, » les affaires cessent ; chacun, rentré chez soi, se livre au repos, fait la sieste ; et alors on dort, ou on lit.

## NOTE 30. — p. 536.

« *Dès que j'eus quitté la pourpre, protectrice de mon enfance.* — Jusqu'à l'âge de puberté les enfans portaient une robe bordée de pourpre ; puis, au cou, un ornement, en forme de cœur, nommé *bulle*. La bulle était d'or pour les fils de nobles, et de cuir pour ceux des pauvres. Lorsque les enfans avaient atteint leur seizième année, ils attachaient ces bulles aux autels de leurs dieux domestiques, pour marquer qu'ils renonçaient aux parures ainsi qu'aux jeux puérils.

## NOTE 31. — p. 542.

« *Il est souvent malade*, etc. » — La santé d'Horace n'était pas si délabrée; à en juger par les informations qu'il prend avant de partir pour les eaux de Clusium et de Gabies, où l'envoie le médecin Antonius Musa, célébrité de l'époque, qui traitait par *le froid*, *intus et extra*. Horace demande *à Numonius Vala* lequel de ces deux pays a le meilleur gibier, le meilleur poisson, offre le plus de ressource à un gastronome jaloux d'en conter aux beautés Lucaniennes, et, cependant, désireux de revenir en parfait état, gras comme un Phéacien. — Voir *Épît*. xv, liv. i.

## NOTE 32. — p. 550.

« *Si, d'aventure, quelques peuples osent encore lever l'étendard de la révolte...* » — Quelques-uns, de temps à autre, l'osaient; notamment les Daces, les Cantabres, les Rhétiens, les Vindéliciens, les Rhodiens, les habitans de Cyzique. Ces derniers s'étant livrés à des actes de violence contre quelques citoyens romains, et ayant en outre encouru le reproche de *négliger les cérémonies du culte d'Auguste;* Tibère abolit par un décret public les droits qu'ils avaient obtenus en récompense de leurs services dans la guerre contre Mithridate. — *Voir* Suétone, *Tibère*, xxxvii; et la note 105 de M. de Golbery à sa Traduction.

## NOTE 33. — p. 557.

« *Avide marchand, tu cours aux extrémités du monde...* » — Dans le principe, Horace avait défendu contre l'*envie* ces braves commerçans, aimés des Dieux, qui, évidemment avec la protection des Dieux, font trois ou quatre fois par an, et sans encombre, leurs périlleuses courses dans l'Océan Atlantique pour, ensuite, avec le légitime gain de leur négoce acheter ces vins exquis qu'ils boivent à pleine coupe, dans l'or, le jaspe, ou le saphir :

« Premant Calenam falce, quibus dedit
« Fortuna, vitem; dives ut aureis
  « Mercator exsiccet culullis
    « Vina, Syra reparata merce,
« Dis carus ipsis; quippe ter et quater
« Anno revisens æquor Atlanticum
  Impune. »
*Od.* xxxi, lib. i.

Mais le système préconisé des jouissances matérielles avait inculqué dans tous les cœurs un tel amour de l'argent, avait si bien tourné tous les esprits à l'avarice, qu'Horace, effrayé, fulmine l'ode « *In divites avaros,* » contre les riches avares.

Là, comme ici, il s'en prend aux *avides marchands;* qui, en dépit de tous les obstacles, de tous les périls, osent aller dans toutes les parties du monde quérir les alimens du luxe, et, pour leur propre compte, chercher fortune. Là, comme ici, on voit que le vœu commun, l'unique pensée de tous est de s'enrichir, « *quærenda pecunia primum est,* » de s'enrichir par n'importe quelle voie, pour éviter les humiliations, l'opprobre de demeurer pauvre : mieux vaut la mort que la pauvreté :

« Mundi, nec Boreæ finitimum latus,
    Durataeque solo nives

Mercatorem abigunt? Horrida callidi
   Vincunt æquora navitæ;
Magnum pauperies opprobrium jubet
   Quidvis et facere et pati,
Virtutisque viam deserit arduæ. »
                    *Od.* xxiv, lib. iii.

Mais la faim de l'or est insatiable ; mais la soif des richesses ne peut s'apaiser :

« *Scilicet improbæ*
*Crescunt divitiæ ; tamen*
*Curtæ nescio quid semper abest rei.* »
                    Ibid.

### NOTE 34. — p. 561.

« *De ce désir, le lac et la mer se ressentent :* »

« *Lacus et mare sentit amorem.*

Horace dit d'ailleurs, à propos des constructions qui se faisaient dans la mer :

« *Contracta pisces æquora sentiunt,*
  *Jactis in altum molibus. Huc frequens*
*Cæmenta demittit redemptor*
  *Cum famulis, dominusque terræ*
*Fastidiosus.*
              *Od.* i, lib. iii.

« Les poissons sentent leurs demeures resserrées par les jetées qu'on fait dans la mer. Tous les jours un maître trop riche, dégoûté de la terre ferme, paraît sur les rivages avec des entrepreneurs, des matériaux, et des manœuvres. »

La mer se ressentait ainsi du caprice des riches; recevant dans son sein, toutes faites, d'énormes piles de pierres, sur lesquelles reposaient ensuite les bâtimens. D'où ces vers de Virgile :

> « *Qualis in Euboico Baiarum litore quondam*
> *Saxea pila cadit, magnis quam molibus ante*
> *Constructam jaciunt ponto.*

« Comme on voit quelquefois sur le rivage de Baies une pile de pierres, que l'on jette dans la mer, après l'avoir construite de plusieurs grosses masses. »

Lucullus fut, dit-on, le premier qui donna aux Romains l'exemple de ces ruineuses constructions.

## NOTE 35. — p. 562.

« *Une tunique de dessus neuve, et une de dessous râpée.* » — Les Romains ne portèrent d'abord qu'une tunique qu'ils mettaient sur la peau, pour leur tenir lieu de linge, et qui était de laine. Dans la suite, ils en prirent deux et même trois; celle de dessous était la plus fine, et on la fit de lin.

## NOTE 36. — p. 565.

« *Si devant lui le Prince vient à passer; au lieu d'affecter le mépris, l'impiété, il se lève et salue.* » — Sous ce rapport, les *Cyniques* étaient sujets à caution. Témoin ce passage de Suétone : « *Demetrium Cynicum, in itinere obvium sibi post damnationem, ac neque assurgere, neque salutare se dignantem, oblatrantem etiam nescio quid, satis habuit canem appellare* » (*Vespasian*, XIII). « Il (Vespasien) trouva sur son chemin le *Cynique* Démétrius, qui venait d'être condamné; celui-ci ne daigna ni se lever, ni saluer l'Empereur; et comme il aboyait je ne sais quoi contre lui, Vespasien se contenta de l'appeler *chien.* »

Or le cynique Démétrius était venu de Corinthe à Rome avec Apollonius de Tyanes; celui-là même qui, dit-on, prétendait faire, comme Jésus, des prédictions et des miracles; qui dans ses philosophiques pérégrinations discourant en public, prêchant contre le luxe et l'oisiveté, et en faveur de la *communauté des biens*, voyait sur son passage le peuple et les artisans venir en foule pour l'entendre. — Voyez *Biog. Univ.* APOLLON DE TYANES.

Pourquoi, à quoi le *cynique* Démétrius avait-il été condamné? — Voici : « Vespasien, du consentement du Sénat, l'avait relégué dans les îles, parce qu'il affectait de MÉPRISER LE PRINCE. » — Voir les notes 71-72 de M. de Golbery à sa Traduct. de Suétone, *Vespasien*.

J'ai dit affecter le mépris, l'*impiété* : en effet, « lorsqu'on eut conféré aux empereurs la majesté du peuple romain, lorsqu'on y eut ajouté celle des dieux, les hommes serviles passèrent pour *pieux*, et ceux qui ne se souciaient pas de cette majesté pour *impies*. De là aussi cette locution, *impie locutus*, quand on parlait mal de l'empereur ou de sa famille. » — Autre note de M. de Golbery à cet autre passage de Suétone : « le Sénat décréta des funérailles publiques à Lucius Vitellius, et devant les Rostres on lui érigea une statue avec cette inscription : « Il fut d'une inébranlable piété envers le Prince; *pietatis immobilis erga Principem.* » — *Vitellius*, III.

### NOTE 37. — p. 567.

« *Un amour désordonné de l'argent, avec la lèpre de l'usure.* » — Cette lèpre fera de tels progrès, que, sous Claude (en 800), la loi LACTORIA défendra de prêter aux fils de famille des sommes remboursables à la mort de leurs pères ; et que, sous Vespasien, le Sénat décidera « que jamais les usuriers qui prêtent aux fils de famille « ne pourront exiger leurs créances, pas même après la « mort des pères. » — Tacite, *Annal.* lib. XI, 13. Voyez aussi Suétone, *Vespasien*, XI.

### NOTE 38. — p. 571.

« *Comme les Juifs, nous saurons bien vous forcer à être des nôtres.* » — Dacier fait sur ce passage d'Horace la note que voici : « Les Juifs étaient les plus impudens et « les plus âpres gens du monde dans leurs poursuites, « quand ils avaient entrepris de faire un prosélyte. Notre « Seigneur leur reproche qu'ils couraient la terre et la mer « pour cela. Horace en voyait tous les jours des exemples ; « car Rome était pleine de Juifs en ce temps-là. Il y a un « beau passage de saint Ambroise, qui sert admirable- « ment à éclaircir celui d'Horace. Ce savant prélat dit des « Juifs : « *Hi enim arte insinuant se hominibus, domos* « *penetrant, ingrediuntur prætoria, aures judicum et* « *publica inquietant, et ideo magis prævalent, quo ma-* « *gis sunt impudentes.* » Ils s'insinuent par adresse dans « les esprits, ils entrent dans les maisons, ils approchent « des tribunaux, ils rompent la tête aux juges, ils sont in- « commodes au public, et ils réussissent dans toutes leurs « affaires à force d'être impudens. »

On voit dans Plutarque (*Cicéron*, IX), que, dès le temps de Cicéron, *les esclaves et les affranchis* commençaient à « *adhérer à la loi des Juifs.* »—Après Pharsale, le peuple Romain se divisant, se fractionnant, s'éparpillant en *associations ;* César prit le parti de les dissoudre toutes, hormis celles plus anciennement établies : « *Cuncta collegia, præter antiquitus constituta distraxit.* » — Suétone, *Jul.-Cæsar*, XLII. — Et l'historien Josèphe parle d'*associations juives* que César aurait seules exceptées. Aussi, à la mort du grand homme, les Juifs se font-ils remarquer dans le deuil général parmi les *étrangers* qui lors affluaient à Rome : plusieurs nuits de suite ils visitent son bûcher : « *In summo publico luctu exterarum gentium multitudo circulatim, suo quæque more lamentata est ;* PRÆCIPUE JUDÆI, *qui etiam noctibus continuis bustum frequentarunt.* » — Ibid., LXXXIV.

## NOTE 39. — p. 572.

« *A d'autres de tels contes ; pour y croire, il n'est que le juif Apella.*—Encore une note du savant Dacier : « Le
« mot *Apella* a partagé tous les interprètes. Scaliger et quel-
« ques autres prétendent que c'est le nom propre de quel-
« que Juif, fort connu à Rome; les autres soutiennent que
« c'est un mot composé par Horace, pour dire *sine pelle*,
« circoncis. Il me semble que les premiers ont raison ;
« mais cela n'est pas fort considérable. Ce que l'on tire de
« ce passage, par une *conséquence infaillible*, est beau-
« coup plus important ; car IL EST CERTAIN QU'HORACE
« FAIT UNE ALLUSION MANIFESTE AU MIRACLE D'ÉLIE, qui
« fit descendre le feu du ciel sur son sacrifice, après l'a-

« voir couvert d'eau par trois fois, comme cela est décrit
« au long dans le chap. XVIII du liv. I des Rois. Les Juifs,
« qui avaient la foi pour ces miracles, qui prouvaient la
« vérité de leur religion, étaient traités de crédules et de
« superstitieux par les païens. C'est pourquoi Horace ren-
« voie à un Juif le miracle d'Égnatia, qui a beaucoup de
« conformité avec celui d'Élie. »

### NOTE 40. — p. 577.

« *Nombre de femmes bien nées ont imaginé de se présenter devant les Édiles, et, là, de se déclarer courtisanes.* » — Car : « l'adultère était sévèrement puni par la loi. Celle qui s'en rendait coupable perdait la moitié de sa dot, le tiers de ses biens, et, de plus, elle était exilée dans une île. C'était donc afin de se soustraire à ces peines, afin de sortir du droit commun, que quelques femmes allaient se déclarer *courtisanes* aux édiles chargés de la surveillance des mauvais lieux. Les choses furent poussées au point, qu'en 772, le sénat défendit à toutes les femmes dont le père, l'aïeul ou le mari était chevalier, de se faire inscrire parmi les courtisanes. Tibère fit punir indifféremment, et les unes et les autres, et la peine de l'exil continua de leur être infligée. »

### NOTE 41. — p. 578.

« *Sous Claude et sous Néron, patriciens et patriciennes ouvertement descendent dans l'arène, ouvertement se livrent aux plus révoltantes orgies.* » — Qui le croirait ? après le rétablissement des mœurs opéré par Auguste ! mais

Tacite dit formellement : « *feminarum illustrium senatorumque plures per arenam fœdati sunt!*» *Annal.* lib. xv, 32. — Et en effet Néron n'institue-t-il pas la fête des *Juvénales ?* — « C'est ainsi qu'il appela des jeux nouveaux, où les
« citoyens s'enrôlèrent en foule. Ni la noblesse ni l'âge ne
« retinrent personne. On vit d'anciens magistrats exercer
« l'art d'un histrion grec ou latin, se plier à des gestes,
« moduler des chants indignes de leur sexe. Des femmes
« même, d'une haute naissance, étudièrent des rôles in-
« décens. Dans le bois qu'Auguste avait planté autour de
« sa naumachie, furent construites des salles et des bou-
« tiques où tout ce qui peut irriter les désirs était à vendre.
« On y distribuait de l'argent, que chacun dépensait aussi-
« tôt, les gens honnêtes par nécessité, les débauchés par
« vaine gloire. De là une affreuse contagion de crimes et
« d'infamie ; et jamais plus de séductions, qu'il n'en sortit
« de ce cloaque impur, n'assaillirent une société dès long-
« temps corrompue. » — *Ibid.* lib. xiv, 15 (trad. de *Burnouf*).

Suétone nous apprend que dans le temps même où Tibère s'occupait de réformer les mœurs publiques, il passa deux jours à boire et à manger avec ses compagnons de débauche, se faisant servir par de jeunes filles nues. — Voir *Tiber.* xlii.

Quant au *repas de Tigellin,* voici : « On construisit
« sur l'étang d'Agrippa un radeau qui, traîné par d'autres
« bâtimens, portait le mobile banquet. Les navires étaient
« enrichis d'or et d'ivoire : de jeunes infâmes, rangés
« selon leur âge et leurs lubriques talens, servaient de
« rameurs. On avait réuni des oiseaux rares, des animaux

« de tous les pays et jusqu'à des poissons de l'Océan. Sur
« les bords du lac s'élevaient DES MAISONS DE DÉBAUCHE
« REMPLIES DE FEMMES DU PREMIER RANG, et, vis-à-vis, l'on
« voyait des prostituées toutes nues. Ce furent d'abord
« des gestes et des danses obscènes ; puis à mesure que le
« jour disparut, tout le bois voisin, toutes les maisons
« d'alentour retentirent de chants, étincelèrent de lu-
« mières. Néron, souillé de toutes les voluptés que tolère
« ou que proscrit la nature, semblait avoir atteint le der-
« nier terme de la corruption, si, quelques jours après, il
« n'eût choisi, dans cet impur troupeau, un certain Pytha-
« goras auquel il se maria comme une femme, avec toutes
« les solennités de noces véritables. Le voile des épouses
« fut mis sur la tête de l'empereur : auspices, dot, lit
« nuptial, flambeaux de l'hymen, rien ne fut oublié.
« Enfin, on eut en spectacle tout ce que, même avec
« l'autre sexe, la nuit cache de son ombre. » — Tacit.
*ut supra.*

## NOTE 42. — p. 581.

« *Jésus se met à enseigner. Sa doctrine, nouvelle,
toute de charité, de fraternité, d'émancipation, d'égalité, séduit le peuple et le ravit d'enthousiasme.* » —
L'*Évangile* nous apprend comment les choses se passèrent et quel accueil firent tout d'abord à la doctrine de Jésus les Pharisiens, les princes des prêtres, les sénateurs, et
les docteurs de la loi, enfin, les hommes du gouvernement,
les autorités constituées, le Conseil d'Etat de l'époque.

Jésus, « pub e des choses qui ont été cachées depuis
« la création du monde.

« Sa manière d'instruire remplit d'étonnement ceux qui
« l'écoutent, parce que sa parole est accompagnée de
« puissance et d'autorité.

« Le peuple s'assemble en foule, et se presse de sortir
« des villes pour aller au-devant de lui, portant des bran-
« ches de palmier, et en criant Hosanna (*salut et gloire*)!
« béni soit le roi d'Israël, qui vient au nom du Seigneur. »

Jésus fait des miracles : « Les aveugles voient, les boi-
« teux marchent, les lépreux sont guéris, les sourds en-
« tendent, les morts ressuscitent, et l'*Évangile* est annoncé
« AUX PAUVRES. »

Jésus dit : « Vous êtes tous frères. N'appelez personne
« sur la terre votre père [1], parce que vous n'avez qu'un
« père, qui est dans le ciel.

« Aimez votre prochain comme vous-même.

« Que celui qui a deux vêtemens en donne à celui qui
« n'en a pas ; et que celui qui a de quoi manger en fasse
« de même. »

— Ceux qui sont « vêtus de pourpre et de lin, et qui se
traitent magnifiquement tous les jours, » goûtent peu ces
charitables paroles, et ils en conçoivent de l'ombrage.

Alors, « les princes des prêtres, les Pharisiens, les sé-
« nateurs, les docteurs de la loi, tiennent conseil ensem-
« ble contre Jésus, et disent : « Cet homme séduit et sou-
« lève le peuple par la doctrine qu'il a répandue dans
« toute la Judée, depuis la Galilée, où il a commencé,

---

[1] Nous avons vu Horace appeler Mécène son père et son roi,
« *O pater et rex!* » ainsi que tous les humbles cliens appelaient
leurs superbes patrons.

« jusqu'ici. Nous ne gagnons rien. Voilà tout le monde
« qui court après lui. Il se dit Dieu; fait des miracles; si
« nous le laissons faire, tous croiront en lui ; et les Romains
« viendront et ruineront notre ville et notre nation. Il
« faut le prendre et le précipiter du haut de la montagne. »

— Mais comment se saisir de Jésus ? « Ils appréhen-
« dent le peuple qui l'aime, qui le regarde comme un pro-
« phète. » —

La trahison leur vient en aide : Jésus est vendu, livré
par un des siens ; il est jugé, condamné, crucifié.

### NOTE 43. — p. 582.

« *Les rites égyptiens et judaïques....* » — Les Romains
les confondaient les uns avec les autres ; et surtout ceux
des juifs avec ceux des chrétiens. Aussi M. de Maistre dit-
il, en son *Neuvième entretien :* « Lorsque nous enten-
« dons parler de judaïsme à Rome sous les premiers em-
« pereurs, et surtout parmi les Romains mêmes, très
« souvent il s'agit de chrétiens : rien n'est si aisé que de
« s'y tromper. On sait que les Chrétiens, du moins un as-
« sez grand nombre d'entre eux, se crurent long-temps
« tenus à l'observation de certains points de la loi mosaï-
« que.... Il faut avoir la vue bien fine et le coup-d'œil très
« juste ; il faut, de plus, regarder de très près, pour dis-
« cerner les deux religions chez les auteurs des deux
« premiers siècles... Le poète Rutilius se plaint amère-
« ment de *cette superstition judaïque qui s'emparait du*
« *monde entier*. Il en veut à Pompée et à Titus pour avoir
« conquis cette malheureuse Judée qui empoisonnait le
« monde : or, qui pourrait croire qu'il s'agit ici de Ju-

« daïsme? N'est-ce pas, au contraire, le Christianisme
« qui s'emparait du monde et qui repoussait également le
« Judaïsme et le Paganisme? »

### NOTE 44. — p. 585.

« *Les Juifs, les Chrétiens, sans autre forme de procès, ouvertement, on les tue; et l'on se fait de leurs supplices un divertissement.* » — Nous lisons dans Tacite (trad. de Burnouf) : « Aucun moyen humain, ni lar-
« gesses impériales, ni cérémonies expiatoires, ne faisaient
« taire le cri public qui accusait Néron d'avoir ordonné
« l'incendie (de Rome). Pour apaiser ces rumeurs, il offrit
« d'autres coupables, et fit souffrir les tortures les plus
« raffinées à UNE CLASSE D'HOMMES DÉTESTÉS POUR LEURS
« ABOMINATIONS, ET QUE LE VULGAIRE APPELAIT CHRÉTIENS.
« Ce nom leur vient de CHRIST, qui, sous Tibère, fut livré
« au supplice par le procurateur Pontius Pilatus. Répri-
« mée un instant, cette EXÉCRABLE SUPERSTITION se dé-
« bordait de nouveau, non-seulement dans la Judée, où
« elle avait sa source, mais dans Rome même, où tout ce
« que le monde enferme d'infamies et d'horreurs afflue et
« trouve des partisans. On saisit d'abord ceux qui avouaient
« leur secte, et, sur leurs révélations, une infinité d'au-
« tres, qui furent bien moins convaincus d'incendie que
« de HAINE POUR LE GENRE HUMAIN. On fit de leurs sup-
« plices un divertissement ; les uns, couverts de peaux de
« bêtes, périssaient dévorés par des chiens; d'autres
« mouraient sur des croix, ou bien ils étaient enduits de
« matières inflammables, et, quand le jour cessait de luire,
« on les brûlait en place de flambeaux. Néron prêtait ses

« jardins pour ce spectacle, et donnait en même temps
« des jeux au Cirque, où tantôt il se mêlait au peuple en
« habit de cocher, et tantôt conduisait un char. Aussi,
« quoique ces hommes fussent coupables et eussent mérité
« les dernières rigueurs, les cœurs s'ouvraient à la com-
« passion, en pensant que ce n'était pas au bien public,
« mais à la cruauté d'un seul, qu'ils étaient immolés. —
« Ergo abolendo rumori Nero subdidit reos, et quæsi-
« tissimis pœnis affecit quos, per flagitia invisos, vulgus
« *Christianos* appellabat. Auctor nominis ejus *Christus*,
« Tiberio imperitante, per procuratorem Pontium Pilatum,
« supplicio affectus erat. Repressaque in præsens EXI-
« TIABILIS SUPERSTITIO rursus erumpebat, non modo per
« Judæam, originem ejus mali, sed per Urbem etiam,
« quo cuncta undique atrocia aut pudenda confluunt cele-
« branturque. Igitur primum correpti qui fatebantur,
« deinde indicio eorum multitudo ingens, haud perinde
« in crimine incendii, quam odio humani generis convicti
« sunt. Et pereuntibus addita ludibria, ut, ferarum ter-
« gis contecti, laniatu canum interirent, aut crucibus af-
« fixi, aut flammandi, atque ubi defecisset dies, in usum
« nocturni luminis urerentur, etc. *Annal.*, lib. xv, 39-44.

Suétone est moins explicite : à l'endroit où il signale
divers abus réprimés sous le règne de Néron, incidemment, entre une ordonnance de police sur les cabarets et
une sur les courses de chars, il place cette observation :
« furent livrés au supplice les *Chrétiens*, hommes d'une
SUPERSTITION NOUVELLE et malfaisante. *Afflicti supplicius
Christiani, genus hominum superstitionis novæ ac
maleficæ.* » — *Nero*, XVI.

## NOTE 45. — p. 586.

« *Philon s'entretient avec saint Pierre; Sénèque entend saint Paul.* » — M. de Maistre dit encore (*ut supra*): « Les apôtres avaient prêché à Rome vingt-cinq ans avant « le règne de Néron. Saint Pierre s'y entretint avec Phi-« lon : de pareilles conférences produisirent nécessaire-« ment de grands effets... A ne considérer que le fond des « choses, Sénèque a des morceaux inestimables : ses « épîtres sont un trésor de morale et de bonne philoso-« phie. Il y a telle de ses épîtres que Bourdaloue ou Mas-« sillon auraient pu réciter en chaire avec quelques lé-« gers changemens.... Il a fait un beau traité sur la *Pro-« vidence* qui n'avait point encore de nom à Rome du « temps de Cicéron... Croiriez-vous peut-être au chris-« tianisme de Sénèque ou à sa correspondance épistolaire « avec saint Paul ? — Je suis fort éloigné de soutenir ni « l'un ni l'autre de ces deux faits ; mais je crois qu'ils ont « une racine vraie, et je me tiens sûr que Sénèque a en-« tendu saint Paul... Il n'est pas permis d'imaginer que « Sénèque n'ait point eu connaissance de l'enseignement « de saint Paul ; et la démonstration est achevée par la « lecture de ses ouvrages, où il parle de Dieu et de l'homme « d'une manière *toute nouvelle.* »

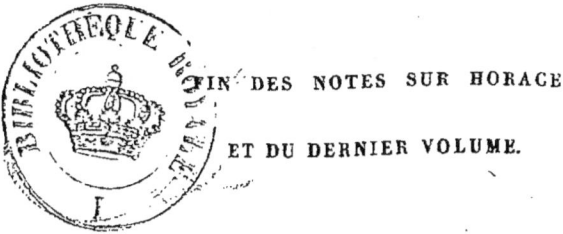

FIN DES NOTES SUR HORACE
ET DU DERNIER VOLUME.

www.ingramcontent.com/pod-product-compliance
Lightning Source LLC
Chambersburg PA
CBHW051321230426
43668CB00010B/1098